U0449621

中国悬棺葬

江友樵题

目前我国悬棺葬分布最密集的四川珙县麻塘坝田园风光十分秀丽，悬棺葬分布在图片两旁的悬崖峭壁上（1999年夏陈明芳拍摄）

四川珙县麻塘坝的悬棺分布在陡峭壁立的山崖上（1999年夏陈明芳拍摄）

举世闻名的四川珙县僰人悬棺（曾水向拍摄）

四川珙县麻塘坝僰人悬棺（1999年陈明芳拍摄）

四川珙县麻塘坝僰人悬棺葬（局部，图片中黑色长方块形状的物体均为悬棺，大约有十多具。曾水向拍摄）

四川珙县麻塘坝的僰人悬棺葬（林义平提供）

四川珙县麻塘坝僰人悬棺（1999年夏陈明芳拍摄）

四川珙县麻塘坝"珍珠伞"悬棺葬远景（悬崖中部石钟乳下有凿孔打桩搁置的悬棺6具。1999年夏陈明芳拍摄）

四川珙县麻塘坝"珍珠伞"悬棺葬近景(1999年夏陈明芳拍摄)

四川珙县麻塘坝悬棺葬的独特风彩（在上百米的悬崖绝壁凿孔打入木桩，再置棺其上，图片左上方有悬棺数具。叶元富拍摄）

四川珙县苏麻湾悬棺葬分布在临江面水的悬崖峭壁之上（曾水向提供）

四川珙县苏麻湾悬棺葬远景（图片中约1/3的位置是重重叠叠的数十具悬棺，下临曹云河。1999年夏陈明芳拍摄）

四川珙县苏麻湾悬棺葬近景（1999年夏陈明芳拍摄）

珙县的僰人悬棺与崖画（明代。曾水向拍摄）

四川珙县的僰人悬棺与崖画,这组岩画所展现的是"僰人"球戏的真实写照(明代。曾水向摄)

四川珙县麻塘坝的僰人崖画(峭壁上的人工方孔为插搁置棺木的木桩之用。曾水向摄)

四川珙县麻塘坝"棺材铺"悬棺周围的红色崖画(曾水向临摹)

四川珙县麻塘坝悬棺周围的崖画展现了僰人绘画艺术的神韵和风采（曾水向临摹）

四川珙县的僰人悬棺（明代。1999年陈明芳拍摄）

四川珙县麻塘坝僰人悬棺葬的棺木（明代。1999年陈明芳拍摄）

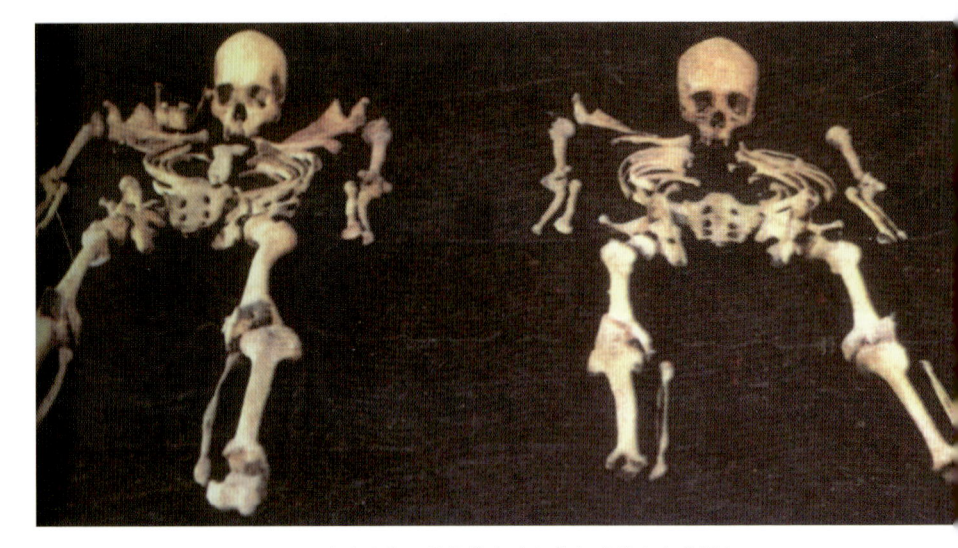

四川珙县僰人悬棺葬中的人骨架（曾水向拍摄）

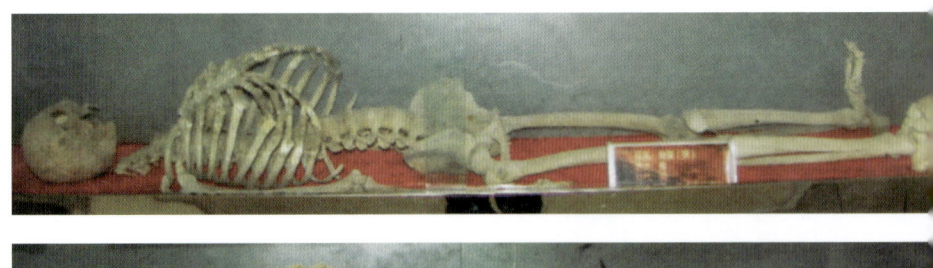

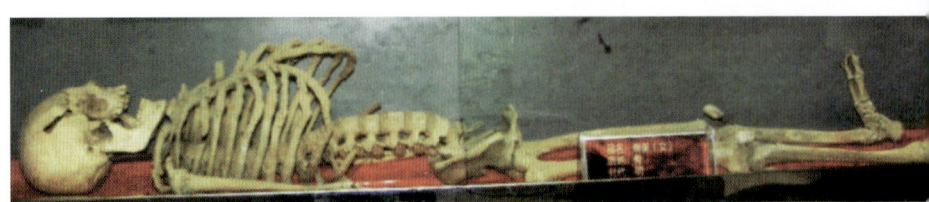

四川珙县悬棺葬中的人骨架（曾水向拍摄）

悬棺中清理出的"僰人"服饰：长袖短衣（上图为正面，下图为背面。曾水向拍摄）

悬棺中清理出的"僰人"服饰：系有海贝的背心（上图为正面，下图为背面。曾水向拍摄）

2006年四川珙县苏麻湾悬棺修缮工程（珙县文体局提供）

2012年5月作者与四川珙县和兴文县的县志办工作人员一起攀登僰人聚居的山寨和重要的军事据点九丝山，山势极为陡峭，背后是九丝山西关口石刻，由明代四川布政使司冯成能等撰文、书写，内容是歌颂明王朝军队于万历元年镇压僰人的胜利

僰人与明军对抗的重要军事据点兴文县九丝山全貌（2012年5月陈明芳拍摄）

作者于2012年5月在四川兴文县九丝山明朝万历元年由四川布政使司冯成能书写的西关口石刻前，石刻内容是歌颂明朝军队镇压行悬棺葬的僰人（又名"都掌人"）的胜利（陈介刚拍摄）

作者经过艰难跋涉终于登上山顶到达僰人曾经的聚居地和重要的军事据点之一兴文县凌霄城，身后是凌霄城唯一的入口（2012年5月陈介刚拍摄）

明朝末年明军在攻打凌霄城期间，僰人在城外防守时留下的简易土灶，内有许多燃烧过的木炭（珙县游成提供）

四川南部地区行悬棺葬的僰人与我国东南地区古代百越民族都有大量使用铜鼓的文化习俗，这是兴文县出土的古代铜鼓（兴文县文化馆提供）

四川长江三峡风箱峡悬棺葬的棺木（棺头向左。1988年夏陈明芳拍摄）

长江三峡风箱峡中的悬棺，棺的两端皆有柄，便于悬吊（整木凿成，年代为西汉。奉节文管所提供）

四川长江三峡巫溪县南门湾悬棺葬中的棺木（棺内为成年男女二人合葬，年代与长江三峡风箱峡的悬棺葬大致相同。巫溪县文管所提供）

四川巫溪南门湾悬棺葬中的铜剑（约为西汉时期。1988年夏陈明芳拍摄）

长江三峡奉节县境内风箱峡悬棺葬的地理环境，三峡大坝水位提高后，悬棺葬的文化遗存距水面的位置极大降低，修三峡大坝之前，风箱峡悬崖隙中的悬棺葬至少距水面100米以上（年代为战国至西汉时期。奉节县文物保护中心雷霆军2025年1月提供）

长江三峡奉节县境内风箱峡悬棺葬远景,悬崖绝壁的裂隙中有悬棺数具(年代为战国至西汉时期。奉节县文物保护中心雷霆军2025年1月提供)

长江三峡奉节县境内风箱峡悬棺葬近景,悬崖绝壁的裂隙中有悬棺数具,有的保存尚且完好(年代为战国至西汉时期。奉节县文物保护中心雷霆军2025年1月提供)

巫溪县荆竹坝悬棺葬分布远景，悬棺葬的棺木如同火车的车厢依次分布在图片左边的岩隙之中（箭头所指处。巫溪县文管所黎明提供）

巫溪县荆竹坝悬棺葬分布局部图，殓尸棺木如同火车的车厢依次排列（巫溪县文管所黎明提供）

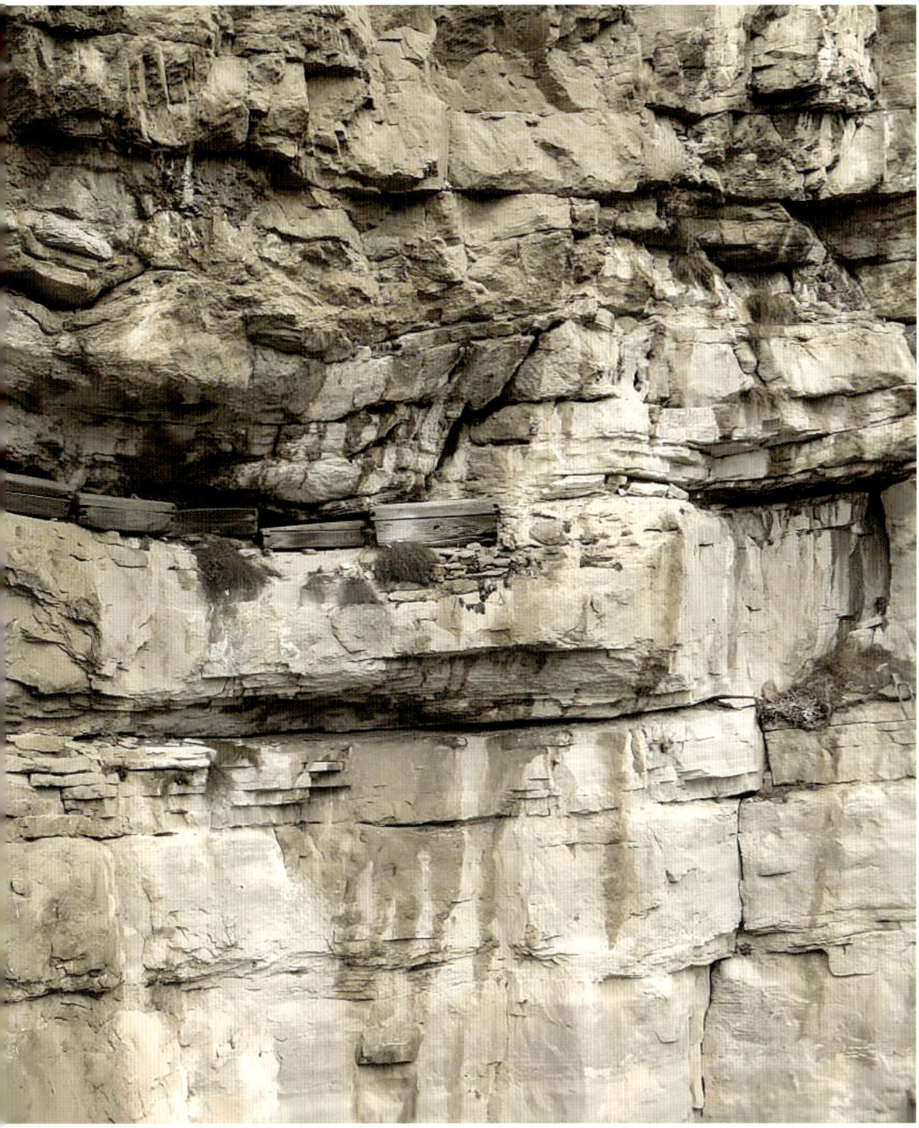

作者1994年8月在湖北宜昌新坪棺材岩考察悬棺葬（头部正上方洞穴内有殓尸棺木3具）

湖北宜昌新坪棺材岩悬棺葬，岩洞中有棺木3具，地面上也有3具，地面最远处有2具，最近处左下方有1具（战国时期。1994年8月陈明芳拍摄）

湖北宜昌新坪棺材岩悬棺葬内人骨架已被扰乱（战国时期。1994年8月陈明芳拍摄）

湖北宜昌新坪棺材岩悬棺葬棺木内人骨架已被扰乱（战国时期。1994年8月陈明芳拍摄）

湖北建始县头坝堰悬棺葬遗迹，河畔壁立山崖上的人工开凿的洞穴内已无殓尸棺木（1988年夏陈明芳拍摄）

长江三峡地区湖北巴东县龙船河悬棺葬远景（一）（悬棺葬分布在距河面约80米高的峭壁之上。巴东县博物馆向勇2025年1月提供）

湖北巴东县龙船河悬棺葬远景（二）（悬棺放置在右边洞穴中。巴东县博物馆向勇2025年1月提供）

2013年巴东县文物考古工作者搭钢架取龙船河峭壁上的悬棺（巴东县博物馆向勇2025年1月提供）

2013年巴东县文物考古工作者搭钢架取龙船河峭壁上的悬棺（巴东县博物馆向勇2025年1月提供）

湖北巴东县龙船河悬棺葬近景（一）（洞穴内有2具棺木，左边箭头所指那具保存稍完好，右边箭头所指为残棺。巴东县博物馆向勇2025年1月提供）

湖北巴东县龙船河悬棺葬近景（二）（悬棺的局部。巴东县博物馆向勇2025年1月提供）

考古工作者在悬崖峭壁的洞穴中清理湖北巴东县龙船河的悬棺（巴东县博物馆2025年1月提供）

湖北巴东县龙船河悬棺葬中的棺木和棺内人骨架分布情形，棺木由质地坚硬的金丝楠木整木挖凿而成，为长方形棺，棺长2.16米，内空1.7米，人骨架高约1.62米，为一年龄约30多的女性（年代约为战国至西汉时期，与长江三峡中奉节县、巫山县悬棺葬的年代大致相同。巴东县博物馆2025年1月提供）

湖北巴东县龙船河悬棺葬中的人头骨（巴东县博物馆2025年1月提供）

湖北巴东县博物馆的考古工作者在清理龙船河悬棺葬中的人骨架（巴东县博物馆向勇2025年1月提供）

湖北巴东县龙船河悬棺中的人骨架在棺内原先摆放的情形，经测定为身高1.64米的女性。迄今为止，整个长江三峡悬棺葬中发现的人骨架，根据其棺内的随葬品大多为长剑、戈、矛等武器推测，几乎都是男性。而龙船河悬棺中女性人骨架极为罕见，其随葬品中有玛瑙、水晶、玉等精美饰品（巴东县博物馆向勇2025年1月提供）

骨篦　　　　　　　　　玉玦

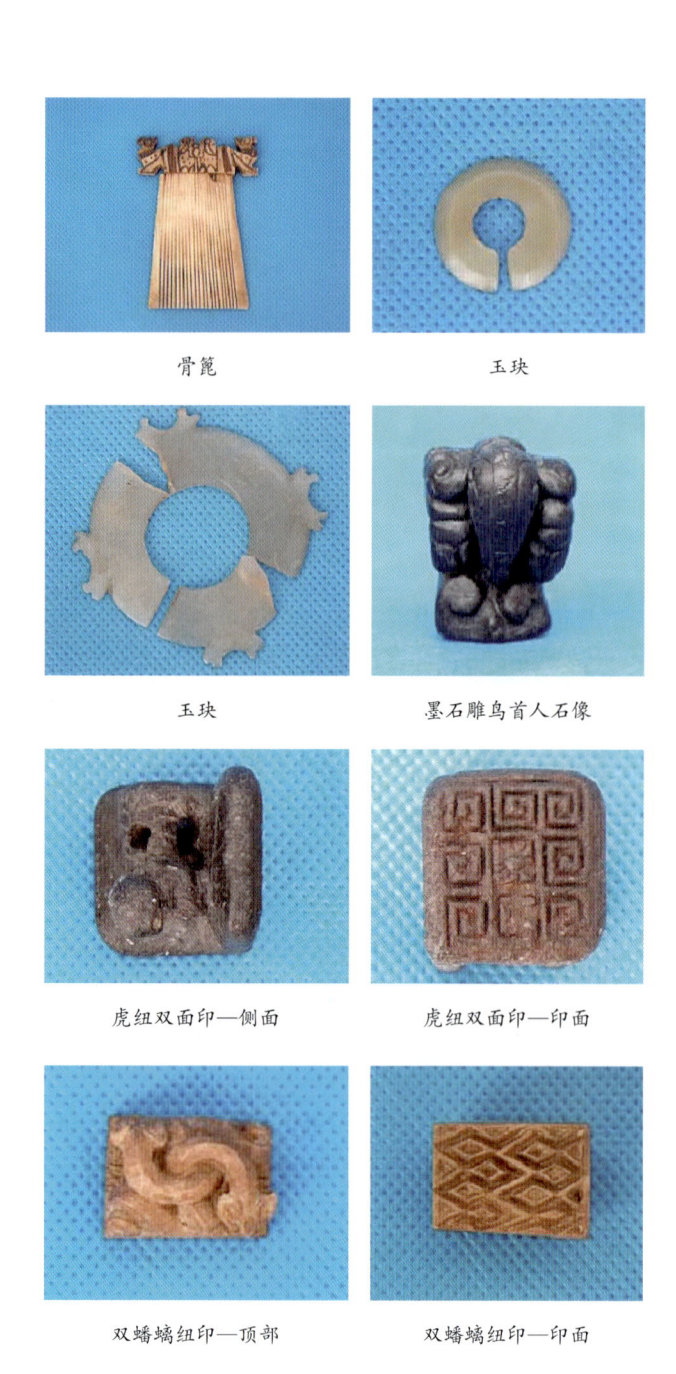

玉玦　　　　　　　　　墨石雕鸟首人石像

虎纽双面印—侧面　　　虎纽双面印—印面

双蟠螭纽印—顶部　　　双蟠螭纽印—印面

长江三峡巫峡地区湖北巴东县龙船河悬棺葬中出土的精美随葬物品（一）（与战国至西汉时期长江三峡的风箱峡、巫峡悬棺葬中出土的部分器物高度相似。巴东县博物馆2025年1月提供）

038　中国悬棺葬

Ⅰ式骨质庑殿房形印

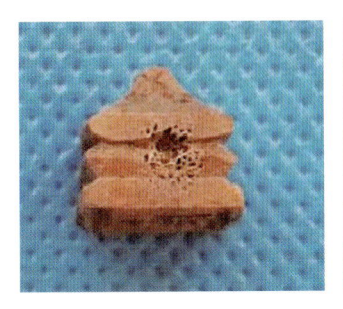

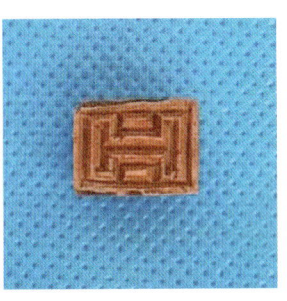

Ⅱ式庑殿房形印

石质印石（残） 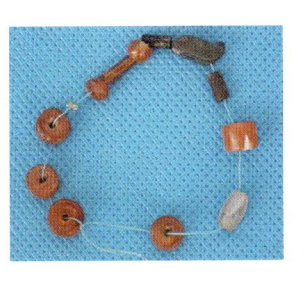　　红色玛瑙串珠

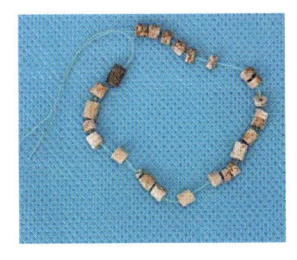

料管 　　木雕构件 　　水晶饰品

长江三峡巫峡地区湖北巴东县龙船河悬棺葬中出土的精美随葬物品（二）（年代为战国至西汉。巴东县博物馆2025年1月提供）

湖北巴东县茶店子镇天保村巴人河北岸的悬棺葬群，悬崖上分布着数十个人工开凿的长方形洞穴，最高的洞穴距河面约100米，最低的洞穴因长年泥沙石块堆积，距河面仅有几米，有的洞穴内保存有完整棺木，而有的只残存棺板（年代约为汉代。巴东县博物馆向勇2025年1月提供）

湖北巴东县茶店子镇天保村巴人河北岸的悬棺葬群近景，洞内仅有残存棺板（年代约为汉代。巴东县博物馆向勇2025年1月提供）

040　中国悬棺葬

巴东县茶店子镇天保村悬棺葬群近景，可见洞内残存的棺板（年代约为汉代。巴东县博物馆向勇2025年1月提供）

湖北巴东县茶店子镇天保村悬棺葬近景，人工开凿洞穴内保存较完好的棺木，为榫卯结构（年代约为汉代。巴东县博物馆向勇2025年1月提供）

长江三峡西陵峡地区湖北秭归县兵书峡悬棺葬近景（悬崖峭壁上的自然洞穴内有3具悬棺重叠放置，均为整木挖凿而成，年代约为战国至西汉时期。秭归县文物保护中心2025年1月提供）

秭归县文物考古工作者将兵书峡崖峭壁洞穴中的悬棺小心地运往山下（秭归县文物保护中心2025年1月提供）

湖北秭归县兵书峡悬棺中人骨架放置情形，从脚向上拍摄。棺木为整木凿成的长方形棺，人骨架有被扰乱的情形（年代约为战国至西汉时期。秭归县文物保护中心2025年1月提供）

湖北秭归县兵书峡中悬棺葬的随葬物品，有青铜的戈、矛、箭镞、箭杆等（年代约为战国至西汉时期。秭归县文物保护中心2025年1月提供）

湖北秭归县长江三峡兵书峡悬棺葬中的随葬物品青铜戈、青铜箭镞在棺内放置情况（年代约为战国至西汉时期。秭归县文物保护中心2025年1月提供）

江西龙虎山上清河畔悬棺葬洞穴中的悬棺葬遗迹（红色箭头所指为洞口上方有木框架。福建博物馆梅华全提供）

江西贵溪县仙岩悬棺葬（春秋战国时期。1999年10月陈明芳拍摄）

江西龙虎山上清河畔悬棺葬清理出来的兽首黑陶提梁盉（战国时期。江西省博物馆许智范提供）

江西龙虎山上清河畔悬棺葬清理出来的兽首黑陶鼎（战国时期。江西省博物馆许智范提供）

江西龙虎山上清河畔悬棺葬清理出来的彩色雕花木盒（战国时期。江西省博物馆许智范提供）

广西左江流域的悬棺葬，图为考古工作者正在对悬棺之内的情形作详细记录（广西民族研究所提供）

广西左江流域悬棺葬棺木（广西民族研究所提供）

作者1985年与贵州民族研究所雷广正先生（左二）和当地苗族人士考察惠水苗族崖洞葬

贵州惠水县苗族崖洞葬,洞内棺木一般有几十具甚至数百具,图中左边一具棺木用毛笔书写1978年放入(1985年陈明芳拍摄)

贵州荔波县瑶族崖洞葬，按当地风俗殓尸棺木只能在夜间放入崖洞，出于对死者亡魂的恐惧，抬棺的人不敢入内，因此许多棺木都被堆放在洞外（1985年陈明芳拍摄）

20世纪80年代云南佤族村寨的干栏式建筑（云南民族研究所提供）

美国《洛杉矶时报》2001年12月31日头版头条刊登对作者的专访《中国悬棺葬的追寻者》

福建武夷山悬棺葬分布在武夷山九曲溪两岸陡峭的悬崖绝壁,箭头所示之上有架置船棺的若干横木(年代距今至少3500年,为商周时期。1981年6月陈明芳拍摄)

福建武夷山金鸡洞内尚存20多具船棺（图中箭头所示为已经朽坏的船棺，年代为商周时期。1981年6月陈明芳拍摄）

福建武夷山船棺在崖洞中的位置（《文物》1980年第6期）

1978年福建省博物馆的考古工作者在武夷山白岩悬崖峭壁的山洞中清理船棺（福建省博物馆梅全华提供）

福建武夷山悬棺葬中的人骨架及垫尸的竹席等物（《文物》1980年第6期）

福建武夷山悬棺葬中垫尸的竹席，人字纹，编织技术水平颇高，至今仍有较强的光泽性，距今至少3500年以上，为商周时期遗物（《文物》1980年第6期）

福建武夷山船棺中堆积在死者胸前的衣物早已碳化，经鉴定有棉、麻等织物纤维，至少3500年以上（《文物》1980年第6期）

福建武夷山悬棺葬船棺中的龟状盘，为四足木盘，尾残，压在棺内死者胸部，盘内有鸟、鱼、小蛇等骨骼和坚果等果壳（梅华全提供）

1978年福建省博物馆的考古工作者将武夷山悬棺葬洞穴中的船棺吊运至地面（梅华全提供）

1978年福建省博物馆的考古工作者在福建武夷山白岩取下的船形棺全貌（全长4.98米、宽0.55米、高0.73米，整个船棺与当今闽江中的带蓬船相似，年代距今约3500年。福建省博物馆梅华全提供）

福建武夷山悬棺葬中的船棺全貌，长约5米、宽约0.6米，楠木整木挖凿而成，距今3500年以上，因太沉重，所以将棺盖锯断便于运送至地面（福建省博物馆梅华全提供）

江西省贵溪县龙虎山悬棺葬分布在壁立于上清河畔陡峭山崖的洞穴中（龙虎山悬棺葬远景。江西省博物馆许智范提供）

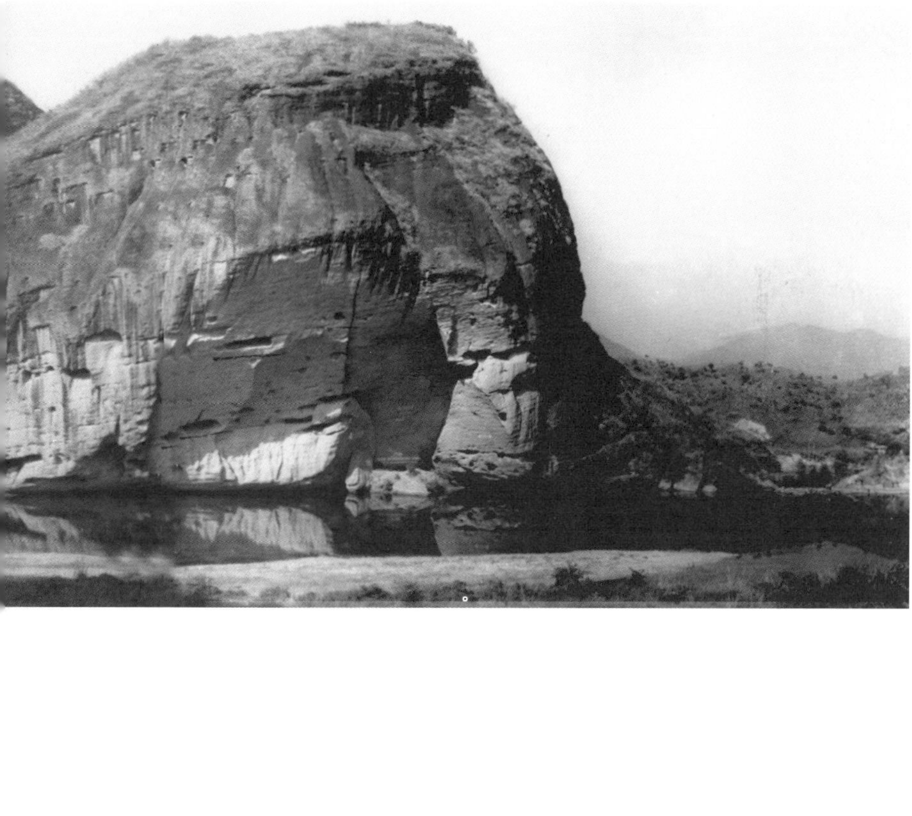

1981年夏，作者在江西贵溪县上清河考察（背后为仙岩，岩壁裂隙中有残存棺板）

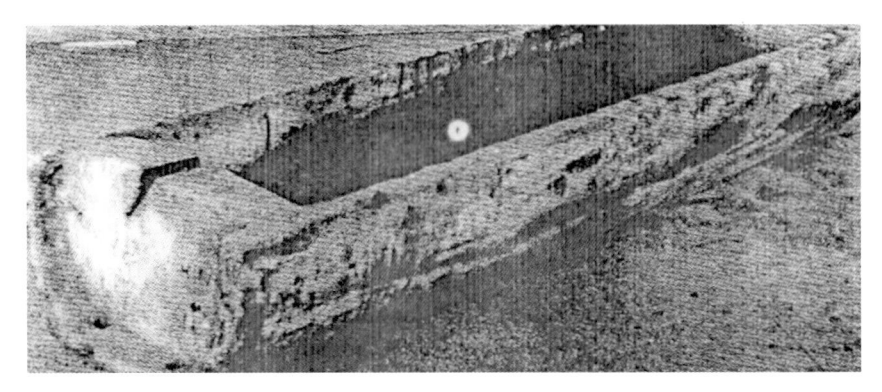

江西贵溪县仙岩悬棺葬中的棺木（由整木凿成，年代为春秋战国时期。江西省博物馆许智范提供）

湖南泸溪县、辰溪县沅江两岸悬棺葬远景（悬棺葬遗迹在悬崖峭壁的洞穴中和绝壁之上。1983年冬陈明芳拍摄）

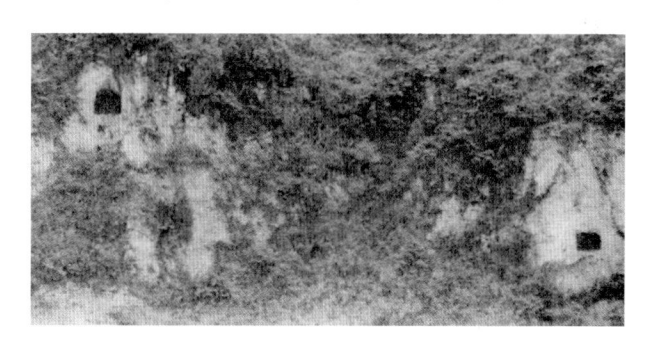

湘西地区酉水沿岸的悬棺葬洞穴（人工开凿的方洞。1983年冬陈明芳拍摄）

湖南桃源县马石乡沅江江畔峭壁上的悬棺葬洞穴（左上方箭头所指处洞中有棺木一具。1983年冬陈明芳拍摄）

063

湖北利川市建南河畔悬棺葬遗迹人工开凿的方洞（为二次葬洞穴，俗称"七孔子"。1988年夏陈明芳拍摄）

湖北省巴东县野三关悬棺葬远景，悬棺放置在照片中陡峭的崖壁上，目前无法攀登（1983年冬天陈明芳拍摄）

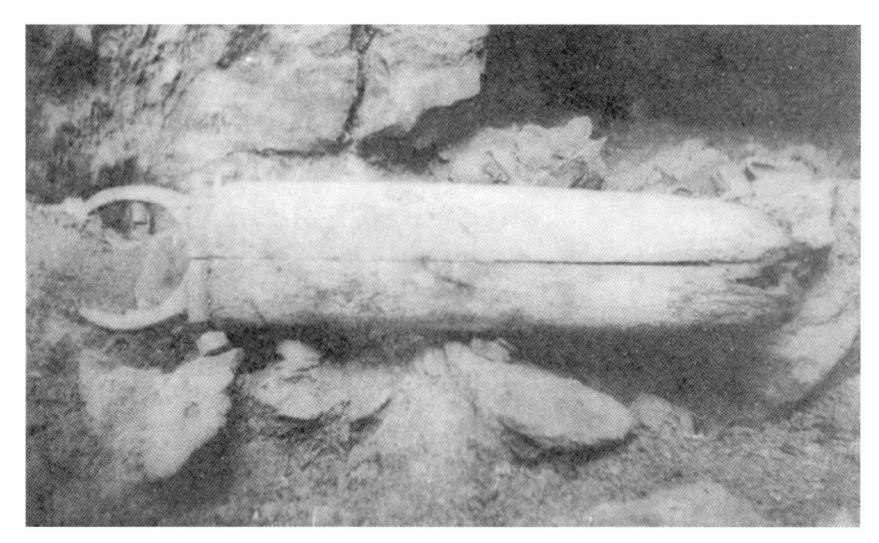

广西右江流域平果县红岩悬棺葬中二次葬的棺木(棺柄为牛角状。1984年秋陈明芳拍摄)

1984年秋作者在广西右江流域考察悬棺葬

广西平果县红岩悬棺葬中的四人合葬棺（二次葬。1984年秋陈明芳拍摄）

广西左江流域大新县仙岩悬棺葬的棺盖柄为雕刻精美的鸟头（1984年秋陈明芳拍摄）

四川长江三峡巫溪县南门湾悬棺葬远景（箭头所指处有一具殓尸棺木。1988年夏陈明芳拍摄）

四川长江三峡巫溪县南门湾悬棺葬近景（左上方为一人工开凿长方形洞穴，已垮塌，棺木2/3露出。1988年夏陈明芳拍摄）

四川长江三峡巫溪县荆竹坝悬棺葬局部（棺木置于悬崖绝壁的天然层理中，图中第一层崖隙有数具悬棺如火车车厢排列。巫溪县文管所提供）

四川长江三峡巫溪县荆竹坝悬棺葬棺木（内有人头骨。巫溪县图书馆提供）

四川兴文县玉秀河畔悬崖上的悬棺葬遗迹（崖下为河流，上百个人工凿穴均作放置棺木所用，目前这些人工凿穴中早已无殓尸棺木。1981年春陈明芳拍摄）

四川兴文县玉秀河畔的悬棺葬洞穴（人工开凿的长方形洞穴早已空无一物。1981年春陈明芳拍摄）

四川珙县僰人悬棺葬（在悬崖峭壁上凿孔打桩，然后置棺其上。珙县文化馆提供）

四川麻塘坝老鹰岩悬棺葬在距地面约100米的峭壁上有凿孔打桩搁置的殓尸棺木10具，山岩顶峰偏右的一堆黑影便是悬棺（曾水向提供）

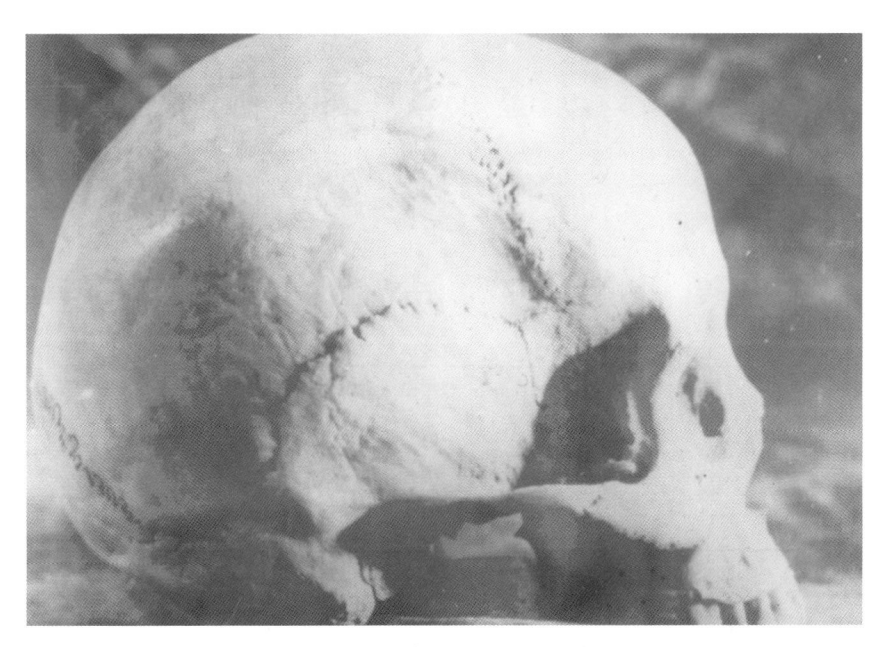

四川珙县麻塘坝僰人悬棺葬中的人头骨（秦学圣先生提供）

贵州贵阳市高坡乡苗族崖洞葬，殓尸棺木数百具之多（近现代葬俗。1985年陈明芳拍摄）

贵州惠水县摆金苗族崖洞葬（殓尸棺木重重叠叠，多达数百具。1985年陈明芳拍摄）

1987年11月夏，作者在广西南丹县里湖乡考察崖洞葬（洞中已损坏的殓尸棺木为当地白裤瑶崖洞葬的高架棺）

广西河池地区南丹县里湖乡白裤瑶的丧葬礼仪，死者的殓尸棺木抬到山上，埋入土中之前要举行宗教仪式，图中站立者为主持仪式的"巫师"，死者使用的殓尸棺木与当地瑶族崖洞葬中的低架棺相同（1987年11月陈明芳拍摄）

广西南丹县白裤瑶葬礼要敲铜鼓为死者送行，敲击铜鼓之前用酒祭祀铜鼓（1987年11月陈明芳拍摄）

广西南丹县白裤瑶为死者送葬时在雨中敲击铜鼓（1987年11月陈明芳拍摄）

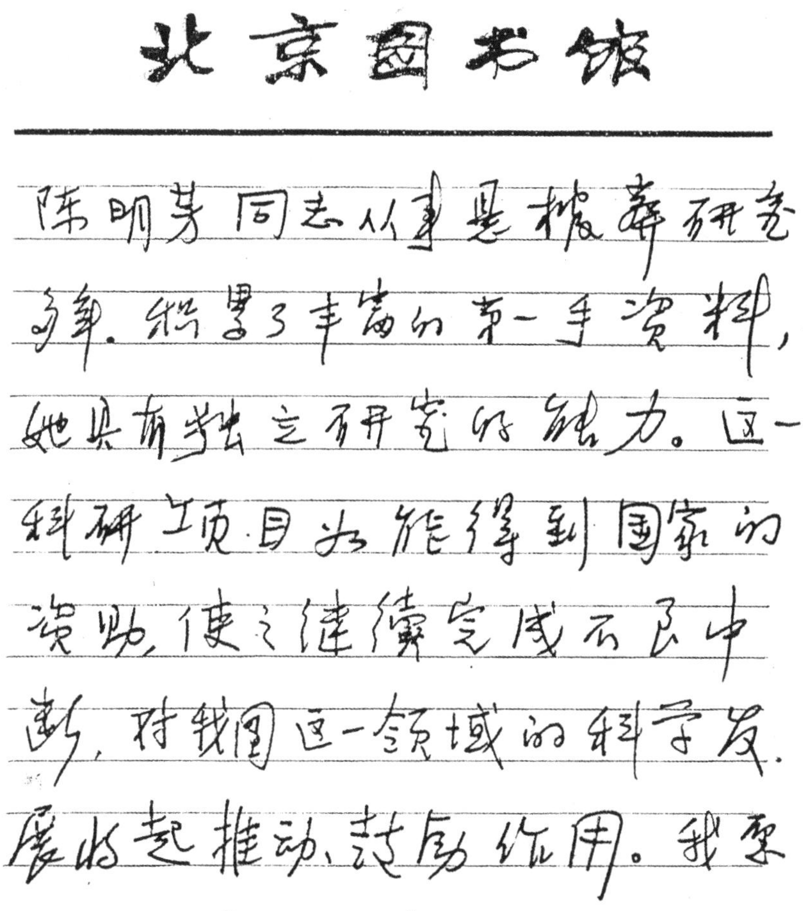

北京图书馆

陈明芳同志从事悬棺葬研究多年，掌握了丰富的第一手资料，她具有独立研究的能力。这一科研项目如能得到国家的资助，使之继续完成不见中断，对我国这一领域的科学发展必起推动、鼓励作用。我愿作这一申请的推荐人。

任继愈
1989.4.12.

图86. 元月

1989年作者的中国悬棺葬研究课题申请国家社科基金时国学大师任继愈先生的推荐信

四川大学博物馆
SICHUAN UNIVERSITY MUSEUM

陈明芳同志所进行的有关悬棺葬的综合研究，是企图从各个现方面，对悬棺葬民族的分布、迁徙、变迁、社会背景、文化习俗诸方面进行综合研究的全面探索的可贵尝试。作者利用当代考古学、历史学、民族学、语言学、生态学的观照资料，以各个方面围绕这一主题作出研究，从而突破了传说民族史研究的窠臼，在研究方法上开辟了新的途径——综合和比较的途径。我以为这是值得支持的。

陈明芳同志从事这一次工作已经多年，作了大量的积累工作，所以成果的取得，是可以预期的。是项丰硕。

陈明芳又是一位女学术工作者，在中国学术界男多女少的现状下，对于一位不辞辛劳、长年坚持野外工作的有事业心的女性，理应予以优先照顾。希望学术委员会在审议时，也能考虑到这一因素。

童恩正

Ch001.416.87.7

1989年作者的中国悬棺葬研究课题申请国家社科基金时的第二推荐人——我国著名的人类学家、考古学家、四川大学博物馆前馆长童恩正先生的推荐意见

壹卷
YE BOOK

洞 见 人 和 时 代

陈明芳 著

中国悬棺葬

四川人民出版社

图书在版编目（CIP）数据

中国悬棺葬/陈明芳著. -- 成都：四川人民出版社, 2025. 5. -- ISBN 978-7-220-13772-3

Ⅰ.K892.22

中国国家版本馆CIP数据核字第2024Z8A072号

四川省地图技术审查中心
审图号：GS川（2023）63号

ZHONGGUO XUANGUAN ZANG

中国悬棺葬

陈明芳 著

出 版 人	黄立新
策划统筹	封 龙
责任编辑	李沁阳
特约编辑	邓永勤
封面设计	周伟伟
版式设计	张迪茗
责任印制	周 奇
出版发行	四川人民出版社（成都三色路238号）
网 址	http://www.scpph.com
E-mail	scrmcbs@sina.com
新浪微博	@四川人民出版社
微信公众号	四川人民出版社
发行部业务电话	（028）86361653 86361656
防盗版举报电话	（028）86361653
照 排	四川胜翔数码印务设计有限公司
印 刷	成都东江印务有限公司
成品尺寸	150mm×227mm
印 张	44
字 数	420千
版 次	2025年5月第1版
印 次	2025年5月第1次印刷
书 号	ISBN 978-7-220-13772-3
定 价	128.00元

■版权所有·侵权必究
本书若出现印装质量问题，请与我社发行部联系调换
电话：（028）86361656

序 一

悬棺葬研究早已为世人瞩目，半个多世纪以来，许多学者孜孜不倦地对悬棺葬进行调查研究与理论探讨，充分说明悬棺葬研究所具有的学术价值和现实意义。

我国悬棺葬分布于东南沿海、长江流域及其以南的广大地区，在国外则广布于东南亚各地，以致远播太平洋诸岛屿。这种奇特的葬俗反映了人类文化的一个侧面。悬棺葬和我国南方地区的船棺葬是海洋蒙古利亚种族在我国东南沿海的原始葬俗的特征，悬棺葬与船棺葬之间的关系极为密切。研究这种葬俗的起源及其流传，对于探讨我国南方一些民族的来源、民族迁徙、民族融合和文化上的相互交流，对于促进国内各民族的团结都具有重大的现实意义。悬棺葬的研究既是民族学的一个重要内容，也是我国少数民族考古文化的一个重要课题。

余从20世纪40年代在四川华西大学博物馆任职期间对悬棺葬研究产生兴趣，便开始搜集有关资料。及后，长期以来由于余科研领域的不断扩大、教学和行政任务繁重，一直未能进行更加系统、深入的研究。

余积数十年教学和科研之经验，提倡用民族学、考古学和历史文献相结合的方法致力于文化人类学的研究。"十年动乱"结束，我国恢复了高考制度。余于1979年又招收了一届民族考古学研究生，培养方向是南方民族考古。悬棺葬研究仍是余十分关切的重要研究课题。然而，因余年事渐高，不可能亲自进行田野调查工作，于是将此课题的研究交给余的研究生陈明芳同志。

陈明芳同志自承担悬棺葬研究课题以来，无论是在攻读硕士学位期间或毕业后工作期间，她都不遗余力，不辞劳苦，不仅查阅了大量的历史文献，而且还尤其认真、扎实地进行了考古学和民族学的实地考察，对我国悬棺葬进行了深入的研究，她考察的足迹遍及福建、江西、湖北、湖南、贵州、四川、云南和广西等南方各个省区几乎凡有悬棺葬考古遗存的地方，行程上万里，均做了实地调查和考察的记录，掌握了大量的第一手资料。近七八年来，她对此课题锲而不舍，笔耕不辍，终于完成悬棺葬研究，余对《中国悬棺葬》一书的写作深感安慰,欣然为之作序。

梁钊韬

1987年10月21日

序 二

两年前有机会看到陈明芳同志带来的关于悬棺葬调查的资料和图片。我认为这是一个很重要的题目，国内外不少专家对这个问题感兴趣，但资料搜集得这样齐全、系统，调查地区这样广泛、系统的尚不多见。我曾鼓励她尽早整理、完善、补充已有的资料，希望能出版，引起学术界的共同关注，把这一门学科的研究继续向前推进。两年后，陈明芳同志的专著写成，请我为此书写一篇序，我高兴地答应了这一要求，并希望这部专著能早日与读者见面。

悬棺葬表现为一种丧葬方式，但这种方式的背后却与民族学、民俗学、人类学、原始宗教信仰有关。它的起源、社会影响、社会意义，涉及许多学科，目前我们只能描述它，还不能完全理解它，要靠诸学科的分工协作，共同关心，做进一步的发掘。

研究的第一步是要掌握大量、系统的原始资料，这是从事科研的基础，在坚实可靠的基础上，做出的分析、解释、综合、比较才有科学性。

陈明芳同志多年来从事悬棺葬的考察工作，不畏艰险，无问寒暑，攀悬崖，涉急湍，从事田野考察，掌握了大量第一手资料，为今后的研究者提供了可靠的根据。这是值得鼓励的，这种为科学献身的精神尤为可贵。这部著作给研究者提供了可信的原始资料，也做了有益的分析研究工作，但离彻底揭开悬棺葬之谜，还有一段路程要走，也许比前一段的田野考察还要艰险，还要付出更大的劳动。愿作者在已有的成绩上继续前进。

任继愈

1991年8月1日　北京

第一版前言

　　1979年，我从偏僻遥远的四川省大凉山彝族腹心地区考入中山大学历史学系，就读于梁钊韬教授门下，主攻民族考古学，研究方向为中国南方民族考古。1981年4月，中山大学人类学系成立，梁钊韬先生为系主任。梁钊韬先生在人类学和考古学领域造诣颇深，是1949年以后中国人类学系的创办人，多年来一直提倡用民族学、考古学和历史文献学等多学科相结合的方法致力于文化人类学的研究。十余年来，我牢记先生教诲，将多学科综合研究的方法运用于科研工作之中，的确受益匪浅。

　　在梁钊韬先生的指导下，我在从事南方民族考古和华南民族史研究过程中接触到广布于我国南方和东南亚地区的悬棺葬，这一古老而又奇特的丧葬习俗自20世纪30年代起便引起了国内外学者的极大关注。它既是考古文化，又属民族风俗，是人类学研究领域中的重要课题。每当人们仰望着高崖绝壁上那一具具饱经风雨、黑黝黝的棺木之时，无不深感惊异和神秘！禁不住要对这种葬俗的起因、年代、族属以及古代的人们如何能将那些重达数百千克的棺木悬置到千仞崖巅之上等提出一系列问题。因此，长期以来中国的悬棺葬被中外学人称为"悬棺之谜"，也被誉为世界文化史上的"千古之谜"。

早在20世纪40年代梁钊韬先生在四川华西大学任教期间，便已十分关注曾云集在四川的著名学者葛维汉先生（哈佛大学人类学博士）、郑德坤先生（华西大学博物馆馆长）、芮逸夫先生等对我国南方地区悬棺葬和崖洞葬（当时统称"崖葬"）的研究。抗战胜利后，梁钊韬先生由四川返回广州中山大学任教。后来的几十年间，由于教学工作的繁忙和科研范围的扩大，梁先生未能着手于悬棺葬的系统研究。随着先生年事渐高，他再也不能长途跋涉、亲临实地进行考察，于是寄希望于我来完成悬棺葬研究课题。

悬棺葬课题并非只是单纯地研究这一古老的少数民族丧葬习俗，或者仅限于对这种考古文化的研究，而是将它作为一个切入点，其目的是运用历史学、人类学、考古学、民族学等学科的知识，研究中国南方少数民族史及其民族关系史，也涉及我国南方地区少数民族与东南亚地区的民族关系史，因此悬棺葬研究的意义重大，文化内涵也很深厚。

悬棺葬在我国分布地域甚广，延续时间长达数千年之久。这一研究课题无论在时间或空间方面，跨度都很大。它不仅涉及华南地区一些民族的来源、民族迁徙和民族关系等多方面的问题，而且涉及民族学、考古学、民俗学、宗教学、民族生态学和体质人类学等多学科的内容，需要查阅和搜集大量的历史文献资料。尤其重要的是，这一研究课题还要求对广泛分布在我国南方十余个省区的悬棺葬文化遗存做大量的、深入的实地调查。艰巨的田野科学考察工作，对于我这个当时已年近40的妇女来讲，无疑是一个更大的难题，它需要顽强的意志、坚韧的毅力和异乎寻常的吃苦耐劳精神。

在梁钊韬先生的热忱鼓励和亲切关怀下，我思量再三，终于鼓起勇气，承担了这一研究课题，试图通过自己的工作，为解开悬棺葬这一"千古之谜"贡献微薄之力。

从1981年至今，十余年来，我在科研经费十分困难，亦缺乏田野工作必需的技术设备的情况下，千方百计克服重重困难，每年用2~3个月时间只身一人到我国南方各省区进行实地考察。无论寒冬酷暑，跋山涉水，冒风雨，顶烈日，忍饥受渴，不辞劳苦。我通常是每天连续工作十多个小时，深入人迹罕至的崇山峻岭，攀登令人头晕目眩的悬崖绝壁。

1983年冬，我到湖南湘西地区和贵州黔东北山区开展田野工作，穿的名叫"解放鞋"的胶鞋，脚背和脚后跟冻开了一道道深深的血口。每天在凛冽的寒风中长时间地跋涉，常使裂口渗出鲜血，钻心般疼痛。1984年秋，我到广西大新县考察，因上山无路，只得如猿猴一样拉着绝壁上的小树或藤条在高达数十米的悬崖上荡来荡去，在没有立足之地的山岩上攀登，稍有不慎，就会摔得粉身碎骨。1985年，我到贵州黔南地区考察苗瑶族的崖洞葬，由于上山的小路早已被杂草淹没，便用双手抓住荆棘茅草登山，结果两只手的手心被划破数道血口，疼痛难忍。后来的几年到广西、贵州山区考察时，有两次因山高路险而摔伤了肋骨和小腿，尖利的碎石深深嵌入皮肉，我仍咬紧牙关，强忍伤痛，坚持工作。我开展田野工作的地方差不多全是南方少数民族的贫困山区，物质生活上的艰苦更自不待言。

十余年来，我走遍了华南许多省区，通过长期的资料积累，总算对中国悬棺葬有了一个比较全面的了解。半个多世纪以来，中外学者为探索悬棺葬的科学奥秘孜孜不倦，做了许多工作。在前人取得的成果的基础上，我沿着他们开拓的道路继续前进。《中国悬棺葬》一书不仅凝聚着我十余年来的全部心血，也包含着前人的辛勤劳动。现在我将这一成果奉献给海内外的学人，愿与他们一道，对"悬棺之谜"做更进一步的探讨。

对《中国悬棺葬》一书，我国学术界前辈大力提携，热忱扶持。近年，任继愈先生为了鼓励和支持我尽快完成悬棺葬研究，写信推荐我申请国家社会科学基金。著名考古学家、人类学家、作家、四川大学博物馆前馆长童恩正先生对我的研究也给予了极大的鼓励和支持。任老先生和童恩正先生奖掖后辈，为繁荣祖国文化事业尽心尽力的高尚品德，我当永远铭记。

我的导师梁钊韬先生多年来在极其繁忙的教学和公务中，时常关心和督促我尽快完成悬棺葬研究，并给予了不少具体指导。尤其使我终生难忘的是，1987年钊韬师不顾重病在身，让人代笔写信鼓励我立即着手书稿的写作。在他生命垂危之际，仍念念不忘我的研究工作，以顽强的毅力在病榻上仔细审阅了我已完成的《中国悬棺葬》一书的写作提纲，并提前为书稿写下了珍贵的序言。自1981年以来，我国著名的人类学家和民族史学家江应樑先生多次为我在悬棺葬研究中涉及的南方民族关系史中的一些问题指点迷津。1986年，当江先生闻讯我着手写悬棺葬研究的专著时，他老人家不顾年迈体衰，欣然为《中国悬棺葬》一书题写了书名，两年以后，应樑先生便驾鹤西去。

应樑老先生和钊韬师是我国学术界德高望重的前辈，也是我最敬爱的两位老师，他们对我的亲切关怀和殷切期望是我勇于拼搏、不断奋进的强大动力。《中国悬棺葬》一书历尽种种艰辛终于得以问世，倘若两位前辈英灵有知，定会含笑于九泉之下。

陈明芳

1991年1月于成都

第二版前言

1987年冬天，正当我在贵州省南部的荔波县大瑶山和广西壮族自治区北部南丹县交界的石灰岩山区对瑶族崖洞葬进行紧张的田野科学考察时，我得到了业师——我国著名的人类学家、考古学家、广东马坝人发现者、中山大学人类学系前系主任梁钊韬先生病重的消息，想起读研究生期间梁先生的言传身教，不仅循循善诱，而且和蔼可亲，可谓慈父恩师。我立即停止了工作，日夜兼程奔赴广州。我赶到医院时，才知梁先生已是癌症晚期，癌细胞已大量扩散，身体十分虚弱，只能靠血浆和人体白蛋白维持生命。先生对我的到来非常高兴，此时他最关心的便是我的悬棺葬研究的进展情况。

完成悬棺葬研究课题，写出《中国悬棺葬》的学术专著是钊韬先生自20世纪40年代以来一个最大的心愿。抗战期间一些著名的高等学府如同济大学，学术机构如中央研究院和故宫博物院等迁往四川宜宾附近的李庄。当时一大批著名的历史学家、考古学家、民族学家和文化人类学家云集四川，开始了对李庄不远的珙县、兴文县等地的僰人悬棺和华南地区崖葬的研究，那时梁钊韬先生正在华西大学博物馆（今四川大学博物馆前身）任民族学研究室主任，他非常关注这个具有很高学术价值的研究课题。抗战胜利后，梁先生的老师、著名的人类学家、考古学家郑德坤先生（原华西大学博物馆馆长）邀他同赴英国牛津大学、剑桥大学任教。但梁先生心系祖国，情系中华文化，遂留下来从事中国文化人类学的研究。可惜，在那个特殊的年代，梁先生一直没有机会从事被认为远离政治和社会现实的悬棺葬研究课题，直到20世纪80年代初改革开放以后，悬棺葬研究才又开始得以继续。梁先生热切地期望能在有生之年看到我的悬棺葬学术专著，但因这一课题涉及的时空跨度极大，再加上科研经费不足等客观原因，要完成它非常困难。不过，当我将早已构思成熟的《中国悬棺葬》一书的框架结构、详细写作提纲向他汇报之后，老人家仍然感到十分欣慰。在病榻上，梁先生为本书口述了极珍贵的序言，并对写作提纲亲手做了部分修改，在《中国悬棺葬》选题介绍表中还亲笔写下了高度评价。

我离开广州返回黔桂交界的少数民族山区，夜以继日，继续进行田野科学考察工作，但一个月之后，即传来梁先生与世长辞的噩耗。为了早日实现梁先生的遗愿，从那以后，我更加发奋，努力工作。1993年5月，当拙著《中国悬棺葬》面世后，我立即将该书寄给师母邓泽民教授，邓师母将拙著摆到梁先生的遗像前，以告慰老人家的在天之灵，我也为终于实现了先生的遗愿而倍感欣慰。

拙著是国内外第一部从宏观的角度全面、系统深入研究悬棺葬的学术专著，填补了人类学和考古学研究中的一项空白。问世之后，很快受到了学术界的好评和广大读者的瞩目。1993年10月15日的《光明日报》首先刊登了曲冠杰《探索千古之谜》的书评，称本书"对悬棺做了全面系统的论述，为破解悬棺之谜做了有益的探索。这是迄今为止第一部全面、综合研究中国悬棺葬的学术论著"。徐亦亭教授（《中央民族学院学报》前副主编）也认为本书"率先突破了传统的悬棺葬研究旧臼，采用民族学、考古学、宗教学、民俗学和体质人类学等多学科综合的研究方法，将有关的历史文献记载与作者自己对中国南方各地各种类型悬棺葬文化遗存的实地考察结合起来，运用历史唯物主义的基本观点，加以扎实的研究和周密的论证，令人击节叹服地揭示了中国悬棺葬的一系列科学奥秘，使中国悬棺葬研究进入了一个崭新的阶段。《中国悬棺葬》完成了总结中外学者60余年来对悬棺葬课题的研究,标志和反映今天中国学者在这一民族学和考古学研究领域遥遥领先的学术地位"[《中南民族学院学报(哲学社会科学版)》1994年第1期]。《中山大学学报》前主编吴定宇先生评论说:本书对悬棺葬的起因、文化内涵、演变、地理分布、族属及宗教底蕴等问题做了详细论述,"展现了悬棺葬研究领域的最新结果"。认为拙著"具有很高的史料价值",而且"更难能可贵的是,作者不满足书本上关于悬棺葬的记载,为进一步探索悬棺葬的奥秘,她历时十余年跋山涉水,坚持对广布在我国南方十余省区的悬棺葬遗存进行实地的田野考察,收集到大量珍贵的第一手材料,对解开悬棺葬这一千古之谜,提供了科学依据。这是最有价值的资料"。《中国悬棺葬》不仅"具有相当高的学术价值",而且"还在方法论上有重大突破",作者"坚持了十多年的实地调查,收集积累了大量的第一手材料,不仅印证和检验了历史文献的记载,纠正史料中的某些讹误,而且还补充增添了许多可靠的新发现,为后来的研究者提供了丰富的资料。……在多学科综合研究中独树一帜,拓展了悬棺葬的研究领域"(《考古与文物》1995年第3期)。此外,《中山大学学报》《南方文物》《广西大学学报》《中央民族学院学报》《中国日报(英文版）》《民族》《四川日报》《成都晚报》《四川政协报》等报刊都先后刊登了关于本书的书评和书讯。1994年6月7日，《四川文化报》刊登了记者王鹤的专访《崇山峻岭寻梦者》；2001年12月，美国《洛杉矶时报》两位记者专程来到成都对我进行采访，2001年12月31日，美国《洛杉矶时报》英文版在头版头条刊登了《中国悬棺葬的追寻者》大幅专题报道，对我十多年来甘于寂寞和清贫、全身心投入悬棺葬研究中经受的种种磨难与辛劳，独立完成学术专著《中国悬棺葬》的艰苦历程做了详细记述。

近年来随着社会经济的发展，悬棺葬以神奇、诡谲的风貌成为新的文化旅游景观吸引了众多的游客。由于考古学知识的普及，这些年文物考古的科普读物亦出版得又多又快。在商品经济大潮中，以前十分冷僻、神秘的悬棺葬很快成为旅游业和图书出版业中的一大卖点。在利益的驱动下，拙著《中国悬棺葬》也就不幸成了少数人用以攫取名利的"唐僧肉"。

从1999年以来，我在图书市场已发现多种涉及悬棺葬奥秘的作品在不同程度上存在着对《中国悬棺葬》的抄袭、剽窃。关于这一点，国学大师、国家图书馆馆长任继愈先生曾在2001年第11期《群言》中发表的《创新要有胆量，也要有科学良心》一文中谈道："科学创新要有胆量，也要讲科学良心。""用抄袭手段得到的硕士、博士学位也是假冒伪劣学位，可惜还没有一个像防止伪劣工业产品那样的专门机构，及时有效地处理这类事件。"文章充分肯定："四川民族研究所的陈明芳同志，多年研究我国西南地区的悬棺墓葬，为了收集第一手资料，有时要攀登悬崖绝壁，跋山涉水，冒生命危险，克服多种困难，用10年时间写成一本'悬棺葬'研究著作。"批评"后来，有一位从来不接触悬棺葬研究的研究者，用了不到一年的时间，也写了一本同样内容的书，出版后还得了奖"。

的确，如任老所说，拙著凝聚了我和业师梁钊韬先生两代学者的心血，几乎耗费了我后半生的全部时间和精力，也倾注了我对科学事业无比热爱的思想感情。在从事悬棺葬研究的漫长历程中，我碰到许多艰难险阻，但从未畏惧，更没有却步。在科学研究这条冷清的艰险道路上，我义无反顾，执着的孤独前行。可以说，《中国悬棺葬》不仅仅是我的智力成果，而且也已经是我生命中不可分割的一部分，因此，作为智力劳动的结晶，它可以供人共享，但绝不能被冒名顶替或侵夺。苏雅先生在《学术尊严感言》中指出："……陈明芳先生的劳动成果被公然盗用的不光彩行为，令人慨愤与不安。学术尊严是至高无上的，既然选择了学术为职业，那么就要维护学术尊严，既然投身学术研究，那么就应淡泊名利，以尽心竭力地推进学术事业为己任。总之，学术尊严是不能蔑视的，蔑视学术尊严是不道德的，也是不能不付出代价的。"（《中国文物报》2002年3月8日第8版）学术是一个民族文化的精华所在，代表着科学的进步，学术乃天下之公器，公道自在人心。我相信，在学术道义面前，抄袭者早已输定了。

值本书再版之际，除了向重庆出版社致敬以外，我特别怀念业师梁钊韬先生曾经给予我的悉心指导，特别感谢德高望重的任继愈先生对我始终如一的爱护，感谢《中国文物报》《学术界》《云梦学刊》《新民周刊》《南方周末》等报刊和"学术批评网""法律史学术网""天涯论坛·关天茶舍""新语丝"等网站为了维护中国学术共同体的尊严，在维护《中国悬棺葬》著作权的过程中给予的宝贵支持。同时对于热心读者的厚爱，我也要致以衷心的感谢！

陈明芳
2004年3月5日于成都

第三版前言

拙著《中国悬棺葬》获重庆出版社科学学术著作出版基金资助，从1992年第一版第一次印刷至今已经过了30多个春秋，其间重庆出版社于1996年4月第一版第二次印刷，于2004年4月第二次出版第一次印刷。

《中国悬棺葬》每一个版本出版以后均受到国内外读者和学术界的广泛关注和好评，它曾经是北京王府井"中国书店"的长销书，也曾经在中国一些书城的排行榜上位居榜首。2001年12月31日美国《洛杉矶时报》（英文版）在头版头条用宏大的篇幅刊登了以《中国悬棺葬的追寻者》为题的专访，对我十年如一日、孜孜不倦地从事悬棺葬课题研究给予了极大的肯定。至今我国台湾销售图书的网站"诚品线上"还保留着《中国悬棺葬》"人类学、考古学研究的案例已售完，无法购买的信息"。2004年4月当《中国悬棺葬》第二版出版以后，美国出售中文书籍的官方网站"汉林"用了拙著的封面作为它的首页。

《中国悬棺葬》不仅在国内外的图书市场受到青睐,而且还受到了国内外电视台的关注。

1993年以后,我受湖北省和四川省电视台的多次邀请,出镜参与有关悬棺葬科教纪录片的制作。2001年我接受中央电视台的邀请,出镜参与了《走进科学》栏目录制珙县僰人悬棺葬的工作。

2004年我应英国一家电视制作公司的邀请,出镜为《探索·发现》栏目制作悬棺葬的专题节目。

《中国悬棺葬》在国内外产生的社会影响,使我深感欣慰!一个人的一生非常短暂,不可能完成许多心愿,能够在自己有限的生命之中认认真真做好一件事情,已然足矣!

遍布华南和东南亚乃至太平洋群岛的悬棺葬文化,是我从1979年读研究生的时候就开始在我的恩师——中国著名的人类学家、考古学家和教育家、中山大学人类学系前系主任梁钊韬先生的指导下研究的课题,经过十余年的艰苦努力,最终以学术专著的形式予以出版。我认为,这是我几十年的学术生涯中为社会所做的最具有意义的一件事。光阴似箭,日月如梭,回想起我遵循恩师梁钊韬先生的教导,从事这一课题的研究,在不知不觉中已经过去40多年了,真是感慨无限,思绪万千,当初我还是一个不到

40岁的年轻人,而今我却已经年过八旬!

2016至2017年我参加了成都的一个非常吸引年轻人的读书会,他们都是新时代的白领,喜欢阅读、热爱历史、积极上进,富有青春活力,有很强的求知欲。我为他们开办了关于"三星堆考古文化"和"人类起源"以及"旧石器时代欧洲崖画的发现"等历史学、考古学的科普讲座,这大大激发了这些年轻人对历史的兴趣,同时他们也对我的身份感到好奇,便在网上搜索关于我的信息,终于知道了我曾经还出版过《中国悬棺葬》一书,于是应他们的要求,我又特意为他们开办了一次关于悬棺葬的科普讲座,此后他们便踊跃要求购买《中国悬棺葬》一书并希望得到我的亲笔签名。遗憾的是,之前出版的书已经难寻踪迹,我没有存书,他们在网上书城去搜索,各大书城也早已售罄。另外,一些爱好历史学和考古学的朋友也不时联系我,希望能够读到我的这一本解读"悬棺之谜"的科学著作。我想,既然不少人都对我这一本书颇感兴趣,而且还有市场需求,那就应该再重新出版一次。几年前,重庆出版社也曾经联系过我,他们准备用大16开本,以更高的规格第三次出版《中国悬棺葬》,当时我没有接受他们的出版要求。

2019年初我与四川人民出版社联系,希望与他们合作,重新出版《中国悬棺葬》,这一愿望很快就顺利地实现了。四川人民出版社对拙作《中国悬棺葬》的青睐，以及对人文科学基础研究成果的重视，最终促成了《中国悬棺葬》（第三版）出版合同的签订。

我迫切希望《中国悬棺葬》能够再次出版还有一个很重要的原因，那就是希望在自己的有生之年，把花费了多年时间呕心沥血对悬棺葬课题的研究成果、亲临实地考察的第一手宝贵资料和在全国各地搜集到的大量历史文献资料，以及我实地拍摄（也包括我从各个地方搜集到）的图片资料毫无保留地贡献给国家和社会，对于人类学、民族考古学、中国南方少数民族史等历史学科今后的持续研究能起到一个抛砖引玉的作用，为以后的学者做更加深入的研究提供坚实可靠的基础。在拙著已经出版了数年之后，我也从未间断关于它的研究和思考，因此第三版在以前的基础上做了某些订正，增加了一些文字内容，尤其是增加了许多关于中国悬棺葬的珍贵照片，也在书中随文插入了一些我实地考察的照片，让读者了解我在悬棺葬研究中付出的努力，同时还插入不少关于古代我国南方少数民族和东南亚土著民族风土人情的图片资料，尽最大努力向读者展现悬棺葬所具有的独特风貌和深厚的文化内涵，同时也增进读者对我国古代南方少数民族及东南亚一些民族历史文化的了解，开阔眼界，增长知识。

我在探索中国悬棺葬种种科学奥秘的十余年期间，到我国南方地区做了大量的田野科学考察，无论寒暑，栉风沐雨，在考察期间，经常跋山涉水、攀登悬崖峭壁，历尽艰辛，甚至多次与死神擦肩而过。

1983年冬天在湖南湘西地区和贵州黔东北地区的考察期间，我乘坐火车从湖南湘西吉首到贵州的岑巩县，下了火车已经是傍晚时分，天色灰暗，又因天降大雪，人地生疏，且无任何通讯设备。我下车的地方是火车慢车的一个小站，根本就没有站台，离岑巩县城还非常远，而接站的公交车只有一班，我背着沉重的行李没有能够赶上那一辆公交车。我孤寂一人留在荒野之中，仓皇失措！在夜幕降临时只见大雪纷飞，一片白茫茫的大地中却见不到一个人影，我完全迷失了方向！当时我那种惶恐、无助、无奈和绝望的心情，真是难以用语言形容！

1984年秋天我到中越边境的大兴县做田野科学考察，为了观察和记录悬崖峭壁上的悬棺葬，我冒着生命危险，跟着当地的年轻人，仅仅依靠双手抓住悬崖上的藤蔓和崖缝中长出来的小树枝，悬空向上攀登，因为体力不支差点掉下悬崖摔死。

1988年6月我在长江三峡地区的巫溪县悬棺葬分布最密集的荆竹坝进行实地考察时，遭遇了大的雷暴雨，在那一片广阔的荒郊野外，没有任何可以让人躲避的地方，震耳欲聋的雷鸣声和巨大的闪电令人心惊胆战！就在我感到非常惊恐之时，突然有一个巨大的火球落到我和巫溪县文管所工作人员黎明跟前，我们差点被雷电击倒！紧接着便是长时间的倾盆大雨，把我从头到脚彻底浇透，如同落汤鸡。

我去做田野科学考察的山区极为偏僻闭塞，交通很不方便，而且路况非常差，那些狭窄的山间公路在高山峻岭上盘旋，通常也只能有一辆汽车通过。尤其是在四川、湖北、湖南三省交界的深山地区每去一个地方乘长途汽车至少都要八九个小时或者更长的时间，从早上七点出发，正常情况大约下午四五点钟可以到达目的地，一路上不得不忍饥受渴。1988年6月我从湖北恩施乘汽车去利川县，早上七点出发，汽车到达山顶时突然发生故障，车子停在荒山野岭，前不着村后不着店，也没有树荫，司机无法修理，于是20多个乘客只能下车等待，有其他车辆路过时请求帮忙，烈日当空，晒得人头昏眼花，又渴又饿。不知道过了多长时间，终于等到了一辆路过这里的汽车，两个司机也花了很长时间才把车子修好，汽车到达利川已经是晚上九点多钟，此时这个偏僻的小市镇所有店铺都关了门，根本找不到吃饭的地方。街上灯光昏暗，甚至几乎就没有路灯，让人摸不到方向，我又累又饿，一路跌跌撞撞，只得胡乱找了一个很破旧的小旅馆住下。还没有来得及休息，在那个旅馆却遇到了几个极蛮横不讲理的混混，吓得我赶紧报了警，也害得我那一整夜都无法入睡，一直处于惊吓和惶恐之中！

我在中国悬棺葬长达十年的田野科学考察中经历了太多的生死考验，也历尽了种种艰难困苦。《中国悬棺葬》一书凝聚了我太多的汗水和心血，从某种意义上讲，它是我用生命完成的一项科学研究成果，《中国悬棺葬》不仅积累了大量田野科学考察的第一手文字资料，也拍摄和搜集了全国各地许多关于悬棺葬考古遗存的照片。那些照片绝大多数拍摄于20世纪80年代，40多年过去了，我国华南地区悬棺葬文化的考古遗迹由于岩石的风化和棺木经历数百年的风霜，日晒雨淋等自然的因素，保存下来的越来越少，同时也由于经济的高速发展，劈山开路、修建水库以及房地产开发的需要等等，不少悬棺葬的考古遗存都遭到了严重损毁，或者被水淹没，或者遭受人为破坏。

在一些保留悬棺葬较多的地方也因当地需要石料生产水泥或者修建房屋之需，用炸药开山取石，这对于历经了几百年甚至上千年的悬棺葬文化遗迹造成的破坏更具有毁灭性。那每一个爆炸的声音都让我感到震颤和锥心的疼痛！我曾亲自打电话向相关部门反映过这种文物险遭破坏的情况，但是处理并不理想。不难想象，在若干年以后我们还能看到多少悬棺葬这一独特考古文化的真实面貌？后继的研究者还能获得我那么多实地考察的第一手文字资料和我几十年前拍摄和收集的那些图片资料吗？因此，现在第三版《中国悬棺葬》里我多年来实地调查的文字资料和大量关于悬棺葬的图片资料就显得弥足珍贵，它们是今后难以获取和复制的宝贵资源！

可以说，今后悬棺葬的研究者能够在理论研究上超越我，但是在实地考察的文字资料和图片资料方面却再也难以将我超越，因为经过几十年或者更长的时间以后，由于自然和人为因素的破坏，真实的悬棺葬遗迹只会越来越少，甚至几乎消失，研究此课题的客观条件也愈发不存在。而且，以后也不太可能还有人愿意用十多年的时间静下心来，无畏酷暑严寒，行程数万里，走遍穷乡僻壤和荒山野岭，忍饥挨饿，攀悬崖，涉急湍去做异常艰苦的田野科学考察了，就算是真有如我这般对科学真理有执着追求的人，即使他们愿意再花很多的时间和精力去找寻，也都不可能获得像《中国悬棺葬》中那么丰富、鲜活的第一手资料了！这便是本书中最大的一个亮点，也是《中国悬棺葬》再出第三版的重大意义和它的价值所在。

在这里我要特别指出，近年来当中国悬棺葬以它神奇、诡谲的风貌吸引着广大世人的目光，成为新的文化旅游景观之后，一些曾经有过悬棺葬遗迹的地方为了发展当地的旅游经济，在千百年前的悬棺葬已经遭受损毁之处的悬崖峭壁上，甚至根本就没有悬棺葬的地方重新开凿方孔，插入木桩，把现代制作的棺材放在上面，或者在原来悬崖上存放过悬棺的山洞及古人开凿的人工方穴中放入近年制作的棺材，以假乱真，误导社会公众。这种做法大大地破坏了悬棺葬文化独特的历史文物价值，是非常不可取的！也是一种不尊重历史、不尊重我们的民族文化遗产和文化极不自信的表现。

还需要特别说明的是，四十多年前尽管我非常认真、扎实地在全国各地进行田野科学考察，但很遗憾的是当时缺乏影像拍摄的照相机，更没有长的变焦镜头，对于那些在上百米，或者数百米的悬崖峭壁上极其珍贵的悬棺葬遗迹更谈不上用无人机进行拍摄。我工作的研究所没有这样的技术设备，我也不具备购买照相机和变焦镜头的经济条件，因此很多地方保留在临江河或距地面几十米、上百米的极珍贵的悬棺葬遗迹都没有作为影像资料记录下来，因此关于中国悬棺葬的照片在拙著中仍然有相当大的缺失。

关于拙著《中国悬棺葬》的学术价值，在前两次出版以后国内外报刊已经多有报道，但是《中国悬棺葬》第一次的出版却经历了非常艰难的过程。想当年，我的田野科学考察结束之后，废寝忘食地完成了书稿的写作，但那时候开始，我国的新闻出版业逐渐转变成了商业性机构，凡书籍的出版大都必须给出版社数万元钱的出版补贴，我联系了几个国家级的出版社，均被告知至少要5万元人民币的出版补贴，这对于当时只有区区几十元工资的我，无疑是一个巨大的天文数字。

1988年国家社会科学研究基金办公室成立，学术界的朋友建议我去申请国家社会科学研究基金，用于《中国悬棺葬》的出版。我的校友、毕业于中央民族学院历史系、中国社会科学院宗教研究所的李冀成先生向我提供了当时任北京图书馆馆长任继愈先生的电话号码，鼓励我向担任国家社科基金评委的任老先生求助。

1988年冬天我正好在北京搜集有关悬棺葬的文献资料，于是鼓起勇气到北京图书馆拜见国学大师任继愈先生，任老先生耐心听我讲述了研究悬棺葬课题的艰苦过程及其学术价值以后，又仔细看了我带去的关于悬棺葬实地考察的一些照片，他欣然表示将在来年推荐我申请国家社科基金。

1989年4月初遵从任继愈先生嘱托的国家社科基金办公室工作人员给我寄来了申请国家社科基金的资料，不久任老还给我寄来了他的推荐信，他在1989年4月12日的推荐信中写道："陈明芳同志从事悬棺葬研究多年，积累了丰富的第一手资料，她具有独立研究的能力。这一科研项目如能得到国家的资助，使之继续完成，不至中断，对我国这一领域的科学发展将起推动、鼓励作用。我愿作这一申请的推荐人。"

因为申请国家社科基金必须有两个以上的推荐人，1989年4月我又亲自上门拜见国内外知名的文化人类学家、考古学家、作家——四川大学博物馆原馆长童恩正先生，请求他也做我的推荐人，童恩正先生很高兴地答应了，他在我的"悬棺葬研究课题申请表"中写道："陈明芳同志所进行的有关悬棺葬的综合研究，是从宏观方面对悬棺葬的民族的分布、迁徙、社会背景、文化习俗等方面进行全面探索的可贵尝试。作者利用当代考古学、历史学、民族学、宗教学、生态学的资料，从各个方面围绕这一主题作出研究，从而突破了传统民族学研究的窠臼，在研究方法上开辟了新的途径——综合和比较的途径。陈明芳又是一位女学术工作者，在中国学术界男多女少的现状下，对于一位不辞辛劳，长年坚持野外工作，有事业心的女性理应予以优先照顾。"

尽管有任继愈先生和童恩正先生这两位大师在当年大力推荐，遗憾的是，1989年我申请国家社科基金没有通过。虽未获得国家社会科学研究基金的资助，但是任继愈先生和童恩正先生对我国科学文化事业的高度责任感，提携学术晚辈，为推动科学研究所做的努力却使我终生难忘。

《中国悬棺葬》的出版过程中还得到了我的恩师梁钊韬先生和学术前辈江应樑先生的大力支持，他们为这本书也付出了不少心血。

我国著名的人类学家、民族学家、西南边疆少数民族历史研究的开拓者江应樑先生曾经是我的硕士研究生毕业论文答辩委员会主席，从我论文答辩时起，江应樑先生就一直关注我的悬棺葬课题研究。1986年江应樑先生到成都参加学术讨论会期间，提前为我题写了《中国悬棺葬》的书名，而且书写了横排和竖排两种款式便于选用。1988年江应樑先生与世长辞，江应樑先生为我题写的书名，字体遒劲有力，隽秀大方，后来用在《中国悬棺葬》重庆出版社1992年的第一版和2004年第二版的扉页上，现在的第三个版本封面上的书名也是江应樑先生的墨宝，江先生题写的书名为《中国悬棺葬》一书增色不少。

1987年10月我在广西和贵州交界的瑶族地区废寝忘食地考察那里的崖洞葬期间，突然得知我的恩师梁钊韬先生病重、病危的消息。回想起梁先生对我的谆谆教诲，在科研道路上的悉心指导，以及他对我的慈父般的关怀和爱护，我急忙停下工作，日夜兼程，奔赴广州。此时我的恩师的生命已经危在旦夕，他完全依靠输血来维持生命！我看着他极度消瘦的身体，心里非常难过，然而梁先生见到我却很高兴。当时我觉得对他很是愧疚，因为他生前最希望的事情是看到我的学术专著《中国悬棺葬》的出版，完成悬棺葬研究课题是他老人家一生的夙愿，但是我让他深深地感到遗憾……

在此期间，与我同一届毕业的中文系研究生、中山大学出版社的王家声同学建议我，请求梁先生在他生前为我的《中国悬棺葬》一书，提前写一篇序言。因我的恩师病情非常严重，我不忍心让他操劳，很是犹豫，在征求了我的师母邓泽民教授的意见并且将我的请求转告梁先生之后，尽管他老人家已接近生命的尽头，他仍欣然为我提前写了一篇序言，与此同时为了我的学术著作能够顺利出版，梁先生还特意在出版社选题介绍表中给《中国悬棺葬》选题作了高度评价："《中国悬棺葬》一书是国内外第一部深入、系统研究我国悬棺葬的学术专著，它以大量实地调查的第一手资料结合历史文献记载，科学地阐述了我国悬棺葬及其相似的考古文化——崖洞葬的地理分布、文化内涵、年代和族属，并进行了比较研究，通过研究对我国南方一些少数民族的来源、民族迁徙、民族关系以及民族融合的规律作了很有益的探讨。《中国悬棺葬》一书是对中外学者五十多年来研究悬棺葬课题的科学总结。"

这篇珍贵的序言和对悬棺葬选题的高度评价是我和中山大学人类学系的一个博士生在梁先生的病榻前，由先生口述，我们记录整理，再经过梁先生亲笔认真修改最终完成的。一个多月以后我的恩师梁钊韬先生与世长辞，梁先生对我的厚爱我将永生永世铭记！

当我与多个出版社联系出版《中国悬棺葬》都遭受挫折之后，重庆出版社独具慧眼，他们决定用科学学术著作出版基金资助全部精装出版此书。1991年，当我把《中国悬棺葬》的书稿交给重庆出版社时，责任编辑王飞先生建议，请曾经给予我极大支持和鼓励做悬棺葬研究课题的任继愈先生为这本书写一篇序言。让我去请求我国学术界一个大师级的人物为拙作写序，我觉得很不可思议。过了一段时间，几经犹豫之后我还是写信将我的想法告诉了任继愈先生，出乎我的预料，任老再一次欣然同意了，并且很快就寄来了他老人家为拙著《中国悬棺葬》写的序言。任继愈先生在《中国悬棺葬》一书的序言中对我的研究工作做了很高的评价，充分肯定了我付出的辛劳，同时也鼓励我再接再厉，在已经取得的成绩上继续前进，把悬棺葬的研究更进一步地深入下去。

江应樑先生为《中国悬棺葬》题写的书名，任继愈先生撰写的序言，以及我的恩师梁钊韬先生在生命垂危之时提前为之撰写的序言，全都体现了我国学术前辈对我的极大鼓励和支持，不仅是我个人的宝贵精神财富，而且也是他们对中国学术界后辈的支持和鼓励，是一种对社会科学基础研究后继有人的殷切期望，希望从事学术研究的人都能够踏踏实实，静下心来认认真真地做学问。我也希望通过《中国悬棺葬》（第三版）的出版，把中国学术界前辈的美好愿望传达出去，传承和发扬中国学术界的优良传统。

以上几位大师早已驾鹤西去，值拙著《中国悬棺葬》第三次出版之际，我深切地怀念他们，谨再次向他们致以最诚挚的感谢和崇高的敬意！

与此同时，我要衷心感谢重庆出版社用科学学术著作出版基金资助并于1992年和2004年两次出版并重印了拙著《中国悬棺葬》，也非常感谢拙著的第一版责任编辑王飞先生和第二版的责任编辑曾海龙先生，感谢他们为拙著的出版付出了大量心血。我还要由衷地感谢四川人民出版社为拙著提供的第三次出版机会，感谢促成第三版出版的封龙先生和邓永勤女士，尤其感谢封龙先生对本书的精心策划，感谢责任编辑李沁阳女士和特约编辑邓永勤女士对本书付出的辛劳。特别感谢邓永勤女士花费大量时间和心血查阅和核对了书中一部分文献资料。

真诚地感谢为拙著的写作和出版曾经热忱帮助和支持我的学术界同仁以及其他朋友。2025年1月，湖北省巴东县博物馆馆长黄宇先生和前任馆长向勇先生为本书提供了大量关于长江三峡巴东县龙船河等地悬棺葬最新的考古学资料，这些珍贵的文字和图片资料丰富了《中国悬棺葬》（第三版）的内容，我谨向黄宇先生和向勇先生表示深深的感谢，并对他们追求科学真理的精神表示钦佩！

与此同时我还要衷心感谢我的家人和读者给予我的厚爱和鼓励，这是我在科学研究的道路上不断进步的强大动力。

我希望《中国悬棺葬》的第三版能够像前两次的版本一样受到广大读者的欢迎，通过它的传播，使国内外更多的读者了解博大精深的中国历史文化，增强我们的民族自豪感和文化自信心，使我们优秀的民族文化得以传承并发扬光大。

陈明芳

2020年5月第一稿

2025年1月第二稿

目 录

第一章　绪论 001
　一、葬俗的产生 001
　二、悬棺葬研究的由来 013
　三、悬棺葬的命名 016
　四、悬棺葬的起源及其反映的宗教观念 019
　五、悬棺葬研究的意义 039

第二章　中国悬馆葬的地理分布 043
　一、福建 043
　二、江西 057
　三、浙江 063
　四、台湾 065
　五、湖南 067
　六、湖北 089

七、四川 105

八、贵州 151

九、云南 155

十、广西 158

第三章　中国悬棺葬的文化内涵 166

一、葬地的选择 166

二、悬棺葬的类型 170

三、悬棺葬的葬具 175

四、悬棺葬中的随葬物品 179

五、悬棺葬的葬制和葬式 207

六、悬棺葬与崖画 216

七、悬棺葬棺木的升置技术 218

第四章　中国悬棺葬的年代和族属 236

一、福建、江西、浙江、台湾地区悬棺葬的年代和族属 237

二、川鄂长江三峡地区悬棺葬的年代和族属 243

三、湘西、鄂西、川东南、黔东北和湖南澧水流域悬棺葬的年代和族属 252

四、川南、滇东北金沙江流域悬棺葬的年代和族属 283

五、湘东南、桂北湘江流域悬棺葬的年代和族属 305

六、广西左右江流域悬棺葬的年代和族属......310
七、悬棺葬的流传......317

第五章　中国南方地区的悬棺葬与崖洞葬......358
一、中国崖洞葬的地理分布......358
二、中国崖洞葬的文化内涵......373
三、崖洞葬的年代和族属......379
四、崖洞葬的起源及其反映的宗教观念......384
五、崖洞葬与悬棺葬之间的关系......387

第六章　中国与东南亚悬棺葬之比较研究......396
一、东南亚地区悬棺葬的分布、年代及其族属......396
二、中国和东南亚的悬棺葬之间的关系
　　——华南和东南亚古代民族及其文化的同源性......415

附录一　我国南方地区悬棺葬与崖洞葬之比较研究......559
一、崖葬、崖墓、悬棺葬与崖洞葬的命名......560
二、我国悬棺葬和崖洞葬的文化内涵......562
三、我国悬棺葬和崖洞葬的族属......566
四、我国悬棺葬和崖洞葬的年代......568
五、我国悬棺葬和崖洞葬的起源及其反映的宗教观念......569
六、我国悬棺葬和崖洞葬之间的关系......575

附录二　中国悬棺葬研究回顾
　　——纪念中山大学人类学系前系主任梁钊韬先生....581
　　一、我国历史文献中关于悬棺葬的记载.................582
　　二、悬棺葬研究的意义.................................583
　　三、中国悬棺葬研究的几个阶段.......................584
　　四、中国悬棺葬研究中各种不同观点...................587
　　六、中国悬棺葬研究成果已转化为社会生产力.........596
　　七、中国悬棺葬研究中有待深入探讨的问题...........597

附录三　深切怀念我的恩师
　　——中山大学人类学系前系主任梁钊韬先生............599

附录四　中国悬棺葬考察纪实..........................620

附录五　中山大学研究生毕业论文....................633
　　简　目..633
　　论文内容提要...634

附录六　作者部分论著目录............................636
　　学术论文..636
　　科普文章..639

附录七　《中国悬棺葬》第一版出版后的部分书评
和书讯 642

第一版后记 644

第二版后记 647

第三版后记 652

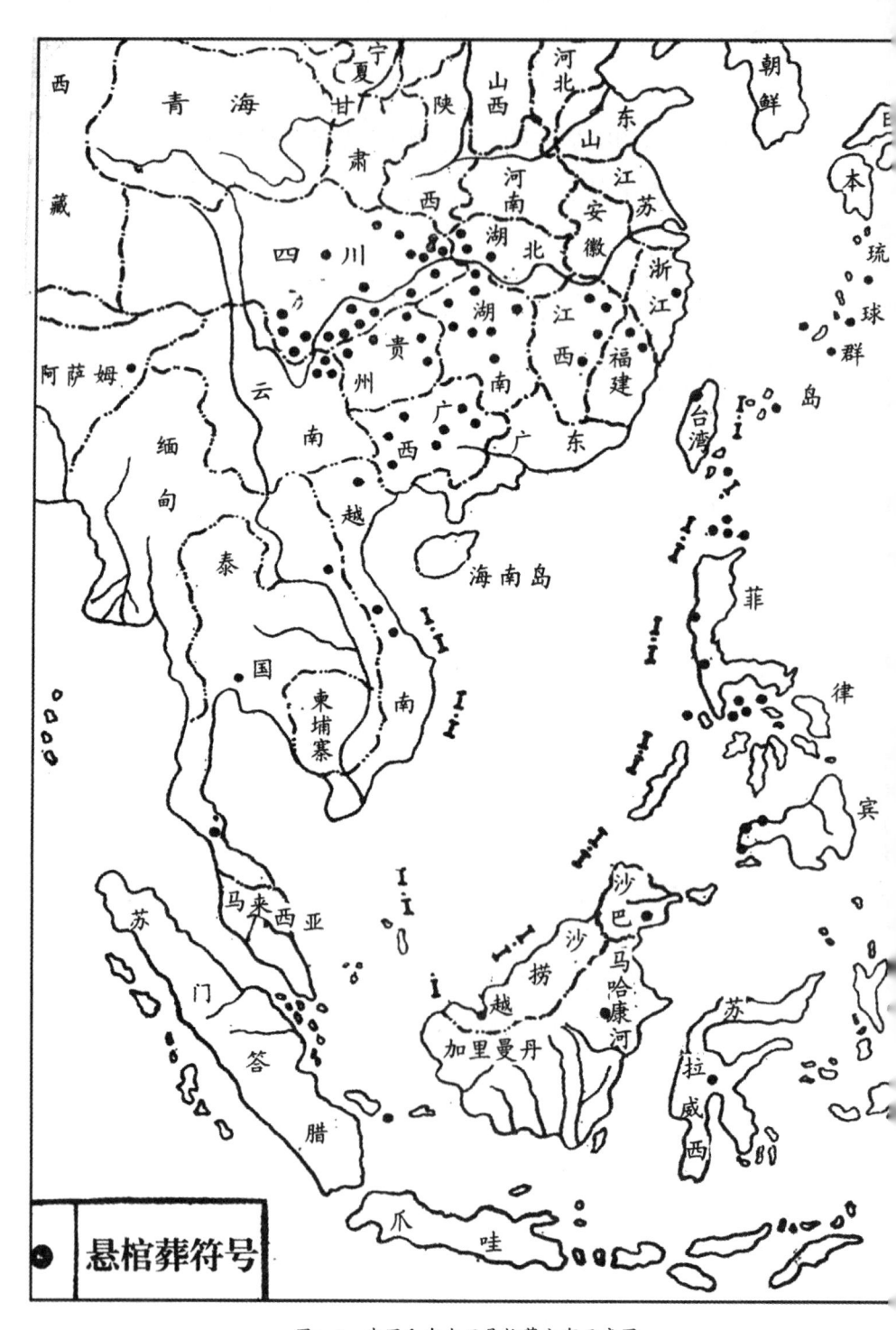

图1-1：中国和东南亚悬棺葬分布示意图

第一章 绪论

一、葬俗的产生

（一）丧葬是灵魂观念的产物

丧葬习俗是人类文化的一个侧面。人终有一死，这是不以人们意志为转移的客观规律。在所有的生物中，唯有人类才知道自己是一种会在时间中走向末日的生物。只有人才能预见死亡，对死亡有自我意识，使人类高踞于一切动物之上。

人死以后必然涉及对尸体的处理。在远古时期，人类刚从动物界脱离出来，智力尚处于茫昧时期，人死了，人们如同野兽一样对待自己的同伴，抛尸荒野。《周易·系辞》："古之葬者厚衣之以薪，葬之中野，不封不树，丧期无数……"这是鬼魂崇拜产生之前人们对尸体的处理情形，当时人们把尸体抛弃在荒野之后，只是在尸体上盖上些树枝，不积土为坟，也不种树为记，更没有规定什么丧期的日月限数。

随着社会生产力的发展，大约在十多万年前的旧石器时代中期，人类产生了万物有灵的原始宗教观念。这时，人们对于死亡的看法便认为是灵魂与肉体的分离。既然灵魂在人死之后可以离开肉体而继续活着，那么就没有理由去设想它本身还会死亡，于是产生了灵魂不死的观念。人死了，只是生命的终结，而死者的灵魂却依然存在，并与他生前所在的群体保持着密切联系，于是灵魂状态成了人生状态的继续，灵魂世界成了人生世界的补充。

当灵魂观念产生以后，人们就以为死者的鬼魂能够单独存在，如同活人一样生活，并且具有人们同样的愿望，仍能干预人世，祸福于活人。因此人们不但以当时的生活条件和要求来虚构鬼魂世界及它们的生活方式，而且把自己的本质和心理状态都附加给鬼魂，希望通过葬礼，用满足鬼魂种种要求的形式来达到自我安慰和取得信心的目的。

人们认为死去的只是作为物质的肉体，而人的灵魂却是永恒存在的。尸体是死者灵魂的依托，对尸体的处理得当与否，常常被人们想象成能引起鬼魂喜怒的问题，为了安抚鬼魂，使它给人们带来好处，或者至少不给人们带来灾祸或者其他的麻烦，人们就根据当时的生活状况和设想来处置尸体，尽一切可能让它在人们看不见的另一个世界感到安乐和舒适。这样一来，丧葬礼仪便被人类当作是处理活人与死人之间关系的一个重要措施。于是人们想出了许许多多对待死者亡魂和处理尸体的方法，由此世界上产生了形形色色的葬礼和葬俗，这就是丧葬的起源。

从考古学资料来看，欧洲旧石器时代中期距今大约10万～4万年前莫斯特文化的创造者尼安德特人已有了安葬死者的习俗，并且有一定的埋葬方式。1908年，在法国莫斯特山洞遗址发现的一座浅穴墓，死者为一青年，他的头部搁在右肘上，左手向前伸展，身旁有经过加工的燧石，还有烧过的牛头骨残骸。在同一遗址还发现一座椭圆形的小墓，内有一刚出生的小孩的遗骸，随葬品有燧石工具，墓上还覆盖着三块大石。在其他一些尼安德特人的遗址中，发现了死者遗骸的安放常常是头东脚西，或者侧身屈肢，像睡眠的姿势。苏联乌兹别克的切舍—塔什洞发现的尼安德特人小孩遗骸，头骨周围安放6对山羊角，排列成一圈，有的学者认为当时曾对这个8岁的儿童举行了葬礼[1]。

在法国的多列尔都岩洞发现一具成人遗骸，安置在一张平放的石床上，用其他石料覆盖，石料上再盖以沙子和灰。同石料混合在一起的有许多石核、石片和刮削器，还有动物的骨头（主要是熊骨和鹿骨）。附近还有1具棕熊的尸骨，放置在人工掘成的墓穴中[2]。

尼安德特人以后的丧葬遗址，在世界各地都有发现。大约

---

[1] 林耀华主编《原始社会史》，中华书局，1984。
[2] 吕大吉主编《宗教学通论》，中国社会科学出版社，1989。

18000年前我国旧石器时代晚期的北京山顶洞人也有了丧葬习俗。山顶洞人洞穴的一侧有一块葬地，发现了3具人骨架，死者身上有一些石珠、钻孔兽齿、骨坠等装饰品，另有燧石石器。山顶洞人遗骸周围撒有含赤铁矿的红色粉末。

民族学资料表明，近代处于原始社会的一些氏族部落，认为红颜色表示鲜血，血是生命的来源和灵魂寄身之所，生者给死亡的氏族成员随葬物品，是为了让他在另一个世界过着与人世间一样的生活。

苏联莫斯科东北部的逊戈发现两万多年前的男人和小孩遗骸，身上撒有红色赭石粉。成年男子身上还有3000颗珠子，可能是镶缀在衣服上的；小孩在埋葬时穿着衣服、裤子和鞋子；此外，还有兽齿、猛犸象牙和石珠等装饰品[①]。

丧葬开始于旧石器时代中期，大约到旧石器时代晚期遍布于世界各地。为了抚慰亡魂，达到取悦它的目的，世界上各民族根据自己不同的经济生活和所处的地理环境，从各自的宗教信仰出发，采取土葬、水葬、火葬、天葬（尸体让鸟兽食尽）、树葬、风葬等多种丧葬形式处理死者的尸体。于是世界上产生了五花八门的丧葬习俗。有的葬俗虽然奇异，却使人类文化更加丰富和多姿多彩。

---

① 林耀华主编《原始社会史》，中华书局，1984。

（二）形形色色的葬俗

人类处理尸体的方法很多，但归纳起来不外两种，一种是把尸体销毁，一种是保存起来。在早期，人们把尸体随便抛弃或者把尸体吃掉。华南某些少数民族在远古时代有分食老人尸体的习俗，如早期广西南丹县的瑶族[①]。

非洲有的民族把死者尸体宰割了给亲人吃净，称为"人腹葬"[②]。

澳大利亚南部、东部和东北沿海的一些部落由死者的亲属吃掉尸体的一部分[③]。苏门答腊的峇塔人是很高等的民族，根据已有文字及书籍，也有吃人习俗，其目的是为孝道，他们以隆重的仪式、恳挚的孝心吃掉他们老年父母的肉[④]。

1957年，美国儿科病专家卡顿·格杜锡教授听说新几内亚东部高原某土著民族中流行着一种怪病。这种病常在10～40岁的人之间发生，开始时病人毫无感觉，之后逐渐手足震颤，说话含糊不清，有的病人手舞足蹈，完全控制不住自己，以致大多数病人在一年之内死亡，当地人称之为"枯鲁病"。经格杜锡亲赴新几内亚调查研究，发现死者脑里的神经细胞大量死

---

① 笔者在广西壮族自治区南丹县做民族调查时所获当地白裤瑶关于崖洞葬来历的传说。
② 林惠祥：《文化人类学总论》，商务印书馆，1933。
③ 林耀华主编《原始社会史》，中华书局，1984。
④ 林惠祥：《文化人类学》，商务印书馆，1934。

亡。他历尽千辛万苦，终于揭开这种病的传染途径，原来这个民族的风俗是人死后，送葬的亲属要分食死者的遗体，特别是脑子，因此在吃病死者脑子时，病毒便通过消化道等途径传染给死者亲属。格杜锡教授的医学研究成果挽救了新几内亚东部土著民族众多人的生命，格杜锡因他卓越的贡献获得了1976年诺贝尔医学奖，同时由于他和他的同事们的努力工作，该民族的人改变了食死尸的习俗，"枯鲁病"已趋向消灭[①]。

在较晚时期，将尸体销毁的葬法还有火葬、天葬以及水葬等。美拉尼西亚人盛行各种形式的水葬，如把尸体沉到水中，或将死者尸体放入小船，再将船放到海上，等等。印度尼西亚巴厘岛上的巴厘人实行火葬的风气比印度人更甚，在举行了盛大的葬礼以后，把尸骨火化，然后将骨灰严肃地抛向大海，任其漂流。

我国蒙古族牧民实行一种野葬，又称为露天葬。蒙古族人断气后，其尸体被放置于木轮车上，由亲属拉着跑向荒野，直至尸体落地为止，随后任狼或鹰将尸体吃光或啄光，以尸体被吃净为吉祥。过些日子若发现尸体仍在，便视为不祥之兆，必请喇嘛念经"超度"，方能使死者鬼魂脱离苦海。野葬是人类处理尸体最原始、最古老的方式，后来加入的宗教仪式显然是受后世佛学的影响而掺杂进去的。东非地区许多牧人部落也是

[①] 1983年10月，笔者在秀山县街头所见四川省秀山县防疫站编《医学会资料》第70期。

将死者尸体简单地抛弃于荒野。

流行于藏族、少数门巴族和裕固族中的天葬，是将死者尸体切块，骨头砸碎抛给雕鹰、乌鸦等啄食，直到吃光为止，因而又称鸟葬或天葬。这种天葬的产生可能与佛教的传入有关，即死者的遗体被飞鸟食尽，他们的灵魂便随着飞鸟的翱翔升入了天堂，天葬在藏族人心目中被认为是一种吉祥的葬式。

人类保存尸体的方法也多种多样，埋葬法是较早使用的保存尸体的方法，例如把尸体埋在地面上，用土覆盖；或埋在石洞中；或埋在地下。后一种较晚，但也是最普遍的葬法。古代埃及人和秘鲁人为了长期保存尸体，采取防腐法，把尸体做成木乃伊；澳大利亚人和美拉尼西亚人也用这种方法。

风葬也是保存尸体的一种葬法，在世界上许多民族中流行。树葬、崖葬均属风葬。

澳大利亚北部和西部的部落在树中埋葬死者，或者葬在伸入高空的架子上。或者像在维多利亚州那样，把死者遗体放在洞中休息，遗体可以放在日光中或火中使其干却，然后置于树上或空心的树干之中[①]。易洛魁人和其他印第安部落用尸架，把尸体放在树立有四根柱子的尸架上面。我国鄂伦春族和鄂温克族过去行风葬，把尸体架在树上，人们认为尸体在空中停留的时间越长越好。悬棺葬其实也是风葬中的一种丧葬形式，即将

---

① ［德］利普斯著：《事物的起源》，汪宁生译，四川民族出版社，1982。

死者尸体置于悬崖峭壁上，在空气中干枯，从而得以保存。

从世界各地的情况来看，土葬和水葬是比较古老的葬俗。一般认为，古代在山野生活或者进入农耕阶段的民族大多实行土葬，在海洋岛屿地区生活的民族采取水葬。

一次葬是较为古老的葬制；二次葬是在采取埋葬、风葬、火葬等方式，对尸体做过二次以上的处理，待死者尸体的软组织皮肉腐烂，或将尸体烧掉或者食尽，仅剩骨骸，再重新安葬的一种葬制。二次葬对尸体的处理过程和丧葬礼仪远比一次葬复杂，应是较晚的葬制。

我国南方地区如台湾、福建、广东和广西的汉族和壮族，自古以来比较流行二次葬。人死后即棺殓入土埋葬，待三五年尸体腐烂后再择吉日，发塚开棺，捡取骨殖，将骨头擦洗干净、晾干，再按照次序分头、颈、胸、腰、下肢装入特制的陶瓮。这种二次葬又称二次洗骨葬或二次捡骨葬，在我国南方古代越、僚系统的民族中甚为流行，至今在福建、广东、广西的农村地区还保留此种葬俗。1981年春天我们去广东南海县西樵山做考古调查，当地农村的房屋背后便放置着二次葬的陶瓮。二次洗骨葬不仅在华南地区流行，在东南亚的半岛和海岛地区亦相当流行。

关于二次葬的宗教意义，一些学者认为，人类的死亡是分两次完成的。法国学者赫茨在20世纪初，对加里曼丹岛的二次葬进行深入研究之后写道："在正常情况下，死亡不过是个人暂时离开人类社会而已。这种'离开'产生了由生存者的可见社会进入死亡的、见不到的社会的过渡。在其亲属举行葬礼的过程中，生者哀悼死者，最后视为一种社会现象的死亡包含了心理上的分裂和愈合的两重过程。只有当这一社会能够战胜死亡恢复平静生活时，这一过程才算是完成。只有在第二次葬以后，死才认为是完全的。"法国著名人类学家列维-布留尔指出："可以认为，这第二次仪式（意指二次葬俗——引者）的主要的（即使不是唯一的）目的是要彻底断绝那个死者仍能够与社会集体生活的互渗的联系。这第二次仪式，或者视情况说，这个终结仪式使死完成，使它成为完全的死"。换言之，"当终结仪式结束了丧葬时，个人的死就在他与生前所属的社会集体的关系彻底断绝的意义上完成为完全的死了"。这就是二次葬俗的原始意义[①]。

（三）丧葬习俗反映的宗教意识是对死者亡魂的敬畏和事死如事生

一个人的死，被认为是这个人的最大不幸，同时对于他生前联系着的社会群体来讲亦是一个危机。社会群体中的一个成员离去，打乱了它原有的平衡，活着的人们必须重新调整和恢复它的平衡。由于人们认为死者亡魂具有祸福人类的双重性

---

① 容观琼：《从民族志资料看二次葬俗的渊源》，中山大学出版社，1987，第71页。

质，人们对死者亡魂存在着既崇敬又恐惧的矛盾心理，必须通过一系列的丧葬礼仪安顿和抚慰死者灵魂，重新与过去和他们有过感情联系的死者建立友好关系，使死者亡魂安心于另一世界的生活，不至于再在人间四处游荡，扰乱活人的生活。

世界上所有的丧葬习俗反映的都是人类关于肉体死亡和灵魂不死的极其矛盾而又复杂的思想意识。人类希望死者不死，但又害怕死者复生，灵魂不死的观念比肉体必死的观念更为可怕。死亡发生以后，死者的处境是：对自己来说是痛苦的，对今后避免接触他的人来说又是危险的。人类群体认为，死去成员的鬼魂既是他们祈求其保佑的对象，又是恐惧的对象。由于死者已不再是社会中的成员，因此人们必须设法疏远他，在丧葬礼仪中表现出一种敬而远之的态度。据笔者实地调查，如贵州省荔波县瑶麓乡实行崖洞葬的瑶族人，他们既希望鬼魂福佑活人，但又怕鬼魂再度回到村寨或家中伤害活人。他们抬尸体到远离村寨的山洞中安葬的时间是傍晚，天色快黑的时候，而且还不能从活人行走的路上通过，必须在荆棘杂草中穿行，以此迷惑鬼魂，使其认不出回家的路。以至于抬棺入洞的人，有时才将棺木抬至洞口便扔下棺木，急忙逃离葬尸山洞，因此贵州荔波县的瑶族崖洞葬许多殓尸棺木都被堆放在崖洞口外。广西北部南丹县里湖乡的瑶族上山埋葬死人之后，在返回村寨路口时要烧一些杂草或布片，并将打碎的陶片弃于路口，表示禁绝鬼魂进入村寨，以免它纠缠活人。

一切安置和照顾尸体的方法，并非单纯关心死者的福利，而是人们害怕死者恐吓或伤害那些比他们寿命更长的人。

为了制止鬼魂返回家中和村子里扰乱活人，使尸体留在坟墓中的方法很多。塔斯马尼亚人把尸体捆缚起来以防止其移动；澳大利亚人用矛把死者颈部钉在空树做的棺材上或者葬后再把整个树棺付之一炬。为了劝诱死者留在墓地，亲友们试图使他的新家尽可能舒适。澳大利亚人威梅拉部落，一个英俊的年轻人被葬在坟墓中，本部落的人认为，当11月阴冷雨水落进去时，他"太不舒服了"，朋友们把他挖出来给以较好的葬处，即放在一棵空心的树中，为了他的"舒适"而永远把树封闭起来。此外，还要以言辞和允诺对死者表示敬意。但活人在做了这些姿态后，须尽可能快些跑开，以免给以前的同伴有任何纠缠自己的机会①。

我国独龙族认为死人下葬三天后，必回家一次，届时要请来巫师"南木萨"举行驱撵亡魂的仪式"达布"，杀鸡、猪供祭于坟头，巫师手持供亡魂行路的棍杖等念道："你已经死了，在'格孟'那里你像摘黄瓜一样被摘掉了！这里不是你在的地方，你回去吧！酒、肉、饭都抬给你了，不要来到家里捣乱，好好地回到'阿细默里'（灵魂居住的地方）让大家都平平安安吧！"如果第一次送撵亡魂不久，死者的"阿细"（灵

---

① ［德］利普斯著：《事物的起源》，汪宁生译，四川民族出版社，1982。

魂）复又回来，还得再撑一次。届时，仍杀鸡、猪供于坟地，"南木萨"令死者家属拿上木棍棒在坟地四周和家宅门前房后不断敲打，巫师撵亡魂道："你怎么又回来了？为什么赖着不走？吃的喝的全都抬给你了，你赶快走吧！快走！'阿细默里'才是你应该在的地方！"通过两三次这样的仪式以后，亡魂就很少再回来了[1]。

人的肉体虽然死去，但灵魂却在另一世界开始了它的生活旅程，从这一观念出发，世界各民族的葬俗都具有"事死如事生"的特点。人们用食物、工具、武器、装饰品等为他随葬，丧葬中表现出的种种礼仪都不过是人类社会生活的翻版而已。

自远古以来，为死人操心，给活人也带来了许多沉重的负担。在加拿大，"当村里发生火灾时，如果村里有死人的话，人们首先关心的是把死人转移到安全地点。活人们从自己身上解下一切最宝贵的东西来打扮死人，他们时常开启死人的坟墓，给死人换衣服，宁肯自己挨饿，也要把食物送到死人坟上和他们想象的死人的灵魂游荡的地方……人们把死尸埋在坟墓里时十分小心谨慎，要使尸体绝对不接触泥土；死者躺在那里，就像躺在围满了兽皮的小小密室里，这密室比活人的茅屋要富丽堂皇得多"。西非的黑人相信，人死只是摆脱了自己有形躯体和改换了住址而已，其余则一切依然如故[2]。

---

[1] 蔡家骐：《论原始宗教》，《独龙族原始宗教》，云南民族出版社，1988。
[2] ［法］列维-布留尔著：《原始思维》，丁由译，商务印书馆，1988。

人总要经历生老病死的自然过程。人作为个体要死亡，作为群体也要消亡。地球上现有的人类最终都要走向死亡，走向虚无。死亡随人类诞生而俱来，伴随人类延续而俱在，死亡通常被称为人类三大"永恒的主题"之一。如果说爱情是生命的萌芽，战争是生与死的搏斗，那么死亡则是生命的终结。人的诞生成长、物竞天择和死亡都是生命的永恒现象，生与死是既矛盾又统一的两个方面。在科学研究中，由于庸俗社会学的影响和歪曲，总把死亡与腐朽衰颓和悲观没落等情态作庸俗化的联系，相反地，又把生与兴旺发达、进取向上等精神做简单化的连接，造成重生不重死，探讨生而忽略死亡。人们对生的世界了解和研究颇多，但从哲学、社会学等科学的角度对于人死后走向另一个世界的研究却显得十分薄弱。世界各民族的丧葬习俗是文化人类学和宗教学中一个很值得探讨的课题。研究死亡和丧葬习俗对于人类破除对死亡的迷信、恐惧、偏见和愚昧，树立正确的生死观不无裨益，同时对革除落后的丧葬陋习，树立良好的社会风气会起到积极的促进作用。

二、悬棺葬研究的由来

悬棺葬是一种非常奇特的考古文化遗存和丧葬习俗，它分布在我国长江流域及其以南的广大地区，在东南亚地区亦有广泛分布。这种葬俗是人死以后不入土埋葬，而是将殓尸棺木置于临江面海、高峻陡峭的崖壁上。有的棺木距离水面高达100～200米，昂首仰望，撼人心魄。有的地方一处悬棺重重叠叠搁置在悬崖峭壁的木桩之上，竟多达30~40具，其惊险壮观之情景令人叹为观止！

悬棺葬就其实质来讲，仍属风葬，它显然不是我国汉族人民的丧葬形式，而是古代南方少数民族的文化遗存。面对一具具悬置于高崖绝壁上的棺木，人们禁不住对悬棺葬的产生、发展、流行年代、族属以及在科学技术不发达的古代如何能将重达数百千克的棺木架置于悬崖之上等一系列问题产生浓厚的兴趣。

长期以来，悬棺葬引起了无数游客和中外学者的极大关注，被称为"千古之谜"。早在20世纪30年代初，华西大学博物馆馆长、美国学者葛维汉（D. C. Graham）教授于1932年、1935年、1936年在《华西边疆研究杂志》先后发表了关于川南僰人悬棺的传说和他实地调查研究的文章：《四川古代的僰人坟》（英文）、《四川南境的僰人坟》（英文）、《有关僰人的历史文献——留存于四川的最后一批傣族》（英文），开始了对悬棺葬的专题研究。不久，抗日战争爆发，全国许多高校和学术机构迁往四川，云集四川的中外学者对分布在四川南部和我国南方地区的悬棺葬展开了热烈讨论，写出了一大批有价值的学术文章。比较具有代表性的有：

向达：《中国的崖葬制》（《星期评论》1941年第28期）；贺昌群：《四川的蛮洞与湘西的崖葬》（《星期评

论》1941年第37期）；林名均：《川南僰人考》（《文史教学》，四川教育厅编印，1941年创刊号）；郑德坤：《僰人考》（《说文月刊》，1944年合订本）；包渔庄：《说"白人坟"》（《边政公论》1945年第4卷第7、8期合刊）；刘铭恕：《岩墓稽古录》（《中国文化研究会刊》1947年第6卷）；芮逸夫：《川南民族的悬棺问题——僰人悬棺乎？僚人或仡僚悬棺乎？》（《中央周刊》1947年第9卷第12期）；芮逸夫：《僚为仡佬试证》（《国立中央研究院历史语言研究所集刊》，1948年第20本）。

上述学者对中国悬棺葬的研究做了开拓性的工作，但由于历史条件的局限，他们的研究多是凭借文献考订，而少实地调查。

从20世纪50年代初期开始，重庆市博物馆邓少琴先生等和四川省博物馆等科研机构对四川南广河流域等地的悬棺葬做了广泛的研究，开创了悬棺葬实地调查的新局面。著名的民族学家凌纯声先生于1950年在台湾地区发表的《中国与东南亚之崖葬文化》一文中，用大量文献资料把中国悬棺葬与分布在东南亚地区的悬棺葬做了比较研究，凌纯声先生的这篇论著在悬棺葬研究方面具有很高的学术价值。

自20世纪80年代初期以来，悬棺葬研究更是引起了中国学术界的高度重视，而且涉及学科从历史文献学、考古学、民族学，扩大到民俗学、民族生态学、宗教学、体质人类学、自然科技等许多学科，成为一个多学科综合研究的课题。

三、悬棺葬的命名

"悬棺"一词最早见于南朝梁人顾野王谓武夷山"地仙之宅,半崖有悬棺数千"[①]。到1948年芮逸夫在《僚为仡佬试证》的论文中第一次把"悬棺葬"作为专有名词提出,以后便为不少学者沿用。因我国南方各地葬在崖上的考古文化遗迹很多,又因形式各异,于是有称"悬棺葬""崖葬""崖棺葬""幽崖葬",有的又称之为"崖洞葬""崖穴墓""崖墓"等。至今学术界对"悬棺葬"的科学命名尚未统一。

一种意见认为,"以将死者的棺木放置在人迹罕至的悬崖绝壁之上为特征。……棺木的置放形式因时因地而有不同,或利用崖壁间的裂隙之处架置棺木;或在崖壁上凿孔楔入木桩,以支托棺木;或利用天然岩穴及人工凿穴,盛放棺木"[②]。共同的特征是突出一个"悬"字,即把葬具放置在悬崖之上,是与弃尸、土葬、水葬、火葬等明显区别开来的一种葬俗[③]。

另一种意见认为,只有在悬崖上凿孔打桩;置棺其上,上不沾天,下不沾地的才能称之为"悬棺葬"。其他如江西贵溪仙岩有木板封门,已构成墓室;川黔湘鄂交界地区人工凿龛,

---

[①] 〔宋〕李昉:《太平御览》卷七百八十《叙东夷条》引,中华书局,1960年影印本。
[②] 《中国大百科全书·考古卷》,中国大百科全书出版社,1988,第590页。
[③] 李绍明:《学术动态·关于悬棺葬的学术讨论》,《民族学研究》第四辑,民族出版社,1982。

棺木嵌置稳妥，亦不能称为"悬棺葬"。为了突出我国南方地区葬在崖上的葬俗特征，以区别于其他葬法，如水葬、土葬等，宜统一采用"崖葬"之称呼。在这个统一命名下，对各地各时代各种类型的崖葬再分别就其文化特征和历史渊源命名①。

第三种意见认为，长期以来，在我国南方地区广泛流行的崖葬形式多种多样，从葬地的选择来看，汉人的崖墓亦包括在内。研究崖葬的目的，在于研究华南少数民族史及其民族关系史，混入汉人的崖墓势必在研究中造成混乱。悬棺葬作为一种特殊葬俗，分布地域之广，延续时间之长，说明它绝不是一种孤立和偶然的现象，其中存在着必然的共同性和发展规律。……在埋葬方法上都是将棺木放置于人迹罕至的悬崖峭壁上，这些悬崖峭壁，一般分布于溪流两岸或江河附近②。

经笔者多年来对福建、江西、浙江、湖北、湖南、四川、贵州、云南、广西等地区进行的实地考察所获大量的考古学资料表明，崖葬、悬棺葬、崖洞葬和崖墓是几个不同的概念③。

"崖葬"内容广泛，凡在崖穴或者崖壁上安葬死人遗体的葬俗均可称之为崖葬，它是风葬的一种。自古以来，崖葬习俗在华南和东南亚地区就甚为流行，大多为少数民族的文化习俗。

---

① 林向：《中国悬棺葬学术讨论会纪要》，《文物》1981年第8期。
② 李绍明：《学术动态·关于悬棺葬的学术讨论》，《民族学研究》第四辑，民族出版社，1982。
③ 陈明芳：《我国南方地区悬棺葬与崖洞葬之比较研究》，《中央民族学院学报》1989年第5期。

"崖墓"主要指东汉、六朝大约五百多年时间，在四川境内广泛流行的，在石崖上穿凿洞穴作为墓室的一种具有地方特色的墓葬构造形式。崖墓有墓道、墓门、甬道、墓室，其结构布局和随葬物品等均与同一时期汉族仿造死者生前宅第居室的砖室墓基本相同。这种崖墓虽有"蛮洞""蛮子洞"的称呼，实际上却是汉人因地制宜的墓葬形式，为四川（亦包括与四川邻近的贵州遵义、云南昭通）地区汉人使用的一种墓葬。研究崖葬的目的是研究南方少数民族地区史及其民族关系史。崖墓显然属于汉文化范畴，不宜包括在崖葬之内，亦不属本书探讨范围。

"崖洞葬"主要是我国南方地区苗瑶族的一种古老葬俗，大多分布在喀斯特地貌发育良好的云贵高原东部，即黔南和桂北的石灰岩山区。崖洞葬的葬法是，人死以后，将殓尸棺木直接放入天然崖洞之中，葬地为一般的山腰或山脚，不少崖洞葬地点就在村寨附近。

"悬棺葬"是崖葬中将殓尸棺木高置于临江面海、依山傍水的悬崖峭壁之上的一种葬俗。置放棺木的形式可以是在悬崖绝壁上凿孔打桩，亦可利用天然崖洞或岩石裂隙，或者在绝壁上用人工开凿洞穴。通过笔者的调查研究表明，悬棺葬与其他崖葬形式的本质性区别在于其葬地的选择与江河大海密切相关。

四、悬棺葬的起源及其反映的宗教观念

（一）悬棺葬的起源及其与船棺葬的关系

悬棺葬在我国大陆已成为历史遗迹，但在台湾兰屿的耶美人和印度尼西亚苏拉威西岛上的托拉贾人中现在尚保留此种习俗。

关于悬棺葬的起源问题，半个多世纪以来一直是中外学者讨论极为热烈的问题，归纳起来，大体上有如下几种观点。

1. 悬棺葬与新石器时代的土葬墓有密切关系。新石器时代我国的土葬墓遍及全国，包括文献记载的悬棺葬地区和考古发现的悬棺葬地区。青海乐都柳湾马厂类型墓葬用木棍封门和齐家文化墓葬的独木舟式棺材说明，新石器时代晚期已经出现洞室墓和独木舟船棺的萌芽。悬棺岩洞墓的出现，实质上是把深入地下的洞室及其棺木抬升到高岩洞的变化[①]。

2. 悬棺葬与史前原始民族行岩居有关，是人们在洞穴居住生活的反映。在原始社会时期，由于生产力的低下，人们多是岩居。人们生时既然住在岩洞里，死后当葬回原处[②]。

3. 悬棺葬起源于盘瓠系统苗瑶中的一些部落。《隋书·地理志》曰："盘瓠初死，置之于树；乃以竹木刺而下之。"用

[①] 唐嘉弘：《中国悬棺葬学术讨论会综述》，《贵州民族研究》1981年第3期。
[②] 潘世雄：《对崖葬几个问题的探讨》，《民族学研究》第四辑，民族出版社，1982。

整木挖凿而成的独木葬具起源于船形舂塘，此系南方苗瑶族习用的碓米工具，先把船形舂塘悬放在岩上，后来才埋入土中①。

4. 还有一种意见认为，悬棺的主人将死者棺木放得那么高，表明悬棺习俗的形成无疑有防止别人骚扰之意。"实际上悬棺形成当与战乱和科技水平有关。"并认为形成这个葬俗似乎并无什么复杂的理论指导，一旦形成他们就不会轻易放弃②。

以上关于悬棺葬起源或悬棺葬俗形成的几种意见都未涉及悬棺葬俗起源问题的实质。

丧葬作为人类文化的一个侧面，作为一个民族传统文化的一部分，必然是这个民族宗教观念和民族心理素质的反映，各民族的丧葬习俗都包含着极深刻的思想内容，有一整套具有浓厚民族风格的丧葬礼仪，这些礼仪是增强民族自我意识，强化民族心理素质和凝聚力的有力手段。因此，各民族往往在很长时间都顽强地保留着自己固有的丧葬习俗，哪怕迁徙到离故土十分遥远的地方，他们的葬俗都不会轻易改变。

悬棺葬在我国和东南亚地区分布范围很广，流行时间也长。对于这样一种在空间和时间上跨度很大的考古文化和丧葬习俗，只有普遍地进行深入的实地考察和多学科的综合研究，才能揭示悬棺葬起源的科学奥秘。

---

① 林向：《中国悬棺葬学术讨论会纪要》，《文物》1981年第8期。
② 陆敬严，[美]程贞一：《中国悬棺升置技术研究》，《江西文物》1991年第1期。

根据笔者大量的实地调查资料表明，悬棺葬突出的特点是葬地必然选择依山傍水的地理环境和使用船形棺。这两个特点反映出悬棺葬与居住在江河湖海的民族密切相关，这种葬俗是海洋民族心理素质的反映。

据历史文献记载和目前掌握的考古资料，福建、江西等东南地区的悬棺葬在我国悬棺葬中年代最早，而且是古越人的葬习。我国古代越人主要居住在东南地区，这里既有高山大河，又有丘陵和沿海的冲积平原。江河纵横，湖泊密布，气候温暖潮湿。他们所处的地理环境和社会经济生活均与江河湖海息息相关。考古资料表明，稻作农业是古越人重要的社会经济部门，从事捕捞的渔猎经济与稻作农业相结合是古越人农业经济中的突出特点。《淮南子·原道训》曰："九嶷之南，陆事寡而水事众，于是民人被发文身，以像鳞虫；短绻不袴，以便涉游；短袂攘卷，以便刺舟。"同书《主术训》和《齐俗训》亦记载了古越人善于驾舟浮于江河湖泊之上的生活习性。《汉书·严助传》曰："越，方外之地，劗发文身之民，处溪谷之间，篁竹之中，习于水斗，便于用舟，地深昧而多水险。"这些文献记载充分说明，我国古代越人的生产和生活都与江河水域密不可分。

我国古代越人大多生活在江河海滨，善于造船和用船也是他们的一大特点。《吕氏春秋》载："如秦者，立而至，有车也；谪越者，坐而至，有舟也。"船是古越人重要的生产工具、生活用具。越人善于造船用船的历史可以追溯到距今6000~7000年以前。我国长江以南新石器时代的河姆渡文化遗址出土了一支船桨，这支桨从它坚硬的木质、长度和外形都颇像现在江南水乡农村小船用的木划桨[①]。江苏太湖流域吴兴钱三漾新石器时代晚期的文化遗址中也出土了一支长约2米的木桨[②]。在杭州湾附近杭州水田畈新石器时代末期的文化遗址中仅一个探方的水沟之内就发现了四支木桨[③]。这些是迄今为止，我国发现的最早的水上交通工具。河姆渡文化和杭州钱三漾文化的居民都是我国古代越人先民。木桨的发现说明我国东南沿海地区的原始居民早在新石器时代就掌握了造船技术，能利用江河湖海舟楫之利。1958年，在江苏武进淹城（属吴国辖境），发现了春秋战国时期的3只独木舟，其中最长的一只长达11米左右[④]。1973年，福建连江也发现了一只西汉时期的独木舟[⑤]。1976年，在广州发掘了秦汉时期规模巨大的造船遗址[⑥]。河姆渡文化中的木桨和江苏、福建、广州等地发现的独木舟等都是我国古代越人造船用船的实物例证。

到目前为止，福建武夷山的船形棺是我国悬棺葬中最早

---

① 劳伯敏：《一支七千年前的船桨》，《光明日报》，1981年1月12日。
② 浙江省文物管理委员会：《吴兴钱三漾遗址第一、二次发掘报告》，《考古学报》1960年第2期。
③ 浙江省文物管理委员会：《杭州水田畈遗址发掘报告》，《考古学报》1960年第2期。
④ 谢春祝：《淹城发现战国时期的独木舟》，《文物参考资料》1958年第11期。
⑤ 福建省博物馆：《福建连江发现西汉独木舟》，《文物》1979年第2期。
⑥ 广州市文物管理处等：《广州秦汉造船工场试掘》，《文物》1974年第4期。

的葬具，白岩和观音岩保存较好的两具船棺，全长3.5～5米左右，宽约0.55米，高0.6～0.7米。武夷山船棺的形状是棺底微微上翘，如同梭形，尾部分叉，与笔者当今在闽北南平等地所见到的江河中和闽南厦门等沿海地区使用的无篷木船和渔船的形制基本相同。武夷山船棺的棺身与棺盖套合以后，又与今闽北建阳地区江河中加了船篷的木船十分相似。

四川省东部巴县冬笋坝[①]和川北宝轮院等地发掘的船棺葬中的船形棺均长4～5米，宽1～1.2米，有的船棺厚度在0.12米以上[②]。这种船棺从形状、大小等各方面来看，都与目前江河中使用的木船大致相同。由此看来，福建武夷山古越人的船棺和古代巴人的船棺本身应是人们生前乘坐捕鱼的生产工具或交通用具，它们最初很可能就是实用器物，这是"事死如事生"的有力证据。

据历史文献记载，自古以来，我国南方许多民族有以船为棺的习俗。宋代周辉《清波杂志》卷七引《南海录》曰："南人送死者无棺椁之具……凿大小木若小舟，以为臼，土人名'舂塘'。死者多瘗于舂塘中以葬。"文中记述了海南岛土著居民在人死以后不用棺椁，而用独木式的棺材殓装尸体的习俗。直到20世纪50年代，海南岛中心地区和边缘地区的黎族仍

---

① 本书沿用我国1997年前的行政区划，书中凡涉及四川省和重庆市的地区，均以1997年前国家行政区划为准。
② 四川省博物馆：《船棺葬发掘报告》，文物出版社，1960。

用整木凿成的独木舟式或半独木舟式棺[①]。清人曹树翘《滇南杂志》卷二十四云："黑濮所居多在威远、普洱之间，其人多黑色，……男子短衣著袴，女子单衣仅尺长，前不扣合，以衫布为桶裙，……丧服用白布，即除之，其棺似木槽。"清人田雯《黔书》上《苗俗》亦曰："小平伐司苗，死则瘗以木槽。"木槽或者似木槽的棺都是独木棺，其形状与船的原始形态——独木舟相似。

在考古学上以船为棺的习俗见于我国南方古代的巴蜀文化[②]。广西贵县罗泊湾西汉木椁墓底下7个殉葬人的墓葬中发现了4具独木棺[③]。广州东山梅花村西汉木椁墓中也曾出土过与海南岛黎人所用的那种独木棺相同的棺材，而且这种葬具在广州地区从西汉一直流行到南朝时期[④]。

在东南亚，以船为棺的习俗分布于中印半岛、马来半岛、加里曼丹岛，菲律宾群岛、太平洋群岛亦多有分布，其地域与悬棺葬的分布地域大体相同。

1961年5月，在越南海防越溪发掘的5座船棺，经碳14测定，年代约在公元前6世纪，棺木完好地保持独木舟的形状，棺

---

① 梁钊韬：《海南岛黎族社会史的初步研究》，《中山大学学报（哲学社会科学版）》1955年第1期。志远：《海南黎族人民的葬俗》，《考古通讯》1958年第7期。
② 《新中国文物考古三十年》，文物出版社，1970。
③ 广西壮族自治区文物工作队：《广西贵县罗泊湾一号墓发掘简报》，《考古》1978年第9期。
④ 1980年6月2日，承原广州市博物馆馆长麦英豪先生提供。

中随葬一支船桨，有船形和骆鸟纹饰的铜鼓。海兴省南策县合进乡的罗堆墓比越溪墓晚一些，棺木也呈船形，棺内也有桨。河南宁省金榜县的州山墓也有公元初期的船棺葬。1972年3月，海兴省的佳碌船棺墓，木棺虽小，但和相隔7个世纪的越溪墓同一类型。大约有三四个世纪，船棺墓一直和汉砖墓同时并存或交错存在。1975年，太平省琼阜县安溪村发现了一个船棺，经碳14测定，年代为公元6世纪或7世纪。海防、海兴、太平、河平、河南宁、河山平、河内等地发现了相当多的船棺墓，年代从公元前6世纪到整个北方封建统治者的一千年而后延续到现在[1]。越南的船棺葬中有些还发现了随葬的木桨，这就更进一步地说明起初的船棺就是实用器物。

此外，越南的朱芹遗址、朱山遗址，南部的隆卯洛等遗址都发现过船棺葬。在马来西亚甘榜双溪朗遗址（公元前485年），发现了两面Ⅰ型铜鼓，铜鼓放在一座船棺葬中的木板上。在瓜拉塞林新发现了一个渔人村落的船棺葬遗存（约为公元6世纪）。菲律宾的塔蓬（公元7世纪）、巴拉望岛的洞穴遗址中同样发现了这种葬俗。越南南部隆卯洛遗址的船棺葬年代为公元2世纪[2]。

---

[1] 杜文字：《发自地下的声音：四千年的文化》中《东山文化的船棺》，载中国社会科学院考古研究所编《考古学参考资料》第1辑，文物出版社，1978。
[2] ［英］杰里米·戴维：《越南近年来的考古活动》；［法］埃德蒙索兰等：《印度支那半岛的史前文化》，中国社会科学院考古研究所编《考古学参考资料》第2期，文物出版社，1979。

泰国北碧府的翁巴岩洞中约有90具船棺，棺木是由本地的硬木树干凿成的独木舟，大多数用简单的木板作棺盖，有一部分为两舟相复，在船棺葬群中有3对铜鼓随葬，铜鼓上有许多木舟图像。

翁巴岩洞内的堆积由下而上主要分为三层，其晚期墓葬可分为简陋墓葬和船棺葬两种。船棺葬是把尸体精心埋在船形棺内，随葬品比较丰富，90具船棺，有些保存良好、完整，甚至可以认出用工具刮制的痕迹；有些已完全腐朽，仅留下很少残片，大多数船棺是用整块木板作棺盖，但从有些棺边缘雕以羽纹和舌状饰物来看，有的独木舟也能作棺盖。船棺葬分布在洞内各处，但主要是集中埋在洞内最深的地方，棺的两端还雕有当时流行的兽头装饰，棺长约3～3.5米，棺仓长约2米，宽约40～50厘米，刚好能容下一具尸体和一些小件物品，船棺葬的主要随葬品有青铜器、铁器、饰珠三大类，洞内青铜器较多，包括若干面铜鼓的碎片，一些螺纹臂钏，一些剖面为T形的手镯，一些剖面为U形的简单手镯、一个杯子和一些贮存备用的铸件用型芯。除铜鼓以外，这些铜器原来都是在木棺内的，与铜器共存的有铁器和饰珠，成串饰珠有些分布在死者颈部，有些悬挂在死者腰部。因铜鼓体积大，棺内容纳不下，所以放在棺外[①]。

---

① ［丹］佩尔·索伦森：《泰国翁巴洞穴及其出土的第五面铜鼓》，载云南省博物馆、中国古代铜鼓研究会编《民族考古译文集》第1集，1985。

尼亚洞穴中壁画洞的洞顶和洞壁留有许多描述人群活动的壁画，有舞蹈，有持杆，有戴冠饰，都是些裸体。在人物空间处穿插着一些鸟类鱼虫之类的生物，最令人注目的还是用红土绘成的大小舟只，舟底衬以类似蝎子和蜈蚣的纹样。出土器物除发现一些唐宋的陶瓷外，还发现许多长可卧一人大小的木船——"死者之舟"。这些木舟的舟首都有动物（鳄鱼）的雕刻，用以普度死者的灵魂，让它可乘舟进入另一个世界。"舟棺"的葬制流传远至中南半岛的东山文化，伊班从前也有以舟棺埋葬的习俗[1]。伊班即通常所称沙捞越的海达雅克人。

菲律宾巴拉望岛曼依洞穴中的瓮棺葬中有船形陶棺，内装人骨，另有木架支撑着的陶制船。菲律宾悬棺葬中以整木挖凿为船棺的葬俗几乎遍布菲律宾各地，除巴拉望岛曼依洞外，该岛库鲁斯瓦能兰奇等地也都发现了船棺葬[2]。

据民族学资料，在越南的海防、海兴、太平、河平、河内等地的船棺葬从古代一直延续到现在，至今清化省地区的傣族人仍把死者放在独木舟式的棺材中[3]。现在河山平省、清化省以及西原芒族地区还有船棺葬墓[4]。

---

[1] 郑德坤：《沙捞越考古观感——由考古学看华人开发沙捞越的历史》，《南洋文摘》1967年第8卷第3期。
[2] 《菲律宾的民族文化遗产》，马尼拉，1977，英文版。
[3] 杜文字：《发自地下的声音：四千年的文化》中《东山文化的船棺》，载中国社会科学院考古研究所编《考古学参考资料》第1辑，文物出版社，1978。
[4] ［英］杰里米·戴维森：《越南近年来的考古活动》，《考古参考资料》第2期，文物出版社，1979。

现代南洋群岛中的加里曼丹岛多船形棺，如斯卡宾族的棺形似船，并有雕刻和彩画，同岛东南一带土人现在还用船棺。菲律宾托波的依哥洛人直到20世纪初仍使用整木挖凿而成的两合棺木。在太平洋岛屿中近现代波利尼西亚班克斯岛的云鲁拉华岛人死后直接用他生前使用的船为棺。美拉尼西亚所罗门群岛的重要人物埋葬时用船形棺和刀鱼形棺，新赫布里底群岛中的安布奄岛的要人亦用船作棺。波利尼西亚、汤加和萨摩亚群岛的酋长葬用船式以挖空的树干代船。萨摩亚岛人盛尸用单船或双船，单船加棺盖，双船则是直接用船作棺盖[①]。近现代民族学的资料可以证明，船形棺最初为实用器物。

广泛分布于我国南方地区和中印半岛及南洋群岛的船棺葬，虽然有的属于风葬，有的属于土葬，但葬地的选择均临江河大海，葬具和随葬器物也都表现出了较多的共同之处，说明悬棺葬和船棺葬之间存在着某种密切关系。有的学者认为，悬棺葬和船棺葬中的船形棺，一悬于崖间，一埋入土中，可能与时代早晚有关，但也可能和地理条件有关，悬棺葬必须有适当的悬崖峭壁，这并不是沿江两岸随处可得的，在那些两岸泥土平坡，没有悬崖峭壁的地带，人死以后，自然只有随船葬入土中，二者之间并无本质的区别。如1958年在四川省东部长江三峡地区奉节县的夔峡中取下一部分悬棺，棺木与巴县冬笋坝和

---

① 凌纯声：《中国与东南亚之崖葬文化》，《中国边疆民族与环太平洋文化》（上），台北，1979。

昭化宝轮院出土的船棺均为整木挖凿而成，棺内随葬物品与两处船棺墓大致相同，都有柳叶形巴式剑。

> 一种陶豆，从陶质到器形都和两处船棺墓中所出者完全相同。……瞿塘峡附近山间的岩洞中时有铜罐、铜矛、铜剑出土，当地人称"巴人蛮洞"，瞿塘峡在夔峡对岸，两处的悬棺葬与巴县等地的船棺墓均属战国至西汉时期，而且都是巴人的葬俗。[1]

广东地区是古越人生息之地，这里虽没有发现悬棺葬遗迹，但是与现代海南岛黎族所使用的那种船形棺相同的土葬墓却从西汉一直流行到南朝时期。这些都有力地说明了无论是船棺葬中的土葬还是风葬（悬棺葬）都可能为同一民族所具有的葬俗，二者在本质上没有什么差别。

大量的考古学和民族学资料表明，船与行悬棺葬的民族之间关系十分密切，用船作棺表明地理环境利用小船之多。从我国和东南亚的悬棺葬和船棺葬都分布在江河沿岸、滨海地区和使用船棺或独木舟作葬具来看，这两种葬俗是近水而居的民族生于斯亦葬于斯的生活习俗在心理意识方面的反映，应是海洋民族的文化特征，最初当起源于滨水居住的民族之中。船只对

---

[1] 张勋燎：《古代巴人的起源及其与蜀人、僚人的关系》，载四川大学博物馆、中国铜鼓学会编《南方民族考古》第1期，四川大学出版社，1987。

近水而居的民族具有特殊重要的意义，是生活在江河湖海之滨这种地理环境中的人们必备的生产工具和生活用具。船只不仅扩大经济领域，使人类获得丰富多样的生活物质，而且减少了地域阻隔的困难，给人们经济、文化的交流创造了良好条件。这种以船为棺的习俗充分反映出行悬棺葬和船棺葬的民族生态环境的特点和具有以稻作、渔猎为主的水上经济生活特点。

我国西北新石器时代的马厂文化和齐家文化与农业兼营畜牧业的古代氐羌先民有关，而与我国南方地区悬棺葬俗反映出的经济生活和文化面貌迥然不同，因此悬棺葬俗与西北地区的马厂文化和齐家文化的洞室墓和独木棺无关。悬棺葬在葬地的选择上除了天然崖洞之外，也开凿人工洞穴和在崖壁上凿孔打桩，悬置棺木，说明将殓尸棺木置于高崖绝壁有明确的用意，更重要的是葬地必临江面水。这与原始人归葬天然洞穴绝不相同，说明悬棺葬不是穴居生活的反映。

据历史文献记载和多年来的民族调查，盘瓠系统的苗瑶族自古无悬棺葬俗，苗瑶族平时的碓米工具——舂塘和我国悬棺葬具均由整木挖凿而成应是一种巧合，不能作为悬棺葬起源的依据。

自从人类社会宗教观念产生以后，人们便根据鬼魂到另一个世界去生活的幻想，将人的现实生活附加给鬼魂世界，船是近水而居人们生前不可缺少的生产工具和生活用具，死后以船为棺继续享用，最集中地体现了行悬棺葬和船棺葬的民族所具有的共同心理素质。四川巴县冬笋坝和昭化宝轮院的船棺均长

4～5米，宽1～1.2米，有的船棺厚度在0.12米以上，这种船棺无论从形状、大小各方面来看，都与目前江河中使用的木船大致相同。

越南东山文化中越溪的船棺墓葬，不仅棺木完好地保持着独木舟的形状，而且棺中还随葬着木桨，在海兴省南策县罗堆墓的船棺中，同样有木桨随葬，近现代波利尼西亚班克斯群岛中的云鲁拉华岛，人死后直接用他生前使用的船为棺，新赫布里底群岛中安布奄岛的要人亦用船作棺，萨摩亚岛人盛尸用单船或双船，单船加棺盖，双船则是直接用船作为棺盖。以上考古学和民族学的材料均说明船棺葬中的葬具本身就是人们生前使用的捕鱼工具和乘坐的交通用具，它们最初都可能是实用器物。

我国和东南亚的悬棺葬和船棺葬的葬具无论是船形棺或其他形状的棺木，比如挖空的树干、木鼓等，几乎都采用整木挖凿独木舟的传统方法制成，而以整木挖凿成的独木舟可以说是一切船类的祖型。悬棺葬的各种棺木均与独木舟的形制紧密联系在一起，更加体现出悬棺葬俗起源于近水而居的民族特点。

悬棺葬俗的起源和形成确有复杂的理论指导，然而迄今为止，还没有任何资料表明，这种葬俗的形成与战乱有关。

（二）悬棺葬反映的宗教观念

悬棺葬反映的宗教观念，半个多世纪以来，中外学者一直在不倦地进行着探索。

1. 目前国内外最流行的观点是"普度灵魂说"。这种观点认为，悬棺葬的葬具形式虽多，但船形棺应是早期的原始形式，而船形之棺应是源于独木舟，"这种以船为棺的习俗反映了古越人的宗教信仰，在他们看来，同他们密切相关的这只船，会把他们的灵魂载回故乡，或驶向另一个美满世界去"[1]。有的学者认为，装殓尸体的棺木制成船形，船是"普度死者灵魂的器具"或称为"超度死者灵魂"，把死者灵魂"送往天堂的超度船"[2]。

2. "升天"说。从悬棺葬的葬处选择在临水的高山上的特点出发，认为世代生活在武夷山等雄伟奇峰之间的越人，把高耸云霄的大山视为生活的依托，对它产生了崇敬的心理，甚至幻想为他们崇敬的"天神上帝"和"百鬼居地因而崇拜它，向往它，并期望自己也能如天神那样居住其间。故死后也就将尸体安葬在高不可攀的悬崖绝壁的崖洞之中"[3]。

还有一种看法与上述观点接近，认为古代越与濮及其后裔民族大多生活在高山僻壤之中，在长期原始生活中，高山险峰令人难以接近而有其神秘性，长久以来，古人们常视为神灵之

---

[1] 石钟健：《悬棺葬研究》，中央民族学院研究部论文集编辑组编，1980。
[2] 郑德坤：《沙捞越考古观感——由考古学看华人开发沙捞越的历史》，《南洋文摘》1967年第8卷第3期。《菲律宾的民族文化遗产》，马尼拉，1977，英文版。
刘其伟：《热带雨林探险记——原始部落文化艺术》，广城书局印行，1983。
黄德荣、李昆声：《铜鼓船纹考》，《中国铜鼓研究会第二次学术讨论会论文集》，1986。
[3] 蒋炳钊等编著：《百越民族文化》，学林出版社，1988。

居所或通天之捷倍加崇拜。……居住山区的古代越人与濮人也把高山险峰视为神灵所居或通天之路而顶礼崇拜,他们就需要把死者的灵柩置于高山崖穴之间,这样不但使亡魂接近神仙天国,而且更重要的是使之易于皈附于神仙天国①。

日本学者在探讨现代印度尼西亚苏拉威西岛中部托拉贾人(又译为杜拉其人)的悬棺葬反映的宗教意识时亦认为,托拉贾人之所以将棺木置于陡峭的悬崖绝壁,是因为托拉贾人"把那醒目的巴姆巴普安山看作是神仙所居住的灵山,人死以后,他的灵魂会回到天上或灵山去",托拉贾人隆重的葬礼就是把死者送往天堂的祭典②。

悬棺葬俗历时久远,地域广大,探讨和复原这种葬俗最初的宗教信仰是一件十分困难的事情。

"普度灵魂说"和"升天说"试图依据悬棺葬具中所使用的船形棺和行悬棺葬的民族居住山区的特殊地理环境来说明悬棺葬的宗教目的。不可否认,这两种解释都包含着某些符合情理的因素,然而这两种观点的全部内容却明显地表现出晚近的和外来的神学宗教思想,其实并非悬棺葬俗原本反映的宗教意识。

我国长江流域及其以南广大地区的悬棺葬流行年代从商周至明清之际延续了几千年之久,随着时代的发展和各民族之间

---

① 林蔚文:《闽赣川黔地区崖棺葬几个问题的比较研究》,《考古与文物》1988年第2期。
② 《世界民族大观》第二册《东南亚·杜拉其族隆重的葬礼》,大洋洲自然科学文化事业公司印行,1978。

经济、文化交往的频繁，尤其是与汉族人民交往机会的增多，悬棺葬不可避免要受到汉族和其他民族的文化影响。我们在探讨悬棺葬俗所反映的宗教观念之时，无疑应找到它产生之初的宗教目的。

3. 悬棺葬是祖先崇拜的原始宗教观念的反映。从悬棺葬在葬地选择、置棺方式、葬制和葬式等各方面来看，这种葬俗属原始宗教中在鬼魂崇拜基础之上发展起来的祖先崇拜观念的反映。

灵魂不灭观念产生之初，死者的灵魂被认为具有超人的能力，于是被当成依赖和祈求佑护的对象，人们根据鬼魂与尸体之间的关系产生了种种想法，以及鬼魂到另一个世界生活的幻想，举行一定的崇拜仪式来表现人与鬼魂之间的关系，希望通过丧葬礼仪来满足鬼魂的种种要求，以此达到自我安慰和取悦、安抚鬼魂的目的。有的人认为尸体腐烂对鬼魂不利，毁坏尸体会使鬼魂失去依托，因此在葬法上总是尽量设法使尸体不受到野兽和人为的伤害。

社会生产力的进一步发展，人们开始认识到自身的力量，逐步把自己和周围的自然界区别开来，在鬼魂崇拜的基础上产生了祖先崇拜。

一方面，人们认为凶死者（即非正常死亡的人）、外氏族和敌对氏族的死者之亡魂会祸祟本氏族成员，是"恶鬼"，常常要通过巫师进行一系列的宗教活动加以驱赶或者控制。另一方面，具有强大力量的祖先亡魂，却能使人们获得巨大利益，是

"善灵"。祖先的亡魂仍是社会集体的一部分，这个集体的安宁，以致它的生存都取决于他们的心意。在祖先亡魂引起的复杂感情中恐惧是主要的。祖先们都是苛求的，永远也不能相信他们有心满意足的时候。

当男子成为社会和家庭的中心人物，世系按父系血缘计算，氏族首领和家长的无限权威，使人们对其产生敬畏和顺从的心理。人们赋予男性祖先具有不可一世的超自然力，视他们为生产和生活中可靠的保护神。最早的祖先崇拜是对氏族的共同祖先的崇拜，随着父系家庭的产生，又有对家族的祖先崇拜，以致个体小家庭的祖先崇拜。尤其是在家庭、私有制产生以后，人们越加重视血缘关系，认为与自己有血缘亲族关系的祖先灵魂是善灵，它们在生前与亲人同甘共苦，死后仍具有赐福和保佑子孙后代的神秘力量。此时的丧葬就更是成为一件与子孙后代的生活和命运密切相关的、十分庄重的大事。祖先的尸体或尸骨若遭受毁坏，会使祖先的灵魂恼怒，为了使祖先的灵魂得到安宁，人们必须认真、仔细地处置尸体或尸骨，唯有如此，才能取悦祖先的亡灵。祖先崇拜具有怀念祖先的强烈感情，人们总是千方百计妥善保存祖先的尸骸，企图与死者的灵魂长久地保持密切联系，以达到为子孙后代带来人间幸福的目的。因此，为使祖先的灵魂得到永久的安息，将殓装尸体或尸骨的棺木高置于陡崖绝壁，就可秘藏祖先遗骸，尽量避免人兽或其他因素对尸骸的伤害，这样才能得到祖先鬼魂在冥冥之中的赐福与保佑。

如前所述，丧葬习俗反映的是人类关于肉体死亡和灵魂不死的极其矛盾而又复杂的思想感情。人死后灵魂却要继续生活，从这种观念出发，人们尽可能将死者亡魂的生活安排得如同生前一样。悬棺葬地的选择几乎均在临江面水的悬崖绝壁，表现出行悬棺葬的民族具有"水行山处"的特点。他们生长在水边，祖先死后，鬼魂虽然到了人鬼相隔的世界，但却未曾离开生前所在的依山傍水的地理环境，仍将与自己的亲人和子孙后代长相厮守，以便保佑他们渔猎、捕捞丰收，使之繁荣兴旺。因此，棺木放置得越高越悬，越是人迹罕至，便越加符合人们长久保存祖先遗骸的愿望。直到现在仍保留悬棺葬俗的苏拉威西岛的托拉贾人在陡峭的悬崖绝壁上选择置棺之所时，亦认为放置棺木的人工洞穴挖凿得越高越好，因为人们深信尸骸在空中保存的时间越长久，死者的灵魂就越容易步入另一个世界，死者的灵魂既得到了最大的满足和安慰，那么子孙后代的福佑、安康也就更加有了保障。因此不论我国南方地区行悬棺葬的古代越、僚民族也好，还是印度尼西亚的托拉贾人也好，都不惜倾家荡产，争相将殓尸棺木悬葬在险峻的高崖绝壁。

古越人以习于水上生活，善于造船和用船著称，船在他们的生产和生活中占有特别重要的地位。船形棺和整木挖凿的独木舟式棺材的使用，主要含义并不在于船能普度死者的灵魂回归故乡或驶向另一美满世界，而在于让死者能够在阴间继续享用，满足他在幽冥中的生活需要。

古越人崇拜祖先的鬼魂，其目的是求得渔猎和农业的丰收，禳灾免祸，消除病痛恶疾等，这种原始的宗教意识仍然是人类社会生活与自然界之间矛盾的反映。这种祖先崇拜实质上是崇拜人的自然本质所产生的活动能力，只不过把这种能力在想象中做了夸张而已。

"普度众生"，"解救众生苦难"，使人们追求未来的天国生活，把全部希望寄托于彼岸世界——来世，这是佛教、基督教等神学宗教的思想。所谓"普度灵魂""超度灵魂"，把死者灵魂"送入天堂""升天""皈依神仙天国"等，很明显地带有神学宗教的色彩。秦汉时期方士的神仙思想和巫术宗教相结合，到东汉时发展成我国汉民族土生土长的宗教——道教。道教思想认为人可以通过修炼而具有许多创造奇迹的法术和神通从而成为长生不老的神仙。考古学和民族学的资料表明，悬棺葬反映的宗教观念，并不属于追求"来世的天堂"和"飞升成仙"的神学宗教，而是属于原始宗教的范畴。

原始社会人们集体劳动，共同享受劳动成果，无贫富悬殊之分，也没有阶级的剥削和压迫，除了与自然争得生存之外，还没有产生享福者和受苦者这种幻想的物质基础，此时的宗教观念无阶级社会中所谓上天堂和下地狱之分。

综观我国南方各地的悬棺葬，其最重要的目的是"秘藏祖骨""俾人兽不能侵犯"，而不是让亡魂到天堂去享乐。

清人董天工《武夷山志》记载了西王母宴请武夷山众乡亲

虹桥跨空的神话传说，把武夷山葬有船棺的崖洞口附近架置船棺之用的木条称之为"虹桥板"。有的学者根据这一传说认为这些木条"真正用途是在于沟通道路，虹桥跨空，好让崖洞中的灵魂自由出入，归返天上"①。这里所讲的"神仙天国"，无疑是指西王母居住的地方。而西王母是我国东汉以后产生的道教中一位永葆美丽青春和持有无限财富的女神。三千多年前福建地区的古越人不可能超越同一时期汉族社会的发展水平去崇拜道教中的"神仙天国"。

民族是一个历史范畴，表现为共同文化特点上的共同心理素质，对于民族的构成起着强有力的凝聚作用。广泛分布于我国南方各地的悬棺葬是我国南方古代少数民族的葬俗，在探讨悬棺葬反映的宗教观念时不能忽视这种葬俗产生的历史条件和它本身所具有的民族特点。若用现代的观点去解释古代的东西，以汉族的眼光看待少数民族的事物，必然产生南辕北辙的结果。

我国许多历史文献，尤其是地方史志对于南方地区的悬棺葬记载颇详，为我们的研究工作提供了宝贵资料，但这些历史文献，大多出自汉族文人学士之手，由于他们所处历史时代的局限，特别是他们绝大多数不具备民族学的科学知识，因此不能单一依靠这些记载去揭示悬棺葬的科学奥秘。加之许多地区的悬棺葬已成为千百年前的历史遗迹，人们早已莫知其从来，

---

① 林蔚文：《闽赣川黔地区崖棺葬几个问题的比较研究》，《考古与文物》1988年第2期。

一些关于悬棺葬的传说蒙上了浓厚的神秘色彩和封建迷信色彩，将晚近的汉族宗教思想和心理意识附会上去。年代较晚的悬棺葬由于受汉文化的影响，也可能糅进了"图吉""至孝"的含义，这反映了悬棺葬包含的宗教信仰的演变，但并不是它原来的宗教意识。

福建武夷山的悬棺葬是迄今为止我国年代最早的悬棺葬文化遗存，这一时期福建的闽越人虽已进入青铜时代，属于上层建筑的思想意识形态仍是原始的、落后的。所谓悬棺葬挂棺高崖绝壁是"虹桥跨空"，在于"皈依神仙天国"的说法，不是悬棺葬俗最初的宗教意识。

五、悬棺葬研究的意义

悬棺葬分布在华南地区，东起闽、浙沿海地带，西到云贵高原，绵延万里，不仅分布地区广阔，而且流行时间达数千年之久。许多有悬棺葬文化遗存的地方，自古以来是少数民族分布地区，古代盛行这种葬俗的少数民族与现今生活在中国南方各地众多的民族之间关系如何？在上千年的漫长历史时期，我国南方许多少数民族流行悬棺葬俗，这些流行悬棺葬的民族相互之间具有什么样的关系？这一系列的问题，不仅涉及我国南方古代民族历史，而且也涉及华南民族关系史。

人类有生就有死，丧葬是人类社会生活的一个侧面，是社会整体不可分割的一部分。通过对悬棺葬的系统研究，弄清它的来龙去脉，有助于对人类文化其他重大课题的深入研究。

总之，悬棺葬作为人类学中的一个重要研究课题，涉及了考古学、民族学、历史学、民俗学、宗教学、民族生态学、体质人类学等多学科的综合研究，其学术价值是显而易见的。

我国是一个统一的多民族国家，通过悬棺葬研究，可以从历史学、考古学、民族学等多方面探讨我国南方少数民族的来源、民族迁徙、民族关系，无疑将会大大丰富我们对我国统一的多民族国家的形成和发展史的研究。这对于加强我国各兄弟民族之间的团结，维护和巩固我们多民族国家的统一，具有重大的现实意义。

悬棺葬以它在华南和东南亚地区乃至太平洋群岛的广泛分布而成为世界性的学术研究课题。东南亚在地理位置上与华南地区毗邻，因此，自远古以来，东南亚各民族与华南地区各民族的经济、文化交往十分频繁。

我国华南地区和东南亚半岛地区的少数民族，因居山地，生产技术水平较低，大都从事刀耕火种的游耕农业，待两三年地力尽时则又迁徙，另觅新地进行开发，这样一来，华南和东南亚半岛地区民族分化、混合亦更频繁，造成民族复杂的现象。

由于上述种种原因，东南亚许多民族与古代华南地区的少数民族都有着较为密切的关系。据许多中外著名学者，如林惠祥、凌纯声、克娄伯、巴斯蒂安等先生研究，东南亚印度尼西亚语族诸民族与我国华南地区的古代越人有一定的渊源关系[①]。

东南亚一名词，在地理上有广狭二义：狭义的仅指亚洲大陆东南的中南半岛（又称印度支那半岛）及马来半岛，广义的还将南洋群岛包括在内，本书所指的东南亚是广义的。

近现代学者研究发现，北起琉球群岛、中国的台湾，中经菲律宾、南洋群岛及马来半岛，甚至远至非洲东岸的马达加斯加岛，在如此辽阔地域内散布的土著居民，多数系同语言、同文化的民族，因其主要居住地域在东印度群岛，所以德国民族学家巴斯梯安以其地名称当地土著为印度尼西安（Indonesian）即古代印度尼西亚人，即今所称南岛语系印度尼西亚语族的民族或古称马来人。后来西洋学者研究中南半岛的历史、民族、语言等，又发现缅甸人、越南人、泰国人、老挝人等均是以后移入的民族，在他们迁入以前，半岛上的土著居民仍然是印度尼西亚人。因此美国民族学家克娄伯认为，中南半岛与东印度群岛在往昔组成一个文化区域，直到现在，印度尼西亚文化虽较落后，然而到处所见到的仍为同一的原始文化，如在今菲律宾、东印度群岛、阿萨姆及中南半岛等地。这一系统的文化还多保存着相同的文化特质，如刀耕火种、梯田、高顶草屋、巢居、凿齿、文身、贵重铜鼓、猎头、祖先崇拜、多灵崇拜等，

[①] 《南洋马来族与华南古代民族的关系》，载《林惠祥人类学论著》，福建人民出版社，1981；《边疆民族通论》《东南亚古文化研究发现》《南洋土著与中国古代百越民族》，均载凌纯声《中国边疆民族与环太平洋文化》（上），台北，1979。

这许多文化特质组成了东南亚古文化，它的分布地域不仅在东南亚岛屿地区，而且远及亚洲大陆。

凌纯声先生认为，印度尼西安文化古代的分布区域，不仅在东南亚的半岛和岛屿，且在大陆方面，自半岛至中国南部，北达长江，东起于海，横过中国中部和南部，西经滇缅而到达印度的阿萨姆。克氏所列东南亚古文化的20多种文化特质，在今日中国西南和南部散居着的许多文化较落后的少数民族中，十之八九都可以找到，其余十之一二，现虽已不存在，但在中国古文献中仍可找到相同的记载。除了克氏所列数种文化特质以外，还有铜鼓、龙舟、涅齿（即染黑牙齿，是古代凿齿习俗的遗留）、贯头衣（即筒裙）、犬图腾、蛇图腾、楼居（干栏式建筑）、崖葬等20多种文化特质，所有这50多种文化特质构成了东南亚古文化。

我国南方地区和东南亚古代属同一文化区域，涉及东南民族的历史、文化与中国的渊源关系是东南亚古文化的一部分，因此在研究中国悬棺葬的同时，不能离开对东南亚地区悬棺葬的研究。中国和东南亚的悬棺葬涉及东南亚民族、历史、文化与中国的渊源关系。通过中国和东南亚悬棺葬的比较研究，对于增进我国和东南亚人民以及世界各国人民之间的传统友谊，加强和促进我国和世界各国人民，尤其是与东南亚各国人民之间经济文化的交流，具有重要的意义。

第二章　中国悬棺葬的地理分布

我国长江流域及其以南广大地区的悬棺葬以它奇异和独特的风貌，很早就引起了我国历代文人学士的极大兴趣和关注，并在许多历史文献中加以记述。三国时期东吴沈莹的《临海水土异物志》中，对浙江南部至福建北部沿海地区的"安家之民"和我国台湾"夷州民"悬棺葬俗的描述，是我国历史文献关于悬棺葬俗的最早记载。此后晋常璩的《华阳国志》对四川西南等地的悬棺葬做了记述。自唐宋到明清时期，关于我国南方各地悬棺葬的记载就更多更为详细。

一、福建

《临海水土异物志》曰：

安家之民，悉依深山，架立屋舍于栈格上，似楼状，居处饮食，衣服被饰，与夷州民相似。父母死亡，杀犬祭

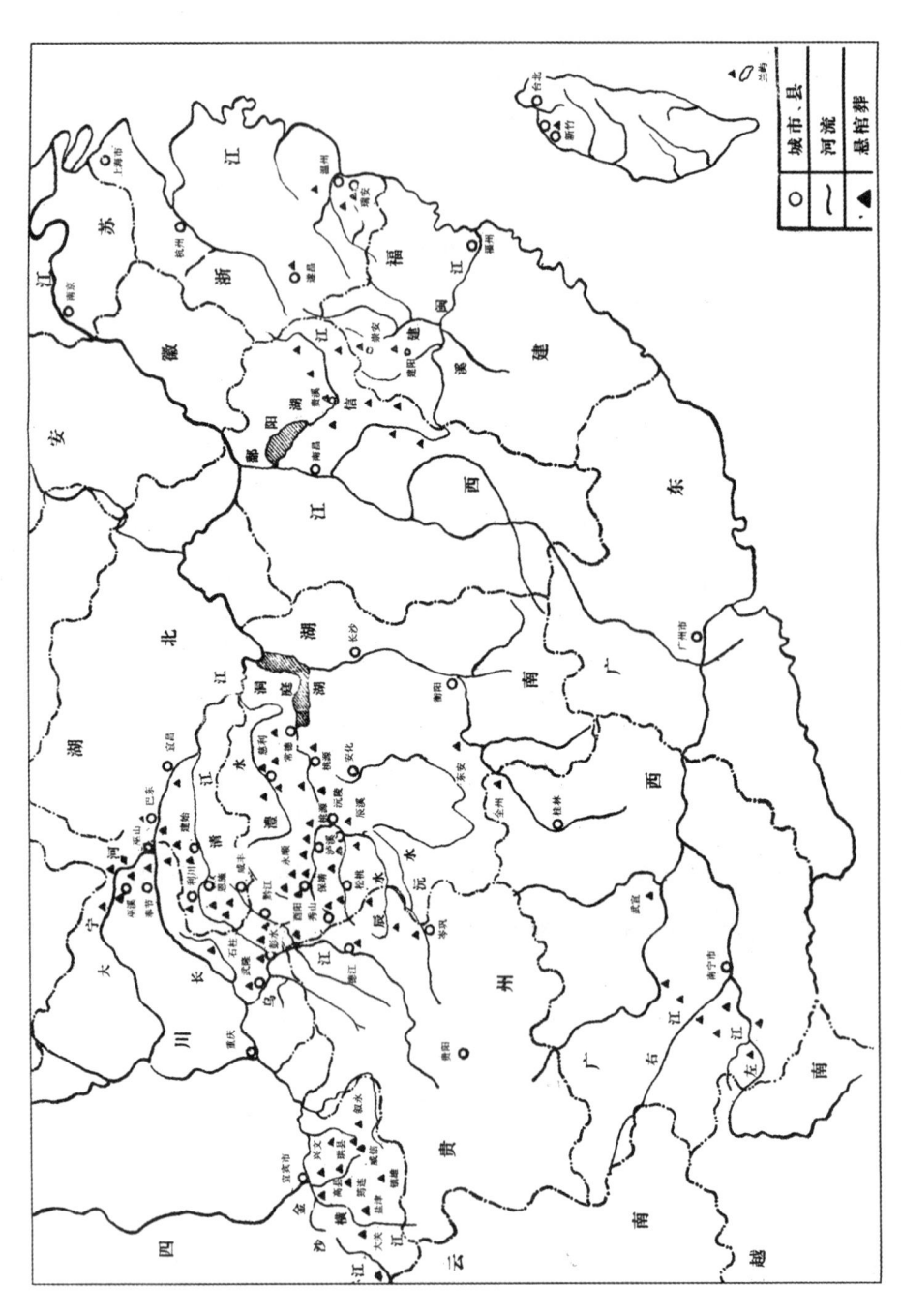

图2-1：中国悬棺葬分布示意图

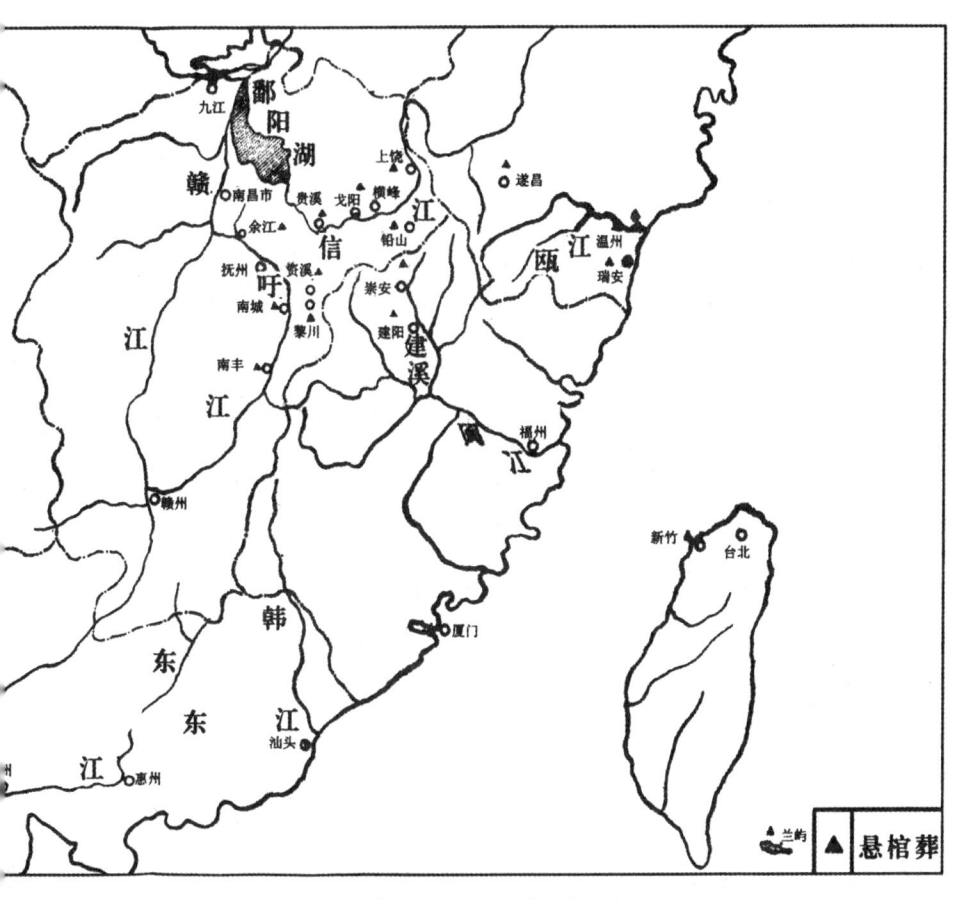

图2-2：闽浙赣台地区悬棺葬分布示意图

之。作四方函以盛尸，饮酒歌舞毕，仍悬着高山岩石之间，不埋土中作冢椁也。男女悉无履。今安阳罗江县民，是其子孙也。①

《临海水土异物志》著者沈莹为三国时期东吴的丹阳太守，文中所记夷州的风土民情，应是孙权于黄龙年间（公元230年）派兵征伐台湾时的情形。据台湾地区著名民族学家凌纯声先生考证，安阳、罗江两县地在临海郡东南沿海，即今之浙江瑞安至福建连江一带②。这一地区处于浙江南部和福建东北沿海地带，由于地理位置的优越和交通便利等条件，开发较早，两千多年前的悬棺葬遗存早已被破坏，然而在闽北武夷山区，因群山环抱，交通闭塞，悬棺葬遗存保留较多。

武夷山脉，位于闽、赣两省交界地区，为闽江和赣江的分水岭。

南朝人顾野王在建安（今建阳）地区任职期间游武夷山后，记述了武夷山溪悬棺葬的壮观场面，曰："地仙之宅，半崖有悬棺数千。"

萧子开《建安记》云："武夷山，其高五百仞，岩石

---

① 〔宋〕李昉：《太平御览》卷七百八十四《叙东夷》，中华书局，1960年影印本。
② 凌纯声：《古代闽越人与台湾土著》，载《中国边疆民族与环太平洋文化》（上），台北，1979。

图2-3：1981年6月，作者在福建武夷山考察悬棺葬

悉红紫二色，望之若朝霞，有石壁峭拔数百仞于烟岚之中，其石间有木硙、筶、簸箕、箩箸、什器等物，靡不有之。顾野王谓之地仙之宅，半崖有悬棺数千。"传云昔有神人武夷君居此，故得名。又坤元录云："建阳县上百余里有仙人葬，山亦神仙所居之地。"①

《建安记》又曰：栏杆山在建阳县北290里，"阑杆山，

---

① 〔宋〕乐史：《太平寰宇记》卷之一百一《东南道十三·建州》，中华书局，2007。

南与武夷山相对，半崖有石室，可容六千人，崖口有木栏杆，飞阁栈道，远望石室中，隐隐有床帐案几之属。崖石间悉生古柏，悬棺仙葬，多类武夷"①。

据笔者实地考察，上述文献中所载"木碓""磨"和"木栏杆""飞阁栈道"等均为悬棺葬遗迹，所谓"石室"（实际上就是天然岩洞）中隐隐见到的"床帐案几之属"多半是洞内被人们神秘化的悬棺。

关于福建武夷山区的悬棺葬，宋代地理志《舆地纪胜》、祝穆《武夷山记》、朱熹《武夷山图序》、明代《徐霞客游记》、谢肇淛《游武夷山记》、清代董天工《武夷山志》等历史文献均载得十分详细。

南宋王象之《舆地纪胜》卷一百二十九：

> 大藏岩，在武夷山。李左史诗云："玉棺插偏两岩傍，有罅开如小洞房，炼就阳魂归紫府，空余灵骨此中藏。"
> 仙机岩，在武夷山，中有石室，机杼有焉。
> 仙人石，在崇安县西七里，石三，东北阳有窍，绕石而去，攀挐而上，可至顶，有石室，空中有仙骸数函。

宋祝穆《武夷山记》：

---

① 〔宋〕乐史：《太平寰宇记》卷之一百一《东南道十三·建州》，中华书局，2007。

天柱峰，一名大王峰，在武夷山东南隅，石壁上有室曰昇真洞。洞中有神仙蜕骨，莫计其数。室前有黄心木栈。又有四木船，两两相复，亦盛仙骸。半枕室栈，不坠不毁。

仙机岩，在武夷溪南水际，岩上有石室，石机杼犹在。

宋朱熹《武夷山图序》：

今崇安有山名武夷，相传即神所宅。峰峦岩壑，秀拔奇伟，清溪九曲，流出其间。两崖绝壁，人迹所不到处，往往有枯槎插石罅间，以庋舟船棺柩之属。柩中遗骸，外列陶器，尚皆未坏，颇疑前世道阻未通，川壅未决时，夷落所居，而汉祀者即其君长。

明谢肇淛《游武夷山记》：

三曲为铁板障，翰墨岩，水中印石，隐然独淙，而小藏峰顶乱木横架，上阁小舟，不朽不坠，莫知其所自来也。

《徐霞客游记》卷一上《游武夷山日记》：

大藏峰，壁立千仞，岩端穴数孔，乱插木板，如机杼。

清董天工所著《武夷山志》对崇安县境武夷山的悬棺葬遗迹记述最详。

《武夷山志》卷六：

升真洞，又名仙蜕岩，大王峰东壁。广数丈，中置瓷缸五，皆盛蜕骨。……又有四船，俯仰相覆，亦盛骨函。船皆圆木刳成，半枕于洞口。骨函二十余，空者数函。……洞外有木板纵横插于岩际，相传为虹桥板。

《武夷山志》卷七：

兜鍪峰，西壁有穴，内藏两船，舳舻俱全，又名搁船岩。

《武夷山志》卷九：

大藏峰，半岩为金鸡两洞，洞中架壑，虹桥瞭然，可睹旁又直裂一罅，内亦纵横数板，皆可望而不可即。

小藏峰，巍然竦立峭壁千寻，亦名仙船岩，东壁隙间纵横插虹桥板上阁二艇，半在隙内，半悬于空，历风雨不毁，所谓架壑船也。又北壁有石穴，传十三仙蜕骨藏其中，名飞仙台。

金鸡洞，洞口虹板乱堆，一船立悬，洞外首仅及洞，竟不坠洞中，竖一竹竿，俨然垂纶，土人谓之钓竿，内有蜕骨。

《武夷山志》卷十三：

鼓子峰，半壁石罅中有虹板仙蜕。

《武夷山志》卷十四：

白云洞，内藏小艇及仙蜕。

《武夷山志》卷十九：

诸志云：大王峰之升真洞有五缸，皆盛蜕骨。又有四船相复以盛仙函，函共有二十有余，空者数函，又张仙岩一函，色骨不全，换骨岩九函，仙钓台真武洞三函，白云岩在洞数函，大藏峰石罅中十六函，小藏峰有黄心木橝，藏十三仙蜕骨。……又，万历间接笋峰道士程应元曾至金鸡洞中，云：内藏楠木甚多，一长三丈，径尺余，上置仙蜕十三函，每函或颅骨数片，或胫骨一、二茎，手骨一、二节，皆裹以锦帕。……又一舟，楠木刳成，长丈余，阔三尺许，……诸峰虽有蜕骨，何所据而为仙？

虹桥板。大王峰升真洞外，有木板纵横，插于岩际。相传武夷君设宴幔亭时，架虹桥以引乡人，……其板飞插各峰石罅，迄今大小藏峰，鼓子峰，金鸡洞诸处皆有之。风雨飘摇，岁久不腐，人莫能取。

架壑船。船长约二丈许，中阔，首尾渐狭类梭形，传为圆木刳成，且具棹楫，然遥望之，弗能详也。李磊英云：旧志载武夷仙船凡七，在升真洞者四，兜鍪峰者一，小藏峰者二。然不止此，兜鍪或云二艇，此外更有六艇，一在金鸡洞，三在鸡窠岩，一在真武洞，一在小藏峰北壁穴中，东壁所见架壑船，旧有四，明万历丁巳夏坠其一，……国朝康熙辛亥秋又坠其一，今所存者小藏凡三。又按程应元所见金鸡洞内贮香一船，及今洞口所悬，盖亦二艇。又传白云洞有一艇，是其数通计为十六类，不知尚有未尽否。

近年来通过考古学的田野调查和对悬棺葬的清理工作所得到的资料，与上述历史文献记载基本相符。

顾野王所谓武夷山"半崖有悬棺数千"，虽有些夸大，但仍能说明武夷山悬棺葬的分布原本十分密集。由于武夷山悬棺葬年代久远和迷信观念，人们对悬棺葬缺乏科学认识，自古以来武夷山的悬棺葬蒙上了浓厚的神秘色彩，被人们称为"神仙所居"，或"仙人藏骨之所"。在悬崖上架置悬棺的木桩被称之为"虹桥板""仙钓竿"等。认为这些东西能"治病除邪"，千百年来人们争相取之。因此，武夷山的悬棺葬早已被严重破坏，目前保存悬棺葬遗迹较多的是福建崇安县境内的武夷山区。

1981年6月，笔者与江西省博物馆许智范和福建省博物馆陈子文两位男同事一起考察了福建省崇安县的悬棺葬。

崇安县武夷山位于绵延闽赣两省的武夷山脉北段，地处崇安县南。武夷山的地质构造为红色砂岩、砂砾岩及泥页岩，岩质坚硬，经过长年风化、剥蚀、地壳变动，形成了今天所见奇峰怪石、秀拔兀立的千姿百态，清澈的九曲溪水萦绕山间。

武夷山不仅以盈盈九曲和巍巍群峰的诗情画意吸引游人，而且还有那些悬置于峭岩绝壁之上的船棺引起人们无边的遐想

图2-4：1981年6月，作者与江西博物馆许智范先生考察福建武夷山悬崖峭壁上的船棺葬

和衷心赞叹。1962年郭沫若先生到武夷山探觅古迹时曾赋诗云："为觅虹桥迹，雨中试小游。航艰人负楫，滩浅石攻舟。峭壁沿溪列，烟云拂岭浮。船棺真个在，遗蜕见崖陬。"

九曲溪为崇溪支流，属闽江流域，全长约8千米，依山盘绕，折为九曲。据笔者实地调查，九曲溪两岸的巉崖峭壁上保存着悬棺葬遗迹大约有十多处。

三曲、四曲是武夷山现存悬棺最集中之处。

三曲小藏峰高耸峻拔，距水面约70米的两个竖直裂隙内有2具船形棺凌空悬架，在2具船棺之间，距水面50~70米的绝壁上插有3块木板——"虹桥板"。

四曲大藏峰峭壁千仞，下临深潭，这里碧水澄清，流霞飞翠。距水面60~70米的岩壁上有一天然洞穴，名鸡窠岩，内有完整的船棺5具，人头骨1个。在这一洞穴下方，距水面50米左右处，有一大的天然岩洞，称金鸡洞，根据对洞中船形棺底的辨认，目前该洞至少有20具船棺，大部分残损无盖，横七竖八放置杂乱。在金鸡洞东面不远处距水面约50米的岩隙内横有2根粗大的木桩，推测其用途应是搁置悬棺所用。

四曲仙船岩，与大藏峰隔水相望，距水面约50米的峭壁上有一自然洞穴，洞内原有10多具船棺，目前只剩下3根伸出洞外的木头，当地人称之为"仙钓竿"，实际上仍是架置船棺的圆木。

仙机岩，在小藏峰背后，距地面70~80米，高的山岩上有一天然洞穴，内有木板一横一竖，当地人称"仙机"。

二曲玉女峰，突出溪滨，高可百仞，四面巉岩如刀削然，距水面30～40米高处有残棺，另在距水面70米左右的悬岩上有残棺板2块。

除此以外，一曲大王峰、换骨岩等地亦保留有许多悬棺葬遗迹。

一曲大王峰，峭壁陡险，犹如擎天巨柱，屹立在武夷宫九曲溪口，东边岩壁有一巨大的天然裂隙，曰"升真洞"，距地面高约50米的洞口石壁横有若干"虹桥板"，上面置放2具船棺，均为棺身朝下的空棺。

换骨岩在与大王峰相连的幔亭峰的东北600～700米处，前引文献曰"群仙来此换骨"，岩穴内曾有"仙蜕函"等。目前所见是距地面20～30米的岩壁上有一个三角形的天然洞穴，洞口横有一根长长的木头，其上架着2块残板，由洞内向外伸出，在与之相距20多米远的左上方，离地30～40米的岩壁上有一圆形洞穴，洞口亦横有一根木头，估计原来也是架置船棺所用。

因福建崇安武夷山悬棺葬之棺木全为船形，所以又被称为"船棺葬"。

1978年前后，福建省博物馆曾在武夷山的观音岩和白岩取下2具船棺并做了清理。

福建武夷山船棺葬棺木经碳14测定，其年代距今约三千多年①。必须指出，由于年代久远和人们的迷信观念，在武夷山悬棺葬洞穴中已混入了一些后世扰乱之物。如前引《武夷山志》卷六载升真洞：

> 中置瓷缸五，皆盛蜕骨，缸皆雷纹，……函船皆圆木刳成，半枕于洞口，空者数函。乡人谓，祷雨者取蜕骨下，易以新函，返故处，而骨仍以旧函云。

说明武夷山悬棺葬历年被后世"祷雨者"翻动扰乱，雷纹瓷缸可能是人们祷雨后换上去的。当地人还认为悬棺葬棺木中的死者骨骸等物有"治病除邪"之功效，因此不畏艰险将船棺中的骨骸捡来用绢、宣纸和麻布等物层层包好，放在小木盒内作为祈求家人平安，延年益寿，尤其是为小孩祈求平安、康宁的"神物"。1979年崇安县文化馆从武夷山鼓子峰西南壁悬棺葬洞穴中取出了三个盛有"仙蜕"的木盒，盒内装有用绢、宣纸、草纸、麻布等层层包裹的尸骨。其中一个木盒盖正面楷书毛笔字：

> 福建□建宁府建阳县江义乡崇文里，临江上社居奉佛信士刘全郎谨发诚心，喜拾武夷山大洞仙蜕三个，专祈保男

---

① 福建省博物馆、崇安县文化馆：《福建崇安武夷山白岩崖洞墓清理简报》；曾凡、杨启成、傅尚节：《关于武夷山船棺葬的调查和初步研究》，载《文物》1980年第6期。

刘天□□□弟星辰光郎寿命延长，次□□□□家□千载，人寿百春。大明万历辛巳年夏月，吉日。

另一木盒内包装人骨的绫帕上楷书毛笔字：

建阳县崇文里，居士王贞元喜拾绫帕一幅，祈保幼男伯康星辰光显，寿命延长。嘉靖二十三年岁次甲辰八月吉日题。

有的学者将这种裹以锦帕或者装入小木盒的后世扰乱之物视为武夷山悬棺葬中的"二次葬"，实为大误。

二、江西

江西的悬棺葬大多集中在赣东或赣东北信江流域，主要分布在武夷山西侧和西北侧。关于江西悬棺葬，历史文献记载很多，而且由于地域上与福建崇安、建阳等地相邻，因此江西悬棺葬与福建武夷山的多相类似，当地人亦以"仙床""仙机""虹桥板"等称之。

南宋王象之《舆地纪胜》卷二十一《信州景物》：

贵溪县仙岩，在贵溪县南七十里，去龙虎山二里。峰峦峭立，高出云表，岩石嵌空，多为洞穴，房室窗牖，床榻仓廪，棺椁鸡犬禽鸟之状。

宋晁补之《鸡肋集》卷二十二：

> 出游龙虎山，舟中望仙岩，壁立千仞者不可上，其高处穴中，往往如囷仓棺椁云，盖仙人所居。

明徐学谟《游仙岩记》：

> 贵溪仙岩，岩凡二十有四，总之名仙岩……如酒瓮岩，有陶罂寄贮岩中，岩头若古塚，藏一棺而暴其半者，如仙棺岩，棺木白色，如今人所用，他岩，棺尤累累有规形而锐首者稍异，又有壑而舟横者，窦而床列者，虽去人远甚，严有形似，其名曰仙船岩，曰仙床岩。

南宋王象之《舆地纪胜》卷二十三《饶州景物》：

> 余江县仙人城，在安仁（今余江）临溪。悬岩多大穴，中有冶铁盐厫，仓廪棺椁之属，皆去天数千尺，世传武夷仙人归葬于此。

文中所谓"冶铁、盐厫，仓廪"等实际上皆属棺椁之类，由于悬棺葬遗迹多在很高的悬岩绝壁，人们仅凭肉眼观察，难以看清洞中的真实情形。

南宋王象之《舆地纪胜》卷三十五《建昌军》：

> 建昌军同下州，禹贡扬州之域，春秋时为吴南境，战国属楚，秦属九江郡，汉属豫章郡。
>
> 南城县仙人岩，临溪峭壁数百仞，五岩相连属，深广各数丈，俱有板木，上二岩有全棺木二具，用小瓦石平其下，余岩散木纵横不可计数……又传旧望岩中有仙骨存焉。
>
> 仙人石，在新城县东七十里，飞猿水岸，有石穴，世传仙人换骨在其内，棺器尚存。

建昌军治所南城，包括资溪、南丰、黎川、广昌等县。

南城县在历史上悬棺葬遗迹颇多，同治《南城县志》卷一：

> 南城县小仙人岩，地名石岩……旧传有人骨，祷取骨往，得雨复还，后为远乡人取下，岩下又有机杼、纺织之具及板木数十偶。

光绪《江西志》卷十：

> 南城县五藏岩，在府城东五十里，俗称孚子岩，……

相近为仙人岩，临溪峭壁数百仞，天气晴明，岩中光彩动摇，隐隐若一童子出没其间，或云中有仙人蜕骨也。

除此之外，弋阳、横峰、上饶等地亦曾有悬棺葬遗迹。

同治《弋阳县志》卷一：

弋阳县仙人寨，县南四十里有峰壁立，形如层城，相传有仙蜕骨于此。

同书卷十二：

清郑日奎在《仙人城记》中云："城非城也山也，以城名以形名也……系之以仙何也？以山中旧有异人遗蜕也，

图2-5：1981年夏天，作者在江西龙虎山上清河考察悬棺葬

蜕今之矣，名不异则传之久也。"

同治《兴安县志》卷三：

横峰县横峰，即岭山别号，在太平乡城北二里许，诸山环匝，山巅有洞……洞中有仙人墓。

同治《上饶县志》卷五：

上饶县云洞，宋韩元吉吟《云洞》诗云："挥策度穷谷，撑空见楼台。舟崖几千仞，中有佛寺开。……仙棺是何人，白骨藏莓苔。"

上饶仙山，在县西二十五里，山势幽绝，欲雨则云蒸，……相传山巅有空棺，村民近以祷雨，辄应，祷毕，异至山中。翌日视之，则上升，称之曰仙板。明郑邦福咏《仙山》诗中有："仙蜕已知飞白日，空棺犹自阁重云。"

同治《铅山县志》卷二十七：

铅山县仙人桥，清张瑞槎《舟中望仙人桥》诗云："大江西下鸣兰桡，江头万山如可招。一山未平一山起，上有千仞之虹桥。舟中过客初来此，举首忽惊桥欲圮。……"

铅山县在福建崇安县西北，位于武夷山北麓，与崇安县紧紧相连，诗中提到的"虹桥板"，其用途与崇安武夷山的相同，都是作悬崖上架置棺木之用。

民国《南丰县志》卷一：

> 南丰县仙人岩，在南丰县西九十里，又名壶公岩，高七十余丈。……在山半中有屋、有窦、有仙床，坚墨若沉香，又有石函、七星剑、木匙、五色锁子骨、小木船、桅竿，其丹灶犹存。

南丰县位于武夷山脉中段，与福建省建宁县、泰安县相接。文中所载小木船是与崇安武夷山相同的船棺，所谓"仙床""桅竿"等实际仍是悬棺葬遗物。

据笔者1981年到江西实地考察，在历史文献记载中，江西省东部与福建交界的上饶、铅山、横峰、弋阳、南城、黎川、南丰、贵溪等几县中，目前除贵溪县仙岩尚保留有较多的悬棺葬遗迹外，其余各地由于历代经济开发等原因，悬棺葬遗迹早已荡然无存。

贵溪县位于江西东部，属信江流域，悬棺葬主要分布在贵溪县西南角鱼塘公社①仙岩一带。

---

① 本书许多实地调查资料都是20世纪80年代所得，因此不少地方的行政区划是以公社、大队和生产队称之，书中所有行政区划均沿用旧制。

仙岩距鹰潭市约20千米，距贵溪县36千米。仙岩属龙虎山，为武夷山脉北段，坐落在信江支流上清河畔。仙岩是上清河两岸24个山岩峰峦的总称，岩质大多为砾石、沙粒胶结而成的坚硬的沉积堆积。这一带峰峦峭立，千姿百态，奇峰怪石，竞秀争妍，碧绿的江水贯流其间，两岸山色苍翠，风光绮丽，仙岩一带如人间仙境。自古以来不少人到仙岩修道，因此龙虎山成为我国道教名山。

据笔者初步调查，仙岩原有悬棺葬70多处，均利用峭壁上的天然洞穴和岩石裂隙放置棺木，距水面高度14~15米不等。1979年秋冬江西省博物馆和贵溪县文化馆联合发掘、清理，将悬棺葬洞穴中原来大多保存完好的37具棺木取走之后，现在许多洞穴已成空洞，有的洞穴仅见残存棺板或垫棺木所用的横木及墓门残板、洞底所筑垫棺之用的黄泥。

在距仙岩1千米多的鼓子石岩壁上，离上清河面约60多米的岩隙中尚有七八具棺木，在其下距河面20余米的石壁上有一天然洞穴，内置残棺2具。这2个岩洞中的底部地面均铺筑黄泥垫棺。

三、浙江

关于三国时期浙南沿海地区"安家之民"的悬棺葬俗，前引沈莹《临海水土异物志》记载颇详。根据文献资料，在浙南衢州、金华、温州沿海一带的龙游县、临海县、瑞安县、永嘉县等地可能都有过悬棺葬俗。

《太平寰宇记》卷之九十七《衢州·龙游县》：

> 龙游县……春秋姑蔑之地……今龙邱乃春秋东阳太末县也，一云茹末县，东有龙邱，因以为名。……龙邱山，东阳记云：上有九石，晴明远望，尽如芙蓉……龙邱山，岩际有石岩如窗牖，中有石床。①

文中所谓石床可能与武夷山区的"仙床"相同，均为悬棺葬遗迹。

同上书卷之九十九《温州·瑞安县》：

> 瑞安县……《舆地志》云：后汉光武改为章安县，……今为瑞安县邑，有瑞安山，步廊山在州东北二百二十里，从瑞安江入，远望如有屋宇之形，因而名之。

同书同卷《温州风俗》：

> 俗好淫祀，有瓯越之风。②

---

① 〔宋〕乐史：《太平寰宇记》卷之九十七《江南东道九·衢州·龙游县》，中华书局，2007。
② 〔宋〕乐史：《太平寰宇记》卷之九十九《江南东道十一·温州·瑞安县》，中华书局，2007。

据凌纯声先生考证，三国时"安家之民"所居的临海安阳地区即今浙江瑞安[①]，此地悬棺葬历史悠久。瑞安县步廊山的"屋宇之形"亦应是悬棺葬遗迹。

由于年代久远，浙南沿海的悬棺葬遗迹很少保留下来。据实地调查，在浙南遂昌县瓯江支流松阻溪两岸的悬崖峭壁至今尚保存有悬棺葬遗迹，其中一洞内有一长方形木盒状棺木，棺中尚存人骨架1具，系仰身直肢，棺与盖之间系以子母口作上下套合，而且刻有花纹[②]。因江浙沿海经济开发很早，至今保留下来的悬棺葬遗迹甚少。

四、台湾

台湾，古称夷州，《临海水土异物志》载，古代台湾居民——高山族先民的"居处、饮食、衣服、被饰"与浙南闽北沿海的"安家之民"相似。据此推测，三国时期夷州民可能有悬棺葬俗。到近现代，台湾新竹上坪溪上游马巴来山腹洞穴和兰屿（旧称红头屿）均有悬棺葬遗迹[③]。据实地考察，目前兰屿雅美人有三种葬法：土葬、海葬和崖葬，但均在海边埋葬。善死

[①] 凌纯声：《中国与东南亚之崖葬文化》，《中国边疆民族与环太平洋文化》（上），台北，1979。
[②] 林华东：《试谈我国东南地区悬棺葬的几个问题》，载《民族学研究》第四辑，民族出版社，1982。
[③] 凌纯声：《中国与东南亚之崖葬文化》，《中国边疆民族与环太平洋文化》（上），台北，1979。

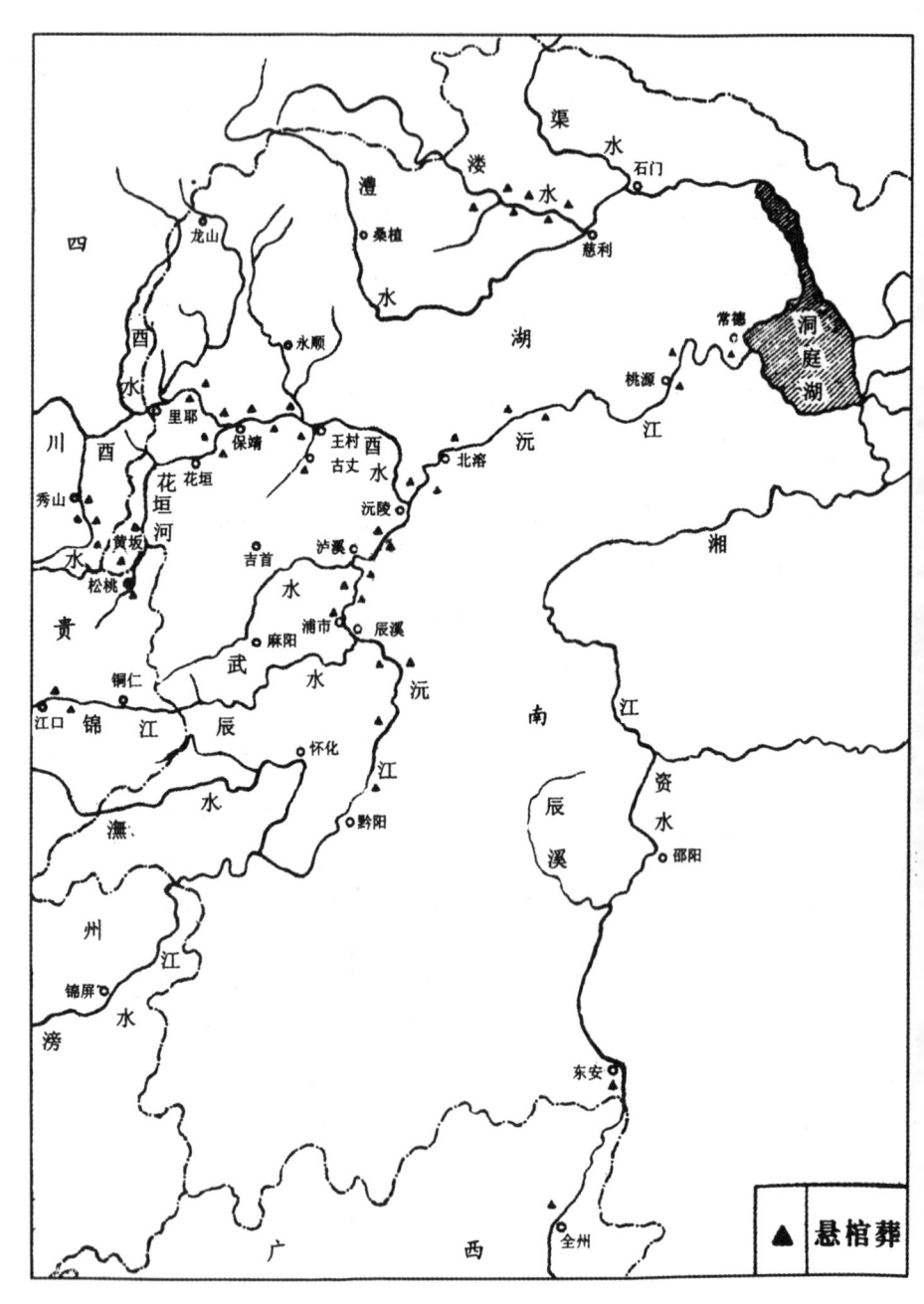

图2-6：湖南省悬棺葬分布示意图

066　中国悬棺葬

者为土葬，婴儿夭折海葬，无子女或恶死者为崖葬。崖葬是东南亚古老的葬俗，雅美人的葬法将尸体屈肢，用麻绳捆扎，装入麻袋，抬到山上，放在崖穴中，临海的山上都可以看到尸骨[①]。

五、湖南

湖南是我国悬棺葬分布最为密集的地区之一，以湘西地区沅江流域和澧水流域尤多。

（一）沅江流域的悬棺葬

这一地区的悬棺葬主要分布在湘西地区的龙山、花垣、保靖、永顺、泸溪以及辰溪、沅陵、桃源、常德等地。

1. 沅江两岸悬棺葬的分布

隋黄闵《沅州记》云：

> 辰州溆浦县西四十里，有鬼葬山，其中有棺木，遥望可十余丈（尺），谓鬼葬之墟，故老云：鬼造此棺，七日昼昏，唯闻斧凿声，……七日霁……见此棺俨然横置崖畔。[②]

唐代张鹭《朝野佥载》亦记述了生活在湘西及黔、川、鄂

---

① 刘其伟：《兰屿与雅美文化》，《艺术家》总67号第12卷第1期，台北，1980。
② 〔南宋〕王象之：《舆地纪胜》卷七十五《辰州景物》。

图2-7：1983年冬天，作者在湖南湘西沅江流域考察悬棺葬

三省交界地区沅水上游（雄溪、樠溪、酉溪、潕溪、辰溪）的少数民族"五溪蛮"的悬棺葬俗：

> 五溪蛮，父母死，于村外阁其尸，三年而葬，打鼓路歌，亲属宴饮舞戏，一月余日，尽产为棺。于临江高山半肋凿龛以葬之，自山上悬索下柩，弥高者以为至孝，即终身不复祠祭。①

---

① 〔唐〕张鷟：《朝野佥载》卷十四《五溪蛮》。

明朝以后，各种游记等历史文献关于沅江两岸悬棺葬的记载更多。

清王世正《陇蜀余闻》：

辰沅道中，缘江皆峭壁，高可百丈。避兵者以修绠系腰，从山巅缒下。距江面数十丈许……遂于壁山凿孔，以巨木横贯之，即于木上纵横架栏木盾𦯋葛飞檐，……虚无缥缈，唯海市蜃楼无以加之。

沅水两岸的悬棺葬遗迹以泸溪、辰溪县一带最为集中，历史文献记载又多又详。

清王昶《滇行日录》：

泸溪县辛女岩。行四十里过泸溪县，又三十里过辛女岩，壁立水中，如刀削然。……壁多窍穴。最异者，山半穴内，如箱、如船、如楣槛，谛视之，皆以木为之。或云仙灵所窟，或云诸葛武侯藏粮于此，其说茫昧不可信，然距水面二十余丈，决非人力所能到。

清许瓒曾《东还纪程》：

泸溪县楠木洞。楠木洞负山临水，攀援甚艰，洞门有大石若屏而虚其左侧，以通出入。舟稍前见绝壁之上石缝中有船长可八尺许，俗称仙人所留沉香船也。

泸溪县响水岩。响水岩石壁连亘，宛然城郭，峭壁间有罅，即构木为房，以补之明窗蓬户，危梁飞栋，无异于灵山贝宇，海上琼楼。

辰溪县白岩。过辰溪县二十里，浦市人烟稠密，……又十里白岩稍下有石壁一带峭立江右，其最高石罅中多架木为屋，参差点缀，舟行仰望，缥缈若神仙之居。

清郑珍《巢经巢续集》：

辰溪县北三十里许，（沅）江东岸皆峭壁，猿鸟所不到，其上有楼阁，阑楯箱匣之属，曰仙人崖。

清檀萃《黔囊》：

辛女岩对岸间，机一船一，乃其遗迹，然溪洞岩间，此类颇多，或存朽木，或悬羽箭，或贮箱匮，人多以仙人屋命之，疑不然也。

据笔者实地调查，上述文献所载沅江两岸凿孔打桩的遗迹并非避兵者所修的避难之所，而是架置棺木的悬棺葬遗迹。所谓"海市蜃楼""危梁飞栋""灵山贝宇""仙人屋"等均反映了沅江一带在历史上悬棺葬遗迹之多的壮观景象。

《辰溪县志·山川》：

> 仙人洞在丹山洞左，洞门北临悬崖，内逼窄不可入。洞口有沉香尺。

《辰溪县志·古迹》：

> 沉香尺，城对河南岸仙人洞口悬崖石罅中，半藏半露，阴雨时缩入尺许，晴明如故，俗呼为鲁班尺。

民国《泸溪续县志》地理志二《沿革·古迹》：

> 辛女岩，城南三十里，岩山高立，岩内夹一石头，相传是高辛氏的女儿在这里化成石头。
>
> 床机岩，与辛女岩隔江相对，有机床一具，乘船一只，悬吊在洞内，古人云是辛女的遗迹，下有深潭，深不可测，有人又称此洞为辛女洞。
>
> 仙人屋，由城到浦市傍江悬岩高坎中，架木作屋，一层重一层，远看好像楼，人称仙人屋。
>
> 沉香船，又叫海船，在桐木坳，不知年月，船悬在陡

图2-8：1983年冬天，作者在湖南湘西考察沅江两岸悬棺葬时与泸溪县志办公室的工作人员合影

岸半腰中，如今完好，我县十二景致内的石壁仙舟。

《湖南通志·沅陵县》：

> 秋坪新语云：……舟行沅陵，江中水碧如油，两岸青山壁立万仞，虽猿猱所不敢攀。援下瞰江波最崭绝处，悬如木槚者，参差悬缀约以十数，棳阒闒不一，或如书牒风翻，或微尘簸出，若洒扫之倾弃其土也。仰视皆高不逾尺，舟人曰："此仙人屋也！"

现代著名作家沈从文先生20世纪20年代在他的散文集《湘西》中,对泸溪沅江两岸的悬棺葬遗迹有着极其生动的描述:

> 在许多游记上,多载及沅水流域中段,沿河断崖绝壁古穴居人住处的遗迹,赭红木屋或仓库,说来异常动人。倘若旅行者以为这东西值得一看,就应当坐小船去。这个断崖如沅水流域许多滨河悬崖一样,都是石灰岩做成的。这个特别著名的悬崖是在泸溪浦市之间,名叫箱子岩。那种赭色木柜一般方形木器,现今还有三五具好好搁在斩削岩石半空石缝石罅间。这是真的原人居住遗迹,还是古代蛮人寄存骨殖的木柜,不得而知。①

因沅江两岸的悬棺葬年代久远,人们早已莫知其何来,故被神秘化,称之为"鬼葬山""仙人岩""仙蜕岩""仙人屋""古人避兵藏书之所",将成年累月经日晒雨淋变成黑色的棺木称为"沉香船""沉香棺",朽坏残存的黑色棺板之类称为"沉香尺"等。

据笔者1983年冬在湘西地区的实地调查,沅江两岸的悬棺葬上起黔阳、辰溪到泸溪、沅陵等地,至今仍保存有较多的悬棺葬遗迹。

---

① 《泸溪·浦市箱子岩》,《沈从文文集》第九卷《散文》,生活、读书、新知三联书店香港分店、花城出版社,1984,第371—380页。

黔阳县安江镇凤帆岩一自然岩洞内尚见到有残棺，然而目前悬棺葬遗迹比较集中地分布在上述历史文献中所提到的浦市至泸溪之间30多千米范围内，包括泸溪县境和辰溪县境的沅江两岸之断崖绝壁上。

泸溪和辰溪的沅江两岸，山势雄伟，江水清澈，山岩石壁陡峭，光滑平整，如刀削然。

图2-9：湖南湘西沅江边悬崖峭壁上残存的悬棺葬遗迹（架置殓尸棺木的圆木。1983年冬陈明芳拍摄）

这一带为石灰岩，岩质坚硬，多水平层理状的岩洞和岩隙，悬棺葬就分布在这些天然洞穴或岩隙中以及陡峭的崖壁之上。

箱子岩 在泸溪县城南5千米左右的上堡公社岩头河大队沅江东岸，距水面20～30米的峭壁上有4个人工开凿的不甚规整的方洞，以前每个洞中均放置有棺木，20世纪50年代因找矿、熬硝等原因，洞内棺木被毁坏扔掉，目前箱子岩已成空洞。

桐木垴 北距岩头河大队约5千米的沅江东岸，属辰溪县船溪公社小溪河大队，因这一带岩洞中棺木为坚硬的楠木而得名，所以又名楠木洞，明清时属泸溪县界。这里是历史文献记载悬棺葬最密集的地方。此处是沅江东岸一座南北走向的陡峭山岩，在200~300米的范围内有悬棺葬自然岩穴9个，各洞距水面高度30~60米不等，多数洞内可见朽坏残损的黝黑色棺板，其中有4个洞内除堆积了许多黑色朽木板或朽木片以外，还横有1~4根碗口粗的圆木（见图2-9），据推测，这些木头应作架置棺木所用。

在桐木坳南端山岩，距水面约30米的天然岩隙中有一只长2米多的小木船，小船制作精巧，船身向江面倾斜，木质颜色深黄，笔者访问当地老人，均说木船年代久远，早已不知其由来。这只船便是《东还纪程》《泸溪县志》等历史文献所谓的"沉香船""仙人舟"和"石壁仙舟"。20世纪80年代初照相机简陋，笔者只能用望远镜观察。

铁柱潭对岸北距泸溪县城约25千米，西与辛女岩隔江相望，属辰溪县孝坪公社猫山大队。这座中间凹下，南北两峰挺拔的山岩峭立沅江东岸，南北宽约200多米，其上分布有7个悬棺葬洞穴，均为自然岩洞。洞距水面高度20~50米不等。各洞内均有2~3根横木，最多的一个洞内横木多达6根，有的洞内横木上平放有2米多长的木板，或者横木下方岩壁上还插有许多残存木桩。因此当地人将这些木桩称为"晾衣竿""仙人晾衣"等，称呼与福建武夷山的悬棺葬遗迹相同。

清人王昶和许瓒曾则将辰溪、泸溪一带悬崖峭壁和崖洞中纵横交错的木头、木桩描绘为"灵山贝宇"之类，近人或误为

第二章　中国悬棺葬的地理分布　075

"古代穴居人处的遗迹"等。据笔者的实地调查结果表明，湘西沅江流域悬棺葬的分布与历史文献记载甚相符合。

此外，泸溪县的白沙渡、杉木溪等地沅江江畔绝壁上尚有悬棺葬遗迹多处。在泸溪、古丈、沅陵交界的八十坪酉溪两岸的自然岩洞中亦有悬棺葬遗存。

顺沅江而下到沅陵县北溶沅水南岸，距水面30～60米的悬崖峭壁上约有40多个人工开凿的悬棺葬洞穴。20世纪50年代初这些洞穴中尚保存有比较完整的棺木，当地人亦称之为"仙人屋"，目前有的洞穴中仅存长约2米，宽不到1米的散乱棺板。

除沅水中游以外，湖南西部地区的悬棺葬一直到沅水下游的桃源、常德等地还有分布。

《桃源县志》卷十四《艺文志·倒水岩鱼仙洞石室记》：

> 仙蜕岩。岩势更高广逶迤，上凿石室者十，内一室藏黄肠者五，旧传为沉香棺，年久而朽，白骨头颅隐隐在望，舟人有以竿攫其上者，雷輙震怒。……马石西折而北行，涤荡中历菴，而东长岩横瓦四尺有石室者三。中为伏波洞，左为敛山洞，马之渊南征曾避暑于此，故石室祠貌焉，而仙蜕长留。

《由倒水岩至穿石记》：

甑子一峰跃出江上斜对倒水岩十里而遥,崖壁桀立者八九,参差向背各作一态……石穴方幅如张唇,最后一唇函数棺,如板齿石脚插江而下。七星岩石窟可五、六尺者,七岩西又一石室。一约七尺余,东石窟三,中贮木棺不朽。又东岩壁间别有数窟,按九城志云:桃源顾山有马援所凿避暑石室,濒江高瞭晾,石窟数十,将军遗骸尚存。

清许瓒曾《东还纪程》:

常德倒水崖仙蜕石。石皆壁立水滨,逶迤高广,上凿石窦者十,下临绝壑,内一窦,中藏木槥五,旧传为沉香棺。土人云,水涨时健儿引舟而上,棺枋遗蜕尚存,舟人戏以竿撩之,雷辄怒击,亦未知何代所留。曩从军夔门时有风箱峡者,数仞绝壁之中,叠置木匣如风箱者甚多,仰望色如朽木,较棺形则小,其景象颇相类也。

据笔者实地调查所知,桃源县沅水下游地区的悬棺葬遗迹比历史文献所记载的更多。

桃源县悬棺葬遗迹集中分布在县西与慈利县交界和县南与沅陵交界的地区,据初步调查,桃源县西北瓦儿岗、杜坪、凡寺坪、钟家铺、千丈河及县西南余家坪、三阴、燕家坪、寺坪、太平铺、马石等十几个乡,至今尚有悬棺葬遗迹。

图2-10：湖南桃源县马石乡悬棺葬远景（棺木放置在峭然壁立于沅江的崖上所开凿的若干个方形洞穴之中，悬棺葬年代为唐宋时期。1983年冬陈明芳拍摄）

  近年除在太坪铺乡野猫坪沅江支流的少数洞穴中见到人头骨、青花瓷器、残存棺木，以及马石乡沅江江畔的洞穴中，可看到保存完好的棺木之外，桃源县其余各地大多数悬棺葬洞穴中已空无一物。

  据笔者实地调查，桃源县悬棺葬洞穴，几乎全是人工开凿之长方形洞或方洞，洞长约2米，高1~1.5米，而且大多在沅江及其支流两岸的悬崖峭壁上，洞距水面高度10~40米不等。

  桃源县马石乡因传说东汉时期马援征"五溪蛮"时，曾驻军该地，故名。在马石乡政府东约3千米的沅水北岸临江有一座高约70~80米的山岩，这座山岩中部陡峭的崖壁上有5个人工开凿的长方形洞穴，洞分三层排列，最下一层仅一个长方形洞，距水面约20米，中间两个长方形洞平行并列，距水面约30米，最上层亦为2个长方形洞平行并列，距水面约40米，这两个洞中东面一洞内保存有一具比较完整的棺木，但棺木短小，长度不足2米，似为整木挖凿而成的方形棺。

2. 沅江支流——酉水流域悬棺葬的分布

酉水是沅江最大的支流，为古代五溪蛮居住地的五溪之一，发源于湖北来凤县，流经湘西地区深山峡谷，经由龙山、保靖、永顺、古丈，于沅陵凤滩汇入沅江，全长200多千米，酉水沿岸石灰岩陡峭岩壁上悬棺葬遗迹颇多。

同治《龙山县·古迹》：

> 龙山仙人版。在县南一百八十里隆头镇右，石山壁立，下临大江，高百余丈，山腰一洞，洞口横木匣，长数尺。相传乾隆初年因雨，有人至山顶缒而下，启视皆古篆文字，遂称仙迹。

> 仙人洞在县西二十余里，岸峦壁立，下瞰深潭，山半有洞，左右攀跻无路而朱栏罗列洞口，相传内有盘盂杯箸之属，皆金银为之，……以为仙人居。

《保靖县志·古迹》：

> 保靖县仙人木，在县东北六里乳香岩河岸绝壁上，洞口放有木箱一个，名曰仙人木，至今身中望之，宛然犹存。

《永顺县志·古迹》：

永顺县仙人舟。在南渭州河岸石壁，空中悬船一只，相传仙人遗迹。

仙人棺。在南渭州石壁，不知年代，又他扎蛤蟆口，石壁数丈，临深潭，口内有古棺三，左右两具色黝黑，中独殷红若朱，民五之变，匪党敲坏左右两具，忽风雷大作，匪党悚惧，中棺得以保全。

茄晒土。在司治东南十里，灵溪河南岸悬岩绝壁有石洞，洞门高敞，相传古之土蛮吴着送于此处晒铠甲，至今横木尚存。

文献中所载"木匣""朱栏罗列"的"仙人居""仙人木""仙人版""仙人舟"等均为悬棺葬遗迹。

湘西地区是我国悬棺葬分布密集的地区，但由于近年酉水下游修建凤滩水电站，保靖和永顺一带的河面水位提高了40～50米，使酉水两岸不少悬棺葬洞穴被淹没。

据笔者实地调查资料表明，目前在西起龙山里耶，东至永顺镇溪长约200千米的酉水两岸尚有悬棺葬洞穴50个。保靖和永顺又是湘西地区悬棺葬最密集的地方之一，从保靖县城的保靖大桥开始至永顺县柏杨公社南渭大队（旧称南渭州）仅长20千米的河岸绝壁上，现在还保留有悬棺葬洞穴25个，由于修建电站造成的水位提高,悬棺葬洞穴一般距水面一米至二三十米不等。

乳香岩 距保靖县城3千米左右,在酉水南岸龙溪公社飞山大队(汉代迁陵城遗址),即《湖南通志》《保靖县志》所载"仙人木"。这一悬棺葬洞穴似为一天然岩洞,高1.56米、宽2米,距河面不足10米。据在水上生活数十年的老船工讲,从前该洞中曾有棺木,因人们对此迷惑不解,误称为"箱子"或称"仙人木"。1978年湘西州博物馆在洞中清理出残棺板2块,人

图2-11:1983年冬天,作者在湖南湘西沅江支流的酉水流域考察悬棺葬(王和平拍摄)

腿骨2根，在棺板淤泥中清理出银质手镯一件。

盔甲滩　位于保靖县龙溪公社，距乳香岩500～600米的酉水北岸，在长达400～500米的临江峭壁上分布着6个悬棺葬洞穴，这些洞穴排列整齐，从形制上看多系人工开凿而成，距水面高度20～30米。

阔洞　在酉水南岸，与盔甲滩隔河相望，属保靖县梅花公社，这是一个经人工修凿过的自然洞穴，洞上方较圆，洞底平坦，长约3米多，洞口高1.5米左右。在西距阔洞200～300米的山岩上分布着4个人工开凿的方洞。这些洞现距水面约10米，有的洞穴人工开凿痕迹十分明显，犹如新近凿成。

三角滩　位于酉水北岸保靖县龙溪公社，在距水面2～10米的岩壁上有4个人工开凿的方洞，其中一个已接近水面，此洞上宽1.1米，下宽0.9米，洞底有很厚的淤泥，洞上方的两角各凿有一个深0.1米的小圆洞。在实地调查中发现，保靖、永顺酉水两岸的人工开凿之方洞上方几乎均凿有这样的两个小洞，其含义和用途目前尚不得而知。

南渭州箱子洞　在永顺县柏杨公社南渭大队，古称南渭州，这一处悬棺葬久负盛名，前引历史文献多有记载。该洞穴位于酉水北岸，为略加修整的天然岩洞，洞口高2.8米、长3.5米，原距水面约60～70米，现因下游水位提高距河面仅10米左右。1975年和1978年曾先后在此清理出人头骨和肢骨残片，残棺木板，崇宁重宝、天圣元宝各1枚，铜铐2件，铁刀残片，小铁件等。

(二)澧水流域的悬棺葬

湖南澧水流域的悬棺葬不见历史文献记载,是笔者在湘西地区作实地考察时从当地乡民口中得知,其主要分布在慈利县境内。

慈利县位于湖南省北部,处澧水中游,澧水横贯全县。慈利县西北与湖北省鄂西土家族苗族自治州接壤,西南与湘西土家族苗族自治州毗邻,南与桃源县相连,它的周围地区都是悬棺葬分布密集的地方。

据笔者初步调查,慈利县悬棺葬遗迹有30多处,集中分布在县城以南的龙潭河区和溪口区澧水及其支流的沿岸。

1. 慈利县龙潭河区悬棺葬的分布

龙潭河区的悬棺葬集中分布在高桥乡、洞溪乡、龙潭河镇的澧水支流西溪、里耳溪和龙潭河两岸的悬崖峭壁上,悬棺葬洞穴几乎均为人工开凿的长方洞或方洞。

高桥乡花椒坪箱子岩的悬棺葬远近闻名。高桥乡在慈利县城东南72千米处,南与桃源县接壤。

花椒坪箱子岩 位于高桥乡政府东南的花椒坪,在西溪河北岸,河水由此流入桃源县。这座陡峭壁立的石灰岩山崖长1千米左右,高约100米,有一条公路从山崖下通过。山崖走向大致为东西方向。在这座山崖从东到西大致500米范围内约有20多个人工开凿的悬棺葬洞穴,基本上分三层平行排列,上层和下层人工开凿方洞较多，排列中层的洞穴部分被山崖上茂密的树丛所淹没，目前能辨认出来的约有10个。

最上一层洞穴共有10个，距崖下公路面60～70米，距河面70～80米，中间一层洞穴距路面30～40米，虽有树木遮掩，但一部分开凿得十分规整的人工洞穴仍清晰可见。最下一层洞穴距路面3～6米不等，修公路时遭受严重破坏，目前保存完好的人工洞穴仅有4个。

花椒坪箱子岩悬棺葬遗迹的特点是长方形人工洞穴开凿得十分规则，洞一般长约2米，高1～1.5米，深度多为1米左右，历年来当地上箱子岩砍柴和挖药材的人都在人工洞穴中捡得人头骨、肢骨和粗糙的青花瓷碗等物。

除花椒坪外，高桥乡境内的白竹峪、孔家峪、兴田口、黄林、大浒、南溪、枧潭等村在溪河沿岸的悬崖峭壁上分布着许多人工开凿的悬棺葬洞穴。

慈利县龙潭河区龙潭镇何家村、潘家坪、江星以及龙头山等地里耳溪畔尚有较多悬棺葬遗迹，何家村的悬棺葬至今尚有棺木。

何家村白崖壁　何家村东北距龙潭镇10千米左右，此处有一高200多米的悬崖绝壁峭立澧水支流里耳溪畔，当地人称这座山岩为白崖壁，岩下有一条简易公路沿溪流蜿蜒通过，山岩石质坚硬，为石灰岩。白崖壁高峻陡险，如刀削斧劈而成，山岩顶上树木苍翠。在距水面大约150米的岩石边缘有一长6～7米，宽1米多的岩凹，底部平坦，形成岩礅，其上置放2具棺木，岩礅上方高出棺木1米多高处又有一突出岩檐可遮挡风雨。2具棺木的棺身长约2米,首尾相接,均残损无棺盖,棺内可见岩上塌下的石块、淤泥,棺木为普通方形棺,似木板拼合而成,棺木颜色已呈铁灰色(见图2-12)。

潘家坪 在何家村南2千米的潘家坪是一个有2000多户土家族人居住的村庄,这里地势开阔,河流纵横,肥沃的田野呈现出勃勃生机。在里耳溪畔距水面约10米高的崖壁上由东向西整齐地排列着上下两层人工开凿的悬棺葬长方形洞穴,由于许多洞穴已经风化坍塌,目前保存完好的仅有3个,洞一般长2米左右,高0.5米。从保留的遗迹来看,这些长方形洞穴以放入一具长约2米的棺木为限。

2. 慈利县溪口区悬棺葬的分布

慈利县西南部,与湘西土家族苗族自治州接壤的溪口区悬棺葬分布十分密集,尤以甘堰乡、阳和乡以及溪口区政府附近的澧水沿岸为多。

甘堰乡野里铺村澧水南北两岸峰峦挺拔,景色宜人。在临江的石灰岩绝壁上保留有许多人工开凿的悬棺葬洞穴,仅野里铺村的澧水两岸就多达20余个,这些洞穴一般距江面20~60米不等。

阳和乡与甘堰乡为邻,本乡境内亦多悬棺葬遗迹。在朱家嘴、夹石村、三溪村、阳平、官坊、渔浦、双坪等村的澧水沿岸距水面20~30米的陡岩峭壁上有人工开凿的悬棺葬洞穴30多个。

图2-12：湖南省慈利县何家村白崖壁悬棺葬（图左下为里耳溪，右上方有两具棺木，作者根据1988年实地考察拍摄的照片绘制）

溪口镇的悬棺葬分布很广，全镇所属19个村子中几乎每个村庄的澧水沿岸均有悬棺葬遗迹，仅杜坪、桃坪、和爱、渡坦、立功、岩门岗头等几个村人工开凿的悬棺葬洞穴便多达四五十个，洞距水面的高度以10～20米为多，最高的洞穴距水面40米左右。据笔者20世纪80年代实地考察，慈利县溪口区在历史上悬棺葬分布密集，但现在已经全部都是空洞。

除湘西沅水和澧水流域以外，湖南湘江流域亦曾有悬棺葬分布。

唐杜佑《通典》卷一百八十五《边防》曰：

> 潭衡州人蠻，取死者骨，小函子盛，置山岩石间。

《湖南通志·杂识》：

> 兵书匣在东安县沉香潭崖上，木匣宛然不可取。

《东安县志·湘水》：

> 湘水居东三里迳兵书峡，峡石悬崖上有匣，旧云诸葛藏书之处。行舟者莫不瞻想。王士正云：明季尝遣使取视，唯有巨骨。袁枚曰窦朽木也。今木匣不存。

图2-13：长江三峡风箱峡中的悬棺葬遗迹，其中至少有两具保存完好（箭头所指处，年代大约为战国时期。陈明芳1988年6月拍摄）

六、湖北

湖北省境内的悬棺葬主要分布在鄂西的长江三峡地区和鄂西南的清江流域。

（一）鄂西长江三峡地区的悬棺葬

关于湖北长江三峡地区的悬棺葬，历史文献多有记载。《宜昌府志》：

> 雾渡河箱子岩。去宜城北三十里，相传有避乱崖上，有木箱至今不朽。

清王士正《蜀道驿程记》：

> 秭归县兵书峡。过兵书峡，峡半石壁有洞，中有石，形如卷，俗谓武侯兵书峡。

据笔者实地考察，长江三峡中的悬棺葬大多距水面100米以上，没有望远镜很不容易观察确切，文中所云"中有石，形如卷"应是悬棺，而非"兵书"。在湖北、四川长江三峡地区[①]以

---

① 20世纪80年代的行政区划，本书沿用旧制。

及其他一些地区，由于古代的人们对悬棺葬缺乏科学认识，多把悬棺葬遗迹附会为"古时避乱场所"和"藏书"之所等。

清洪良品《东归录》：

> 棺木峡。邵伯温《闻见后录》云："棺木峡，三峡中，石壁千万仞，飞鸟悬猿不可及之处，有洞穴，累棺椁，或大或小，历历可数，峡中人谓之仙人棺椁云。"按《隋唐嘉话》：将军王果于峡口崖侧见一棺将坠，迁之平处，得铭云："后三百年水漂我，欲坠不坠逢王果。"今洞穴在悬绝石壁千万仞之上，唯大禹初凿三峡，道岷山之江时，人迹或可至，不在崖侧，不止三百年也。望其棺椁，皆完好如新，不知果何物为之，亦异矣。

棺木峡在秭归县西10千米，北宋人邵伯温对峡中悬棺葬做了细致的观察，后来邵伯温的实地观察在清人洪良品的《东归录》中得到证实：

> 铁棺峡，在归州白狗峡东，其地亦名铁棺峡。

唐将王果为雅州刺史：

> 神怪志曰，王果经三峡，见石壁有物悬之如棺，使取

之，乃一棺也，发之，骸骨存焉。[1]

现代有人认为，铁棺峡是长江小三峡中的巴雾峡，因峡中支流巴雾河而得名，又因面临江水的峭壁之上有悬棺葬遗迹，棺木呈铁灰色，故称"铁棺峡"。

光绪《巴东县志》卷十四：

> 西瀼溪，两岸壁立千寻，有敝艇在石罅间，去水约半里许，望之舷艄可辨。

据笔者实地调查，湖北长江三峡地区的悬棺葬遗迹主要分布在宜昌、秭归，巴东县的西陵峡和巫峡一带。

1. 宜昌县

宜昌县新坪棺材岩 位于宜昌县境的长江北岸，离江岸约20千米的长江支流黄柏河两岸。

黄柏河沿棺材岩北麓东流折南注入长江，岩高200多米，岩壁陡峭，距地面约100米高处有一洞穴，棺木即置于其内。据笔者1994年8月实地考察，湖北宜昌新坪棺材岩的悬棺在地平上还存有3具，放置地面的有1具悬棺中保存着比较完整的人骨架，另1具棺木中有人头骨、四肢骨等，已被严重扰乱。在距地面约10

---

[1] 〔宋〕李昉：《太平御览》卷五五九《礼仪部三八·冢墓三》，中华书局，1960年影印本。

图2-14：1994年8月，作者在宜昌棺材岩考察悬棺葬（棺内死者骸骨早已被扰乱）

多米的山崖上有一洞穴，内存悬棺1具。

  据湖北省博物馆考古工作者调查，1958年曾被攀岩入洞者掀下20～30具，1979年又被掀下2具。洞分内外两层，皆有棺木。外面一层洞穴深、宽约5～6米、高约3～4米，内放棺木30多具，其中一具较大者为套棺。长2米，宽、高各1米，置于洞穴中央，其余各棺两端都呈圆形，直径约0.6米、长约2米，分布在大棺四周，2～3层不等地重叠堆放。棺木均为整木挖成，棺盖和棺身用子母口扣合。制作棺木的树木质地坚硬，但制作粗糙，里外削凿痕迹非常清楚。棺内有人骨，用粗麻布裹尸，外面再包篾席，然后用篾条捆扎。麻布、篾席等物都已朽烂，从篾席残片看，做工相当精细[①]。

————————

① 舒之梅：《湖北秭归、宜昌三处悬棺葬调查简记》，载《民族学研究》第四辑，民族出版社，1982。

宜昌县新坪龙王洞 与上述棺材岩隔河相望，在其东南约500米的地方有一座高100米的山岩，距地面70～80米，高处有一洞穴，内有棺木6具，皆直向重叠堆放，朝外一端基本与洞口平齐，外观均作⊖形，显系整筒圆木剖开挖制[①]。

2. 秭归县

王家坪棺木岩悬棺葬 在秭归县境的长江南岸有王家坪棺木岩，距江岸约15千米的九湾溪畔两侧陡峭岩壁上的距地面约30～50米天然层理岩隙中，有7具棺木横列其间，棺木皆为长方形，都有不同程度破损，侧板和两头挡板多朽烂。据1958年以来进入洞中的人介绍，第二、第四具棺木为整木挖凿而成，第一、第三、第五三具用木板钉成，有铁钉，棺盖均为整板。棺内均有人骨，除第三具棺内有一长约0.3米的木俑外，未见任何随葬物品[②]。

兵书峡悬棺葬 关于秭归县兵书峡悬棺葬，如前所述，历史文献多有记载。兵书峡又名兵书宝剑峡，位于长江三峡中的西陵峡西段，在香溪至庙河之间。因这一处临江面水峭壁洞中的几具悬棺，远看如书卷翻开的样子，于是当地人附会为三国时期的诸葛亮将"兵书宝剑"遗留此地，故名。其实"兵书"就是西陵峡中两千多年前的悬棺葬遗迹。

[①] 舒之梅：《湖北秭归、宜昌三处悬棺葬调查简记》，载《民族学研究》第四辑，民族出版社，1982。
[②] 同上。

2003年6月当长江三峡大坝的水位即将升到175米之时，秭归县的文物考古工作者不畏艰险，对位于长江北岸悬崖峭壁上的悬棺葬进行了抢救性的发掘与保护。

考古工作者攀登上放置悬棺的天然洞穴中，发现洞内纵向叠放着3具悬棺，殓尸棺木为整木挖凿而成的长方形棺，长度大约2米，可以放入1具成年人尸体。3具棺木编号为1号棺、2号棺、3号棺，其中2号棺清理出了十多件青铜戈、矛等随葬物品。戈、矛上均铸有虎的各种造型，有的作奔跑状，有的似虎面，特别奇特的是，有一件戈的内与穿之间铸有立体的虎，咧嘴龇牙，极为生动写实。3号棺内的随葬物品有保存完好的弓、箭镞、箭杆、洗等器物。[1]

3. 巴东县

巴东县龙船河悬棺葬位于长江北岸，处于长江三峡中巫峡地段，前引历史文献中所记载龙船河的悬棺葬久负盛名。

1988年6月当笔者在奉节、巫溪等地的田野科学考察结束之后，决定去巴东龙船河考察悬棺葬，但因当时已是洪水高峰期，乘船作实地考察非常危险，虽已在巴东城内住了几天，但因汛期不得不放弃前往。

龙船河悬棺葬 《巴东县志》所云西瀼溪位于巴东县城西北10千米的龙船河上，属巴东县平阴区龙船河乡。自巴东县城

---

① 湖北秭归县文物保护中心2005年1月提供。

溯长江西上，进入长江北岸的西瀼溪口支流，当地人称之为龙船河，全长60千米。悬棺葬遗迹在龙船河与长江汇合处距水面高度约80米的悬崖罅隙之中，为1具似船形的棺木，因当地人不知其由来，故误认为是远古时留下的"龙船"，文献中又称之为"敝艇"，龙船河因此而得名。

据近十多年前巴东县考古工作者的实地考察，龙船河悬棺现存两处，均位于官渡河镇红花岭村龙船河东岸的悬崖绝壁之上，其中1具置于崖隙间的石礅之上，棺木为整木挖凿而成的长方形棺，长约2米，宽0.45米，高0.3米，保存较完好。另1具现今只有5根粗的木桩插于崖隙，棺体仅存残片。[①]

巴东县瀼溪有东瀼、西瀼之分，与邻近的四川奉节县[②]一样，瀼溪都被视为古代僚人居住、繁衍生息之地，瀼溪之名也由此而来。

龙船河上的悬棺葬原有棺木至少10具以上，近几十年来由于许多采药人攀缘崖上，将棺木掀入河中或遭其他人为破坏，目前龙船河的悬棺葬遗存大多只见崖上残存的架置棺木的木桩和散塌的棺板。

因修筑长江三峡大坝，长江水位提升了近200米，龙船河悬棺葬有被淹没的危险，2015年巴东县的文物考古工作者对龙船河上的一处悬棺葬进行了抢救性的发掘清理。

---

① 巴东县博物馆：《龙船河悬棺发掘简报》，2025年1月向勇先生提供。
② 沿用1997年前的行政区划。

龙船河位于巴东县神龙溪下游，距长江3千米，神龙溪由北向南汇入长江。悬棺位于龙船河东面的崖壁上，距原河床高193米，到2014年悬棺距龙船河只有大约80米。2013年因三峡大坝储水，水位大大提高，距悬棺仅3.5米，巴东县考古工作者于2013年8月搭建脚手架，将这具悬棺取下进行抢救性保护。

2014年4月，考古工作者对龙船河仅存的这具悬棺进行了清理，棺木编号为M1，棺体为木质坚硬的金丝楠木，为一段整木挖凿而成的长方形棺，通长2.16米，头端高35厘米，脚端高42厘米，均已残破。棺内人骨架保存基本完整。尸骨全长1.64米，整体尸骨有被扰乱现象。棺底有竹席残片、竹片和极细小的藤条纤维，竹席上残留有棉花以及杏黄色、粉红色棉布衣料残片。根据棺内死者体质人类学的各种特征，可初步判定这是一个身高1.66~1.68米，年龄在30至40岁之间的女性。

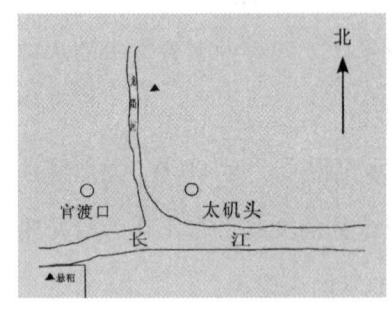

图2-15：湖北巴东县龙船河悬棺葬分布位置示意图（湖北巴东县博物馆2025年1月提供）

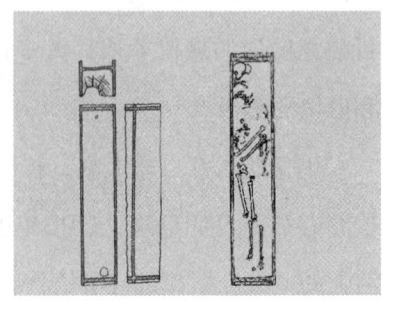

图2-16：湖北巴东县龙船河悬棺葬棺木的平剖面图，左图是悬棺的形制，右图是人骨架在棺内置放的情形

死者葬制为一次葬，葬式为仰身直肢。棺内随葬品非常丰富，且十分精美，数量也多，大多数随葬物品保存完好。死者随葬物品中有3枚印章，以随葬物品的档次和数量来看，这位女性死者生前具有很高的社会地位。[①]

沿龙船河北上2~3千米，在龙船河东岸距水面150米左右的悬崖绝壁上尚有悬棺葬遗迹7处，均为自然岩隙，个别岩隙内尚可见长2米、高0.5米的棺木。

罗坪河悬棺葬 位于龙船河北面5~6千米处有一条长江支流，称罗坪河。在罗坪河东岸距水面约150米的绝壁上有一自然洞穴，目前可见插于洞内崖壁石缝中的木头和洞外崖壁上的3根木桩，这些木头和木桩都应是作架置棺木所用。

楠木园铁棺峡悬棺葬 楠木园铁棺峡[②]位于巴东县长江南岸，东距巴东县城100多千米，历来是长江三峡旅游中的一大景观。铁棺峡的得名就是因为这一带悬棺年代久远，棺木色泽灰黑如铁。在铁棺峡长达500多米的长江南岸距水面20~40米的悬崖峭壁上的天然崖洞（有的洞略经人加工修理）原有棺木多具，20世纪80年代笔者乘轮船过长江三峡，悬崖峭壁上的悬棺隐约可见。近几年来遭人为破坏，棺木已荡然无存，目前只剩下五六个空洞。

[①] 湖北省巴东县博物馆2025年1月提供。
[②] 铁棺峡：长江三峡中的悬棺葬年代几乎均为战国至两汉时期文化遗存，悬棺经上千年风雨现全为铁灰色，因此三峡中多地被称为"铁棺峡"。

天保山村悬棺葬群　这是巴东县考古工作者于2021年发现的悬棺葬遗迹。巴东县茶店子镇天保山村与秭归县仅一江之隔，在两县交界处发现了在巴人河北岸数百米高的悬崖峭壁上分布着数十个人工开凿的长方形洞穴，洞的形制为上部呈半圆形，洞口下方平直，洞宽约1.9米至2.2米不等，洞高约1.6米，深约0.6米至1米不等，洞穴群距水面10多米至100米不等。距水面10多米的洞穴目前全是空洞，已无任何悬棺葬遗物。

从距水面几十米的洞穴中，可以看到极少数保存较为完整的棺材和残存的棺板以及陶罐，洞内棺木质地均为马桑木，棺木为长方形榫卯结构。

根据所见到人工凿穴中的灰陶鼓腹罐和其他因素，巴东县考古工作者初步推测，巴东县天保村的悬棺葬群大约应是东周到汉代的文化遗存。[1]笔者根据洞中棺木为榫卯结构分析，此处悬棺葬年代为汉代以后较为合理。

巴东县境内悬棺葬遗迹颇多，除上述地区以外，巴东长江三峡中的巫峡，如富里溪、门扇峡、边城溪、铁棺峡等地，还有悬棺葬遗迹，但均无悬棺存在。另外，巴东县的鱼泉河、两河口、九孔岩、九层楼、杨家洼等，亦有悬棺葬遗迹，也是早无悬棺存在。[2]

---

[1] 向勇：《巴东县茶店子镇天保山村悬棺葬群的调研报告》，巴东县博物馆，2021年12月24日。
[2] 巴东县博物馆前任馆长向勇先生2025年1月提供。

（二）鄂西清江流域的悬棺葬

湖北清江属长江一大支流，清江流域的悬棺葬主要分布在鄂西土家族苗族自治州和长阳地区。

据历史文献记载，恩施、咸丰等地均有悬棺葬遗迹。

《大明一统志》卷六十六《施州卫·陵墓》：

> 恩施古蛮王冢。在卫城西南一百二十里。又城北都亭乡有岩，高百余丈，岩腹有穴一十二，皆藏枢之所，相传以为蛮王墓。

同治《咸丰县志》卷二《疆域志·古迹》：

> 确场在大田所北一百里，悬崖数千丈，下有河渡，其半崖一孔，势若城门。
>
> 柜子岩。河岸绝壁千仞，嵌木柜洼处，一在龙潭，一在金洞，人以为仙迹。

据笔者实地调查，鄂西清江流域悬棺葬遗迹甚多，但大多都不见于历史文献记载。

1. 恩施地区的悬棺葬

茅坝箱子岩　西距恩施城约8千米处，有悬棺葬天然洞穴2个，洞内原有一些长方形棺木，因此被当地人称为"箱子岩"。1958年和1959年先后掀下2具棺木，似为拼板棺。目前该地已无棺木。1988年夏天笔者曾到恩施作实地考察。

鸦沐羽村箱子岩 在恩施三岔区和七里区交界之处，南距阳天坪乡沙子坝村约1千米。这座山岩高约100多米，有一条小溪流经山脚，距山脚约70~80米，上距山顶30~40米的悬岩上有一大的自然洞穴，洞口高2米多，宽1米多，但洞内却十分开阔。洞口朝东北方向，洞的上方有一突出的岩檐，可遮挡风雨，洞口下方为一天然平台。目前洞口周围有一些树木和杂草，洞口右边被一大石头堵住。

多年前，洞内在夜间发光，当地曾有一富绅出钱招募石匠、木匠等进入洞中取宝，人们入洞后，只见洞内两侧壁层层叠叠堆放了许许多多装着人头骨或者肢骨的"箱子"（实为棺木）。据目击者讲，这些"箱子"均由马桑树的整木凿成，长约1米，宽50~60厘米，棺盖为平板，棺身似现在农村所用猪槽，棺木朽坏严重。表面上看来保存完好的棺木，一摔下岩后便完全粉碎。棺内除人骨以外，未见随葬物品。目前洞内仍保留有棺木数具。从棺木长度仅1米来看，鸦沐羽箱子岩的悬棺葬显然是二次葬。

2. 建始县头坝堰悬棺葬

建始县位于恩施市东北约60千米处，建始县境内清江支流和长江支流的沿岸悬崖峭壁上有许多悬棺葬遗迹，其中以清江流域的长梁区马水河沿岸分布尤为密集。以下全为笔者1988年夏天实地调查资料。

长梁区头坝堰位于建始县城北约10千米盛竹河大桥东面约520米的一条小溪边，这条小溪汇入盛竹河。在溪水南岸有一座高约50米的红砂岩质的山崖，距溪水10~12米的峭壁上有17个人工开凿的悬棺葬洞穴。洞穴从东北向西南在大约100多米的山崖上基本平行排列。多数洞高1~1.2米，宽0.8~1米，深约1米，仅有2个洞为长方形，长约2米，高约1米，深1米多。目前这些洞穴已全为空洞。洞内人工凿痕清晰。近年鄂西地区文物考古工作人员在这里调查时，在悬棺葬洞穴的崖脚下发现了不少人骨碎片和棺木残片，陶瓷器残片，如黑色瓷片等遗物。据当地一位七十多岁的老人介绍，五六十年前他曾在一个洞内发现3具人骨架和棺木残板。

在头坝堰北约3千米的下坝乡大堡、三堡、四堡等地亦有许多人工开凿的悬棺葬洞穴，除四堡悬棺葬洞穴所分布的山岩目前为一干涸的深沟之外，其余均在临溪水的崖壁上，洞的大小、形状与头坝堰同，岩质为红色砂崖，因此不少洞穴外观风化严重。（见图2-17）

图2-17：1988年夏天，作者在湖北建始县头坝堰考察悬棺葬（身后山崖上开凿的人工洞穴为悬棺葬遗迹。王振普拍摄）

  长梁河两溪河岸的岩壁上尚保留有不少人工开凿的悬棺葬洞穴，洞高、宽均为1.2～1.6米，深1.8米，外观基本上为方形。

  除此之外，建始县城外建阳坝、朝阳观以及在建始县北50多千米与四川巫山县相邻的茅田区天生乡清江支流大茨河沿岸，长江支流碚石河两岸均有人工开凿的悬棺葬洞穴数十个。

  20世纪50年代有一园林场工人黄××曾进入建阳坝的悬棺葬洞穴，掀下一具长1米多的棺木，棺木由整木挖凿而成，内盛人头骨和肢骨若干。

  在建始县人们不知人工开凿的悬棺葬洞穴的来历，故通称之为"仙人洞"。

3. 利川市七孔子悬棺葬

利川市位于恩施市西100千米左右处,与四川万县市[①]接壤,利川市的悬棺葬主要分布在利川市西北与万县交界的建南区建南河沿岸。

建南区不仅与万县接壤,而且与四川的石柱、彭水县毗邻,这些地方都是悬棺葬分布密集之地。建南河发源于石柱县,经建南区流入万县,汇入长江。建南区的支罗、踏水桥、乐福店、杨渡河等地建南河及其支流两岸悬崖峭壁上,共有悬棺葬洞穴30多个,而且均为人工开凿,其中以杨渡河的七孔子悬棺葬独具特色。

杨渡河七孔子位于建南区人民政府北面约3千米的建南河畔,小地名杨渡河,因有7个人工开凿的悬棺葬洞穴在其东岸,故名七孔子。七孔子所在的山岩高约60~70米,现有一条小路经过岩下。大约是因山岩石质为红色砂岩易于加工的缘故,距地面30米左右的岩壁上7个人工洞穴开凿得十分规整,周围岩壁打磨得非常光滑。与其他任何地方开凿的人工洞穴相比,七孔子的洞穴在加工方面显得格外精美。7个洞穴从东到西基本上分四层排列,分布集中,各洞上下差距不过2~3米,分布范围的长度在10米以内。

7个洞穴的洞口除1个长约1.5米,高约60厘米外,其余均

---

① 1997年行政区划,今重庆万州区。

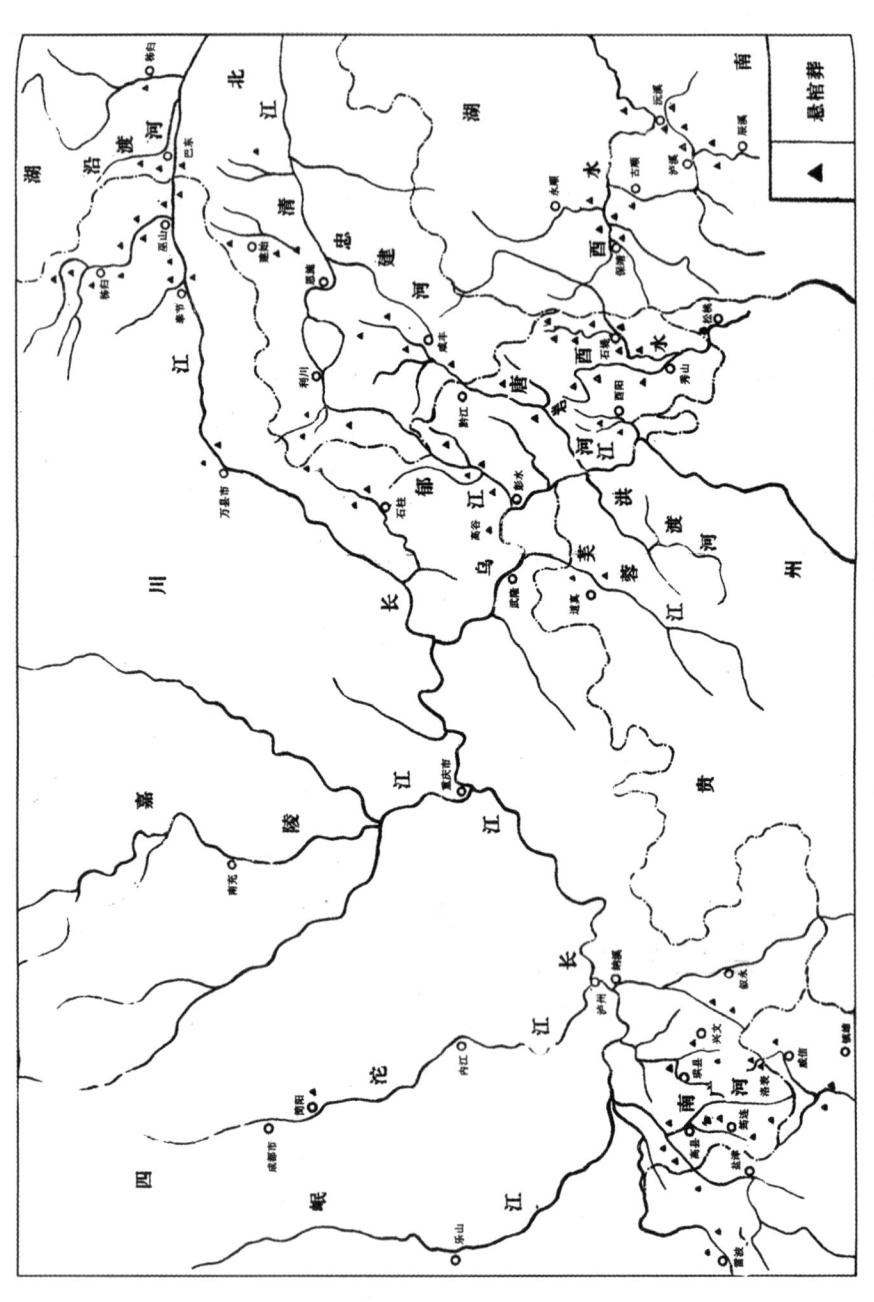

图2-18：四川、湖北等地悬棺葬分布示意图

为长、高50~60厘米的方洞，但十分奇特的是洞口虽然如此狭小，但洞内空间却比较宽大。七孔子洞口外观非常讲究，几乎每个洞口均刻有三层内凹的、立体感很强的石框作为装饰，远望犹如门窗，最外层石框上方平整的石壁上有线刻波纹等图案，其中装饰最为精美的一个洞，在洞口外左右上方各刻有一浮雕人像，人像造型颇具鲜明的民族风格，每个人头戴尖顶小帽，右上方的人像体形浑圆、肥胖，左上方的人像则比较瘦长，两人像均双手上举。此洞口最外一层石框上方石壁上有4个互相连接的线刻圆圈作为装饰，洞口西侧壁有一似鸭的动物形象。

1975年修公路时，民工王贞然曾进入七孔子中的一个洞内，取出2具整木挖凿而成的圆形棺木，棺身长约1米，直径40~70厘米，棺木内尚存人体肢骨、肋骨和肩胛骨。棺木制作粗糙，形同猪槽。人们认为洞内人骨为神奇之物，常有人设法进入洞中捡人骨治疗风湿疾患。估计洞内尸骨的年代颇为久远。从棺木形制仅长约1米，宽度尚不足1米推测，七孔子的悬棺葬应为二次葬。

七、四川

四川位于我国西南部，自古以来不仅是悬棺葬分布最密集的地区，而且至今也是我国保留悬棺葬遗迹最多、最完好的地方。

悬棺葬在我国长江流域及其以南十个省区分布广泛，但大多数地区的悬棺葬遗迹仅剩空无一物的洞穴。然而四川地区的悬棺葬无论是在川南还是川东南，抑或是川东的长江三峡地区[①]，均可看到较多保存完好的棺木、人骨架和数量可观的随葬物品等。尤其是四川南部宜宾地区珙县、兴文县一带的僰人悬棺葬，更是以它奇异的风姿早在20世纪30年代初便闻名中外，不仅吸引了无数的游客以一睹其

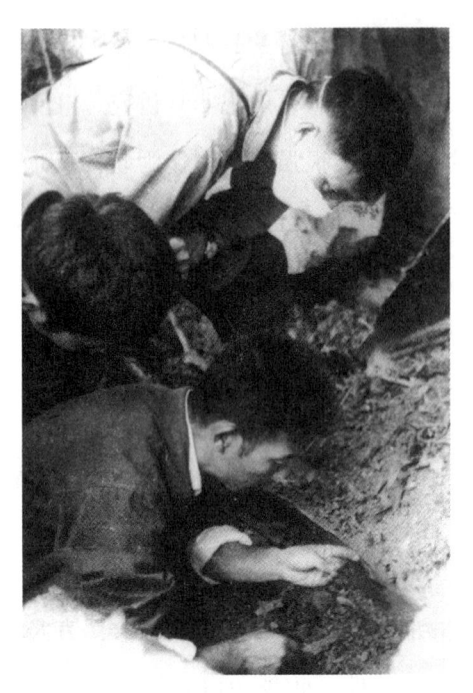

图2-19：1974年夏，对麻塘坝"僰人悬棺"进行首次发掘清理。图为四川省考古工作人员在"邓家岩"厢架上，精心清理峭壁洞穴内的残棺（曾水向提供）

惊险奇绝之状为快，而且引起了许多中外学者的极大兴趣，涉足考察以探索悬棺葬的科学奥秘。

（一）川南宜宾地区南广河流域的悬棺葬

南广河发源于云南镇雄县境，流经四川筠连、高县、庆符

---

① 20世纪80年代行政区划。

三县，东北至宜宾入长江，古称符黑水。

川南宜宾地区在古代是少数民族僰人劳动生息的地方，传说西周时僰人首领曾跟随周武王伐纣有功，被封为"僰侯"，建起了"僰侯国"[①]，汉时有"僰道"之称，因此川南宜宾地区的悬棺葬，自古以来就有"僰人悬棺"的美名。

1. 珙县

以珙县为中心的南广河流域的悬棺葬，历史文献记载颇多。

乾隆《珙县志》卷一《山川》：

> 石厂岩。在城西河外，旧名棺材岩，以僰酋常桥棺其上，乾隆三十五年因办城工采石于此，故名石厂岩。
>
> 棺木岩。沿西南九十里，为僰酋长于岩端凿石桥钉，置棺其上，岩高百仞，下临符江。
>
> 三字岩。僰酋空棺其上，作三字，深广尺许。
>
> 双洞。治西南都宁驿南五里，二石洞相连，僰蛮凿以藏棺，后经发掘成两空洞。

同书卷一《古迹》：

[①] 《读史方舆纪要》卷七十《叙州府》。

走马田，县南九十里。先是僰人悬酋长之棺于崖上。每闻金鼓之声。明万历初，总兵刘显过此，闻而异之，驰马田中连发三矢，中棺上金鼓遂绝，人因呼为走马田。

同书卷十二《艺文》：

僰人崖，珙本僰地，僰人多悬棺崖上，今上罗等处尚存。

僰夷辨，今珙邑僰类已尽，而县石岩犹多僰人棺，盖其俗亲死不葬，悬棺高岩垒垒峭壁间……

同书卷十七《陵墓》：

僰棺岩，县南上下罗计诸山中，僰酋悬棺之崖甚多，世代姓名皆无考。

据笔者实地调查，川南宜宾的珙县、兴文县、高县、筠连县等地20多个公社100多千米的范围内均有悬棺葬遗存。

珙县洛表、苏麻湾、上罗、罗渡、陈胜等地的悬棺葬大多在临江百仞的悬崖峭壁上，而尤以珙县之南的洛表公社麻塘坝和苏麻湾的悬棺葬分布密集，保存完好的棺木最多，最为险绝。近年来珙县麻塘坝和苏麻湾的悬棺葬已成为中外旅客一睹

图2-20：四川珙县麻塘坝僰人悬棺葬，照片中的黑色长方形均为悬棺（陈明芳1999年拍摄）

为快的旅游热点和全国重点保护文物。

珙县麻塘坝和苏麻湾是川南的两个偏僻山乡，从珙县沿珙洛公路南行大约60千米到达洛表镇，再从洛表行2.5千米便到了僰人悬棺分布最集中的地方——麻塘坝。麻塘坝东西宽400～1000米，南北长5千米，清代时曾是南广河支流——螃蟹溪的宽阔河床①，现干涸成为长条形大坝。麻塘坝为石灰岩地形，岩质坚硬，周围群山起伏，奇峰突兀，山势雄伟，然而进入麻塘坝极目远望，首先映入人们眼帘的就是峭立在大坝东西两侧百仞悬岩石壁上影影绰绰、神秘莫测的小黑点和黑色的长方块，待走近细看，才会发现那些密密麻麻的小黑点原来是岩

---

① 《珙县志》卷一《舆地志·山川》。

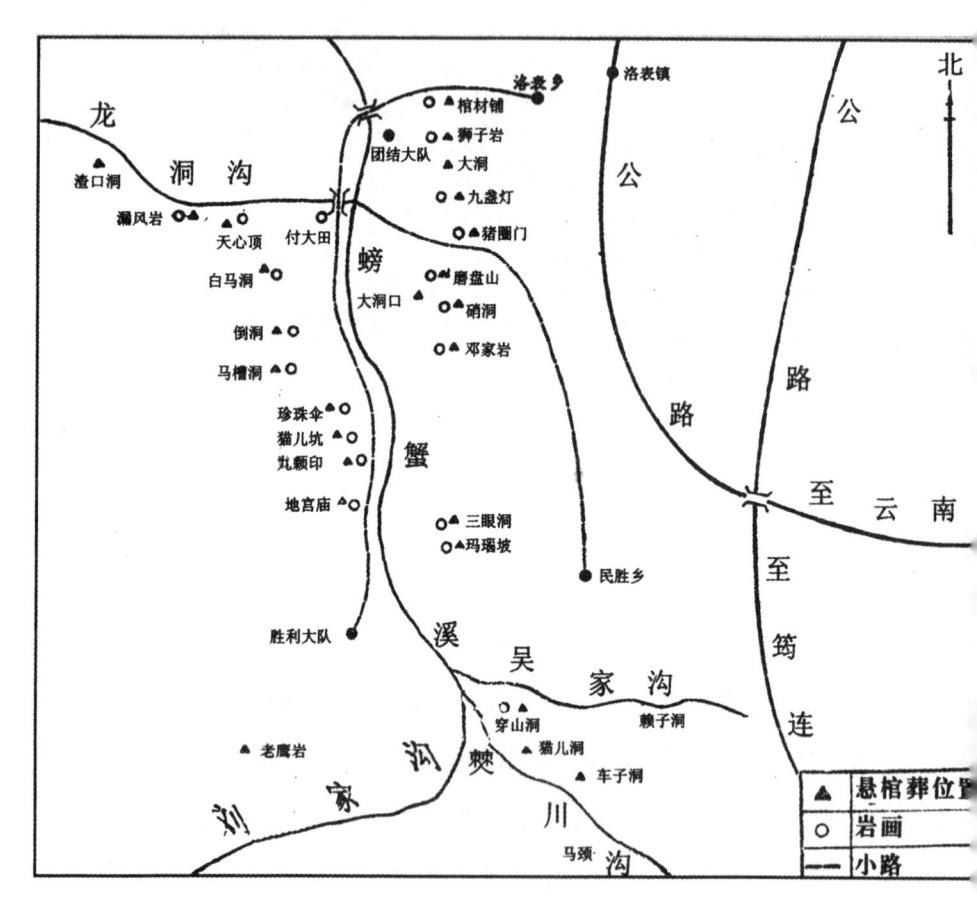

图2-21：四川省宜宾市珙县麻塘坝悬棺葬和崖画分布示意图

110　中国悬棺葬

图2-22：四川珙县僰人悬棺葬周围的崖画（原为红色彩绘，《文物》1980年第6期。曾水向临摹）

壁上人工凿的小方孔，不少方孔里还插着残存的木桩，这些木桩是放置棺材用的，而那黑色的小方块竟然是搁置在木桩上面的一具具古老棺木，这就是举世闻名的"僰人悬棺"！

麻塘坝由于盛产青麻而得名，僰人悬棺葬分布在麻塘坝东西两侧鳞次栉比的28座陡峭山峰的绝壁上，20世纪50年代初这一带保存的悬棺达200多具，至今尚有160多具。

麻塘坝的僰人悬棺不仅分布密集，保存棺木数量很多，更为奇特和引人入胜的是在搁置悬棺的陡峭崖壁上还有一幅幅色泽艳丽的红色彩绘岩画（极少数为白色绘制），岩画数量很多，分布很广，几乎凡有悬棺葬的山岩都伴有岩画。僰人岩画题材广泛，内容丰富，有牵马放牧、垂钩钓鱼等生产场面，也有舞蹈、武术、赛马、球戏、踢毽等娱乐活动的情景，岩画构图简练，线条粗犷，形象生动，富有浓郁的生活气息和鲜明的民族风格。

珙县麻塘坝的僰人悬棺是川南悬棺葬的典型代表，亦是川南僰人古老文化的反映。现在我们从麻塘坝由北向南做一次实地考察吧。

棺材铺 麻塘坝东侧北面第一个山峰，现存悬棺22具，置棺高度距地面10～40米不等，10具置于天然岩洞，其余均搁置在绝壁木桩之上，岩壁上保留有许多个约20厘米见方的人工开凿方孔和残存木桩。悬棺周围的岩壁上有红色岩画，计人物形象2个，其中一人为身着短及膝盖以上的筒裙的妇女舞蹈形象，头顶上有细长的尖锥形装饰。骑马人像5个，均横骑马背或横站马背之上，其中四人头顶上有尖锥形装饰物，鱼、鸟图像各一，另有铜鼓图像、方块、三角形图像若干。

棺木形制为整木挖凿，长约2米的长方形棺，头大足小，上宽下窄，棺盖剖面呈三角形。

狮子岩 在棺材铺南约100米并与之相连接的一座山岩。从崖壁上残存的架棺木桩及用以插木桩的方形凿孔来看，狮子岩原有悬棺至少上百具之多，现仅存9具，置棺高度距地面45～60米不等。这里大部分棺木搁置在木桩上，另一部分放置在岩隙中，棺木形制与棺材铺同。狮子岩上岩画特多，内容极为丰富，有人物图像16个，其中8个似为舞蹈姿势，其余为持刀和手持十字形兵器者。骑马的人像有14个，都是横骑或横立马背之上，有一些骑马人手中亦持刀或十字形兵器。总共30个人物形象，除10个以外，所有人物头顶正中部位均有细长的尖锥状装饰物。另外有单个的马、虎、犀牛、狗、鱼、鸟等动物图像及铜鼓、长方形、十字形等图像。

大洞　与狮子岩相连接的一个直径约为50米的天然大溶洞，洞外岩壁上仅存无数架棺的木桩及插木桩的方形凿孔，棺木早已坠毁无存。此处岩画不多，仅一站立人物形象和一匹马，人像头顶有尖锥形装饰，另有三个似铜鼓的圆圈图像。

九盏灯　与大洞、狮子岩相连接的最后一个山峰，现存悬棺15具，保存完好的有5具，其余10具有不同程度的残损。置棺高度距地面25～45米，有5具棺木置于天然岩洞中，另10具悬置于绝壁木桩之上。棺木形制与前几处的相同，但多已无棺盖。

九盏灯悬棺葬有较多的岩画，有各种姿态的人物形象12个，有的在骑马、跳舞、踢毽等，他们或手持一个三角形器，或手提大鱼，或身背长刀，或身背长剑等，另有马3匹，马厩1个，有铜鼓图像和小方块等图像。

猪圈门　位于九盏灯东南面，未见悬棺遗迹，但在距地面约50米高的山岩上绘有岩画，内有人物4个，马1匹，其中以人物钓鱼的形象尤其生动、逼真而富有生活情趣。画面为一人拉着长长的钓鱼线，线的末端已钓起一条大鱼，人的后腿微微上翘,身体略为前倾,作拉鱼用力之状,在钓起的鱼下面还有一条大鱼。

磨盘山、柏香林 为猪圈门南面两座并列的山峰,现存悬棺2具,均距地面约50米,1具置于天然洞穴中,棺头外露,一具悬置于岩壁木桩之上,它的周围还有一些残存的木桩,但不见人工开凿的小方孔,此处未见岩画。

硝洞(又名龚家沟) 与柏香林相连的一座山峰,现存悬棺4具,均架置在绝壁木桩之上,距地面约30米。有岩画,为一站立的人物形象和一匹马,另有似铜鼓的图像。

邓家岩 与西侧山岩珍珠伞相对峙,北与柏香林相邻的一座山峰,1974年四川省博物馆曾在此处取下7具悬棺,现存棺木9具,均为岩壁上打木桩,架棺其上,置棺高度距地面20~25米。有的棺木使用了铁抓钉连接棺身与棺盖。这里岩画较多,有人物形象3个,骑马人像2个,马4匹,虎1头,鸟1只,马厩1个,十字形和似铜鼓的圆圈图像等。

三眼洞 亦称三仙洞,在邓家岩南大约1千米处,洞前有一条深沟,名唐家沟,此处悬棺葬比较集中,原有棺木35具,现尚存24具,置棺高度距地面约15~50米不等,其中有14具悬置于岩壁所打的木桩之上,最高处为一人工凿穴,内置棺木1具,余者置于天然洞穴之中。少数棺木的头部有马头形木板。岩画较少,有1站立人物形象,2匹马,似虎的动物形象1个,其余多为方块形和各种圆圈图像。

玛瑙坡　位于三眼洞南面，山崖峭壁上有许多插有木桩的人工方形凿孔，棺已坠毁无存。距地面约50米高的岩壁上有一长方形人工凿穴不见棺木。距地面30米左右的岩壁上有一长方形人工凿穴，内置残棺1具。岩画很少，仅2个人物形象和若干圆圈和方块形图像。

在麻塘坝西侧最北面有一条现已干涸的溪流叫龙洞沟，在这条溪流边有四座山岩，名付大田、天心顶、漏风岩、渣口洞，其上都分布着悬棺葬。

付大田　在猪圈门西200～300米的一座山岩，距地面高30～40米的岩壁上开凿了一个较大的长方形人工凿穴，内置棺木2具。岩画仅有一人物形象，裸身，作舞蹈状，头上有很长的尖锥装饰物。

天心顶　在付大田西边的一座山岩，在距地面约50米的岩壁上凿孔打桩，架置棺木1具，棺木底部绘有一个大的白色圆圈，无岩画。

漏风岩　为麻塘坝西侧较高的山峰之一，与付大田紧紧相连，东距天心顶200～300米，在距地面30～40米的岩壁上有一长方形人工凿穴，内存棺木1具，无岩画。

渣口洞　距漏风岩100米左右，在一户姓陶的苗族农民房屋背后，距地面约30～40米的崖壁上有一天然洞穴，内存棺木1具，棺头向外，无岩画。

白马洞　在麻塘坝西侧，与磨盘山遥遥相对，距地面

30～40米的峭壁上有木桩架置的棺木3具，1974年被四川省博物馆取下，现岩壁上仅存插有木桩的方孔。在木桩不远处，距地面大约50米的一个天然洞穴中尚存棺木3具。这里岩画很多，有4个骑马的人物形象，其中2匹马之前有牵马之人，四人均横骑马背，一人腰挂长刀，总共6人，除1人外，其余5人头上均有细长的锥形装饰物。另有马匹、三角形组成的图案，葵花形图像以及似铜鼓的圆圈图像。

倒洞　位于麻塘坝西侧与邓家岩相对峙，距地面30～40米高的岩壁上有木桩置放的悬棺2具，岩壁上另残存的木桩若干。岩画不多，有1骑马人像，头顶有细长的锥形装饰物，另有1似野猪的动物形象。

马槽洞　在倒洞南，此处悬棺已坠毁无存，在距地面30米左右的岩壁上目前仅见残存的木桩若干。岩画也多已剥蚀，能辨认出3个人物形象，其中一人头上插有羽毛状的装饰物。

大洞口　在麻塘坝东侧，白马洞斜对面约300米，距地面50～60米的山岩上有一天然洞穴，内存棺木1具，棺头朝洞口，无岩画。

珍珠伞　在麻塘坝西侧，从马槽洞向东南行300米左右，在胜利大队二生产队公路边，距地面20～30米的岩壁上有一伞状钟乳石，其下有3具悬棺置于岩壁所打的木桩之上。近年来制作了两具现代棺材放到以前的三具悬棺下面，新旧区别一目了然。距地面50～60米的天然岩隙中有棺木4具，有岩画，但因冲刷剥蚀，已不清晰。

猫儿坑　北与珍珠伞相连的一座山岩现存悬棺18具，悬崖峭壁上打的木桩架置6具，有12具放置在天然洞穴内，所有棺木置棺高度均距地面50米以上，无岩画。

九颗印　同猫儿坑、珍珠伞相连接的山岩，与东侧邓家岩相对望，在距地面高约40～50米的天然岩穴中现存棺木3具。岩画仅有1匹马和12个小方块组成的图案，据说九颗印的得名是因这12个小方块，九颗之意为言其多，并非实际数字。

地宫庙　麻塘坝西侧，与九颗印相距约500米，有7具棺木置于距地面30～40米的天然岩石层理裂隙之中，有岩画少许，人物形象2个，马1匹，野兽图像2个。

老鹰岩　又名棺木岩。是兀立于麻塘坝最南端的一座山峰，岩壁陡峭，如刀削然。距地面近100米的绝壁上，打有木桩，其上架置棺木10具，其惊险奇绝之状使人赞叹不已！

在麻塘坝南，距洛表镇约8千米处（属洛表公社胜利八队）螃蟹溪有两条大的支流名"梗昌沟"（又名梗川沟），和吴家沟两条溪流虽早已干涸，但其沿岸猫儿洞、车子洞、马颈子、穿山洞、赖子洞等地均有悬棺葬遗迹和岩画。

苏麻湾　在珙县洛表镇东北，距麻塘坝约20千米，1985年前属兴文县。苏麻湾位于南广河支流邓家河的下游曹云河上，这一带山势嵬巍，怪石峥嵘，河水澄澈清莹，山光水色相映成趣，因此曹云河南岸的村庄素有"天堂村"的美誉。

在曹云河北岸长达500米左右的悬崖峭壁上，悬棺葬分布十分密集，重叠相望，从悬崖上残存的架置棺木所用的木桩和插木桩的人工凿孔来看，这一带岩壁上原有棺木至少在100具以上。因年久木桩朽坏，棺木坠落较多，目前绝壁上保存的棺木尚有50多具。悬棺距河面高度一般为20～50米，最高者达100米左右。

苏麻湾的悬棺葬只有一处为人工开凿的长方形洞穴，该洞距水面约60米，内置棺木一具，其余均为悬崖峭壁上凿孔打桩架置棺木，有的一棺使用2根或3根木桩架置，有的2根木桩上放置2具或2具以上的棺木。在人工开凿的长方形洞穴东约20多米处，距河面和山顶都大约50米的绝壁木桩之上，重重叠叠堆放的棺木竟多达30具。据说，为了看上去更加壮观和旅游业需要，吸引游客，在20多年前又制作了若干具新的棺材放到此处。

继续东行，距河面约40米的岩壁上有8具棺木重叠置放，这些棺木的一头均置于岩壁上一天然洞穴内，另一头则悬于岩壁所打的木桩之上。此种置棺形式在麻塘坝悬棺葬中亦有所见，与福建武夷山"架壑船"的置棺方法相同。

苏麻湾悬棺葬岩画很少，仅见一处有红色彩绘岩画少许，似为一铜鼓形圆圈。

除麻塘坝和苏麻湾以外，珙县的罗渡公社邓家河北岸的观音岩，合作公社南广河东岸，田家大队第六生产队的棺材岩，上罗公社汪家大队南广河西岸，民主大队一生产队棺材岩和大坪大队燕子洞以及陈胜公社周家大队棺木岩等地均有较多悬棺葬遗迹，不少地方至今仍有棺木悬于岩上。

以上是笔者1981年春在四川珙县麻塘坝的实地考察资料，如今40多年过去了，麻塘坝附近开办了水泥厂，开发房地产也需要大量石灰石，不知目前珙县麻塘坝的"僰人悬棺"是否安好？

2. 兴文县

兴文县悬棺葬遗迹较多，但有关的文献记载甚少。

光绪《兴文县志》卷五《坟墓》：

> 古僰人墓，建武一带，凡悬崖峭壁凿岩为穴，置棺其中，重叠相望，今其棺尚有存者。

兴文县与珙县紧邻，据笔者实地调查，兴文县的悬棺葬主要分布在南广河支流邓家河流域的建武、德胜、双河、石碑、簸峡等地溪河两岸的悬崖峭壁上。

德胜公社距兴文县城约80千米，公社所在地正对北面的一座大山，名九丝山，是当年行悬棺葬的"都掌蛮"政治、军事的中心，明朝末年都掌蛮首领阿（音哈）大王曾在这里安营扎寨，叱咤风云，与明王朝10多万大军对垒、抗衡。

在九丝山附近的德胜和建武公社，至今有许多悬棺葬遗迹。邓家河支流玉秀河从德胜公社所在地由北向南,于铁索桥汇入邓家河。玉秀河东岸属德胜公社,西岸属建武公社。在大约4千米范围内,玉秀河两岸的悬棺葬分布十分密集。

德胜公社新建大队,东南距铁索桥2千米左右,新建大队玉秀河西岸,距河面15~40米的岩壁上密密麻麻分布着200多个人工开凿的长方形洞穴,形状为头大足小,以放入1具长约2米、高0.7~0.8米、宽0.5米左右的棺木为限。人工凿穴周围有许许多多的人工开凿之小方孔(15~20厘米见方),其用途不很清楚。

德胜公社铁索桥,属德胜公社胜利大队,由公社所在地向西南方向行1.5千米,为铁索桥峡谷,两岸距河面20~30米的岩壁上有数十个人工开凿的长方形洞穴,形制与玉秀河西岸的相同。

德胜公社新丰二队,此处为邓家河上游德胜河(又名方介沟)南岸,在东西长200多米的范围内,距河面20~30米的岩壁上有人工开凿的长方形洞穴80多个。

此外在兴文县双河胜利大队,石碑公社前进大队的观音岩、红旗大队寨子岩、簸峡公社兴木大队等地均多人工开凿的悬棺葬洞穴。

兴文县德胜河、邓家河一带的山岩,以红色砂岩为多,易于加工,因此兴文县境内的悬棺葬大多为人工凿穴式,而在悬崖峭壁上凿孔打桩架置棺木的形式较少。仅邓家河下游海棠一队的老鹰岩、罗家洞、流水沟和玉秀公社一队硝水岩、二队石子岩等处有少量的木桩式悬棺葬。笔者1981年在兴文县考察,德胜河、邓家河、玉秀河两岸人工开凿的悬棺葬洞穴内几乎无棺木存在。20多年前当地人在早已无悬棺的那些空的人工凿穴内放置了不少现代制作的棺材进去,仅明代僰人曾经聚居的九丝山附近,就在以前开凿的悬棺葬洞穴中放入了几十具现代制作的棺材。这些新制作的棺材不能称为"复制品",因为原来存在的真实悬棺均由整木挖凿而成,而今新放入的现代棺材与以前真实悬棺的样子并不相同。

3. 高县

高县与珙县和兴文县毗邻,也是川南悬棺葬分布比较密集的地区。

嘉庆《高县志·山川》:

> 高县灌木岩,一名棺木岩,在沐柔,一水中流,两岩峻绝,昔土人有岩葬者,置棺其上,今犹有存。

同治《高县志·山川》:

> 观音洞。在沐柔棺木岩,洞不甚高,相传僰人曾挂棺于此。
> 白云洞。在正一甲,岩壁悬白洞,可容百余人,昔僰人有岩葬者,今犹存。

据笔者实地调查，高县罗场公社红旗大队柏香湾和明星大队寨子生产队棺材石等地的宋江河两岸、罗润公社五星大队浑水桥头、可久公社金龙大队月亮沱桥头、新桥生产队、五星大队清潭寺生产队、陈村公社龙潭河下游河南沱、加乐大队南广河上游、五一大队龙塘湾、云山公社凉水井、仁爱大队公路沿线等地均有较多的悬棺葬遗迹。

高县的悬棺葬大多为悬崖峭壁上凿孔打桩架置棺木，少部分为人工开凿长方形洞穴置放棺木。

4. 筠连县

筠连县与高县、兴文县相邻，历史上多悬棺葬分布，据民族调查，20世纪50年代初这里的农村和偏僻山乡仍有僰人后裔。

政治公社，原名镇州，镇州河上游两岸有不少悬棺葬遗迹，如跃进大队林家生产队的后头湾、灯杆洞、罗家岩，前进大队的棺木岩、灰色岩、塘湾头、沙坝子等地都有较多的木桩式悬棺葬遗迹，极少数为天然洞穴和人工开凿的长方形洞穴置放棺木。

巡司公社，原名巡场，在巡司河两岸连绵起伏的山峦峭壁上亦有少量木桩式悬棺葬的分布。

川南泸州地区和川西简阳县历史上也有关于悬棺葬的记载。

《太平寰宇记》卷之八十八《泸州风俗》云：

其夷僚则与汉人不同，……夫亡，妇不归家，葬之岩穴。①

《太平寰宇记》卷之七十六《简州风俗》亦云：

> 有僚人，语言与夏人不同，嫁娶但鼓笛而已，遭丧，乃以竿悬布置于门庭，殡于别处。至其体燥，以木函盛置于山穴中。②

李膺记云：

> 此四郡僚也，又有夷人与僚类一同，又有獠人与僚夷一同，但名字有异而已。

近年来在距珙县不远的四川西南部雷波县糖房坝金沙江畔绝壁上亦发现悬棺葬遗迹③。

（二）川东南乌江和酉水流域的悬棺葬

四川省东南部黔江地区④与黔东北、鄂西、湘西地区相邻，这几省交界地区的悬棺葬连成一片，浑然一体。

---

① 〔宋〕乐史：《太平寰宇记》卷之八十八《剑南东道七·泸州风俗》，中华书局，2007。
② 〔宋〕乐史：《太平寰宇记》卷之七十六《剑南西道五·简州风俗》，中华书局，2007。
③ 刘世旭、熊玉久：《雷波县糖房坝发现崖葬》，《考古与文物》1986年第4期。
④ 20世纪80年代的行政区划。

四川黔江地区包括彭水、黔江、酉阳、秀山、石柱五个土家族苗族自治县（现属重庆市），这一地区的悬棺葬主要分布在乌江和酉水流域[①]。

1. 乌江流域悬棺葬的分布

乌江流域的悬棺主要集中在彭水县和黔江县。

（1）彭水县

历史文献关于彭水县悬棺葬的记载颇多。同治《酉阳州志》卷二《地舆志》二《山川》：

> 彭水县柜子岩，县东十里两岩危削，上有三户，户置

图2-23：1983年10~11月，作者（右二）与我国南方民族史专家、四川大学历史系蒙默教授（右三）和他的研究生石应平（左二）、王和平（左一）、刘豫川（右一，重庆市博物馆馆长）到当时属于四川省的酉阳县、秀山县、黔江县、彭水县调查悬棺葬和做民族学田野科学考察

---

① 陈明芳：《四川东部乌江流域悬棺葬调查记》，《四川文物》1985年第4期。

木柜各一，人不能到，莫知所自。按：柳春浦《聊斋续编》云：郁山镇，四川彭水县所属，一河由东南入县，险恶异常，离县三十里，有地名柜子岩，石壁瘦削，高耸数百丈，横亘里许，……水势凶恶，乱石森立，稍不戒，舟即破。乾隆六十年予舟经此，舟子指示曰：此仙人柜也，仰视石壁上有木柜五，每二柜一队，每队相去数丈，下临河约二三十丈，低者一二丈，木柜长约三尺许，高二尺，置于石壁稍凹处，柜脚下用小石子砌垫，风霜雨露一无所蔽，木色灿然若新，榫缝皆历历可睹。舟子云，昔属六柜，有参将用炮轰碎，……谛视置柜处，砌石犹存，同队之柜横旁，榫头折损痕宛然……土人相传此木柜为鲁班所置，又云武侯所置，皆不经之谈，第河水飞急，石壁如削，下万万无可上理，若由上而下，又壁立千仞，猿鸟路绝，实非人力所施，……通志亦云彭水麻油滩上悬崖壁立，人攀援不能到，其岩窦之处嵌空各有木柜藏其中，莫考从来，今改名万年仓。

彭水县境内乌江及其支流的悬棺葬分布颇广，地方史志和当地人把凡有悬棺葬的地方均称为"柜子岩"。

据笔者1983年实地调查，彭水县高谷区，城郊黄荆、岩东犀角岩、麻油滩、郁山镇、龙洋公社等地尚保留悬棺葬遗迹多处。

高谷区乌江沿岸的悬棺葬，从武隆县江口区至彭水县高谷区这一带汹涌奔腾的乌江两岸绝壁之上有许多悬棺葬洞穴，以彭水县高谷区沿岸尤为密集，这些洞穴一般距水面50～60米，洞穴下部平直，上部稍圆，有的似为自然洞穴经人加工而成，有的像是人工开凿，比较规整，与笔者后来在秀山县石堤区和湘西州保靖、永顺等县酉水两岸所见的悬棺葬洞穴相似。

城郊公社黄荆大队柜子岩　在彭水县城东约5千米处，可能是《酉阳州志》上所载县东十里"柜子岩"，它位于彭水县城郊公社黄荆大队郁江东岸，目前尚存棺木2具。这2具棺木均置于距江面30～40米峭壁上凹进去的石墩子上，2具棺木相距约100米。棺木上方无突出的岩檐遮挡，由于风吹雨打，日晒夜露，棺木的颜色已变成与岩石相差无几的铁灰色。

2具棺木中南面1具形制如当今农家所用贮存粮食的木柜，由木板拼合后用榫头衔接，柜中有木条分隔成两格，左边一格中似又有一小柜，因岩墩朝江面倾斜，所以棺木下用黄土垫平。柜子岩北面1具棺身大部分被杂草遮盖并且已经散塌，棺木形制、大小均难以推测。

麻油滩柜子岩　彭水县城东约15千米处，乌江支流郁江西岸称麻油滩。关于这一处悬棺葬遗迹，《四川通志》和《酉阳州志》上均有记载。1957年曾在麻油滩柜子岩取下2具棺木，棺的形制不像木柜而是十盒状，棺内仅存人头骨。

郁山镇柜子岩　在彭水县城北约40千米处，1962年修公路，路线经郁山镇郁江边穿岩而过，炸岩时临江悬崖上曾掉下1具棺木，为木柜形，内分三格，有人头骨3个，银手镯一对，铁锅残片一块，琉璃系陶碟1件。

此外，彭水县岩东公社犀角岩乌江边一悬崖上自然洞穴中有棺木1具，在县城西南100多千米的黄家区龙洋公社大田大队冉家生产队，乌江支流的一条溪畔悬崖上棺木较多，人称"龙洋柜子岩"，20世纪40年代和50年代初都曾掉下过棺木，内有人骨、衣物、鞋子等。目前此处尚剩1具棺木，置于距溪水约80米的一个凸出的山岩上，棺木下用木棒垫平，颜色铁灰。

（2）黔江县

据历史文献记载和笔者实地调查，黔江县悬棺葬主要分布在乌江支流黔江河畔和阿蓬江流域。

《四川通志》卷二十一《舆地·山川》：

柜子岩在县西五十里，峭壁中有木柜，人踪不到。

咸丰《黔江县志》卷一《山川志》：

柜子岩，按邑拔贡陈炳璋《泉门口柜子崖记》云：邑中胜景一曰木柜悬崖，官渡河，栅山皆有之，多在深潭峭壁间，人踪罕至，故不知所贮何物。唯泉门口崖上五柜，采硝者曾到其处，得以探实迹焉。盖金溪，石中溪合流至天生桥，伏入石洞，里余乃穿泉门口而出，两岸峡壁高百余丈，下有深潭可通小舟，而柜崖即临其上。崖中数厂深广半亩，

图2-24：1983年冬天，作者在湘西和四川酉阳交界的酉水流域考察悬棺葬，悬棺放置在壁立水面的悬崖峭壁，需用望远镜观察（王和平拍摄）

极难到。自上縋縆而下，为崖檐阻障，自下而上，并无藤树可攀，而采硝者矫捷若猿狖，乃寻微蹬仰附而上，依石系缆，胆壮者援引疾登，始得至。有易姓者曾亲历，故言之甚详，云崖间二厂，一厂三柜即峭洞，一厂二柜尤高绝，从无能至者。柜二榍，榍三箱，箱约长三尺，高半之中贮白骨一具，折作四段，足杆在下，次腿、次腰，头骨俱在上，有数头，满口尽大牙无小齿，余齿若指，手足骨头俱长甚，计其高不下二寻。衣冠俱化，有掌大白绸杂骨间，著手成灰。……凡探视必携褚往，否则病。有以指骨下示人者，病几死，送还始愈，人故无敢残毁。其柜远望若檗红，实白木函，口榫如砖架，以五柜，箱数计之，约三十骨云。夫此数十人者必皆魁梧伟岸，当世豪雄，曷不为大棺高冢以葬，而飞走不到之区，又何人置之，以表异也。或曰江河日下，在昔置柜之时，未必如斯险峻……

根据这段文献记载对葬具和放置尸骨的顺序来看，这里的悬棺葬为二次葬。

同书卷二《古迹》：

仙迹。官渡河水下有流峡，峡间仙迹甚多。次有仙人跌，石上成足形、手形，股膝形，峡上有碓、有磨、有木柜，皆人不能到之处。

光绪《黔江县志》卷一《奇迹》：

神岩。在仙人跌之北，沂流而上相去约数十篙，仰视迤东绝壁间有石洞，外封以甓，色半新旧。稍南有木柜悬崖上，形势欹仄，尚完固。又有木碓、杵、臼等器，若隐若现，几穷目力。

《酉阳直隶州志》卷三《地舆志》三《古迹·山川》：

官渡河仙迹。县志：官渡河下流有峡，峡间水次有仙人跌，石上成手足、股膝形，峡上有碓磨及木柜，皆人迹不到。

《黔江县乡土志·道路》：

黔江县柜子岩。出城十里为擦耳岩，又十里为柜子岩，又十里为黄木铺，又十里为栅子场。

上述历史文献所载黔江县悬棺葬遗迹，笔者在实地调查中均得到了证实。目前黔江栅山乡、蓬东乡、泉门口等地都保留有较多的悬棺葬。

栅山乡柜子岩 在黔江县城西约10千米的栅山公社境内，彭水通往黔江的公路沿黔江河南北延伸，在黔江河北岸的悬崖峭壁上悬棺葬分布十分密集。距河面20~30米的山岩上有一些比较规整的岩洞，高、宽均约1米多，略呈方形，不少洞有明显的人工开凿痕迹，这些方洞分布范围长0.5千米左右，多数洞穴被杂草树木遮掩，比较清晰的有10多个。

官渡河柜子岩 官渡河为阿蓬江支流，河上的悬棺葬非常有名，但历史文献记载却很简略。

官渡河柜子岩位于黔江县蓬东公社麻田大队第四生产队，距县城约50千米，悬棺葬分布在官渡河即将汇入阿蓬江的峡谷之中，这一带为石灰岩地形，两岸层峦叠嶂，峡谷幽深，景色秀丽。峡口有一座造型别致的官河大桥，犹如凌空展翅的飞燕横跨官渡河东西两岸。官渡河两岸峭壁削立，在不到1千米范围内，距河面20~50米高的岩壁上有5个悬棺葬洞穴，全为天然岩洞，目前洞中均残存棺木。

官河桥头 官渡河东岸距水面约20米的天然洞穴内有几块残板木，洞口下方用砖块砌垫平整。

碓尾巴 官渡河东岸，距官河大桥100多米，距水面约30米的绝壁上有一天然岩洞，因棺木竖直放入洞内，从洞口只见棺尾，当地人称"碓尾巴"，目前棺木虽已残损，但仍能看出由整木挖凿而成。洞口曾有一个浅绿色的釉陶罐，1983年夏掉入河中。

神仙碓 官渡河东岸，在碓尾巴北大约10米的岩壁上有一天然洞穴，离河面30米左右，洞口下方先用石块砌平，然后再用砖铺砌，其上置长2米多的棺木1具，由整木挖凿而成，已残损，当地人不知其由来，称为"神仙碓"。

龙舌条 官渡河东岸，神仙碓北，距水面约30米的绝壁上有一自然洞穴，洞口下方用黄泥垫平，上置棺木一具，因棺木一头伸出洞口,当地人称"龙舌条"。

神仙柜 官渡河东岸,在龙舌条北不远的岩上,距河面约30米有一凹陷处,岩凹间用小石块整整齐齐砌垫了6~7层,其上又用小的砖块砌了1层,小砖块上又砌了6层大的东汉花纹砖。然后在上面横置长2米多的棺木1具,棺由整木凿成,一端已残损,人称"神仙柜"。

仙掌岩 神仙柜北40~50米处为文献上所载"仙人跌"。仙人跌对岸即官渡河西岸的悬岩上有巨大的手掌形图案,故名"仙掌岩"。此处手掌形图案与"仙人跌"之股膝图形均为石灰岩被水浸溶后出现的自然景观,而并非某些学者所谓"岩画"。

仙掌岩距河面20多米处有一凸出的石台礅,上置整木挖凿的棺木1具,棺长2米多,保存完好。

在官渡河支流深溪河东岸,距水面20~30米的绝壁上尚有悬棺葬洞穴5个,为自然洞,从前均存有棺木。

泉门口柜子岩 位于县城南约30千米的阿蓬江支流金溪河南岸泉门口村,关于此处悬棺葬前引《酉阳直隶州志》和《黔江县志》记载颇详,虽文中带有浓厚的迷信色彩,但从"箱长3尺,高半之中贮白骨数具"可以得知,此处悬棺葬可能为二次葬,这一处悬棺葬早已被毁坏无存。

此外,在县城南50多千米的两河区犁湾公社阿蓬江东岸新滩村有"箱子岩",1935年修川襄公路时曾炸毁一些棺木,棺内有人骨,目前阿蓬江东岸距江面30多米的一天然洞穴内仅存棺木1具。

（3）酉阳县

酉阳县与贵州松桃，沿河紧邻，在县西南，距县城约30千米双河区的乌江支流小河两岸有悬棺葬遗迹。

从铜西公社香树村至小河公社两汇村之间南北长3千米左右的小河两岸悬崖上有数十个人工开凿高、宽各约2米的方洞，洞距水面高度几米至几十米不等，目前洞内基本上已空无一物，当地土家族和苗族均不知其来历，而称之为"仙人洞"。

2. 酉水流域悬棺葬的分布

四川省东南部酉水流域的悬棺葬主要分布在秀山县石堤区和酉阳县西酬区后溪公社的酉水沿岸。

（1）秀山县

秀山县石堤箱子岩自古以来便闻名遐迩。《酉阳州志》卷三《地舆志》三《古迹》：

> 藏书洞。县志：在县石堤河西岸峭壁千仞，中度红木柜一，虽历久其色不变。乾隆三十二年巡检郭良相悬布缒人而下，启柜见蝌蚪篆文数部，方检视，忽雷声大作，疾下，乃止。按：川省江边人迹不到之处，往往有石凿方穴或废物于上。黔江、彭水均有柜子岩。

光绪《秀山县志》卷二《地志》：

>邑梅水，又东流五里届石堤，川阜纠沓，地近荆楚，一县之厄塞也，设县后署巡检于此。北为仙人岩，石壁峭削，庞然临水，岩半方穴如凿，内庋朱篚。相传乾隆中巡检郭良相缒人启视，云皆蝌蚪奇书，已而，雷电交作，遑遽趣下，其人寻死。或曰：篚中惟人发鸡羽，所闻异辞，靡得详也。自岩以下，重峡引流，今谓之书箱峡。
>
>酉水五里届打绕寨，旧名打袄家洞，亦十八洞之一也。沿岸数厂，石榑中空，云为土茵遗兆，疑发掘所余也。

秀山县和酉阳县与黔东北的松桃县，湘西龙山、花垣等县接壤。秀山县和酉阳县的悬棺葬主要分布在石堤区和酉酬区的酉水及其支流沿岸。

酉水又名酉溪或名北河，古为五溪之一，发源于湖北宣恩县界，经来凤、酉阳、纳梅江、松桃水流向湖南，汇成酉水，流入沅江。酉水是川、黔、湘、鄂四省边区的水路通衢，因此秀山县石堤在历史上曾为四省交界地的物资集散中心。

石堤位于秀山县城西北70多千米处，据初步调查，以石堤为中心的大溪公社和宋农公社等地的酉水及其支流梅江河两岸，有悬棺葬洞穴将近40个。

石堤区的悬棺葬从石堤码头开始由东向西。再折向北，溯酉水而上至大溪约20千米的范围内分布最为密集。目前尚能见到的悬棺葬遗迹有石堤码头、北河大桥、龙梯渡口、三崿溪、鸡公滩等7处，共有悬棺葬洞穴20余个。除少数为略经人加工的自然洞穴外，绝大多数为人工开凿得十分规整的方洞或长方形洞穴。洞的高度为1.5～2米，宽度为2～3米，大多数洞穴均位于距水面40～50米的悬崖峭壁，位置最低的洞穴仅20米左右，最高者达60～70米。

因悬棺葬年代久远，人们已不知其来历，所以当地人对悬棺葬遗迹过去一直称"仙人葬"，现称之为"箱子洞""箱子岩""仙人岩"等。目前少数洞内尚保留棺木和残损的棺板，大多数洞已成为空洞。

秀山县悬棺葬遗迹比较典型的是石堤码头箱子岩，又名石堤箱子岩。它位于酉水北岸，与石堤区人民政府隔江相望，在河畔如刀削斧劈的壁立山岩上有一人工开凿的方洞，距酉水河河面约60～70米，洞高约1.5米，宽2米左右，洞开凿得十分规整，洞口可见棺木1具，因只见棺头如高、宽约1米见方的木箱，故名"箱子岩"，关于这一处悬棺葬，前引《酉阳州志》和《秀山县志》均有记载。

石堤码头西约2千米多的酉水支流梅江河畔的三角滩电站，黄花岫和瓦厂等地距河面40～50米的峭壁上均有与石堤区相同的悬棺葬遗迹。据当地人传说，在秀山与花垣交界地区花垣河两岸亦有不少人工开凿的悬棺葬洞穴。

川东南黔江地区乌江和酉水流域的悬棺葬多人工开凿的悬棺葬洞穴，此种形式与湘西酉水流域的悬棺葬同。

关于四川东南乌江和酉水流域（现今属重庆市）的悬棺葬，笔者于20世纪80年代实地考察时，在黔江、彭水、酉阳、秀山等地见到的悬棺葬遗迹还是很多的，虽然没有四川珙县麻塘坝的保存得那么完好，但是这些地区江河两岸的悬崖绝壁之上仍然能够见到非常多的、开凿得十分规整的人工凿穴，而且不少洞穴中还保存着残损的棺木。从视觉上讲，还是令人震撼！

遗憾的是，在20世纪80年代初期，笔者缺乏拍摄影像的设备，我们研究所当时仅有一部极陈旧的135照相机，没有长焦镜头，对于那些在百米或数百米之遥，又在临江面水很高的悬崖峭壁上的悬棺葬遗迹，确实无法拍摄下来。另一客观原因是，笔者去上述地区实地考察是10~11月秋冬时节，正值阴雨季节，几乎每天都下着绵绵细雨和中雨。在这样的自然条件下，想要用非常落后的135照相机拍摄距离又高又远的悬棺葬遗迹，根本就不可能。因此，川东南黔江、乌江、酉水流域的悬棺葬缺乏珍贵的影像记录资料，笔者只能用文字加以详细描述。

现在距笔者1983年去上述地区实地考察已经过了40余年，在这几十年中国经济大开发中，不知道那些历经几百年、上千年的悬棺葬遗迹，目前是否还存在？

（三）川东长江三峡地区的悬棺葬

位于四川省东部的奉节、巫山和巫溪县，地处长江三峡地区（现属重庆市）。这一带水流湍急，悬崖重叠，山谷幽深，景色雄伟壮丽。长江两岸的陡崖绝壁为致密而又坚硬的石灰岩，这里广阔的崖石层理和众多的山崖罅隙是悬棺葬依山傍水的理想葬地。

由于长江三峡高峻险要的特殊地理环境，悬棺葬遗迹至今保留较多，除四川南部宜宾地区的珙县、兴文县等地以外，四川长江三峡地区也是我国悬棺葬遗迹和实地保留最多的地区之一。

图2-25：1988年夏天，作者在长江三峡中考察悬棺葬（背后有着"风箱峡"三个字）

关于长江三峡地区悬棺葬的历史文献记载最早见于唐宋时期。唐代诗人孟郊在《峡哀》诗中就曾描述过长江三峡中的悬棺：

> 三峡一线天，三峡万绳泉。
>
> 上仄碎日月，下掣狂滪涟。
>
> 破魂一两点，凝幽数百年。
>
> 峡晖不停午，峡险多饥涎。
>
> 树根锁枯棺，孤骨裹裹悬。①

四川长江三峡地区的悬棺葬主要分布在奉节、巫山、巫溪县等地。②

1. 奉节县

奉节县的悬棺葬主要分布在瞿塘峡的长江两岸。

《太平御览》卷五百五十九《神怪志》：

> 唐将王果，舟经三峡，望见悬岩间有物似棺。令人视之，果棺也，骸骨存焉。③

明曹学佺《蜀中名胜记》卷二十一：

> 赤岬山。岩穴中露一匣，甚高不可升，相传乃古兵书匣。

---

① 〔唐〕《孟东野诗集》卷四。
② 陈明芳：《四川长江三峡大宁河流域的悬棺葬》，《四川省民族史志》1989年第3期。
③ 〔宋〕李昉：《太平御览》卷五百五十九《礼仪部三十八·冢墓三神怪志》，中华书局，1960年影印本。

正德《夔州府志》卷七《古迹》：

兵书匣。在瞿塘峡半，远视若露一匣，高悬不能至。

清许瓒曾《东还纪程》：

风箱峡，曩从军夔门时有风箱峡者，数仞绝壁中迭置木匣，如风箱者甚多，仰望色如朽木，较棺形则小，其景象颇相类也。

光绪《奉节县志》卷三十四《古迹》：

风箱峡。在瞿塘峡中赤岬山下，崖穴间高不可升，相传鲁班之风箱也，又云乃古兵书匣。

瞿塘峡全长8千米，指从奉节白帝城东夔门至巫山大溪之间长江两岸的地段。据笔者实地调查资料表明，这一带曾有较多的悬棺葬分布。

赤岬山巍然屹立在白帝城东面的长江北岸，高约200多米，犹如扼守长江天险的大门，故称夔门，瞿塘峡因此又名夔峡。

风箱峡位于白帝城东约3千米处，风箱峡内悬棺葬分布十分密集，它的得名便因两岸绝壁多垒垒悬棺，远望若重叠置放的风箱。

　　赤岬山半腰距长江水面100多米，距山顶约70~80米的岩壁上有一宽3~5米，高10多米的竖直裂隙旁边书有"风箱峡"三个大字，隙内岩壁上横有木桩，木桩上原重叠置放棺木多达12具。1971年有3人爬上悬崖为盗取棺内随葬物品变卖而掀下、毁坏棺木8具，棺内有人骨、青铜巴式剑、料珠装饰品，一只长约15厘米、制作十分精致的男式圆口镂空雕花铜鞋，这些物品大多被当作废品卖掉。目前仅存棺内所出的人下颌骨、髋骨、股骨和一把柳叶形巴式剑。木桩上留下的4具棺木近年已全遭人为

图2-27：悬棺葬的残存棺木在崖隙中（因崖石为灰色，残存棺木也为铁灰色，必须用望远镜观察。在图片正中，崖隙中有4具悬棺，有2具保存完好。陈明芳1988年夏拍摄）

图2-26：长江三峡中的悬棺葬有一部分分布在风箱峡高崖绝壁的缝隙之中（陈明芳1988年夏拍摄）

破坏，目前裂隙岩壁上仅存横木6根。在6根木桩上方的岩壁，有12～15厘米见方的人工凿孔若干，估计这些方孔以前也是作打木桩架置棺木所用。风箱峡内被损坏的棺木和残棺板被奉节县的白帝城文管所收集保存。

在竖直裂隙东约40～50米，距江面和山顶100多米的绝壁两条岩缝中目前尚可见棺木。较小的一条岩缝仅能竖直放入1具棺木，只见棺头在外。最东边的岩缝较大，底部用大石块砌平，上面重叠置放2具棺木，棺头均露出在外，上方1具保存完好，其下1具已残损。在距置放2具棺木的岩隙上方约10余米的岩壁上有一罅隙，内置棺木1具，棺头朝外。风箱峡内4具棺木因年久风雨侵蚀，颜色均与岩石接近，呈铁灰色。

盔甲洞位于风箱峡斜对面，即长江南岸。盔甲洞为距长江水面70～80米的自然洞穴，洞内曾有棺木数具。1959年奉节县供销社经理带人深山寻宝时曾掀下棺木3具，获得青铜巴式剑2把，人下颌骨、髋骨、尾椎骨及零星肢骨等。

2. 巫山县、巫溪县

有关巫山县和巫溪县悬棺葬记载的历史文献不是很多。

光绪《巫山县志》卷十三：

> 风箱峡。在旧大昌县境，悬壁之上垒垒，形类风箱或类棺，人不能近，攀援而至者即见大蛇。
>
> 鲁班岩。治东十五里，上有斧凿风箱形迹。

光绪《大宁县志》卷一：

棺木寨，在三会口。

杨泗洞在县东南二十里，下有王爷滩，乃宁河出巫之水径也。洞在半山，上下左右数百丈尽属绝崖。相传中有王爷像，外现船篷轿杆，远望可及，威灵显赫屡著奇验。

上述文献中所云"船篷轿杆"和"风箱"等均为悬棺葬遗迹，因年代久远，人莫能识，故加以神秘化。

巫山县和巫溪县的悬棺葬主要分布在长江支流大宁河及其沿岸。

大宁河古名巫溪，源于大巴山南麓的新田坝，流经巫溪县和巫山县境，在巫峡西口汇入长江，全长250多千米，大宁河的山光水色非常引人入胜。从巫山县巫峡西口溯大宁河北上，至巫溪县城这120千米的地段，两岸悬崖夹峙，素有"小三峡"的美称。小三峡内甚多的悬棺葬遗迹，为小三峡的迷人景色更增添了神奇色彩。

（1）巫山县境内大宁河小三峡悬棺葬

龙门峡 龙门峡雄伟峻峭，位于南距巫峡西口大约2千米的大宁河上。龙门峡因有悬棺数具，故又名铁棺峡。

在龙门峡大桥北约500米的大宁河西岸的悬崖上有一自然洞穴，洞距水面30～40米，洞内原有悬棺2具，一大一小，20世

60年代"文化大革命"中均被当作"四旧"掀入河内。据进洞掀棺的人讲，2具棺木均由整木挖凿而成，棺内有零星人骨和麻纺织残片。大棺长约2米，小棺长度尚不足1米，估计小棺为殓装小孩尸体之用。两棺形状基本上是长方形。该洞北约80米，同在大宁河西岸距水面30多米的悬崖上有一长方形自然洞穴，似经人加工修整，洞穴仅深1米左右，长约3~4米，高2米。洞穴下方用小石块抹泥砌得十分平整，如川东南黔江县官渡河上悬棺葬，那里不少悬棺葬洞穴底部用石块或砖块铺砌得整整齐齐，然后将棺木置放上面。大宁河这一处洞穴深度只有1米，虽然洞底垒筑平整，但不可能是人居住的场所，据推测仍可能是搁置棺木的地方。

巴雾峡 巴雾峡长约10千米，两岸悬挂着许许多多千姿百态的钟乳石，使人产生无限遐想，是大宁河上小三峡中最富有诗意的一个天然长廊。在这飘着柔曼轻纱的山峡谷中，北距巫山县双龙区人民政府1.5千米的大宁河东岸，距河面200~300米，距山顶20~30米的悬崖绝壁上有一长约3米的天然洞穴内放着1具长2米左右的棺木，棺呈长方形，棺木颜色与岩石相同，均为铁灰色，但棺却保存完好。

滴翠峡飞云洞 滴翠峡全长20千米，以碧绿幽深著称，两岸峭壁兀立，绵亘数里，江岸无路可通，浓密的树木和一片片竹林把整个峡谷染得青绿苍翠。

飞云洞在将出滴翠峡峡口之处，位于大宁河西岸距水面约

60～70米的悬崖上，为一较浅的自然洞穴，洞内横置1具长方形棺木，北面棺头已经残损，在残损棺头的右上方恰巧有一条向上斜的狭窄岩隙与棺木相连，因棺木与岩石颜色十分接近，均呈铁灰色，远看棺与岩隙浑然一体，完全像一只尾部上翘的小船，所以这一处悬棺葬遗迹又被称为"飞云船棺"，如今成为对中外游客最具吸引力的一个奇特景观。

水口　逆大宁河北上，过古大昌城后，河道向西拐弯。在大昌城西不远的水口，是巫山和巫溪两县交界地。距大宁河面约10米的崖壁上有4个大约1米见方的人工开凿之方洞。根据笔者在川东南和湖南湘西等地的实地考察，这种临江面水的人工凿穴均为悬棺葬遗迹。

（2）巫溪县境内大宁河流域的悬棺葬

烂船湾　逆水而行，大宁河过了水口和龙溪之后，河道又变成南北流向。离龙溪不远开始进入宁河诸峡之冠的庙峡。距庙峡峡口2千米左右处为峡中第一瀑布——白龙过江。烂船湾悬棺葬便在白龙过江的大宁河西岸。因这里高岩如削，绝壁对峙，峡谷幽深，水流湍急，过往船只常撞毁沉没，所以名烂船湾。笔者1988年夏天乘小木船经过这里，只见大宁河河水波浪滔滔，令人惊心动魄！

在距河面约60米高的悬崖上有一平坦岩礅，上面置放棺木1具，由于风雨侵蚀，棺已呈铁灰色，棺木由整木挖凿而成，长约2米，棺身长方形，棺盖略呈弧形，长度超过棺身，远望极像一只篷船。

月亮洞　在烂船湾北200米左右的大宁河东岸，距水面70～80米的峭壁上有一天然洞穴，洞上方呈弧形，整个洞的外形酷似一弯弦月，故名月亮洞，洞内尚存棺木1具。棺长大约2米，由整木挖凿而成，棺盖和棺身用子母口连接，棺呈铁灰色。

猫子石　位于庙峡出口的大宁河西岸，距水面约40米的悬崖上有一平坦岩礅，当地人称为"猫子石"，其上有长2米左右的残棺木板，木质铁灰色，远望残棺似一条横卧的扁担，当地人称之为"金扁担"，又被称为"桡片"。

棺木岩　在"金扁担"北500米左右的大宁河西岸，因有棺木置放其上，故称"棺木岩"。这一处有1具保存完好的棺木（长约2米），搁置在距水面约70米高的悬崖上一个平坦岩礅上，棺木呈铁灰色，由于长年风化，棺木已出现裂口和散脱现象。

黄岩硝洞　在庙峡出口的大宁河东岸，距河面300～400米，距山顶20～30米的悬崖上有一竖直裂隙中原有1具棺木横置于内。1958年有人找硝入洞，棺木尚存，棺内有尸骸，自然岩穴下方有人工凿孔和插在孔内的木桩，洞口还有人工开凿的阶梯。后来棺木与尸骨均被人抛入河内。

四方洞　通城乡在巫溪县城西约15千米处，该乡青池村北500米左右的大宁河支流小溪河源头西面悬崖上有一明显经人加工修理过的长方形洞穴，下距地面30米左右，洞长4米，高约3米，深约2.5米。棺木竖直放入洞中，棺头露出洞口，棺底被石头击开，目前可见棺内尸骨暴露。

巫溪县南门湾 巫溪县南门湾在大宁河东岸，悬棺葬分布十分密集，从南到北分布范围长达500多米。

南门湾又名龙岗，北距巫溪县城广场约300米，南邻庙峡峡口。南门湾悬棺葬便分布在龙岗一大片面临大宁河的悬崖峭壁之上。此处岩质为结构松散的石灰岩，人工凿洞比较容易，因此这里的悬棺葬绝大部分为人工开凿的长方形洞穴，棺木置于穴内，现有一条公路从崖下通过。由于长年岩石风化及人为因素等，南门湾悬棺葬保存下来的棺木很少，目前所见大多数为开凿的洞穴，洞内空无一物。南门湾悬棺葬洞穴共计有80个，一般距河面高度为50～60米，最低的洞穴距河面也有30～40米，最高的达100米左右。以龙岗上最高的一个山头龙头嘴为界，南门湾悬棺葬可分为南北两个片区。龙头嘴南面靠巫溪县火柴厂抽水房的一片称南区，龙头嘴北靠原宝珠庵一带为北区。

1974年修公路时南门湾悬棺葬被炸毁了很多，目前南区尚存人工凿穴61个，棺木4具。1具棺木悬在距大宁河河面约50米的岩洞内，因修路炸山崖受震，棺木的4/5长期悬吊在洞外，随时都有坠下的危险，1988年10月四川省文管会和巫溪县文化馆已将其取下。该棺为男女2人合葬棺木，长2米多，高度、宽度亦超过一般棺木。棺盖、棺身均由整木凿成，棺盖比棺身略长，微带弧形，棺身大体上为长方形。另外3具中有2具放在人工凿穴之内，有1具置于悬崖的岩石之上，这3具棺木都有不同程度的残损，颜色呈铁灰色，放置岩石上的棺木，于棺盖、棺身的两头都特意凿制了小方孔，大约作为吊运棺木时要捆扎棺木穿绳索之用。

北区原有人工凿穴20多个，棺木早已毁坏无存。1987年9月1日深夜北区山岩崩塌，其上所建楼房与悬棺葬人工凿穴均被破坏无余。

凤凰山　凤凰山在巫溪县城东，与县城仅一河之隔，城泉公路经过崖下，凤凰山崖壁上有47个人工凿穴，岩质与南门湾同为结构松散的石灰岩。人工凿穴分布的范围为50米左右。由于年代久远，石灰岩风化剥落，以前洞穴内所存棺木甚多，修公路时毁坏18具，现仅存棺木1具。凤凰山人工凿穴距大宁河河面高度大多为40米左右。

九层楼　位于巫溪县城北约2千米的剪刀峡出口处，地属长渡乡。这里山势峻峭，绝壁千仞，城泉公路从崖下经过，在距河面200～300米的大宁河西岸悬崖峭壁上有一大的岩隙罅口，隙内岩壁上原横置有9根圆木，故名"九层楼"，现剩圆木8根，因其附近尚有悬棺数具，而且这种在圆木上置放棺木的形式在湘西沅江两岸和长江三峡地区比较常见，所以可推测这几根圆木很可能是搁置殓尸棺木之用。

此外在九层楼北狮子包、锅底石等处亦有悬棺葬遗迹多处，棺木或置放在自然洞穴内或置于岩礅之上，置棺地点距大宁河河面80～300米不等，现存棺木5具，棺木形制大小、颜色均同于巫溪县南门湾悬棺葬。

荆竹坝 荆竹坝位于巫溪县城北约30千米处。长达3~4千米的大宁河上荆竹峡，不仅风景秀丽，而且特别壮观的便是荆竹峡中荆竹坝的悬棺葬群。

荆竹坝悬棺葬面临大宁河支流东溪河，位于檀木和两河口之间，即大宁河与东溪河交汇处的一座高岩绝壁之上，隔河与荆竹纸厂相望，南距两河口大桥2.5千米，北距檀木煤厂3千米。

悬棺葬所在的山崖高200~300米，山崖坐北朝南，崖壁走向由东到西。悬棺分布在山崖与河道平行的天然岩石层理缝隙中。岩隙下有一高出河面60多米的土坡，土坡最高处距置棺岩隙尚有20~30米，因此置棺岩隙距河面约80~90米。

荆竹坝悬棺原有25具，1979年四川大学历史系考古专业取走1具，现存24具，其中有21具放在同一水平方向的岩石层理缝

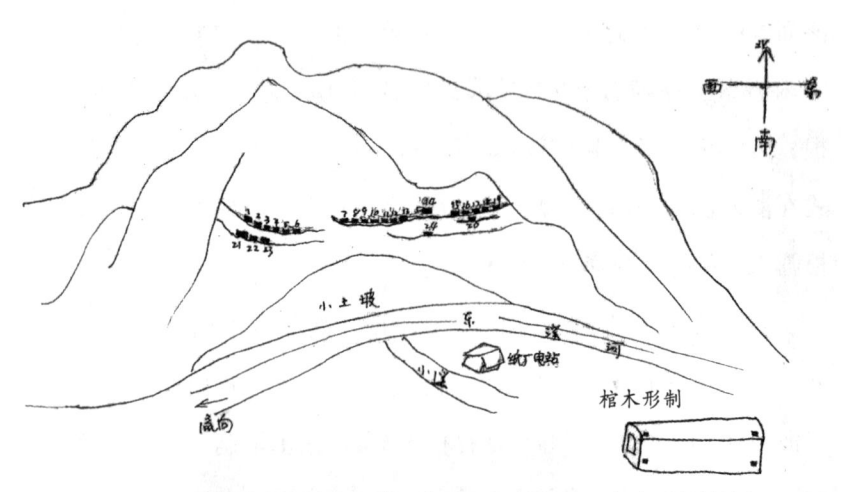

图2-28：巫溪县荆竹坝悬棺葬分布示意图（黎明于1988年现场描绘）

隙中，首尾相接，如一列长长的火车车厢，蔚为壮观，另3具搁置在其下2~3米的一条岩隙内，棺木有大有小，一般长约2米左右，全为整木挖凿而成，棺盖、棺身用子母口连接。

1980年被清理的1具棺编号为荆竹坝18号棺，内有人头骨2个，经鉴定一为10岁左右男孩，一为13岁女孩，两个头骨均有顶骨冠状凹陷，似生前有用头顶负重的习惯[①]，此种负重习惯目前在我国西南地区一些少数民族中，尤其是云南和四川的少数民族当中依然存在。

巫溪县城西北大宁河支流后溪河北岸点水溪和"桡风洞"等地尚有悬棺葬遗迹。

（3）巫山县其他地区的悬棺葬

巫山县境内大宁河流经的福田区有较多的人工开凿之方洞，据调查所知，以前那些人工洞穴中都曾放置过棺木，后遭人为破坏。

巫山县泗瀼错开峡的天子庙和棺木阡在高出河面几百米的悬崖上原有10多具棺木，目前尚存4具，棺木阡的悬崖上有3具，附近有木桩等物[②]。

又据晋常璩《华阳国志》等历史文献记载，在四川省西南会理、川西和川东等地都曾有悬棺葬俗。

---

① 秦学圣：《荆竹坝M18号崖棺两具尸骨的鉴定》，载《民族学研究》第四辑，民族出版社，1982。
② 林向：《川东峡江地区的崖葬》，载《民族学研究》第四辑，民族出版社，1982。

《华阳国志》卷三《蜀志》：

> 会无县。路通宁州，渡泸，得堂狼县，故濮人邑也。今有濮冢，冢不闭户，其穴多有碧珠，人不可取，取之不祥。

《太平寰宇记》卷之八十《会川县》：

> 会无川，又名防川县，在泸水之南，上有深崖，崖中多仙人葬，莫测其来，远望如窗牗之间，其棺内多碧骨如珠，人取之多不祥。①

历史文献所载"会无县"和"会无川"均为今四川会理县。

因目前川南宜宾地区、雷波，云南东北的昭通、盐津等金沙江流域尚存较多的悬棺葬遗迹，距这些地方不远的金沙江边的会理县有悬棺葬遗存是可信的。

《太平寰宇记》卷之七十六《简州风俗》：

> 有僚人，言语与夏人不同，嫁娶但鼓笛而已。遭丧，乃以竿悬布其门庭，殡于别所。至其骸燥，以木函盛置于山

---

① 〔宋〕乐史：《太平寰宇记》卷之八十《剑南西道九·嶲州》，中华书局，2007。

穴中。①

湖北巴东县龙船河悬棺葬在西瀼溪口，奉节县僰人住过的地方亦称瀼溪，说明简阳行悬棺葬的僰人与长江三峡地区的僰人有一定的联系。

另据南宋王象之《舆地纪胜》卷十八《南平军》载：

> 军东南百里峭岩上，岩有洞，不可攀援，洞门有一柜，往岁时有烟雾蒙茸，闻斧斤声，有飞屑随水下，疑洞中神物也。

宋时南平军治所在今四川省綦江县赶水，綦江属乌江流域，此地悬棺葬与川东南彭水等地乌江流域的悬棺葬连成一片。唐时居住重庆、綦江一带的少数民族名"南平僚"。

八、贵州

贵州省的悬棺葬主要分布在黔东北与川东南、湘西交界的乌江和沅江流域，即历史上所称"五溪蛮"地，即今遵义东部和铜仁地区。

---

① 〔宋〕乐史：《太平寰宇记》卷之七十六《剑南西道五·简州风俗》，中华书局，2007。

明田汝成《炎徼纪闻》卷四：

> 仡佬其种有五，……花布者为花仡佬，红布者为红仡佬，各有族属，不通婚姻。殓死有棺而不葬，置之崖穴间，高者绝地千尺，或临大河，不施蔽盖，以木主若圭，罗树其侧，号曰家亲殿。

《遵义府志》卷四《山川》：

> 望军山。北有棺岩，峭石凌空，飞猿莫渡，半壁洞口置朱棺，远近皆见之。
>
> 紫霞山。山后峭壁万仞，为舍身岩，岩半人不能至处，有凿石成洞，约可卧人，传有异僧缒居此，后莫知所往，疑即飞霞颠仙辈耳。

目前遵义地区的悬棺葬遗迹已不复存在。

据考古工作者实地调查，在黔东北地区（遵义地区东部）的道真、务川、正安等县和铜仁地区的沿河，德江、铜仁县等地都有悬棺葬遗迹。

德江县星宿岩悬棺葬分布在德江县文新乡牧羊岭、大井沟两岸。

大井沟东岸距河面约5米高处有将自然岩厦经人工凿成

"匚"形的凹槽，宽约2米，高约2米，其中放置3具棺木，棺木形制与现今汉族习用的相同，从残存肢骨推测，其葬式为仰身直肢葬[①]。

调查者认为，黔东北地区的悬棺葬有以下几个特点：

1. 葬地的选择和加工。葬地均选择在河边的岩壁上，早期的棺木多放在岩洞中，晚期则利用岩厦或石缝经人加工，放置棺木，棺木的外侧要用石块垒砌一道矮墙，用以保护棺木。

2. 棺木的形制。部分棺木与汉族习用的"大山头"相同。

3. 葬式。黔东北悬棺葬中可见的葬式均为仰身直肢[②]。

除此以外，黔东北的松桃、岑巩等地至今还有较多的悬棺葬遗迹。

《松桃厅志》卷四《山川》云：

> 仙人岭。城西南三里，形如宝盖，悬崖峭壁，不可攀跻，山腰岩穴中，石箱数口，相传仙人藏物其内，取之者辄至雷鸣。

据笔者1983年实地调查，松桃县仙人岭云落屯悬棺葬遗迹到目前尚存。

[①] 席克定：《黔北岩葬调查纪要》，载贵州省民族研究学会、贵州省民族研究所编《贵州民族调查》之四，1986年8月。
[②] 同上。

松桃县云落屯在县南2千米城关公社桂花大队松桃河（又名松江河）南岸一座高约70米，名仙人岭的悬崖上。松桃河自西南方向流来，经仙岭岩脚转向东北，在川、黔、湘三省交界的茶洞入酉水，故松桃河为沅水一条支流。仙人岭岩质为红色砂岩，在这座山岩距河面20～30米的峭壁上有22个人工开凿的长方形洞穴，洞分上下三层排列，最上一层平行排列8个，中层和下层共14个。在人工凿穴周围的岩壁上有许许多多人工开凿的小方孔，这些方孔大小不等，一般高、宽、深大约为15～20厘米，与四川珙县和兴文县悬棺葬周围岩壁上开凿的小方孔相同。仙人岭岩脚早有一层厚厚的浮土，因此人很容易进入洞内，目前大多数洞已成空洞，1980年贵州省博物馆和松桃县文化馆在云落屯清理出保存完好的棺木2具。

在仙人岭下游，松桃河向东北拐弯的北岸有一座高40～50米的山岩，岩壁上亦有一些长方形人工凿穴，但现今全为空洞。

此外，松桃县西北黄坂区，与四川秀山县交界地方梅口河一小支流的沿岸山岩上也发现有人工开凿之洞穴，形制与秀山石堤一带酉水两岸的相同。

岑巩县的悬棺葬遗迹，历史文献无证。岑巩县悬棺葬位于县城东约5千米思旸公社桐木大队地英生产队的龙江河畔。龙江河系沅水上游的一条支流，发源于岑巩西南的镇远县，自西横贯岑巩全境，在桐木的白岩下拐弯流向东南，至玉屏县新店入镇阳江，至湖南新晃为㵲水，古代属五溪之一。

桐木坳白岩悬棺葬，白岩高约70多米，宽约350米，因龙江河在此转弯，河面开阔，水流缓慢，故名白岩塘，顺白岩塘水势形成了一座弧形悬岩石壁。此处放置棺木的洞穴全为自然洞，共有14个，洞小而浅，一般仅容1具棺木，有些洞穴底部向外倾斜，放置的棺木早已坠落。1977年以前尚有5棺，置棺洞穴距河面高度最高50~60米，最低10~20米。1977年修磨湾水坝时和1980年曾捣下几棺，棺内有人骨、乌龟壳、碎麻布片。棺盖有平面形和人字形两种，棺盖、棺身子母口连接。

1980年桐木白岩悬棺葬仅剩3具棺木，1980年8月贵州省博物馆和岑巩县文化馆曾在此清理2具棺木。

九、云南

云南的悬棺葬主要分布在滇东北地区。

早在元代，李京《云南志略》等历史文献就曾记载过滇东北一带的悬棺葬俗：

> 土僚蛮在叙州南，乌蒙北皆是，男子及十四五则左右击去两齿，然后婚娶，人死则以棺木盛之，置之千仞巅崖之上，以先堕为吉。[1]

---

[1] 〔元〕李京：《云南志略·诸夷风俗》。

民国二十五年《昭通县志稿》：

豆沙关，距昭通县三百四十里。豆沙关（大关县属），河流迅急，峭壁铁立，上高天而下深渊，岩疆也。岩际有棺累累，路人且睨且指，传为僰人古迹。……乙丑冬，姜思敏君招饮于省立第二中学校，因参观陈列品，遂及古棺。中贮残骸，零星不全，三头颅颇壮大，手足骨亦粗长。棺刳木而空其中，长亦尺有奇，宽尺有二寸，相其纹理，为杉木四分之一，不漆不髹。

滇东北的昭通、镇雄、威信、盐津等县在金沙江流域，历史上都曾有悬棺葬分布。据近年来文物普查证实，盐津县境内悬棺葬分布尤为密集，主要在豆沙关、吊钟岩、连鱼洞的横江河畔和距四川省高县最近的兴隆公社观音岩、灵官岩、棺木岩（位于横江支流牛寨河岸）。盐津县的悬棺葬均在河岸的峭岩绝壁之上，离地数米至数十米不等[①]。

昭通市威信县长安乡瓦石村西北、瓦石河畔一个石灰岩的崖缝中发现有凿孔打入木桩，置放殓尸棺木在木桩上的悬棺葬，距河面约150米，原保存下来的棺木有3具，均为整木挖凿而成，棺身与棺盖由子母口套合。1988年威信县文物管理所用

[①]《云南省盐津县"僰人坟"族属初探——兼说滇东北"僰"人的族属源流》，载云南省历史研究所《研究集刊》1984年第2期。

木板复制4具放到悬崖木桩上，现今可见到7具。经清理，棺内有人头骨和成年男性和少年个体的牙齿以及部分人的骨骼，随葬品有部分丝织品和大量麻织品。原始棺木经碳14测定，其年代为公元776±100年，年代约为唐代。[①]因长安乡北面与四川珙县洛表乡相邻，所以悬棺葬的殓尸棺木形制与置棺方式基本上与珙县"僰人悬棺"相同。

从地理位置来看，滇东北地区的悬棺葬与川南珙县、兴文县、筠连县和高县等地的悬棺葬连成一片，都被当地人称之为"僰人悬棺"。据实地调查所知，滇东北地区悬棺葬形式与川南珙县、兴文县等地的相同，亦有"凿岩为穴，横置棺木于内"的"人工凿穴式"和在绝壁上"凿岩石钉桩，置棺其上"的"悬崖木桩式"，也有利用自然岩穴和岩洞的"天然洞穴式"。豆沙关等处以天然洞穴式为主，而靠近四川高县的兴隆公社观音岩等处则以悬崖木桩式居多。

滇东北地区的悬棺葬，从置棺形式、文化内涵，及其年代、族属等看，都与川南珙县、兴文县、高县一带的悬棺葬相同。

[①] 刘宏、刘旭、吉学平、余腾松：《云南省威信县长安乡瓦石棺木岩悬棺考古发掘》，《云南地理环境研究》，2001年9月。

十、广西

广西的悬棺葬主要分布在桂北湘江流域和桂西南的左右江流域。

清袁枚《随园诗话札记·补遗》：

> 余丙辰年过全州，见江上山凹有匣，非石非木，颇类棺状。甲辰再过观之，其匣如故，丝毫无损，相传武侯藏兵书处。

《太平寰宇记》卷之一百六十五《象州·武仙县》：

> 仙人山，象州武仙县，旧有神仙集众高山，羽驾时见，如建州武夷山，皆有仙人换骨函存。[①]

武仙县今名武宣县，文中所云仙人换骨函，如建州武夷山，说明武宣县悬棺葬遗迹与福建武夷山类同。

据实地调查所知，目前广西北部全州和西南部的左右江流域的田东、隆安、平果、大新、崇左、龙州、扶绥等地均有悬棺葬遗迹。

[①] 〔宋〕乐史：《太平寰宇记》卷之一百六十五《岭南道九·象州·武仙县》，中华书局，2007。

（一）湘江流域的悬棺葬

1. 全州

清人袁枚在《随园诗话》中提及的全州悬棺葬位于全州枧塘公社湘江边的峭壁上，洞口距江面10余米，口径约3米，现洞内仅有棺木1具。棺为圆木剖开挖空而成，长约1米，内装乱骨，为二次葬，棺上盖有一些明代板瓦，瓦上凝聚有岩浆[①]。

（二）右江流域的悬棺葬

1. 田东县

田东县向山悬棺葬在印茶公社圩场西面1千米小溪南岸的峭壁上，岩洞距山脚约15米，内放棺木1具，棺为拼板棺，棺内有完整的人骨架1具，无随葬物品[②]。

2. 平果县

1984年笔者曾到广西平果县做实地调查。

平果县的黎明、太平、凤梧、坡造等乡，均有悬棺葬遗迹。

红岩 红岩位于平果县凤梧乡香美村委会雅里沙村背后的红山之南。因洞口周围岩壁均呈红色，故称红岩。红岩洞口距地面约100米，洞内岩壁为石灰岩，这一自然岩洞虽不临水，但

[①] 张世铨：《广西崖洞葬和几个有关问题的商讨》，《民族学研究》第四辑，民族出版社，1982。
[②] 同上。

其附近有一条小河，洞内宽大、干燥，目前洞内岩壁缝隙中尚存棺木16具。棺木由整木刳制而成，棺盖、棺身之间用子母口连接，棺木一般都很短小，大多数棺身内长仅80～120厘米，显然为二次葬所用。

平果县红岩悬棺的外形比较奇特，16具棺中有11具，棺木闭合后，棺头、棺尾作开叉式。棺头开叉口如张开的剪刀状，其余5具的棺尾无装饰，但棺头呈水牛角弯状。从岩壁上取下的4具棺木来看，除1具棺身内长为75厘米，棺头内径14.5厘米的

图2-29：1984年，作者在广西平果县考察崖洞葬，与当地乡村官员和村民合影（前排左一为广西民族研究所潘世雄先生，左四为作者）

棺木内为一小孩尸骸外，其余3具均为二次葬，棺内头骨、肢骨散乱，1具棺内有2个人头骨，另1具棺有2个成年男女头骨和2个小孩头骨（一棺内为四人合葬）。所有棺内除人骨外都没有任何随葬物品。

感香岩　感香岩位于坡造公社亨立生产队东南，这座山崖高100多米。1974年广西壮族自治区博物馆的考古工作者到该地调查时，见岩洞内散乱放置有几十具小棺。棺木长短、大小制作方法和外形与红岩悬棺葬大体相同，此处亦皆二次葬。另在洞口石壁上有墨书的文字两行，一行为"雍正十二年□□三月初六日卯时正□□墓主陆氏□□□之墓"，一为"雍正十二年三月初六日卯时正墓至韦顺□□□"。据当地人讲此洞原有100多具棺木，1958年丢下了很多当柴烧[1]。

此外，隆安县布泉公社下淮屯那康地一座石灰岩峭壁的天然洞穴中有棺木10多具，其大小与平果县红岩等地的相同，棺木均由一段整木剖为两半刳空而成，棺内多为一副人骨架，少数有两副人骨架[2]。

（三）左江流域的悬棺葬

左江流域是广西悬棺葬分布最密集的地区，目前在大新县

---

[1] 张世铨：《广西崖洞葬和几个有关问题的商讨》，《民族学研究》第四辑，民族出版社，1982。
[2] 同上。

的全茗、榄杆、福隆、那岭、恩城、五山，崇左县的山峙山、白龟红山，扶绥县的驮拉山，龙州县的沉香角、棉江花山，天等县的那砚山等地均有发现。

左江流域悬棺葬大多分布在左江沿岸极为险峻的石灰岩绝壁上，棺木全置于天然岩洞之中，距江面高度30～150米不等。不少地方的悬棺葬与左江花山崖壁画共存。

五山仙岩　位于大新县东北，距县城40多千米。章山屯在五山乡西北10千米左右的山凹中，那里群山环抱，树木葱茏。

图2-30：1984年，作者在中越边境广西大新县五山仙岩考察悬棺葬，依靠山岩上藤葛、小树枝，攀缘至山顶

村子后面有一座高300多米的小山，因山上有一个大的置放棺木的自然洞穴，所以当地人称之为"仙岩"。洞穴位于距山脚大约100米的悬崖峭壁之上，洞口南向，但洞穴正面壁立陡峭，无法攀登，仅从岩洞左侧依靠荆棘藤葛能攀缘而上，但稍不留神，便有粉身碎骨的危险。1984年秋笔者冒着生命危险与当地人像猿猱一样仅依靠藤葛和崖缝长出的小树枝攀缘至山上洞穴。①

仙岩悬棺葬洞穴内，棺木多次被人为扰乱，因此，洞内棺板置放散乱，1980年共有棺板160多块，1984年入洞后见棺盖、棺身共有80多块，计有40～50副棺木，但大多数已受潮朽坏。

五山仙岩悬棺葬棺木与右江流域平果县红岩等地悬棺葬的棺木相似，都很短小，绝大多数棺通长仅1米左右，最大的一棺通长143厘米，内长仅42厘米。棺木制作亦与平果县的悬棺相似，棺盖、棺身由一段整木剖为两半，刳空而成。棺盖、棺身均带木柄，目前棺身多见棺头带柄，柄的长度为10～20厘米。

大新五山仙岩棺木的棺盖制作比较奇特，每一棺盖的头部均是一个精心雕刻的鸟头。

1. 崇左县

山峙山 距崇左县城约80千米，位于那隆的峭壁上有一自然岩洞，前临小河，隔河可见洞内现有棺木5具。20世纪70年代

---

① 笔者于1984年曾到广西大新县等地做实地调查。

初尚有棺木30多具，后大多被当地人推入河中。根据当地人回忆，棺木都很短小，棺身长1米左右，由整木剖开，剜空而成，棺身两头均带长10多厘米的柄，棺中除人骨、残布片外，未见随葬物品。

白龟红山 位于驮芦镇东约3千米的左江北岸。因该处江中心滩盛产白龟，临江崖壁多呈红色而得名。置棺的自然洞穴距江面约50米，洞中平行横置木杠2根，推测为置放棺木所用。岩洞周围有崖壁画人像20多个。

2. 龙州县

棉江花山 位于龙州县响水乡棉江村左江西岸，因山崖上有许多红色崖画而得名。距江面约30米的悬崖峭壁上有一自然石灰岩洞穴，内置棺木2具，长度不足2米。棺身、棺盖均由同一段整木剖开剜空制成，棺头、棺尾都带有木柄，无子母口连接，而在柄的根部各凿一小方孔，插入木栓将整个棺木固定。龙州县棉江花山的棺木形制与平果县、大新县又不相同。

此外，龙州县上金公社沉香角左江东岸，扶绥县渠旧乡渠拉村左江北岸驮那山临江绝壁都有悬棺葬遗迹。

我国长江流域及其以南，包括台湾在内的十个省、区都有悬棺葬分布，唯广东阙如。

广东沿海地带自古以来为古越人生息、繁衍之地，然而迄今为止，无论历史文献记载和实地考察均未发现悬棺葬遗存。究其原因，广东沿海虽河流纵横，江湖密布，但这些地方均为冲积平原，不具备行悬棺葬的高山悬崖之地理环境，但是广州在西汉时期发现的船棺应与悬棺有一定的关系。在粤北连南、乳源、始兴、英德等山区，多年来考古工作者亦未曾发现过悬棺葬遗迹。

南宋王象之《舆地纪胜》卷九十五《英德府》云：

> 仙蜕台在府东碧落洞石壁险绝，中有人蜕骨，皆句连。崇宁间广帅王涣之北归，跻攀观焉，曰为仙蜕台。好事者因凿石函贮之，并作仙蜕台记。

这段记载并不能说明英德仙蜕台为悬棺葬遗迹。

关于始兴县城西8千米花山区九莲塘村背后李公崖用砖石砌成墓室的崖墓群[1]，属汉文化范畴，与华南少数民族的悬棺葬是完全不同的两码事。

---

[1] 刘大申、高申兰、浦海英：《中国悬棺地理分布与现状》，《江西文物》1991年第1期。

第三章　中国悬棺葬的文化内涵

一、葬地的选择

悬棺葬与其他形式的崖葬本质上的区别在于悬棺葬地的选择具有一定的规律性,即大多数悬棺葬地必选在临江面海的悬崖峭壁上。棺木距水面一般十几米至几十米不等,高达百米甚

图3-1:1999年10月,作者重访江西龙虎山,头部上方左右两侧的崖隙中均有春秋战国时期的残存棺木(龙虎山又称贵溪县仙岩。许智范拍摄)

至两三百米的并不罕见。这种依山傍水的地理环境是悬棺葬文化内涵的特点之一。

如前所述，福建崇安县武夷山的悬棺葬分布在闽江支流九曲溪两岸。

江西贵溪县仙岩悬棺葬分布在信江支流上清河畔。江西上饶、横峰、弋阳、铅山、余江、南城等县亦在信江及其支流沿岸。

浙江遂昌县的悬棺葬遗迹则在瓯江支流松阴溪畔的悬崖峭壁。

台湾新竹巴马来山腹的悬棺葬在上坪溪沿岸，兰屿雅美人的悬棺葬地选在临海的悬崖峭壁之上。

湖南是我国悬棺葬分布密集的地区之一，湘西地区的龙山、花垣、保靖、永顺、泸溪等县和辰溪、沅陵、桃源、常德等地的悬棺葬均分布在沅江及其支流酉水两岸。慈利县澧水流域的悬棺葬分布在澧水及其支流西溪、里耳溪和龙溪河两岸的悬崖峭壁。历史文献所载唐代潭衡州蜑人的悬棺葬遗迹均在湘江两岸。

湖北长江三峡地区宜昌、秭归、巴东等县的悬棺葬分布在长江及其支流黄柏河、九湾溪、龙船河、罗坪河沿岸的悬崖绝壁。

湖北省鄂西土家族苗族自治州清江流域恩施、建始、咸丰、利川等地的悬棺葬分布在清江及其支流马水河、盛竹河、大茨河、龙潭河、建南河南岸。

早已闻名于世的四川南部珙县、兴文县、高县、筠连县等地的"僰人悬棺"，分布在南广河及其支流螃蟹溪、邓家河、德胜河、玉秀河、宋江河、龙潭河、镇州河、巡司河两岸的悬崖峭壁。

图3-2：长江三峡悬棺葬的地理环境（悬棺葬位于长江两岸的悬崖峭壁。陈明芳1988年夏拍摄）

四川东南部黔江地区彭水、黔江、酉阳、秀山等地的悬棺葬分布在乌江及其支流郁江、黔江河、阿蓬江、栅山溪、唐岩河、官渡河、深溪河、金溪河和酉水及其支流沿岸。

四川长江三峡地区奉节、巫山、巫溪等县的悬棺葬分布在长江及其支流大宁河、后溪河、泗瀼溪等两岸的绝壁之上。

四川省西南雷波县金沙江畔的悬崖峭壁上亦有悬棺葬分布。

贵州北部遵义和铜仁地区，以及黔东北松桃、岑巩等地的悬棺葬分布在乌江和沅江支流松桃河、酉水和龙江河畔。

云南省镇雄、威信、盐津等地的悬棺葬分布在金沙江支流横江和牛寨河两岸的山崖上。

广西北部全州的悬棺葬在湘江河畔，桂西南大新、崇左、龙州、扶绥和田东、隆安、平果等地的悬棺葬大多分布在左右江两岸的崖壁之上。

我国有些地方的悬棺葬在实地考察中所见，悬置棺木的崖下现或为平地而非江河溪流，或距江河有一定距离。通过笔者实地调查可以发现，造成以上情形的原因有如下几个。

第一，在长期历史过程中河流发生变化，如闻名遐迩的四川南部珙县麻塘坝悬棺葬就分布在长条形大坝两侧数十座山峰的悬崖峭壁，如今麻塘坝的悬棺几乎全都下临地面，与水无关。然而在历史上，麻塘坝却是南广河支流螃蟹溪的宽阔河床，同治《珙县志》卷一《舆地志·山川》曰：

螃蟹溪在崇礼乡，水不盈尺，颇能灌田，扎入符黑水。

麻塘坝许多悬棺分布在临螃蟹溪支流龙洞沟、吴家沟、僰川沟的悬崖峭壁，目前也因溪流干涸，悬棺下临平地。

江西贵溪县仙岩悬棺葬群中大多在临上清河水的陡崖绝壁，而仙女岩悬棺葬洞穴却下临地面，经笔者实地观察的结果，此处原是通往上清河的一条溪流，因水流干涸而今为地面。

第二，因我国悬棺葬流行时间达数千年之久，即使时代最晚的悬棺葬距今亦有几百年。在千百年的漫长岁月中，因人们炸山修路开发农田等人为或其他因素，也使一些地方的悬棺葬不直接濒临水面。

二、悬棺葬的类型

按各地悬棺葬具安置在悬崖上的方式区分，大体上有如下几种：

（一）木桩架壑式

这是迄今为止已经发现的悬棺葬中早期的置棺形式。棺木一头置于天然岩洞或岩石裂隙之中，另一头架于绝壁的木桩之上。这种形式在福建崇安武夷山悬棺葬中较为多见，因此，武夷山悬棺葬多被称为"架壑船"。由于年代久远，船棺坠毁后，岩壁上残留着许多木桩，又被人们称为"虹桥板""仙人晾衣"等。木桩架壑式的悬棺葬在湖南湘西泸溪、沅溪的沅江两岸也较常见，历史文献所载沅江一带悬崖峭壁上的"危梁飞栋"和当地人称"仙人晾衣竿"等，均是此种形式的悬棺葬遗迹。除此以外，四川长江三峡地区奉节县风箱峡内，巫溪县大宁河两岸，四川珙县麻塘坝等地的悬棺葬均有这种置棺形式。

（二）天然洞穴式

即利用临河峭壁上天然洞穴略加修整，如垒筑、填平，然后置棺其内。这种形式在我国各地悬棺葬中普遍存在。这是一

图3-3：四川省兴文县悬棺葬遗迹，置棺方式为人工开凿横穴式，即在悬崖峭壁上开凿长方形洞穴，长2米多，深度至少60~70厘米，以能够放入一具殓尸棺木为限，显然是一次葬（悬棺地点在九丝山附近，箭头所指处有一具棺木，是目前兴文县仅存的悬棺真品。张毅拍摄）

种因地制宜的做法，既悬棺高崖绝壁之上，又节约了打桩和开凿洞穴的人工成本。如福建崇安武夷山昇真洞、金鸡洞等，江西贵溪仙岩的悬棺葬全部利用天然洞穴放置棺木。长江三峡地区的奉节、巫山、巫溪，湖北的巴东、秭归等地的悬棺葬绝大多数也都是利用天然洞穴放置悬棺。

悬崖绝壁上天然岩石层理形式的罅隙亦包括在此种形式之内，如湖北秭归王家坪棺木岩和四川巫溪县荆竹坝都是将数具或数十具棺木放入临江绝壁的岩石层理罅隙之中。

（三）人工开凿横穴式

在临江崖壁，用人工开凿长方形横龛，大小宽窄以容一具长约2米、高约0.6米、宽0.5～0.6

图3-4：四川省兴文县悬棺葬遗迹近景（九丝山附近人工开凿横穴悬棺葬，箭头所指图片上方第2洞穴内有一具棺木。张毅拍摄）

米的棺木为限，棺侧外露。这种置棺形式在四川南部珙县、兴文县、高县、筠连县，云南的盐津、镇雄，四川长江三峡的巫溪、巫山县，贵州东北的松桃和湖南的慈利、桃源等地都比较普遍。

在印度尼西亚苏拉威西岛中部山区的河流沿岸亦采取此种

置棺形式，人们在生前便要倾其家产在临河峭壁上开凿放置棺木的洞穴。

（四）人工开凿方穴式

在临江崖壁，用人工开凿宽1~1.5米或更小的方洞，或者利用天然洞穴加工成为方洞，置棺其内。这种方穴式在湖南湘西地区的永顺、保靖、龙山，四川彭水、黔江、酉阳、秀山，贵州松桃，湖北西部地区建始、利川等地较为常见，这种小的方洞多为二次葬。

（五）悬崖木桩式

在临江的悬崖绝壁，开凿高、宽约10~15厘米的小方孔，

图3-5：四川珙县麻塘坝的悬棺葬，为悬崖木桩式（在悬崖绝壁凿孔打入木桩，然后架棺其上。陈明芳1999年拍摄）

打入木桩，然后架棺其上。此种置棺形式与福建武夷山悬棺葬中的木桩架壑式有一定的渊源关系，在四川南部的珙县、兴文县、高县、筠连县和滇东北地区的盐津、镇雄等地尤为普遍，使得川南一带的悬棺葬形成独特风格，分外引人注目，架置在高崖绝壁上的悬棺特别令人震撼，甚至有些学者认为只有这种形式才是真正的悬棺葬法。

印度尼西亚加里曼丹岛中部马哈康河沿岸的彭人（Pens）悬棺葬亦采取此种置棺形式。

（六）岩礅式

在临江悬崖峭壁上常有突出或凹下的岩石，因其厚重而又平坦，稳定性好，所以称为岩礅。将殓尸棺木置放上面，其上并无岩檐遮挡，任棺木日晒雨淋。此种形式与上述几种置棺形式都不相同，称岩礅式，在四川和湖北的长江三峡地区为多，湖南慈利等地亦有所见。

（七）岩缘式

在海边陡峭崖壁上常有突出的狭窄岩缘，形成天然平台，置棺其上，此种形式在中国台湾兰屿和东南亚岛屿地区比较常见。

三、悬棺葬的葬具

（一）船形棺

这是悬棺葬中最早也是最独特而富有情趣的一种葬具，由整木挖凿而成，其形状与现今江河海滨使用的小船相同，主要见于福建武夷山悬棺葬，仅金鸡洞内，目前尚存的残损船棺就达20多具，而且武夷船棺也最具有典型性，棺盖、棺底均由整木挖凿而成，子母口上下套合。套合后的棺盖首部伸出棺底一段，整个船棺与今福建闽江中带篷的木船相同。1978年，福建省博物馆在崇安武夷山的山崖清理出的一具船棺，全长4.89米、宽0.55米、高0.73米，棺长4.53米，底如梭形，中部为长方形尸柩，为船棺主体部分，作盛放尸体和随葬品之用。柩口四周作成子口，是棺盖、棺底的扣合处。柩两侧板壁厚2～3厘米。前后挡板分别厚9厘米和8厘米，有刀具加工凿痕。柩身长2.27米，高0.44米，头宽0.47米，脚宽0.45米，底厚5～8厘

图3-6：福建武夷山白岩悬棺葬中的船棺，长4.89米（距今约3500年。梅华全提供）

米。柩底部首尾两侧向外内收作槽状起翘。

棺盖作半圆形，内部刳空，如船篷状。全长4.58米、径0.54～0.56米、高0.4米，板壁厚1～5厘米。盖中部与柩相对处亦有前后隔板，边沿作母口以与柩子口套合。盖首尾两端亦有挡板，外壁微内凹[①]。

崇安武夷山观音岩一具船棺全长3.5米，前高0.68米、后高0.56米；前宽0.56米、后宽0.4米。棺盖、棺底各用一段整木刳成，两头上翘如船形。棺盖、棺底的形制与武夷山白岩清理的一具船棺相同。

据历史文献记载，湖南湘西地区的泸溪县有"石壁仙舟"，永顺县南渭州有"仙人舟"，湖北巴东龙船河有"仙艇"，广西有"铁船山"等，这些记载很可能是船棺的反映。

据笔者在湘西实地调查，泸溪、沅溪等县沅江两岸峭壁上曾放置过船形棺。泸溪县桐木垴沅江江畔悬崖石壁和岩洞中有许多悬棺葬遗迹，在一处岩石层理罅隙中至今尚有一只保存完好的小船，是否为船棺，目前尚难断定。

马来西亚沙巴东海岸沙巴人（sabahan）和尼亚洞都顺人的悬棺葬具都是雕刻十分精美的船形棺。

[①] 福建省博物馆、崇安县文化馆：《福建崇安武夷山白岩崖洞墓清理简报》，《文物》1980年第6期。

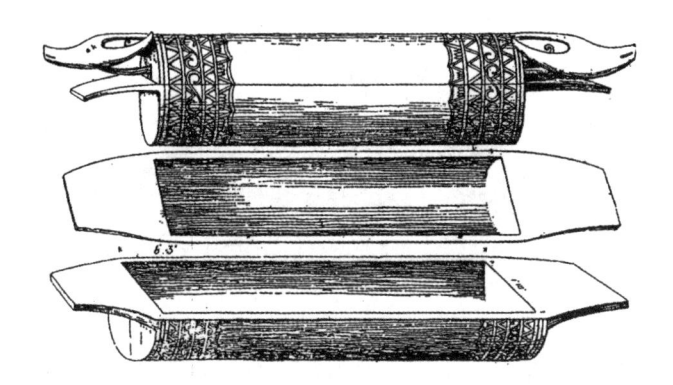

图3-7：马来西亚沙巴东海岸沙巴人的独木船棺①

（二）整木挖凿的圆形棺

这一类型的棺木大体上可分为两式。

Ⅰ式。通体呈圆筒形或扁圆形，棺盖、棺身各呈半圆形，这种形状的棺木，盖和棺身用一段整木剖成两半刳制而成，棺两头挡板与两侧板内收8～10厘米，似简易的独木舟，一些学者将这类棺木称之为独木船棺或船棺，因此常与上述船形棺混淆。此类棺木见于江西贵溪、湖北和四川长江三峡地区的宜昌、秭归、奉节、巫溪等地，湖北鄂西地区的恩施、利川和贵州松桃等地。

Ⅱ式。形制基本上与Ⅰ式相同，但棺身和棺盖的头部或尾

---

① 采自凌纯声《中国与东南亚之崖葬文化》，台北，1979。

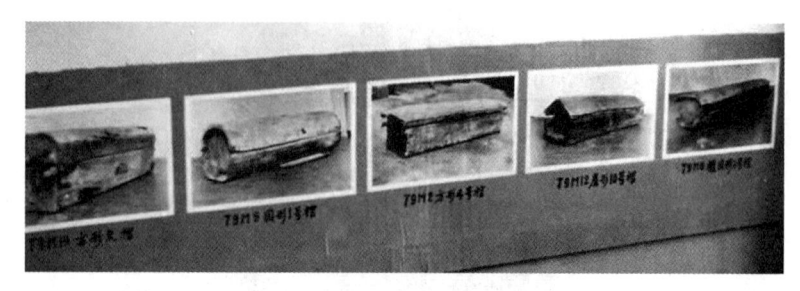

图3-8：江西省龙虎山悬棺葬中的各式棺木，从左至右起：方形大棺、圆形棺、方形棺、人字坡棺盖的房屋形棺、椭圆形棺（福建省博物馆梅华全提供）

部均带柄，或者有牛角形、剪刀形、鸟头形装饰。这类棺木主要见于广西左右江流域。

马来西亚沙巴人的悬棺，其棺盖亦雕有牛头、蜥蜴等装饰。

（三）整木挖凿的方形棺

这类棺大体上还可分为以下几种形式：

Ⅰ式。棺木为长方形，棺盖较平，棺身呈长盒状，棺盖、棺身两端均有长条形把手2对，见于江西贵溪仙岩悬棺葬。

Ⅱ式。棺木为长方形，棺盖较平，形状与Ⅰ式基本相同，但棺盖、棺身只有长条形把手1对，这种形式见于四川和湖北的长江三峡地区、四川东南黔江地区，湖南等地。

Ⅲ式。似房形，盖顶作悬山式，中部起脊，两侧平斜，棺身上宽下窄，基本上是头大足小。这类棺见于江西贵溪仙岩，四川南部珙县、兴文一带，贵州岑巩等地的悬棺葬。

（四）木板拼合式方形棺

这类棺木在我国悬棺葬中很少见。

据历史文献记载和笔者实地调查所知，木板拼合式的葬具见于四川省东南部乌江流域彭水县郁江江畔柜子岩和黔江县泉门口柜子岩，棺木似农家所用之木柜，内分数格，殓装尸骨，这种棺木多为二次葬使用。另湖北和四川长江三峡地区的巴东县天保山村的悬棺葬群、秭归县王家坪、巫山县洛门峡和错开峡悬棺葬中有木板拼合式棺。总的来讲，我国悬棺葬中绝大多数葬具由整木刳制而成，且制作较原始。无论各地葬具形状如何不同，但棺身、棺盖均用子母口套合，多数棺木的两端四角或棺身、棺盖头尾部分均凿有方孔，以便供捆绑和悬吊棺木时穿绳索之用。

四、悬棺葬中的随葬物品

我国的悬棺葬遗迹因年代久远，遭自然和人为等因素破坏严重，完整的棺木保留不多，棺内随葬物品能保留下来的就更少了。从现在掌握的考古学资料来看，我国悬棺葬中随葬品以生活用品为多，生产工具比较少见。

（一）福建

福建崇安武夷山白岩悬棺葬中清理出的随葬器物有龟状木

图3-9：福建武夷山白岩悬棺葬船棺中清理出土的一大堆衣服残片，其中包括丝绸、麻纺织品和棉纺织品，以灰色棉布为重大发现，距今约3500年（福建省博物馆梅华全提供）

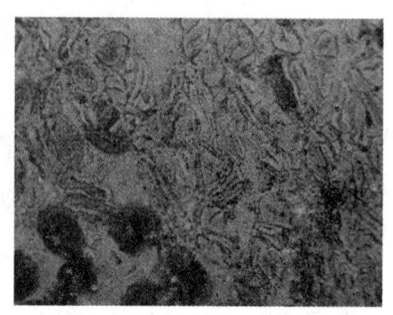

图3-10：福建武夷山白岩船棺中清理出来的灰色棉布实物残片，经上海纺织科学研究院和中国科学院自然科学研究所的专家鉴定，距今约3500年船棺中的这一发现，把中国棉纺织史提前了一千多年（福建省博物馆梅华全提供）

盘1件，龟首，短尾，器身椭圆形，盘式，尖唇外侈，最长径59厘米、最宽径21厘米。内平底微凹，外底附四个矮方柱形足。器身通长32厘米，通高16.2厘米。器表腐蚀较甚。

　　1978年福建省博物馆的考古工作者在清理武夷山白岩船棺时发现死者骨骸的胸前有一堆纺织品残片，原为死者穿着的衣服。时经3000多年，这些衣服早已腐烂、碳化，经科学鉴定，纺织品的质料有大麻、苎麻、丝、木棉、棉花等种类，其中以棉花的纺织品残片尤其珍贵，经上海纺织科学研究院和中国科学院自然科学研究所的专家鉴定，灰色的棉布为中国考古学的重大发现。此前的历史资料认为，我国古代先民使用棉花作为衣料是在春秋战国时期，而武夷山白岩船棺中清理出的棉纺织残片为3500多年前商周时期的考古文化遗存，这一重大发现将中国的棉纺织史提前了一千多年。

尸垫，置于柩底。用4根竹片平行列置于木棒之上，上放竹席。竹片断面作半圆形，残长62.8～84.4厘米，圆径1.2～2.5厘米。木棒作半圆柱形，残长42.8厘米、径2.5厘米。

残竹席2片。均残破不堪，黄褐色尚有光泽，为人字纹编织，分粗细两种，粗竹席1片垫于棺底，细竹席1片覆盖于尸骸上。

棕，一团。置于棺外洞左侧，呈灰白色，风化较甚，可能是置于棺外的祭品，棺底有鱼骨若干[①]。在所有随葬品中，以龟状木盘颇具特色。

（二）江西

江西贵溪仙岩悬棺葬的随葬物品十分丰富，已清理的37具棺木中出土遗物共220件。计陶器75件，原始青瓷器49件，竹木器56件，纺织器物36件，另有玉块、玉环、骨管、砺石各1件。

1. 陶器：分泥陶和硬陶两类

泥陶22件，灰褐泥胎，器表呈黑色，打磨光亮，器形工整，轮制。器型有：

罐5件。分三式，均高10厘米左右，饰有弦纹或云纹花边，或者素面。

---

① 福建省博物馆、崇安县文化馆：《福建崇安武夷山白岩崖洞墓清理简报》，《文物》1980年第6期。

鼎5件。四式，高10～20厘米，有素面，亦有云雷纹、绹纹、叶脉纹等装饰。

匜盘1件。器现高10厘米、口径24厘米。颈区及中腹饰云雷纹，并间隔凸起绹纹三周。

提梁盒1件。纹区内均刻云雷纹，中间刻变体S纹一周及凸起绹纹三周，下腹附兽面蹄形三足，通高20厘米、足高3.5厘米。

三足罐3件。乳钉式三足，内2件饰弦纹或篾点纹。

三足洗1件。颈表饰篾点纹，乳状式三足。全高7.5厘米。

钵5件。内2件近口沿处刻画栏杆纹两周，其余素面。器高7～8厘米。

甑形器1件。底壁残，颈下有正方形断痕一对，现高11厘米，口径17厘米。

硬陶53件。绝大多数完整，器表多呈酱褐色，少数呈青灰色。体形较大的器物，如坛、罐，采用泥条盘筑法挖抹成形，器壁内尚留有一道道泥痕。小件器物，形制比较规整，外表光滑，内壁侧则凹凸不平，甚至有指印。

坛10件。器表排各种组合纹饰，内有1件肩部有蛇形贴耳一只。器高31～45厘米。

罐28件。分五式。Ⅰ式3件，器表印米字纹和方格纹，高17～38厘米。Ⅱ式12件，肩、腹刻有符号，器高9～16厘米、腹径13～22厘米。Ⅲ式9件，耳饰多连环耳和S形假耳，个别为卷角羊首贴耳、双管状耳等。器高10~20厘米。Ⅳ式2件，器高17~19厘米。Ⅴ式2件，器表为细方格纹，肩附连环耳。器高9厘米。

鼎7件。夹砂浅黄胎，身作釜形，多鸭嘴式高足，少数为羊角式足，足外撇，器表多饰方格纹，个别为绳纹或素表。分三式。除1件通高39厘米外，其余通高15~17厘米。

甑形器1件。器表露浅黄胎，印方格纹。器高7厘米。

杯1件。通体印细麻布纹，器高5厘米。

2. 原始青瓷器

共49件，青灰胎，器表多施深或浅黄釉，青灰釉次之，少数为青褐色釉。釉水不甚均匀，光亮度不强。施釉多不及底。器型多杯、碗、碟。

罐6件。器表施浅黄釉，分四式。Ⅰ式2件，肩有细小的S形贴耳，器高12~21厘米。Ⅱ式1件，器高10厘米。Ⅲ式1件，肩有弦纹两周，器高10厘米。Ⅳ式2件，肩附带环半月形耳一对，中腹及肩部各有梳齿纹一周，器高19厘米，腹径26厘米。

杯22件。内外壁均施釉，假圆饼足，分四式。器高4~6.5厘米。

碗14件。内外壁均施釉，器高3~5厘米，口径9~13厘米。

碟7件。假圆饼矮足，分二式。器高3~4厘米。

3. 竹木器

数量甚多，超过百件，但腐残严重，难以计数和命名，目前保存较好的是竹木编织物和木琴等物。

竹编织器15件。竹盘1件，分三层交织而成。内夹层较粗，里外两表层精工细料。现高6厘米，口径56厘米。出土时内盛小件纺织器，象牙理经梳、玉器、木盒等。

竹席6件。一种是棺内垫尸用的竹席，篾皮比较细嫩。编成几何形图案。另一种是垫棺用的竹席，用小山竹劈为两半，以六七片为一股（宽约7~10厘米）横直交编而成。

竹器残底1件。圆形，编织成筛底形，中间由3根竹片交叉支撑，边缘有断痕。直径28厘米。

竹管3节。高7厘米、直径5.5厘米。

竹筒1件。现剩大半边，竹节为底壁上口断残。现高16厘米，直径15厘米。

竹片3件。呈长条形，宽2~3厘米，长15~22厘米，较薄。正面两端稍削平，钻有1~5个小孔。

木器41件。有用具、工具、乐器等类。木质有闽楠、桐、杉等。

奁1件。系整料剜制而成，外壁刻云雷纹，奁腹中部有等距纽孔3个，平底，下附蹄形矮三足。通高14厘米、口径27厘米。

盒5件。内2件较完整，通体黑色。M10：24为长方形，长27厘米、宽7.5厘米，通高5厘米，盖面刻花分三段，中间为简体云雷纹，两端为斜线纹。M10：34为正方形，盝顶式盖，盖中央有一纽孔，通高4.5厘米，长宽均为6.5厘米（另3件均残破，原系整木剜制，长方形，表皮呈黑色，子母口）。

案3件。M11：18较完整。案面和四条圆柱形矮足，系整料刳制而成。案面近方形，有凸起案边，现高11厘米、长28厘米、宽21.5厘米。

木琴2件。出土时置于棺盖上。M2：17保存较好。琴面平整，琴头近鱼尾状，向下弧弯，宽17.5厘米，琴尾末端棱起呈"凸"形，宽15.5厘米，下横列弦孔13眼。在琴头起弯处，有弦孔两行，行距3厘米，前行7孔，后行6孔，孔距相错，孔径2厘米。制作精巧，琴现长166厘米。另1件木琴残损。

木剑1件。置于M2棺3死者左腋下。断茎套木箍一圈，无首。全长48厘米、茎长8厘米。剑外有木鞘，鞘表尚留有黑漆残片。

鞘2件。均已断残，现长40～65厘米。

削3件。均M10出土，分二式。Ⅰ式2件，拱背、弧刃、环把，M10：43、44全长14～30厘米。Ⅱ式1件，斜铎、直刃、方把，M10：32长24厘米。

桩锤1件（M6：13）。乃选用茶树主干与分枝相连的一段，巧制成锤。全长55厘米，锤头直径12厘米。

锛1件。把断残，锛身长11厘米。

木制器具除上述物品外，还有器盖、器底、架座、木勺、木牌、弓形器、S形器（形似带钩）、木片、木条等。

在竹木制器具中，特别令人惊奇的是有一整套纺织器材，总共36件，内有纺织工具和机件。M10出土较多，M1、M3、M6、M8、M11等亦有零星出土。

绕纱板3件。M10：19平面呈"工"字形，系整料制作，体表光滑，通长63~72厘米。

齿耙3件。耙面为一排小竹钉，相距2厘米，系整经工具，均已断残，残长234、113、45厘米。

经轴1件。与齿耙外形相近，亦可用作整经工具。轴面两侧各有一椭圆形孔，中间为长方形浅槽，现长80厘米。

夹布棍2副（4支）。M10：15、40，一长一短。每两块半月形木棍相合成一圆棍，两端削成鸭嘴式，两块合成后成"八"字形，系夹布工具。棍长为23.8及64.6厘米。

刮麻具5件。内4件身作拱形，单面斜刃。有两件在刃部刻一凹槽，将有刃骨片嵌入槽内，成为锋利的骨刃。M10：23现长18.4~28.4厘米。

分经棒1件。两端呈锥状，中间有两道压低圈，M11：14全长84厘米。

清纱刀（杆）1件（M3：16）。圆形长柄，刀部呈鸭舌状，通体光滑，呈深红色，全长28厘米。

另有木制的撑经杆、挑经刀、弓、打纬刀、刮浆板、提综杆和竹制的杼、梭、导经棍、绕线框、引纬杆、纺纭和象牙制成的理经梳等。

4. 纺织品

江西贵溪仙岩悬棺中出土的纺织品残片经科学鉴定分别为：绢、麻布、苎布3种，从出土的部位观察，绢系衣料，麻布及苎布多系垫尸之物。

绢M4出土，有深色和棕色两种，平纹组织。

麻布有黄褐、深棕、浅棕三色，均为平纹组织。

苎布，土黄色。

土黄苎布和深棕色麻布，保存较好，尚有拉力。土黄苎布残长34厘米，宽20厘米。深棕色麻布残长110厘米、宽16～26厘米[1]。

江西贵溪仙岩悬棺葬随葬物品种类繁多，有陶瓷器、竹木器、骨器、玉器、石器等，但十分耐人寻味的是唯独不见任何金属器具。不仅鼎、盉、舆等礼器以陶仿制，而且许多生产工具和兵器，如锛、锤、削、剑，一些纺织机具等均用竹木仿制。因此江西贵溪仙岩悬棺葬中的竹木器独具特色。除此以外，几乎悬棺葬洞穴的每一具棺木旁都发现有1～2只带皮的鳖壳[2]。

（三）湖南

湖南湘西地区沅江及其支流酉水流域，慈利县澧水流域悬棺葬分布虽然十分密集，然而保存完整的棺木非常罕见。据1975年湘西土家族苗族自治州博物馆对保靖、永顺酉水两岸悬棺葬进行的调查所知，这一带悬棺葬洞穴中既不见完整棺木，

---

[1] 江西省历史博物馆、贵溪县文化馆：《江西贵溪崖墓发掘简报》，《文物》1980年第11期。江西悬棺葬中随葬物品资料均来源于该文。
[2] 刘诗中：《武夷山地区自然环境对古越人的生活习俗和经济活动的影响》，《百越民族论丛》，广西人民出版社，1985。

而且随葬物品也不多。

在保靖县龙溪公社四方城（汉代迁陵县故址）对岸乳香岩距河面40米的一个方洞中清理出残棺板2块，人腿骨2根。从棺木淤土中清理出麻花银镯、银簪各1件。

在永顺县柏杨公社南渭大队酉水北岸称"箱子岩"的一人工洞穴中清理出残棺板、人骨、棺钉、铜铐、银铐、铜饰件等遗物，并发现宋代"天圣元宝""崇宁重宝"各1枚。

（四）湖北

在20世纪80年代至90年代考古工作者的实地调查中，湖北长江三峡地区的悬棺葬中发现随葬品很少，进入21世纪以后，因修建长江三峡大坝，随着长江水位大幅度提升至近200米的时候，长江三峡地区的巴东县、秭归县对即将被淹没的悬棺葬进行了抢救性的发掘和保护。经过非常艰苦的工作，将放置在临江面水陡峭崖壁山洞中的悬棺取下，进行清理，发现了大量战国至西汉时期的随葬物品。

1. 宜昌县新坪棺材岩

新坪棺材岩的悬棺葬中有裹尸的粗麻布以及捆扎用的篾条。粗麻布、竹席、篾条均已朽烂，竹席残片大者尚有1米见方，做工相当精细。[1]

---

[1] 舒之梅：《湖北秭归、宜昌三处悬棺葬调查简记》，载《民族学研究》第四辑，民族出版社，1982。

2. 秭归县长江三峡中兵书峡的悬棺葬

因长江三峡大坝水利工程的修建，长江水位将提高至175米，长江三峡兵书峡的悬棺葬洞穴面临淹没的危险，所以2003年6月秭归县的考古工作者对这里的悬棺进行了抢救性保护。首先将兵书峡悬崖峭壁洞穴中取下了3具殓尸棺木，编号分别为1号棺、2号棺和3号棺。考古工作者从2号棺中清理出了10多件青铜的戈、矛，这两种器物上均铸有虎的各种造型，极其生动写实。青铜戈矛上铸的虎，有的作奔跑状，有的铸成虎面，其中有1件戈尤为奇特，戈的内与穿之间铸有一立体的虎，龇牙咧嘴，栩栩如生。在3号棺内发现了保存完好的弓、箭杆、箭镞、箭箙、洗等随葬物品。[①]

3. 巴东县的悬棺葬

巴东县龙船河的悬棺葬自古以来非常著名，当长江三峡大坝工程将水位提高到175米时，2014年考古工作者先是把龙船河仅存的1具悬棺从悬崖峭壁的山洞中取下进行了抢救性保护，2015年进行了清理。

龙船河悬棺葬中的随葬物品不仅比较丰富，而且制作十分精美，尤其令人惊叹不已的是，在死者棺木中清理出了造型非常独特的黑曜石虎纽双面印一件、骨质的庑殿房形印2件、骨质双蟠螭印1件，石质正方形印残件印纹与虎纽印纹相同。

在笔者多年对全国悬棺葬的田野科学考察的资料和所收集到

---

① 湖北省秭归县文物保护中心2025年1月提供。

有关悬棺葬的资料中，悬棺中有多枚制作工艺十分精美的印章，极为罕见。另外，这具悬棺中的死者被推测为30~40岁的女性，随葬品中的水晶和绿松石装饰品，以及红色玛瑙串珠、多枚玉玦等均说明龙船河悬棺葬的死者生前有很高的社会地位。

随葬品：

骨篦1件。标本M1：1，骨质，通长7.4厘米，背长5.1厘米，齿长5.5厘米，背宽1.7厘米，齿宽5.8厘米。篦背两端雕刻连体背向双虎，背中间刻成双圭形。两面用漆同绘三只小鸟。齿部完整保留20根篦齿。骨篦由两部分构成，篦背雕刻连体背向双虎的双圭形，下部为齿部。中间以两个暗榫连接。出土时，背与齿散落两处。

虎纽双面印1件。标本M1：3，高2.2厘米，宽2.3厘米，纽高1.2厘米，纽长2厘米，此印造型奇特，由两个印面互呈直角而成。印身部分则用透雕工艺雕刻成一虎形纽，虎足左右各踏一印面。虎身刻有条形虎纹。背凿一孔用于拧系。虎头无耳，刻有双眼和嘴。虎身下镂空。印文一边是中间一个大三角形，三角形中用连云纹组成品字形。三角形两边同为两个连云纹。另一边由三排云雷纹组成。中间为一圆点，四周分布的小圆点图案。出于人骨腰部棺底。

骨质庑殿房形印2件。Ⅰ式庑殿房形印1件。标本M1：14，骨质，高2.4厘米，宽2.1厘米，上下同宽，为正方形。纽高1.7厘米。印为一截骨头雕刻而成。中间将髓腔掏空，两端上为拱形的两个门洞，中间两边镂一长方形门。印面两端刻有三道弦纹。纽为庑殿房形，房顶四石各刻一连云形。顶端钻有两孔，两孔间为一栓。印文为三个错角三角形云雷组成。Ⅱ式庑殿房形印1件。标本M1∶11，骨质，高1.05厘米，长1.04厘米，宽1.01厘米。印身四面刻三道弦纹。顶部为庑房形。顶端穿孔为栓。印文似一空心工字，两边各一竖的象形文字。

双蟠螭纽印1件。标本M1∶13，骨质，高1.02厘米，长2.02厘米，宽1.06厘米。纽为两条蟠螭逆向相交。蟠螭头上张开两耳，两眼圆睁，咧嘴向下，尾巴卷起。在两蟠头后各钻一孔为系栓。印文为两组菱形纹和三排三角形纹组成。是在棺内三层填充物中淘洗出来的。

墨石雕鸟首人石像1件。标本M1∶17，石质，高3厘米，上宽2.2厘米，下宽1.7厘米。用园雕技法。雕一长嘴带钩的鸟头，居中凸起，两翅收缩在鸟头两边构成雕像头部。面部雕刻两只凸出的眼睛和一个尖鼻子。背部和头部下为平面，可以竖立。两翅之间穿孔作栓系。

玉玦7件（其中2件完整5件残缺），根据器形制分为三式。Ⅰ式2件。青黄色，半透明，两面抛光，素面。另一面在外唇边磨成斜面。标本M1∶2，直径1.9厘米，厚0.1厘米。标本M1∶6，复原直径为3.3厘米，厚0.1厘米。Ⅱ式1件。标本M1∶4，青黄色，半透明，两面抛光，残长1.09厘米，厚0.3厘米。Ⅲ式4件。青黄色，半透明，素面，一面外唇边磨成斜面，外唇边雕刻半圆形脊齿。其编号

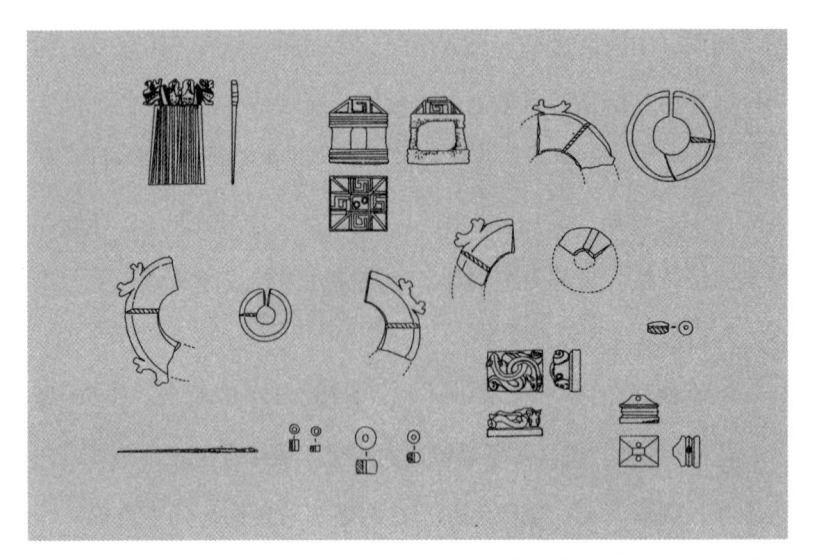

图3-11：湖北巴东县龙船河悬棺出土器物：骨篦、骨质庑殿房形印、玉玦双蟠螭纽印、骨针、水晶饰品（巴东县博物馆2025年1月提供）

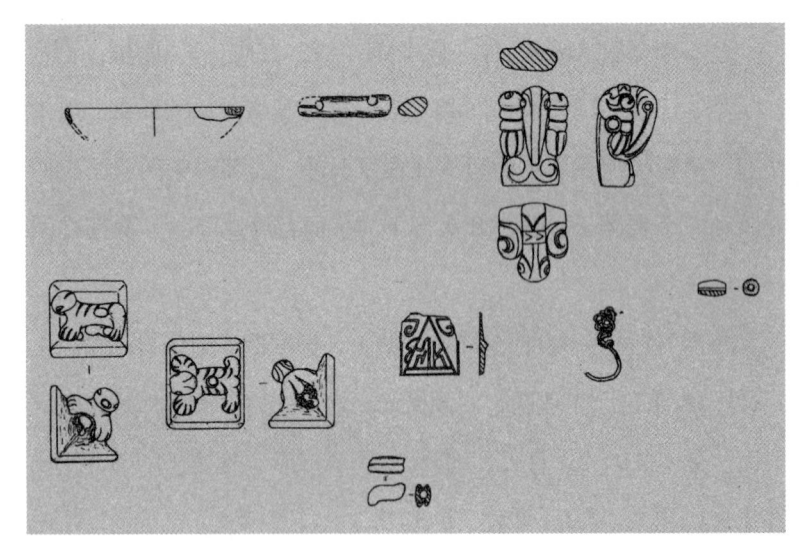

图3-12：湖北巴东县龙船河悬棺出土器物：泥质灰陶碗口沿残片、木雕构件、墨石雕鸟首人石像、虎纽双面印、石质印石、钩状藤制品（巴东县博物馆2025年1月提供）

分别为M1∶8、M1∶16、M1∶20、M1∶19，其中最长3.3厘米，最短2.6厘米，厚0.2厘米。有三件是在棺内填充物中淘洗出来的。

红色玛瑙串珠。标本M1∶8，共8颗，均为圆柱体，大小相异，最大长0.3厘米，直径0.5厘米，最小厚0.3厘米，直径0.55厘米。清理时在尸骨右肩部发现2颗，在棺内填充物淘洗中发现6颗。

料管1串。标本M1∶10，白色，圆柱形，最大长0.5厘米，直径0.3厘米，最小长0.1厘米，直径0.25厘米。在尸骨左手部位发现10粒，在淘洗中又发现19粒。

木雕构件1件。标本M1∶21，残长2.8厘米，宽0.8厘米，厚0.55厘米，为长方形，上有两个钻孔，一端破损，不知其用途。是在棺内填充物淘洗中发现。

藤制品1件。标本M1∶15，残长2.2厘米，直径0.1厘米，上端为两圈藤条，套住下端藤钩，为栓系物件所用。该遗物是在棺内填充物淘洗中发现。

水晶饰品2枚。一枚完好，一枚残缺。标本M1∶7，白色透明，其中，长0.8厘米，直径0.5厘米。筒状，中孔。

绿松石饰件1件。标本M1∶22，残长1.1厘米，宽0.5厘米，厚0.5厘米。该遗物是在棺内填充物淘洗中发现。

石质印面1件（残）。标本M1∶5，残长1.8厘米，宽1.8厘米，为正方形，厚0.1厘米，印文同虎钮印文一样。

骨针1件。标本M1∶12，残长10.7厘米，最尖端直径0.15厘米，尾端直径0.4厘米，针身腐烂呈扁状。

陶碗口沿残片1件。标本M1∶9，仅存口沿残片，泥质灰陶，口径10.8厘米，胎质细腻，素面。

此外，在巴东县与秭归县交界处的茶店子镇天保村的巴人河（又名莲峡河）北岸的悬崖峭壁上，近年来又新发现了悬棺葬群，巴东县与秭归县以巴人河的河心为界，北岸为巴东县，南为秭归县，因巴人河流经秭归县磨坪乡杨林村，站在杨林村的河边看到的悬棺葬群，又称杨林村悬棺葬群，目前已申报为湖北省重点文物保护单位。

巴东县天保村巴人河岸的悬棺葬群分布在距河面数十米至100米的悬崖绝壁，有数十个人工开凿的方洞，上部为半圆形，下部平直，宽约1.9~2米、高约0.6米、深度约为0.6~1米不等。最高的人工凿穴距河面约100米，最低的人工凿穴因河流堆积的泥沙石头等，河床逐年上升，距河面仅0.2~0.3米。太高的洞穴已看不清洞内情形，只能看到几十米洞穴内还有极少完整的殓尸棺木，棺木材质为马桑木，形制为长方形榫卯结构，距河面较高的洞穴中还有残存的棺板和陶罐，距河面较低的洞穴已基本上为空洞。

根据考古学材料的对比，巴东保山村悬棺葬洞穴中的灰陶鼓腹罐等因素，初步推断此处悬棺葬群的年代大约为东周至汉代，距今已有2000年左右。①

---

① 向勇：《巴东县茶店子镇保山村悬棺葬群的调研报告》，2021年12月21日。

在鄂西清江流域的恩施、建始、利川等地悬棺葬中，除人的骨骸，未见其他随葬物品。

（五）四川

1. 川南地区南广河流域的悬棺葬

四川南部地区的珙县、兴文县一带是我国目前保存悬棺最多的地区，相对而言，随葬物品比较丰富。

1974年四川省博物馆和珙县文化馆在珙县洛表乡麻塘坝清理了10具"僰人"悬棺，随葬物品中衣服有100多件，陶器和竹木器等有40多件，其中以麻织品和竹木器为多，且均系生活用品[①]。以下资料来自他们的清理简报：

（1）纺织品

质料有丝麻之分。

丝织品2件。均为长袖，右衽长衫，形制与汉服同。1件为夹衣（TM2），内层系麻布，有点状提花。外层系黄色绸子。长194厘米。另一件是蓝色单衣（TM7），长204厘米，均朽坏。

麻织品共101件。其中短上衣63件，马褂1件，短裤30件，桶裙7件。

上衣63件。形制相同，均系麻布制成的高领，桶腰对襟

---

① 四川省博物馆、珙县文化馆：《四川珙县洛表公社10具"僰人"悬棺清理简报》，《文物》1980年第6期。

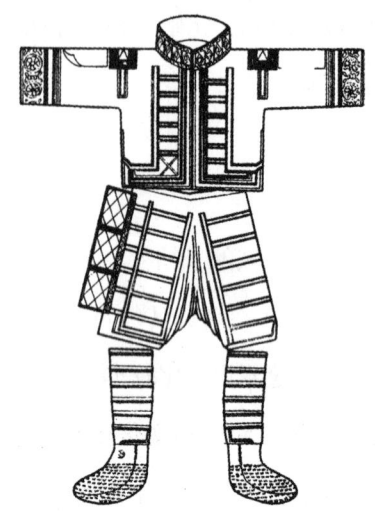

图3-13：邓家岩6号棺服式①

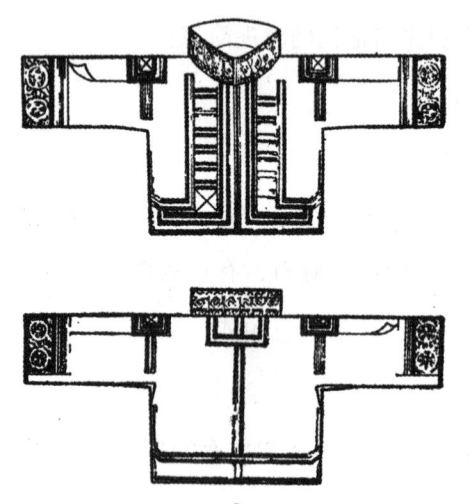

图3-14：邓家岩6号棺服式②（上：正面　下：背面）

---

① 四川省博物馆、珙县文化馆：《四川珙县洛表公社10具"僰人"悬棺清理简报》，《文物》1980年第6期。
② 同上。

196　中国悬棺葬

衫。领高10厘米，身长56厘米，袖长57厘米（TM6：10）。无扣绊，用布条或绸带拴合。领口、袖口和前襟均绣有花纹装饰。两前襟均用蓝色或黄色的绸条子镶成长方形的花格子，共11条，宽14厘米。领口和袖口都镶有花边。腋下开有长6.5厘米的口，肩部饰有长23厘米、宽11厘米绿色或黄色长方形的绸条子，一端缝在衣上，一端为活动的，类似肩章，走路或骑马都可以飘动。这类衣服具有独特的民族风格。

花马褂1件（TM7：12）。长40厘米，领高11.5厘米，肩宽13.5厘米。领和前后襟都镶有彩色绸条，无扣，用绸带拴合。腋下用三条宽5厘米，长10厘米的花边布条连接前后襟，花纹装饰特别繁缛，以黄、白、蓝等色相间，显得别致美观。

裤30件。形制相同。TM6：31长33厘米，裤管长64.5厘米，裆宽88厘米。麻布制成，布纹中有编织而成的几何形白色暗花，很明显是提花技术。裤的形制比较特殊，整个裤的形状呈等边三角形，裆为等边三角形的底边，两裤管为两等边，右裤管开口，类似今天的游泳裤。开口处的两边各用三块长16厘米、宽11厘米的长方形绣有几何形图案的布块作装饰，两裤管均饰有用黄色或黄色绸条镶成的9个长方形刺绣品。腰很小，呈倒三角形，底边向上，系带。裤的形制具有明显的民族特色。

裙共7件。腐朽太甚，仅见为麻织成，腰和裙边均有花纹装饰。

四川珙县麻塘坝僰人悬棺中服装的花纹工艺非常复杂，大体上有以下几种。

镶花：用黄色或蓝色绸料，剪成条状，镶嵌在麻布衣的前襟、袖口和裤管部位。衣服的衩和袖口也用绸条装饰。

绣花：用黄色、红色、蓝色等色线，在麻布衣上绣各种图案，一般施于衣领、袖口和裤管右边开口处。

提花：有的衣料有白色暗花，类似现代提花。有的是经纬线上配以蓝色或黄色线，织成点状或条状花纹。

印花：先在丝绸或布上蜡印团花或菱形图案，然后剪来镶在袖口上。

挑花：它是用各种色线在布上刺成各种图案。一般施于衣领、袖口、裙边、腰带、裹腿等。

花纹样式：主要是几何形和漩涡纹。在裹腿上发现一个鱼的变形图案。

四川珙县麻塘坝悬棺中的民族服装，形制特殊，色彩鲜艳，图案富于变化，工艺水平精湛，反映出川南行悬棺葬的民族社会经济有较高的发展水平。

棺木中有麻网袋5件。BM1：5用细麻绳编织而成，与现代渔网同。

麻鞋1双（BM1：3）。形制与现代汉族穿的草鞋相同，用麻编织而成。长15厘米，宽7厘米。

（2）竹木制品

珙县麻塘坝僰人悬棺中竹木制品较多，共23件。其中竹筒

10件，竹箸1支，竹簪1件，竹片1件，竹篓1件。木盌4个，木梳2把，木棒2根，现择保存完好的几件作一介绍。

竹筒（TM2：2）。无盖，以竹节为底，楠竹制成。筒身锥刺有动物形图案2个，形象奇特，似牛非牛。接近底部有对称两小孔。口径6.6厘米，底径7.5厘米，高11.8厘米。

竹筒（TM6：5）。无盖，竹节为底，筒身有3组三角形图案。底部锥刺有水波纹一周，并有一小孔。口径5.4厘米，底径6.1厘米、高9厘米。

竹筒（TM6：1）。以竹节为底，口沿有流，两侧有对称小孔，可系绳。上面有孔，装液体用，素面无纹饰，呈椭圆形。口长径9.9厘米，短径8.7厘米，底长径9厘米、短径7.6厘米，高16厘米。

图3-15：四川珙县僰人悬棺中清理出的青花瓷碗、麻耳草鞋、网袋、竹筒（曾水向绘制）

竹箸1支（TM7：1）。红色，方头圆足，满施红漆。方头的四边除有银灰色纹饰外，四面均有草书汉字，内容是："江山△高，日月△长，五子△，阿旦沐。"长28厘米。

竹篓1个（BMM：2）。系用竹片编织而成，底盖的口沿均系有小绳，内装果核。通高9厘米，底高、盖高4厘米，扣榫1厘米，长宽均为10厘米，呈正方形。

木碗（TM2：1）。直口、鼓腹，浅圈足。口沿饰有凹弦纹道，距口沿2.5厘米处有凹弦纹2道，底部接近圈足处有凹弦纹1道。口径20厘米，底径11.7厘米，高8厘米。

木梳（TM5：1）。拱背，呈半月形。梳背上镶嵌有7个小铜片，两面各镶5个方形和三角形铜片，器身用黑漆涂过。有齿17根（均残），长7.5厘米。

（3）瓷器

青花瓷碗（BM1：4）。口沿残，敞口，外折沿，圈足，施满釉。盌内底中心有婴戏图案，外边饰蝶和蕉叶纹图案，外底不挂釉。胎骨细腻，釉色光润。口径13.3厘米，底径7.6厘米，高3.3厘米。

青花瓷碗（BM3：7）。敞口，斜直腹，圈足。外边饰云雷纹式的青花图案，自由不羁，具有民间风格。内底同心圆的中心有如虫纹样，外底不挂釉，开细纹片，质地较粗，釉色灰暗，口径14.6厘米，底径6.5厘米，高6.4厘米。

（4）铜铁器

铜手镯1件（TM7：6）。扁圆形，长径8.8厘米，短径7.6厘米。交口处未接上，相距2厘米。

另有刀鞘、棕绳、草纸残片和珠子等装饰品。

2. 川东南地区

四川省东南部彭水、黔江、酉阳、秀山等地乌江和酉水流域的悬棺葬因年代久远，棺木保存下来的很少，所以随葬物品亦很少见。

1962年彭水县修公路曾掀下郁山镇郁江边一具棺木，棺内除人头骨外，有银手镯1对，铁锅残片1块，琉璃厂系陶碟1件。棺内出土的文物，大都同于四川地区宋墓中出土的文物[①]。

黔江县官渡河东岸距水面约30米的绝壁上一自然洞穴中放有1具棺木，该洞口边曾置放1个浅绿色釉陶罐，1983年夏天，此罐掉入河中。

其他如酉阳、秀山等地的悬棺葬除了棺内人骨外，仅有一些纸片。

3. 四川长江三峡地区

四川长江三峡地区奉节、巫山、巫溪等地长江及其支流大宁河两岸悬棺葬虽然分布密集，保存的棺木较多，但因三峡天险，取下棺木进行清理十分困难，所以发现的随葬品也不多。

奉节县瞿塘峡内距长江水面100多米的天然洞穴盔甲洞内悬棺中，1958年曾出土巴式剑和木梳等物。

高背木梳1把。背面黑漆底，上有红色彩绘图案，在木梳弧背中央钻有一圆形小孔，孔未穿透，近梳背处画交叉曲线，下

---

① 董其祥：《四川地区悬棺葬的分布及其族属问题的研究》，载四川省民族研究所编《民族论丛》，1981年2月。

图3-16：四川奉节县风箱峡悬棺葬中的楚式木梳（原大，临摹图正反两面，作者现场临摹）

方近梳齿处左右两侧各有1瓶形花纹。梳正面为酱红色漆底，用红色绘有发髻高耸、长裙广袖、似轻歌曼舞的两仕女。在两仕女的头顶上方有一朵飘忽的云彩。

木梳的绘画风格简略、明快，富于写实。木梳齿残，高5厘米、宽4.8厘米、厚1.2厘米。木梳造型及绘画风格均与楚文化相类似。

青铜剑1把。长25厘米，宽2.7厘米，剑身呈柳叶形，无格，近剑柄处铸有凸出的回形纹，中刻一心状图样，因这种装饰图案在巴蜀式兵器，尤其是柳叶形巴式剑上常见，有的学者又称之为"巴蜀图语"，茎上有2小孔作装柄用。

盔甲洞旁狮子岩洞内棺木除人骨外，仅见竹席残片和陶片。

距奉节县白帝城不远的风箱峡内悬棺大多在距长江水面100米左右的悬崖峭壁上。1971年前后奉节县文化馆和白帝城文管所从被人为破坏的残棺中收集到一些随葬器物。

青铜剑1把。全长27.5厘米，宽3厘米，剑柄长6厘米，剑身无格，呈柳叶形，刃部残损，柄部有一圆形小孔。

黄铜剑1把。全长45厘米，宽3厘米，剑身无格，呈柳叶形，两面被人磨过，剑柄残长3厘米。

陶纺轮1件。边缘已有部分残损，细泥黄砂陶，表面黑皮，直径3厘米，厚1.7厘米，纺轮中间圆孔直径0.6厘米。纺轮正面光滑，背面因残损而凹凸不平。

汉文帝四铢半两钱1枚。

铜斧1件。长9厘米，圆弧刃，矩形銎。

铜带钩2件。1件鎏金，全钩雕成双蜥蜴，上下蟠叠，造型优美，制作精细。另1件制作简朴，作长喙水鸟状。

木制剑鞘1件。鞘分2片制作，然后相拼用绳索捆扎，合成剑鞘，长54厘米，柄亦分两面制作合成，柄上有穿孔，以便和铜剑柄上的穿孔用索连接固定，这是战国时期巴式剑的特制鞘柄。

另有男式圆口铜鞋1只。长约18厘米，镂空雕花，制作十分精致。棺内还有烘料珠子若干。

盔甲洞悬棺中还有细篾竹席和丝绸织物、铜环、玉雕等物。

在1978年推下的棺木中收集到料珠、竹席、织物残片、絮棉等物，有粗精不等的平纹棉、麻织品7~8种，及黏附于尸骨上的棉花絮。织物有木色的，也有染靛和姜黄色的，蜡缬印花布，这是我国目前发现的最早的一批印花织物与棉织品之一，上述服饰残片分单、夹、棉3种，针脚细密，反映出当时已具较高的织染缝纫水平。

巫山县错开峡悬棺内也出有粗细织物、竹席和铜钱等，已收集到东汉五铢钱。据说岩磋棺木旁放一木雕坐像，高约50厘米，头顶有一方孔。[①]

巫溪县大宁河流域的悬棺葬经个别清理，发现部分随葬物品。

荆竹坝第18号棺，出土随葬铜器3件：铜镯1件，径5.7厘米，断面呈菱形。铜带钩2件。1件长条形，正面有锥刺点线纹

---

① 林向：《川东峡江地区的崖葬》，载《民族学研究》第四辑，民族出版社，1982。

饰。1件为琵琶形。钩头呈蛇首状，似水禽而短吻[1]。

1987年一外地人在荆竹坝悬棺中盗得杉木制木剑1把，带木制剑鞘。剑插入剑鞘中，通长50厘米。剑身带格，中部起脊，长38厘米、宽3厘米；柄长10.5厘米、宽3厘米、厚1.5厘米。剑身和剑柄略有残损。这把木剑制作十分精巧，剑身插入剑鞘后，剑格与剑鞘上的木质花纹吻合为一体。剑的造型既不同于巴式剑，也不同于楚式剑，带有浓厚地方特色。

1988年10月，巫溪县文化馆文管所清理了南门湾1具男女双人合葬棺，棺底有垫尸竹片和残竹席以及若干鱼骨。另有一把制作精美的青铜剑，剑带格，柄上有2个穿孔。从外形看，该剑与楚式剑相同，但剑身下部近柄处却刻有似"巴蜀图语"的手和心形的精美花纹。

以上原四川东南地区乌江和酉水流域悬棺葬的随葬物品以及长江三峡悬棺葬中随葬物品的资料来源，绝大多数为笔者实地考察所获。

（六）贵州

1980年8月，贵州省博物馆和松桃县文化馆对松桃苗族自治县云落屯仙人岭悬棺进行清理，在编号松M1的棺木底部镶嵌的木板上发现多处布纹的痕迹。布纹皆平纹纺织，其经纬线每厘

---

[1] 林向：《川东峡江地区的崖葬》，载《民族学研究》第四辑，民族出版社，1982。

米在11～12根之间。棺外侧南端有下肢骨2只及1个残存半边的釉陶碗。陶碗褐色胎，火候较高，敞口，唇部微外折，斜腹壁微外凸，假圈足式平底，口沿内外部均以青釉饰连弧纹，口径9.5厘米，高6厘米[1]。

同年8月，贵州省博物馆和岑巩县文化馆清理了岑巩县桐木乡白岩龙江河畔的悬棺，编号为岑M1、岑M2。

岑M1棺木保存完好，棺内除人骨外，泥沙中仅有小鳖壳。

岑M2棺木长度仅0.6米，棺内尸骨重叠放置，用麻布上衣包裹。

麻布上衣岑M2：4已残破，衣身长76厘米、袖口16厘米，系平纹纺织，每平方厘米经线18根，纬线14根。因年代久远及泥沙污染，麻布上衣颜色已泛黄。上衣形制：圆领、对襟，以两幅麻布为后背，过腰54厘米。因上衣领部已残，又未见有纽扣或缝钉布条的痕迹，不能确定其左衽或右衽，故暂定对襟[2]。

（七）广西

据实地调查，广西左右江流域悬棺葬中随葬品非常罕见。

平果县凤梧、黎明等地悬棺葬棺木虽多，亦大多盛放尸骨，但至今未见有随葬物品。仅平果县坡造公社感香岩于1962

---

[1] 席克定：《贵州松桃、岑巩悬棺葬清理记》，载《民族学研究》第四辑，民族出版社，1982。
[2] 同上。

年在棺中出土有随葬品铜手镯、耳环和明代铜钱。

隆安县布泉公社那康地一天然洞穴的棺木中出土过5枚"乾元通宝"。

左江流域的大新、崇左、扶绥、龙州等地,悬棺葬遗迹颇多,但仅在大新岜横岩洞棺木中发现几枚康熙铜钱[1],在龙州山峙山一洞内棺木中发现残布片。

在桂北全州枧塘公社湘江边峭壁上洞内棺木中仅见乱骨,棺上盖有明代板瓦,瓦上凝聚有岩浆[2]。

五、悬棺葬的葬制和葬式

我国悬棺葬的葬制分一次葬和二次葬。

(一)一次葬

1. 福建

福建崇安武夷山白岩一具船棺内有人骨架1具,保存基本完好,暴露部分呈灰白色,淹没部分为黄褐色。葬式为仰身直肢葬。经鉴定死者系男性,年龄约55~60岁[3]。(见图3-17)

---

[1] 张一民:《广西左右江地区崖洞葬初步调查》,载《民族学研究》第四辑,民族出版社,1982。
[2] 张世铨:《广西崖洞葬和几个有关问题的探讨》,载《民族学研究》第四辑,民族出版社,1982。
[3] 福建省博物馆、崇安县文化馆:《福建崇安武夷山白岩崖洞墓清理简报》,《文物》1980年第6期。

武夷山白岩、观音岩已经取下的2具船棺通长在3.5米以上,柩长2米以上,其他如金鸡洞、大王峰昇真洞等残棺或残棺板均在2米左右,由此可知,福建武夷山悬棺葬都应为一次葬,葬式亦同于白岩船棺的仰身直肢葬。

2. 江西

江西贵溪县仙岩悬棺葬中取下的37具棺木内骨架大部分腐残,有的因被盗相互错乱,能鉴别其年龄和性别者仅16具,其中成年男性9人,成年女性7人,均为仰身直肢葬,每具骨架下均以竹席裹卷,半垫半盖。席下有3支细

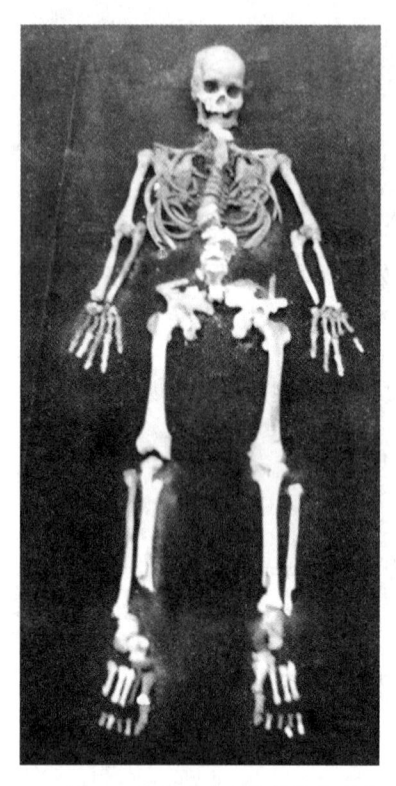

图3-17:福建武夷山船棺中死者为一次葬,死者男性,大约55~60岁,身高1.62米,生前患有腰椎骨质增生(图为死者骨骸复原图。福建省博物馆梅华全提供)

竹条,与席同长,交叉排列。死者头向多偏西或偏北,少数正东或偏东向。在葬群中,异向的较多[①]。江西贵溪仙岩悬棺葬均是一次葬。

---

① 江西省历史博物馆、贵溪县文化馆:《江西贵溪崖墓发掘简报》,《文物》1980年第11期。

3. 台湾

现代尚保留悬棺葬遗俗的兰屿（又名红头屿）雅美人，其葬制应为一次葬。据日本国分直一著《红头屿的埋葬样式》一文中云，在滨海伊岗峭壁悬崖上，有许多暴露的新旧人骨。葬骨的悬崖狭窄而陡，又不蔽风雨，人骨易为暴风吹去。现在崖上遗骨散乱，且有挂在陡壁上者，其中一较新的尸骨，用麻袋包扎，盛在一棺木中，棺不用绳捆，亦未钉牢，除尸体外，棺中无他物。……据雅美人的一警察与一女巫述此葬俗谓："村中凡无近亲之人将死，在尚未断气之时，用绳三条捆在一长木板上抬至伊岗，将人足弯手曲盛以麻袋置悬崖上。送者回来时，手摇树果壳并叫道：'阿尼托鬼没有知道，我们不会受害。'中途在一水塘洗身，到村戴银盔，舞标枪，束腰带，绕死者之屋内而行。最后他们又抬木棺至葬地，置尸其中。"[①]

4. 浙江

浙江省遂昌县尖硁背山悬棺葬为一次葬，系仰身直肢葬。

5. 四川、云南和湖北、湖南

1974年四川省博物馆和珙县文化馆在珙县洛表乡麻塘坝清理了10具僰人悬棺，棺内人骨架保存基本完好。葬式为仰身直肢，左右手平放在身躯两侧，均为一次葬。有的还用麻布包裹尸体，用针线缝合。殉葬品绝大多数置于头部或足部的两侧，

---

① 凌纯声：《中国与东南亚之崖葬文化》，载《中国边疆民族与环太平洋文化》（上），台北，1979。

也有放在左右手边的。清理的10具骨架，有男有女，有老有少，甚至还有几岁的小孩①。

珙县苏麻湾、兴文县、筠连县、高县及其邻近的云南东北盐津、镇雄等地，悬棺葬的棺木形制、大小与珙县洛表乡麻塘坝的相同，以此推测，其葬制和葬式亦应相同。

据笔者实地调查，四川长江三峡地区奉节、巫山、巫溪等地悬棺葬的棺木大多长2米，高、宽各约0.5米，从棺木形制大小来看应是一次葬的葬具。

巫溪县南门湾悬崖峭壁上80多个人工开凿的长方形洞穴，均以横置1具长约2米，高约50厘米的棺木为限，至今这里保存下来的4具棺木长短、大小均与人工凿穴相同。1988年在南门湾取下清理的1具棺木，长2米多，棺内有2具成年男女骨架，为一次葬。

巫溪县荆竹坝悬棺葬至今保留下来的25具棺木，除个别稍短小而外，大多长约2米，高0.5米，据此推测均可能是一次葬。

1980年四川大学历史系在荆竹坝清理的18号棺，长1.62米、高0.48米、宽0.45米，棺内有人头骨2个，肢躯骨若干，经鉴定为一男一女，女的10岁左右，男的14～15岁。根据棺木形制、大小和清理情况，18号棺很可能为一次葬。

---

① 四川省博物馆、珙县文化馆：《四川珙县洛表公社10具"僰人"悬棺清理简报》，《文物》1980年第6期。

四川省东南部黔江县官渡河上的悬棺葬，现存的几具棺木均长约2米，高、宽0.5~0.6米，应是一次葬。

除上述地区以外，与四川长江三峡连成一片的湖北长江三峡地区秭归县王家坪棺木岩和宜昌县新坪棺材岩悬棺葬的葬具，有的与现代棺木差不多，长2米，宽、高各约1米，有近30具棺木两端呈圆形，直径约0.6米，长约2米[1]，根据这些棺木的形制、大小推测可能为一次葬。

据笔者1994年8月在宜昌棺材岩实地考察所见，这里的悬棺葬棺木均长约2米，其中1具棺木内有保存完好的人骨架，为仰身直肢，证实长江三峡的宜昌悬棺葬为一次葬。

根据秭归县博物馆2003年对兵书峡悬棺葬的清理，所见棺内放置了1具较完整的人骨架，尽管已被扰乱，但从头部、腰部和四肢骨骸的依次摆放位置来看，仍呈直立人的姿态。依据兵书峡棺木长度和棺内人骨架推测，这里的悬棺葬也是一次葬。[2]

另外，根据巴东县博物馆2015年对巴东县龙船河悬棺葬的清理，实测从悬崖上取下的1具棺木，通长2.16米，内空约1.7米，里面有1具高1.64米的女性人骨架，从体质人类学各项指标推测，这位女性的身高约1.65米至1.68米，龙船河悬棺葬为一次葬无疑。[3]

---

[1] 舒之梅：《湖北秭归、宜昌三处悬棺葬调查简记》，载《民族学研究》第四辑，民族出版社，1982。
[2] 秭归县文物保护中心2025年1月提供。
[3] 巴东县博物馆2025年1月提供。

湖南省慈利县龙潭河区潘家坪何家溪悬棺葬中2具棺木均长约2米，宽、高约0.5米，也可能为一次葬。

据笔者1994年8月在宜昌新坪棺材岩实地考察中所见，地面上有1具悬棺木中的死者为仰身直肢的一次葬（见图3-18），而另1具棺木中有两颗完整的人头骨和许多散乱的肢骨，这并非二次葬，因为新坪棺材岩放置悬棺的

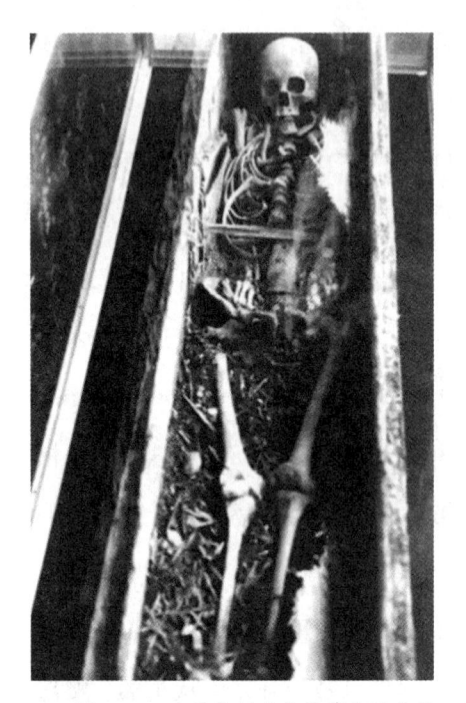

图3-18：宜昌棺材岩悬棺葬中保存完整的人骨架，为一次葬（战国至西汉。陈明芳1994年8月拍摄）

洞穴，距地面仅10多米，人很容易进入，现放置地面的棺木大约是人们将其从洞内取出放到地面的，棺内散乱的人头骨和其他骨骸残片也可能是由于人为扰乱所致。

（二）二次葬

我国悬棺葬中的二次葬十分普遍。前引唐朝时期张鷟《朝野佥载》曰："五溪蛮，父母死，于村外阁其尸，三年而葬。"南宋朱辅著《溪蛮丛笑》曰，五溪蛮，"死者诸子照水

内，一人背尸，以箭射地，箭之所到则定穴，……贫则已矣。家之富者不问岁月，酿酒，屠牛，呼唤围洞，发骨而出，易以小函，或架崖屋或挂大木……"文中所述，明显为二次葬。

据笔者实地调查，历史上被称为"五溪蛮地"的湘西、鄂西、川东南和黔东北地区的悬棺葬中多二次葬。

湖南湘西龙山、保靖、永顺等地酉水两岸的悬棺葬目前已不见完整棺木，但据原置放棺木的人工凿穴大多为1~1.5米见方十分规则的方洞推测，这一带的悬棺葬应为二次葬。

湖南慈利县龙潭区高桥乡花椒坪、白竹峪、大浒、南溪，龙潭镇江星乡和溪口区甘堰乡、阳和乡等地数十个村庄，澧水及其支流两岸的悬棺葬洞穴大多为如同酉水两岸的人工开凿方形洞，这些地区的悬棺葬亦应为二次葬。

实地调查资料表明，湖北鄂西土家族苗族自治州境内恩施、建始、利川等地清江流域的悬棺葬中二次葬较为常见。

图3-19：湖北宜昌棺材岩悬棺葬的棺木内被扰乱的人头骨、肢骨和衣物等（年代为战国至西汉。陈明芳1994年8月拍摄）

恩施三岔区鸦沐羽村悬棺葬穴中为数众多的棺木均长约1米，直径0.5~0.6米，棺内人头骨和肢骨散乱放置。

建始县建阳坝人工开凿的方穴中棺木仅长1米，棺内盛放人头骨和肢骨。

利川市建南区建南河畔7个悬棺葬人工凿穴中，最大的一穴仅长1.5米，高0.5~0.6米，其余6个的长度、高度均约0.5~0.6米。1975年修公路时从洞穴中取出的2具棺木均长约1米，直径0.4~0.5米，棺内不见人头骨，但人体肢骨、肋骨、肩胛骨等却似按一定顺序堆放，显然是二次葬。

贵州东北部松桃、岑巩的悬棺葬清理结果为二次葬。

松桃县云落屯仙人岭松M1的棺木经复原后，内空长仅1.4米，只能放置二次葬骨骸。松M1棺内尸骨的放置方法是先将肢骨、肋骨等骨骼平放于棺中，再将头骨置于尸骨上面，头骨经鉴定为中年女性。此棺木下空仅与肢骨长度相当，恰够放置肢骨，故可能为二次葬[①]。

岑巩县桐木白岩悬棺葬，岑M1棺木外形完整，棺身为长方体，长0.6米、高0.3米、宽0.3米。棺内有一完整人头骨和几根肢骨，尸骨放置方法恰与M2相同：先将肢骨、肋骨等平放于棺内，再将头骨放在最上面，肢骨等用白色麻布上衣包裹。

岑巩桐木白岩悬棺葬2棺内空均只有0.4米，与肢骨长度相

---

① 席克定：《贵州松桃、岑巩悬棺葬清理记》，载《民族学研究》第四辑，民族出版社，1982。

当,放置骨骸后,已无多少空余地方,未见随葬品①。

据历史文献记载和笔者实地调查,四川省东南部乌江和酉水流域的悬棺葬中亦多二次葬。

同治《酉阳州志》载:

> 彭水县东柜子岩石壁上有木柜五,每二柜一队,木柜长约3尺许,高2尺。

笔者在1983年的调查中发现,彭水县东黄荆大队郁江东岸柜子岩尚存2具棺木,其中保存较完好的1具外形确如农家所用之木柜,"柜"中以木条分成2格,左边一格中似有又一小柜,用这种葬具殓装尸骨,显然是二次葬。

1957年在文献所载的彭水县麻油滩柜子岩取下的葬具虽不是木柜,但都是木盒,盒内仅存放人头骨。1962年郁山镇郁江边修公路时曾从岩上掉下1具棺

图3-20:广西平果县红岩悬棺葬中的二次葬,棺长1米多,棺内至少有两颗人头骨和若干肢骨残骸,为多人合葬(陈明芳于1984年拍摄)

---

① 席克定:《贵州松桃、岑巩悬棺葬清理记》,载《民族学研究》第四辑,民族出版社,1982。

木，为柜形，内分3格，盛放人头骨3个，为二次葬。

黔江县西泉门口柜子岩，前引《酉阳州志》载，岩上五柜，采硝者探得实迹，云硝洞之柜，柜二槅，槅三箱，箱长三尺，高半尺，之中贮白骨数具，此乃二次葬无疑。

彭水县高谷区乌江沿岸，黔江县栅山乡黔江河北岸，酉阳县双河区乌江支流小河两岸，秀山石堤和酉阳县酉酬区酉水两岸人工开凿的方穴大多为1~1.5米见方；这些人工方洞，大多也只能盛放二次葬的棺木。

四川省长江三峡地区巫山县错开峡内悬棺葬有七八副棺同向垒成一沓，旁边另放2副形制简陋的小棺，其中一棺专葬人头，计有七八个之多[①]。这种情况是否与猎头祭祀有关，值得探讨。

广西平果县红岩和大新县仙岩的悬棺葬中的棺木均长1米左右，内装多个人头骨和肢骨，为二次葬（见图3-20）。

六、悬棺葬与崖画

我国部分地区的悬棺葬伴有崖画，迄今为止，仅在四川珙县僰人悬棺附近和广西左江流域龙州、崇左等地悬棺葬周围发现有崖画分布。

---

① 梁太鹤：《崖葬与越僚关系》，载《民族学研究》第四辑，民族出版社，1982。

关于左江流域崖壁画的年代，学术界大多认为是先秦至两汉时期的文化遗存，对此论述颇多，兹不赘述。而左江流域悬棺葬中缺乏能够直接证明年代的随葬物品。根据龙州、崇左、大新等地悬棺葬的棺木与右江流域平果、隆安等地悬棺葬棺木的形制大小基本一致和随葬物品中发现有唐代、明代和清代的铜钱等方面分析，左江流域的悬棺葬亦至少是唐代以后的文化遗存。左江流域崖壁画与这一地区的悬棺葬在时代上相去甚远，很难讲二者之间有何必然联系。

四川珙县麻塘坝几乎凡有悬棺葬的崖壁周围均绘有崖画，二者关系密切。①

有人曾根据悬棺葬崖壁上个别插入木桩的小方孔有打破了崖画画面的情况而提出崖壁画先于悬棺葬，二者不是同一时代的文化遗存。但考古工作者通过多次搭架到麻塘坝悬崖峭壁上取棺木时的仔细观察，发现有些插入木桩的小方孔内有绘制崖画时流入的红色颜料，这种情况又表明是确定了棺木悬置地点后，再将崖壁画绘制在棺木周围的，崖壁画的绘制具有明确目的，它与悬棺葬为同一时代的遗物，而并非与悬棺葬是偶然的巧合。

从珙县麻塘坝崖画的内容大多为反映僰人放牧、垂钓等生产场面和舞蹈、武术等娱乐的生活情景来看，这些崖壁画是为

---

① 陈明芳：《广西花山崖壁画与四川珙县僰人崖画》，《民族艺术》1985年试刊号。

纪念和缅怀死者而专门绘制的，它大概与汉族墓葬中反映墓主生前生活的壁画具有相同的作用。

七、悬棺葬棺木的升置技术

中国和东南亚的悬棺葬，一般都搁置在距水面数十米的陡崖峭壁之上，不少地方，如四川长江三峡地区奉节、巫山、巫溪，川南，湖南澧水沿岸的悬棺葬甚至有将棺木置放在距江（河）面100多米或200多米的崖洞之中的。川南珙县麻塘坝老鹰岩的悬棺葬是在距地面近百米如刀削斧劈的笔直崖壁上打木桩架置了10具棺木，而在珙县曹云河北岸一处距河面六七十米的悬崖峭壁上，木桩架置的悬棺重重叠叠竟多达30具。面对这种奇异壮观的情景，人们真是百思而不得其解，除了赞叹我国古代劳动人民征服自然的惊人创造力之外，实难想象当时的人们如何才能将装有尸体和随葬物品、重达数百千克的棺木搁置到百仞悬崖之上。

实际上通过查阅历史文献和笔者实地考察，要弄清悬棺葬的搁置方法亦并非难事。

（一）悬棺葬升置技术的文献记载

关于悬棺搁置方法历史文献记载很少，唐人张鷟《朝野佥载》：

五溪蛮，父母死，于村外阁其尸，三年而葬……于临江高山半肋凿龛以葬之，自山上悬索下柩……

清王世正《陇蜀余闻》：

辰沅道中，缘江峭壁，高可百丈。避兵者以修便系腰，从山巅缒下……遂于壁山凿孔，以巨木贯之，即于木上纵横架栏木盾镠葛飞檐，……

清许瓒曾《东还纪程》：

常德倒水岩，石皆壁立水滨，逶迤高广，上凿石窦者十，下临绝壑，内一窦，藏木槛五，旧传为沉香棺。土人云，水涨时健儿引舟而上，棺朽遗蜕尚存。

同治《龙山县志·古迹》：

龙山仙人版，……石山壁立，下临大江，高百余丈，山腰一洞，洞口横木匣，长数尺。相传乾隆初年因雨，有人至山顶缒而下，视皆古篆文字……

《酉阳直隶州志》卷三《地舆志》三《古迹》：

> 秀山县藏书洞。县志：在县石堤河西岸峭壁千仞，中庋红木柜，……乾隆三十二年巡检郭良相悬布缒人而下，启视见蝌蚪文数部……

咸丰《黔江县志》卷一《山川》载：

> 泉门口柜子岩，两岸峡壁高百余丈，下有深潭可通小舟，而柜崖即临其上。崖中数厂，深广半亩极难到。自上缒絙而下，为崖檐阻碍，自下而上，并无藤树可攀，而采硝者矫健若猿狖，寻微磴仰附而上，依石系缆，胆壮者援引疾登，始得至。

上述文献记载虽然简略，但有的是当代人记当时发生的事情，如《朝野佥载》记五溪蛮行悬棺葬是"自山上悬索下柩"，这种搁置棺的方法是可信的。其余文献资料多是记后世的人们为探知悬棺葬究竟，亦多采取自山顶或山巅缒入洞中或者依石系缆由下而上，仰附攀登，这些记载对于现今探讨悬棺葬的置棺方法都有很大启发和较高的参考价值。

（二）悬棺的几种升置技术

1. 栈道法

在选择的悬棺葬崖壁距江面高度不大的情况下可采用此法。

这种方法在悬崖上凿孔打桩搁置棺木和人工凿穴置放棺木的地区，如四川珙县、兴文县和贵州东北的松桃等地比较常见。

四川南部珙县麻塘坝的悬棺葬置棺方式为天然岩穴（洞）式、人工凿穴式和悬崖木桩式三种，其中以悬崖木桩式（即在悬崖峭壁上凿孔椓木，架棺其上）为多。采取此种置棺方式的悬棺葬崖壁大都可以见到距地面2~3米的地方有许许多多15~20厘米见方的小孔，这种小孔一直到距地面十几米或数十米架置棺木的崖壁周围都还可见到。

关于这种小孔的用途，据笔者实地考察后推测，有的是作为提升悬棺的栈道，从距地面（原为螃蟹溪河面）几米的地方凿孔打桩，以架横木，将沉重的棺木层层送上去。有些距目前地面较高的方孔大概也是插入木桩，架上横木放置棺木所用，目前无论在低处或高处崖壁上的方孔内都可见到残存的木桩。

四川南部的兴文县玉秀河和德胜河两岸的悬棺葬几乎全是人工开凿横穴式，这种长方形的横穴，头大足小，长、高、纵深均以放置1具长约2米的棺木为限。从距河面几米或从崖前浮土堆积开始即见崖壁上有密密麻麻的小方孔，大小与四川珙县麻塘坝基本相同，一直到人工开凿的横穴周围为止，不少方孔内亦残存有木桩。

黔东北松桃仙人岭云落屯距松桃河面20~30米的绝壁上，有人工开凿的横穴式悬棺葬，其下有许多长、宽、深约15厘米的小方孔，这些小方孔一直开凿到搁置棺木的人工凿穴为止，它们的用途应与珙县、兴文县的相同，均是作为栈道升置悬棺所用。

在四川长江三峡瞿塘峡西口南岸的孟良梯现存65个方形凿孔，分三段"之"字形排列，转折处多一两个凿孔，在第三段中间可见残留的一根木桩。据实地测量，方孔约28厘米见方，32厘米深，孔间隔约2米，显系架木设梯的遗迹。由此梯从江边登上崖顶，沿崖口过狮子岩即是盔甲洞上打有"牛鼻孔"的地方。梯子附近还有吊槽、粉壁等洞穴崖葬。据推测，这种孟良梯的用途也是为了便于吊运棺木[①]。

2. "自山上悬索下柩"法

据笔者多年实地考察所知，中国南方各地悬棺葬的棺木，无论广西、四川南部，东部长江三峡，还是湖北、湖南、江西、福建的悬棺或者棺盖，棺身带柄，或者棺身，棺盖的头、尾两端均凿有几个方孔，这些方孔很明显是用于系绳索作升降之用。这些棺木（包括棺身、棺盖）大多为中空直径在五六十厘米以上的整木挖凿而成，放入尸体和随葬物品以后，一具棺木至少重达几百千克。譬如以长江三峡巫溪县荆竹坝的18号小型棺木为例，实称重80千克，若连同2具尸体和随葬物品，总重量绝不会低于150千克。如果以一次葬的棺木为例，棺长2米，外椁内棺，再加尸体和随葬物品，总重量也许会达500千克。据

---

① 林向：《川东峡江地区的崖葬》，载《民族学研究》第四辑，民族出版社，1982。

参加四川珙县麻塘坝僰人悬棺清理工作的人讲，在这里取下的棺木仅仅是空棺，一般也重达300千克左右。

面对挺拔峭立的山崖，下有湍急的河水，人们如何将这些沉重的棺木搁置到几十米乃至上百米的悬崖上去呢？根据笔者实地考察所知，"自山上悬索下柩"是将悬棺置于高崖绝壁最简便易行，同时也是中国悬棺葬中普遍采用的置棺方法。

1983年冬，笔者到湘西泸溪、沅陵的沅江两岸实地考察悬棺葬，在江中乘船观看这一带悬棺的位置，大多在距水面数十米高的悬崖绝壁，当时无论如何也猜测不出古时的人们究竟是怎样将那些沉重的棺木搁置上去的。后来舍舟登陆才发现，在江上观察到的那座壁立于水滨有悬棺葬遗存的悬崖顶上却是一片平坦宽阔的地方，在这座山崖后面大约步行半小时便到了人烟稠密、建有辛女庙的村子。

1984年10月，笔者到广西左江流域大新县五山乡考察仙岩悬棺葬，悬棺葬地位于章山屯背后一座高300多米的小山上，放置棺木的天然洞穴距山脚大约100米，该洞正面壁立陡峭，无法攀登，在当地老乡的引导下，从崖洞左侧依靠荆棘葛藤，如猿猴悬吊，攀缘而上。上去以后发现置棺的崖洞两侧山坡比较宽阔平缓，由于崖洞正面陡峭无路，不可能按上山时攀登的路线返回，于是便从该洞背面平缓的山坡下山返回村寨，当然耗费时间是从悬崖正面攀登所用时间的几倍。

1988年夏，笔者到湖南澧水流域考察悬棺葬，慈利县龙潭河镇何家村白崖壁的悬棺葬位于澧水支流里耳溪畔距河面约150米的崖缘上，从正面看这座山岩如刀削然，完全无法攀登，于是笔者在当地农民的带领下，从它对面的一座高200米左右的陡峭山崖仰附攀登亦终于到达放置棺木的崖巅的对面，于是才拍摄到了何家村白崖壁的2具珍贵悬棺，因山崖挺拔，从原路下山非常危险，于是又多花几个小时绕道从山后返回村子。

目前人们所看到的各地悬棺葬都是在江河上乘船或在地面上从山崖下面观察到的，因是由低处向上仰望，所以只见到放置棺木的山崖高峻无比，如果不亲自上山实地考察一番，对山崖顶上和山背后的情景必定茫然无知。实际上那些拔地而起、突兀峭立的山崖顶上、背后，及其两旁的地势均平缓、开阔，而且都通往人们居住的村寨，古代的人们从山崖背后或其侧面将几百千克的棺木运至山顶并不十分困难，无须像某些现代人设想的那样在河上铺上厚厚的竹木筏子之类，再安放绞车、滑轮等机械进行提升，甚至还把这种现代建筑工程的技术用到有悬棺葬的景区去吸引游客，实在荒唐。

如何将棺木从山上吊下至事先选择好的天然洞穴或凿孔打入崖壁的木桩之上倒是比较困难的事，因为放置棺木的自然洞穴或者打了木桩的崖壁之上一般均有崖檐遮挡，这样才能避免雨淋，起到保护棺木和尸骸的作用。

据笔者实地观察，如果崖檐宽度不大，人们可到崖洞口用铁钩之类的工具将棺木勾至洞口或木桩上，倘若崖檐较宽（有的甚至宽达1米多），从山上吊下来的棺木距洞口或崖壁较远，在不可能采用勾拉的办法将棺木搁到预定位置的情况下，聪明的人们仍有办法达到悬葬高崖绝壁的目的。此时人们将利用山崖的凹陷之处，或在崖檐下的崖壁上选择适当位置横向凿打一些脚窝，然后从山顶或崖壁凹处将固定好的绳索拴在腰间脚踩脚窝左右移动，慢慢将沉重的棺木移至洞口或搁置在悬崖木桩之上。例如四川珙县麻塘坝九盏灯的悬棺葬共有15具棺木，置棺高度在25～50米左右，5具置于天然洞穴内，10具搁置崖壁所凿的木桩之上，置棺的崖壁上方均有较宽的凸出崖檐遮挡，其下的崖壁上就有许多凹陷很深的脚窝。又如麻塘坝老鹰岩峭壁插入的木桩上重叠搁置了10具棺木，距地面80多米，其上崖檐较宽，但置放棺木的崖壁距山顶却较近，而且壁立的山崖中间有一条裂开很深的凹陷，人们亦可从岩隙凹陷之处由上而下吊运棺木，采取在岩壁上打脚窝的方法搁置棺木。由此可以联想到长江三峡等地区峭立上百米，甚至几百米的绝壁上置放的悬棺均可采取"自山上悬索下柩"的方式。

据林向先生实地考察，在四川长江三峡地区，凡有水平层理形成岩缝的地方均可沿岩缝左右移动。如巫溪县荆竹坝悬棺葬密集的棺木岩虽高峻不可攀，但却有数道近乎水平的岩缝横贯两边山垭，如登上垭口，再沿岩缝横行，即可到达葬所。在有些原本难以通达的部位，有方形凿孔痕迹，似曾架栈道通过。据1966年爬上洛门峡者述说，当地岩上亦有石栈道可以横着行至置棺处，只是后来被破坏了[①]。

另据在奉节、巫山、巫溪等长江三峡地区和长江沿岸多年进行实地考察并多次参加过当地悬棺葬吊运取棺、清理的考古工作者提供的第一手资料，在从山顶上悬索下吊棺木的过程中，除了置棺的崖洞、崖磁、打桩的崖壁上方有宽大的崖檐遮挡外，还因崖壁都并非光滑平直，往往会碰到一些凸出的崖石，这崖石可使人们站立稳当和暂时停放棺木。人们在腰间系绳保证了安全的情况下，可利用这些崖石将棺木逐渐下移，直至送到预先选定的位置。

长江三峡及其附近长江沿岸地区的悬棺葬置棺的下方崖壁上，绝大多数未见脚窝、栈道的痕迹。据笔者实地考察所知，在棺木下吊时，除了凸出的崖石可利用之外，山崖上的一些斜坡也可利用。如四川省巫溪县"九层楼"的悬棺葬，棺木距江面200多米，置棺的崖磁上方有一宽大崖檐可遮挡风雨，崖磁距山崖顶部约三四十米，万县地区的考古工作者在腰间系绳索，从崖顶缒下，打算到崖磁上开启棺木，做清理工作，但在距崖磁仅10余米的地方，任凭腰拴绳索或采用其他方法均不能到达。这一处悬棺葬既无脚窝，亦无栈道痕迹，通过仔细观察，方才发现这里有一段斜坡可通至置棺的崖磁之上，由此便联想到古人在"自山上悬索下柩"时，也可利用崖上的斜坡将棺木滑下至事先

---

① 林向：《川东峡江地区的崖葬》，载《民族学研究》第四辑，民族出版社，1982。

图3-21：菲律宾巴拉望岛的古代居民将殓尸瓷棺运送至悬崖峭壁上的岩洞之中（作者根据大型丛书《菲律宾的民族文化遗产》中的照片绘制）

选定的地点。

3. 其他方法

除了栈道法和"自山上悬索下柩"以外，用人力直接将棺木送到悬崖上似乎不太可能。但倘若悬棺葬具不是重达数百千

图3-22：现代的印度尼西亚苏拉威西岛托拉贾人运送尸袋的方式（作者根据凌纯声《中国与东南亚之崖葬文化》中的照片绘制）

克的棺木，而是用布袋、麻袋、瓮棺之类殓装尸骸，依靠在岩上固定的绳索或者用竹木制成的长梯子人们仍可将其运送至事先选定好的天然洞穴或人工凿穴之中。比如菲律宾巴拉望岛悬棺葬中的瓮棺就是由一个人攀附从山上固定好的绳索送到崖洞内的。现代行悬棺葬的印度尼西亚托拉贾人，贫穷人家庭的8岁孩童死亡，悬葬时即使用布袋殓装，由两人搭木梯传送至人工凿穴之中[①]。

4. 关于地貌变化在悬棺葬置棺方法研究中的地位

华南地区的悬棺葬年代如前所述，最早的福建武夷山可到商周时期，川、鄂、湘、黔几省交界的"五溪蛮"地和湘桂交界的湘江流域，以及广西左右江流域的悬棺葬大都为唐宋时期的文化遗存，川南和滇东北的悬棺葬年代最晚，为明万历初年。由此可见，中国早期悬棺葬距今至少有两三千年，一般都有七八百年的历史，最晚的距今也在四百年以上。在这千百年中，河道、地貌都可能发生较大变化。例如珙县麻塘坝在距今二百多年前的清朝乾隆时期还为南广河支流螃蟹溪的宽阔河床，已水不盈尺了，后来河流干涸，河床及其周围平坦地区早已被垦殖开发成一片良田沃土，可以设想在四五百年前川南僰人盛行悬棺葬的明代，螃蟹溪的水位肯定是比较高的，那么棺木置放的高度也不会像现在所看到的这样高峻。

---

① 凌纯声：《中国与东南亚之崖葬文化》，载《中国边疆民族与环太平洋文化》（上），台北，1979。

河水在几百年之内可干涸，"沧海变桑田"。何况福建武夷山的九曲溪，江西贵溪县仙岩的信江支流上清河等江河两岸石壁，在两三千年内都经历了河水对河床的冲刷、侵蚀，在长期自然力的作用下，河流水位降低是完全可能的事。加上千百年前人口稀少，土地垦殖面积不大，山区林木茂密，河流两岸的大树还可有助于人力由下向上搬运棺木。因此《试析仙水岩"悬棺之谜"及其地学价值》一文提出，由于地质变迁而导致目前所见到华南地区大多悬棺葬位置升高的观点，在悬棺葬研究中并不是没有多大意义，通过实地考察的例证说明，"地貌变迁"在揭开"悬棺之谜"方面有一定的科学道理。

5. 关于机械技术升置悬棺的质疑

自从1989年4月以来，中国民族学会编《民族学通讯》《新华社》《人民日报》《江西文物》等报刊连续报道和刊登了美国加州圣地亚哥分校的美国学者和上海同济大学、江西等地的中国学者合作，采用绞车、滑轮等机械装置在江西贵溪仙岩把一具重约150千克的"棺材"吊进了一个离上清河水面约20多米的悬崖洞穴中，声称"重现了两千多年古人吊装悬棺的壮观场面"，从而"解开了中国悬棺又一千古之谜"[1]。这一消息和有关论文的登载引起了媒体和社会各界的广泛关注。

---

[1] 《千古之谜被解开——中国悬棺仿古试吊成功》，中国民族学会编《民族学通讯》第90期，1989年10月15日；陆敬严、[美]程贞一：《中国悬棺升置技术研究》，曲利平：《贵溪悬棺吊装实施过程》；均载《江西文物》1991年第1期。

中国悬棺葬除了它的棺木大多置放在距水面（或原本是水面，由于自然变化和经济开发等原因水面变成了地面）数十米至上百米，甚至几百米的悬崖峭壁上，使人们感到不可思议而深感神秘之外，更使人们关切的是华南地区古代少数民族为何要悬葬高崖绝壁，究竟是出于一种什么样的宗教意识，具有如此强大的精神动力促使他们要采取这样奇异的葬尸方式？后者才使人们更感神秘莫测，是中外学者半个多世纪以来孜孜不倦进行探索的重要问题。

对于历史学家和人类学家来讲，要重现过去上千年甚至几千年前的历史场景，是相当困难的问题，因为历史学和一些人类学所研究的社会，都不是目前我们生活的社会。尤其是研究早已从中国南方大陆消失的少数民族的丧葬习俗，更不能用现代人和汉民族的立场、观点去加以解释，否则会"失之毫厘，差之千里"。

中国悬棺葬绝大多数在临江面水的高崖绝壁之上。例如长江三峡一带江水湍急，山崖挺拔峭立，在这种情况下要想采用诸如绞车、滑轮之类的提升技术，将数百千克重的棺木提升至临江河水面上百米甚至数百米的悬崖峭壁，实在是难以想象的事。而且为了提升一具棺木到达距河面三四十米的悬崖峭壁，若使用绞车、滑轮的机械方法还须事先设计出十数种提升方案，然后从中筛选出一种最佳方案，进行实地操作。如此烦琐、复杂的悬棺升置技术，大约也脱离了千百年前的实际情况。

历史文献记载和考古学、民族学的调查资料表明，分布于中国长江流域及其以南广大地区的悬棺葬是古代少数民族的文化遗存，而不是汉族的丧葬习俗，与汉族文化具有很大的差异。自古以来，我国少数民族与汉族在生产技术、经济、文化和其他社会发展方面很不平衡。汉族社会自周秦以来便进入了封建社会的发展阶段，到了明代已有资本主义因素的萌芽，然而我国许多少数民族直到20世纪50年代初期尚处于原始社会发展阶段末期，而且华南一些少数民族的社会发展更为后进。甚至到了20世纪90年代的今天，许多先进科学技术已经传入民族地区，但我国南方仍有一部分少数民族对机械化的工具感到陌生，衣食住行等日常生产、生活中所需的一切，几乎全使用手工操作。在黔桂交界的石灰岩山区生活的瑶族，不久之前尚盛行崖洞葬，现改为土葬，他们常常是数百上千的人不惜耗费大半天的时间，翻山越岭，将死者的殓尸棺木送到本氏族或家族的公共墓地。

悬棺葬的棺木升置技术有许多种，在可以使用的数种方法中。实际上原始的方法都很简便，因此愈简便的方法愈合理。[①]在科学技术和生产力都不发达的古代社会，人们会尽最大努力去寻找简便易行的方法。

---

① 陈明芳：《中国悬棺葬升置技术刍议》，《中央民族学院学报》1993年第2期；凌纯声：《中国与东南亚之崖葬文化》，载《中国边疆民族与环太平洋文化》（上），台北，1979。

如前所述，实地考察所获的大量第一手资料说明，华南地区的悬棺葬大多采用"自山上悬索下柩"的方法。这种方法省时省力，简便易行，不需搭十几米或数十米的脚手架，更不需去制造绞车、滑轮等机械工具，绞尽脑汁事先去设计数十种提升方案。由此而论，"自山上悬索下柩"乃是悬棺葬中许多种置棺方法中最简便易行的一种，因而也是十分合理的一种。

国内外丰富的民族学资料，都给予了我们许多有益的启示，在某些方面古人的创造力远远超过了我们的想象。古代的人们在某个专门领域内所具备的聪明才智，说不定已有现代文明的人还不具备呢。中国悬棺葬中采用的"自山上悬索下柩"的置棺技术大概便属于这种情况。

另外，还有一个问题，要将重达数百千克甚至更重的悬棺从江面吊运到几十或上百米的悬崖峭壁，需要多大的绞车滑轮？这些绞车滑轮又如何安放到临江面水的悬崖峭壁？而且悬棺葬广布华南多个省区，悬棺的数量极多，同济大学和美国教授用绞车滑轮做吊置悬棺的实验根本就不具备中国悬棺葬升置技术的普遍意义，仅是个案。

认为用绞车、滑轮吊运棺木是"解开了中国悬棺又一千古之谜"，试图从科技的角度探讨悬棺葬的奥秘，这是一个大胆而又可喜的尝试，但由于脱离了千百年前的时代和华南行悬棺葬民族的社会历史背景，用现代的科学技术及设备去吊置棺木至临江面水的悬崖绝壁，便认为破解了悬棺葬的"千古之谜"，缺乏有力证据，难以令人信服，因此遭到学术界广泛质疑。

中国悬棺葬虽然表现为一种丧葬方式，但这种方式的背后却与考古学、民族学、民俗学、宗教学等多种学科密切相关。"中国悬棺千古之谜"应该是指它在上述多种学科方面所具有的更加深层的文化内涵。

丧葬习俗是人类社会文化的一个侧面，通过对悬棺葬的研究，可以从侧面复原它所反映的宗教观念、行悬棺葬民族的心理素质和当时的社会组织、社会经济生活等。

广泛分布于中国南方和东南亚地区的悬棺葬，是丧葬习俗，也是考古文化遗存。对于它的年代、族属以及行悬棺葬的各民族之间、古代民族与现代民族之间的相互关系等，是悬棺葬研究中不可回避的问题，这就涉及考古学、民族学、民族的来源和民族迁徙等民族历史及其民族关系史的一系列重大问题。

悬棺葬既是一种葬俗，那么还需从民俗的角度探讨它的起源、社会功能、社会影响及其意义。所有这一切才是"中国悬棺之谜"的重要内容，而悬棺的升置技术则只是其中一个很次要的方面。倘若仅从悬棺葬中若干种置棺方法中的一种去加以探讨、解释，便认为"解开了中国悬棺葬这一千古之谜"，未免将"中国悬棺之谜"过于简单化了。

半个多世纪以来，许多中外学者为解开"中国悬棺之谜"付出了艰巨的劳动，但到目前为止，我们对悬棺葬只能描述它，还没有完全理解它，距彻底揭开"中国悬棺之谜"还有一段路程，这需要历史学、民族学、宗教学、民俗学、体质人类学等诸多学科的密切配合，共同努力，做更进一步探讨，方能达到目的。

第四章　中国悬棺葬的年代和族属

我国南方不少地区的悬棺葬都伴有随葬物品，结合历史文献记载进行分析，大体上可以知道这些地区悬棺葬流行的年代，对于某些地区的悬棺葬目前虽无随葬物品作为确定年代的佐证，但根据历史文献资料或与其相邻地区悬棺葬之间的关系，仍可对悬棺葬的年代作出判断。

关于我国悬棺葬的族属问题，长期以来讨论十分热烈，颇有争议。

有的学者根据各地悬棺葬均采用整木刳制成的独木舟式棺木，认为这种葬具起源于南方苗瑶族习用碓米工具——整木挖凿而成的舂塘，他们最先把舂塘作为葬具悬放崖上，后来才改葬土中。

还有人认为福建武夷山悬棺葬的先民乃苗瑶集团中的一支，与苗瑶和百濮有关，持这种观点的人认为古代的越人和僚人不行悬棺葬[①]。

另有一种看法认为,悬棺葬在我国分布地域很广,流行时间甚长,不可能是一个嫡系民族集团及其后裔或者说是出于同一族源的某一族群的葬俗。作为一种相似的文化现象,可以是由于所处社会发展阶段和自然地理环境的相似独立发展起来的,或者有文化传播现象[②]。

根据笔者对我国南方各地悬棺葬进行的考古学和民族学的田野考察,并结合历史文献记载,中国悬棺葬的族属大多与古代的越、僚人有关。

我国悬棺葬的地理分布及其族属等都具有一定的规律性。为研究方便起见,在探讨悬棺葬的年代和族属时,大体上按我国古代南方少数民族聚居生息的地域分别加以叙述。

一、福建、江西、浙江、台湾地区悬棺葬的年代和族属

从地理位置上讲,福建、江西、浙江、台湾在地域上连成一片,属我国东南沿海地区,悬棺葬的年代和族属都很接近。

福建崇安武夷山悬棺葬中的船形棺经碳14测定的结果,白

---

① 向达:《中国的岩葬制》,《星期评论》1941年第28期;林向:《中国悬棺葬学术讨论会纪要》,《文物》1981年第8期;席克定:《贵州松桃、岑巩悬棺葬清理记》,载《民族学研究》第四辑,民族出版社,1982。
② 李伟卿:《悬棺、铜鼓及其他——也谈悬棺葬族属问题》;曾文琼:《试论悬棺葬的族属及性质》,林向:《中国悬棺葬学术讨论会纪要》,均载《民族学研究》第四辑,民族出版社,1982。

岩船棺树轮校正年代为距今3445±150年，观音岩船棺树轮校正年代为距今3620±30年[①]。因制作这两具船棺的木头直径均在50厘米以上，且属木质很好的楠木，所以生长期较长，碳14测定年代可能略为偏早，若除去较长的生长期等因素，福建武夷山悬棺葬的年代大约相当于我国商周时期。

江西省贵溪仙岩悬棺葬的棺木经碳14测定的结果，树轮校正年代为距今2650±125年，结合37具棺木中出土的许多随葬器物分析，陶器的器形、纹饰与江苏、浙江春秋战国遗址、墓葬出土的遗物类似，根据上述测定和分析，江西贵溪仙岩悬棺葬年代当属春秋晚期至战国早期[②]。

与贵溪相邻和同在武夷山西北侧的江西其他地区的悬棺葬年代，与贵溪仙岩的大体上一致。

浙江省遂昌县尖砬背山松阴溪畔的悬棺中未发现可以说明其年代的随葬物品，根据这里的棺木形制和历史文献资料分析，浙江省中部和浙南沿海地区悬棺葬年代可能比江西贵溪悬棺葬稍晚。但下限不晚于三国时期[③]。

关于台湾地区悬棺葬的年代，据前引沈莹《临海水土异物

---

① 福建省博物馆、崇安县文化馆：《福建崇安武夷山白岩崖洞墓清理简报》；曾凡、杨启成、傅尚节：《关于武夷山船棺葬的调查和初步研究》，均载《文物》1980年第11期。
② 江西省历史博物馆、贵溪县文化馆：《江西贵溪山岩崖墓发掘简报》，《文物》1980年第11期。
③ 林华东：《试谈我国东南地区悬棺葬的几个问题》，《民族学研究》第四辑，民族出版社1982年版。

志》和凌纯声《中国与东南亚之崖葬文化》中的资料表明，上限可早到三国时期，下限直到近现代。

当我们弄清了上述地区悬棺葬的年代之后，便可以从当时生活在这些地区的民族中找到他们与悬棺葬之间的关系。

越为我国古代南方地区一个古老的族群，是具有某些共同文化特征的若干人们共同体的泛称，而并非一个民族的称呼。《汉书·地理志》曰："粤地，牵牛、婺女之分野也。今之苍梧、郁林、合浦、交趾、九真、南海，皆粤分地。"粤同越，颜师古注："臣瓒曰：自交趾至会稽七、八千里，百粤杂处，各有种姓。"表明百越的地理分布范围极广，这一族群内部支系繁多，不相统属，故称"百越"，而非实数，唯言其多也。

据我国广大学者多年来的研究，越人自古以来分布在江苏、浙江、福建、台湾、江西、广东、广西和湖南、湖北、云南、贵州、四川的部分地区。

福建、浙江和江西部分地区的越人，历史文献称之为"东越"。东越内部又有"闽越"和"东闽"（东海）之分。《史记·东越列传》曰："闽越王无诸及越东海王摇者，其先皆越王勾践之后。"早自新石器时代开始，这地区的越人先民便创造了含有段石锛和几何印纹陶为特征的百越先民文化。商周时期越人进入青铜时代，创造了含有几何印纹硬陶的百越文化。这一时期东越的活动已见于历史记载，《逸周书·王会解》称"东越海蛤，欧人蝉蛇"，又云"越沤，剪发文身"，欧、沤皆指瓯。闽、瓯皆属越人，亦即后来《史记·东越列传》中所载闽越和东瓯的前身。据考证，东瓯活动范围在今浙江南部临海一带地区，闽越活动地区主要在福建一带，但也不仅限于今福建省内，浙江考古资料证明，浙南瓯江水系的印纹陶和福建的有许多相似之处[1]，可见浙南瓯江流域的东瓯和福建的闽越在历史上关系非常密切，他们均属百越。

上述记载与三国时沈莹在《临海水土异物志》中所记行悬棺葬的"安家之民"居住地在今浙南和闽北沿海一带甚相符合，与福建、浙江悬棺葬分布的实际情形亦相吻合。

江西省东部铅山、上饶、弋阳、贵溪、南城等地历史上也属越人分布范围。西周以后，文献记载便出现了"干越"的名称，干越是百越中的一支，是古越人在江西东北一带建立的方国，其具体位置，据韦昭《汉书》注，"干越，今余干（汗）县之别名"，秦时余干县的范围包括清代的饶州、抚州、广信三府所属11县的地面，包括余干、乐平、德兴、安仁、上饶、弋阳、贵溪、广丰、横峰的全境及万年、东乡县的一部分。明李贤《一统志》亦载："余汗县本春秋时越西界干越地，故地在今江西余干县东北。"[2]也有学者认为历史上的闽越主要聚

---

[1] 蒋炳钊：《东越历史初探》，载《百越民族史论集》，中国社会科学出版社，1982；蒋炳钊：《闽越史几个问题的探讨》，《中南民族学院学报（社会科学版）》1986年增刊。
[2] 刘美松：《试论江西古越族的几个问题》，载《百越民族史论集》，中国社会科学出版社，1982。

居在今福建省境内，而与闽北毗连的赣东地区亦属闽越分布范围[①]。

福建北部崇安、建阳和江西东部贵溪、上饶、南城、铅山等地悬棺葬分布在武夷山的东西两侧，从地势上连成一片，与上述古越人的分布地区相符合，同时也更进一步证明，福建和江西东部地区均为古代越人的分布范围。

台湾古称"夷州"，也是百越分布地区之一，从远古时代开始，我国台湾与大陆的关系便十分密切。台湾新石器时代文化遗址很多，其中发现了包括有双肩石斧、有段石锛、石镞和大量印纹陶等遗物，台湾的原始文化与大陆东南沿海，特别是与福建省的原始文化的关系尤为密切，在文化内涵上两地的原始文化也具有许多相似之处。福建、广东地区新石器时代文化的居民为古代越人先民，这就说明台湾高山族各族的祖先与祖国大陆东南沿海的古代越人有着密切的历史渊源关系。

现在台湾地区"土著"民族各族都说南岛语系统的语言（又称马来波利尼西亚语族），而且各族语言之间彼此差异很大，表示说这些语言的民族在台湾的历史是比较古老的。据研究，他们在台湾生存、共存和分化的年代可以早到公元前2000年以上，这是一个非常重要的现象。

公元前2000年以前，台湾西海岸地区有分布很广的大坌坑

---

① 蒋炳钊等：《百越民族文化》，上海学林出版社，1988。

文化，是台湾史前史上最早的有农业、用陶器的文化。从发现的少数遗物看来，大坌坑文化的内容有一些明显的特征，当时的人们在海滨生活，从事采贝、打鱼、狩猎，已经使用植物纤维，可能已有农耕。福建较早的新石器时代文化遗址是金门的富国墩，目前这个文化的分布，北到闽江流域的溪头，南到广东东部的海丰与潮安，中间包括金门富国墩与平潭。台湾的大坌坑文化与这个富国墩文化的关系非常密切；两种文化的显著特征都具备的遗址在台湾有台南八甲村，在福建有平潭。简单地说，台湾的南岛语族说明台湾是整个南岛语最早起源地区的一部分，向上推溯四五千年所得的大坌坑文化很可能是南岛语族的代表或一部分的代表；隔着台湾海峡的富国墩文化如果可以进一步证明是大坌坑文化的一部分，那么原南岛语族的老家便推到了我国大陆的东南海岸；照目前的材料看来，这批材料的地理范围集中在闽江口向南到韩江口的福建和广东东端的海岸[①]。

沈莹所著《临海水土异物志》记载，三国时期住在大陆闽北、浙南沿海一带的"安家之民"与台湾居民"夷州民"同为古越人后裔。他们在"居住、饮食、衣服、被饰"、凿齿等习俗方面相似。安家之民有悬棺葬俗，这种葬习在大陆福建、浙江沿海地带由于汉文化的长期、深刻的影响，在历史上早已消失，而在台湾的比较偏僻的小岛兰屿雅美人中却保留至今，

[①] 张光直：《中国东南海岸考古与南岛语族起源问题》，《南方民族考古》第1辑，四川大学出版社，1987。

以此推测，早在三国时期台湾"夷州民"亦有悬棺葬俗是可信的。

综上所述，我国东南地区福建、浙江、江西、台湾的悬棺葬均与古越人及其与越人关系密切的南岛语族的民族有关。

二、川鄂长江三峡地区悬棺葬的年代和族属

如前所述，关于我国长江三峡地区的悬棺葬见于唐代历史文献，唐朝诗人孟郊所写《峡哀》一诗中已有反映。另据《太平御览》卷五百五十九引《神怪志》记载，唐将王果经长江三峡时望见悬崖间的棺木深感惊异，令人启视，"果棺也，骸骨存焉"[1]。北宋邵伯温《闻见后录》又载，对长江三峡中的累累棺木，峡中人谓之"仙人棺"，当时人们已"不知果何物为之"，说明到唐宋时期三峡中的悬棺葬已经不为人知，成为神秘之物，很显然，这一带的悬棺葬年代距唐宋时期比较遥远。

宜昌新坪棺材岩的残棺板经碳14测定的结果，年代为2270±80年，树轮校正年代为距今2275±90年，约为公元前325年，时间为战国中期[2]。

四川长江三峡地区的奉节、巫山、巫溪等地悬棺葬中的随

---

[1] 〔宋〕李昉：《太平御览》卷五百五十八《墓冢三·神怪志》，中华书局，1960年影印本。
[2] 舒之梅：《湖北秭归、宜昌三处悬棺葬调查简记》，《民族学研究》第四辑，民族出版社，1982。

葬品多为战国时期的柳叶形巴式剑、楚式剑、楚式高背木梳、西汉文帝四铢半两钱，另有西汉时期常见的长喙水鸟状和钩头蛇首状带钩和东汉五铢钱等，这一地区悬棺葬流行的年代大致应为战国至东汉时期，因巫山县和巴东县长江三峡地区已见木板拼合式棺，悬棺葬下限也可能比东汉稍晚。

根据从湖北巴东县龙船河悬棺中清理出的虎纽印、蟠螭纽印等随葬品带有古代巴人虎图腾崇拜的风格，可以推测，龙船河的悬棺葬年代大约为巴人极为活跃的战国至西汉时期。又因四川长江三峡奉节、巫山、巫溪等地区的悬棺葬大多已确定为战国至西汉时期的考古遗存，巴东县龙船河等地的悬棺葬应与四川长江三峡地区的悬棺葬之间有着密切的联系。另据巴东县考古工作者的比较研究发现，龙船河悬棺中出土的骨梳（又称骨篦）与山东新泰周庄发掘的战国中期贵族墓中的双虎形梳，在材质和造型上如出一辙。再从龙船河随葬品中印章的印纽风格来看，虎纽、蛇纽在春秋战国时期普遍流行，只是造型各异，而庑殿形房屋形纽是第一次发现，庑殿顶的建筑始于商周，到汉代最为流行，以庑殿顶房屋作钮，则深刻地打上了时代烙印。综上所述，初步推断巴东龙船河悬棺葬的年代为战国中晚期至两汉时期。[①]

湖北宜昌、秭归、巴东一带的悬棺葬与四川巫山、奉节、巫溪三峡地区的悬棺葬在地域上连成一片，两省三峡地区悬棺葬流

---

① 巴东县博物馆：《龙船河悬棺发掘简报》，向勇先生2025年1月提供。

行的年代大体相同，这些地区悬棺葬的族属亦有密切关系。

湖北长江三峡地区宜昌、秭归、巴东一带的悬棺葬与奉节、巫山、巫溪三峡地区的悬棺葬在地域上相连，两省三峡地区悬棺葬流行年代大体相同，悬棺之内的随葬品大多相同或者相似，那么这些地区悬棺葬的族属亦应有很密切的关系。

从巴东县龙船河悬棺葬中清理出的随葬印章和石雕鸟首人面像来看，这是巴人族群中崇虎、崇蛇、崇鸟的图腾标志，同时印章上的符号印文（巴蜀图语）是古代巴人独创的文字符号。符号、印章犹如巴人的身份证，由此可以断定，龙船河悬棺为巴人之文化遗存。①

自古以来湖北和四川的长江三峡地区就是一个多民族杂居的地方。至少从先秦时代开始，在宜昌、秭归、巴东、巫山、奉节和巫溪一带便有楚国和巴国的少数民族劳动、生息。

楚国和巴国都是多民族的国家，湖北宜昌、秭归、巴东属楚之西界，巫山、奉节、巫溪属巴的势力范围，但历史上这些小方国之间战争频繁，国界并不是十分严格，长江三峡地区既是两国交界之地，这里各民族的交往自然十分密切。

今湖北秭归至奉节一带，历史文献称"夔"，据郭沫若先生研究，早在殷商和西周已有关于夔的记载，"归当是国名……"当即蜀、鄂交界处之"夔国"，并指出"自殷代以来

---

① 巴东县博物馆：《龙船河悬棺发掘简报》，向勇先生2025年1月提供。

新旧有矣……"①

有的学者认为夒为百越的一支,故称"夒越",有的又认为夒为楚的一支,是楚的一个小方国,夒和越各不相同。目前暂且无论夒是楚的一支还是百越的一支,其地望在湖北和四川交界的长江三峡地区是没有争议的。这一带悬棺葬流行的年代大约从战国至东汉时期,关于这一历史时期居住该地区的民族,文献记载不多,但仍可找到一些线索。

地处长江中游的湖北江汉流域一带,周时为濮人居住地,西周初年濮人曾参加武王伐纣的战争。《尚书·牧誓》载,王曰:"嗟!我友邦冢君,御事、司徒、司马、司空、亚旅、师氏、千夫长、百夫长,及庸、蜀、羌、髳、微、卢、彭、濮人,称尔戈。比尔干。立尔矛。予其誓!"《左传·昭公九年》曰:"周武王克商以来,巴、濮、楚、邓,吾南土也。"据孔颖达疏:"庸濮在江汉之南。"杜预在《左传》注中有"庸亦百濮夷"之语,又据顾颉刚先生在《史林杂识·牧誓八国》考证:"濮在今湖北枝江西。"《史记·正义》刘伯庄曰:"濮在楚之西南。"即是说,今四川东部和湖北西部两省交界之地乃至包括湖南、贵州部分地区,都是古代濮人的分布地域。

关于濮和越,有的学者认为是不同的民族或认为越濮不同

---

① 舒之梅:《"夒越"乎?"夒、越"乎?——兼论西周时期的楚越关系》,引自郭沫若《两周叙辞大系图录考释》,载《百越民族史论丛》,广西人民出版社,1985。

源，而不少学者则根据语言学和历史学等资料认为濮与百越之间有一定的亲缘关系①。今从此说，我国江汉平原也是古代百越的活动范围。

秦汉以后，濮人的活动主要在我国西南地区，扬雄《蜀都赋》："东有巴賨，绵亘百濮。"左思《蜀都赋》："左绵巴中，百濮所充。"晋常璩《华阳国志·南中志》曰：

> 武帝转拜唐蒙为都尉，开牂柯，以重币喻告诸种侯王，侯王服从。因斩竹王，置牂柯郡，以吴霸为太守。……后夷濮阻城，咸怨竹王非血气所生，求立后嗣，霸表其三子列侯，死配食父祠，今竹王三郎神是也。

又据《华阳国志·巴志》载，巴国境内亦有不少濮人，巴的势力范围：

> 东至鱼复，西至僰道，北接汉中，南极黔涪。……其属有濮、賨、苴、共、奴、儴、夷、蜑之蛮。

濮、賨、儴、蜑均与百越有关，即东至奉节，西至宜宾，南到四

---

① 江应樑：《傣族史》，四川人民出版社，1984；梁钊韬：《百越对缔造中华民族的贡献——濮、莱的关系及其流传》，《中山大学学报（哲学社会科学版）》1981年第2期；刘琳：《华阳国志校注》，巴蜀书社，1984；潘世雄：《濮为越说》，《中南民族学院学报（社会科学版）》1986年增刊。

川东南部乌江流域的广阔地域内都有濮人生息。

汉晋时在湖北和四川长江三峡地区居住的少数民族被称为"奴傂夷蜑之蛮"或"蛮蜑"。《华阳国志·巴志》巴东郡：

> 迄吴平巴东后，省羊渠置南浦。晋太康初，将巫、北井还建平，但五县，去洛二千五百里，东接建平，南接武陵、巴郡，北接房陵奴、傂、夷、蜑之蛮民。

据考证，巫、北井二县本属蜀汉巴东郡，后属东吴荆州宜都郡，巫县故治今四川省巫山县，北井故治在巫山县北，巫溪水上游。晋时以巫、北井、泰昌（今四川巫山县大昌镇）、建始（今湖北建始县）置建平都尉。上述记载表明，在川东巫山、巫溪和鄂西建始一带均有傂、蜑之民。《南齐书》卷五十四《高逸·明僧绍传》：

> 僧绍侄惠照，建元元年为巴州刺史，绥怀蛮蜑。

南齐所置巴州，治所在四川奉节县。

《周书》卷四十九《异域上·蛮传》记载，南北朝时期，长江三峡地区习于水上生活，善于用舟的蜑人势力强盛，在三峡急流中惊险称雄，"屯据三峡，断遏水路，荆蜀行人至有假道者"，信州（治所在今奉节县）陆腾曾在三峡地区讨伐蛮蜑,"腾水陆俱进,严设御之。……水逻路至石壁城。此城险峻,四面壁立,唯有一小路缘梯而上,蛮蜑以为峭绝,非兵众所行"。后陆腾以贿赂利诱蜑人,乘其不备,突然袭击,"晨至水逻,蛮众大溃,斩首万余级,俘获一万口,……腾乃积其骸骨于水逻城侧,为京观,后蛮蜑望见辄大号哭"。陆腾为镇压三峡地区的蜑人,"临江岸筑城,移治信州,又以巫县、信陵、秭归,并是峡中要险,于是筑城置防,以为襟带焉"。《陈书》卷十三《徐世谱传》:

> 徐世谱巴东鱼腹(今奉节县)人也,世居荆州,为主帅,征伐蛮蜑。至世谱尤勇敢,有膂力,善水战。

又《隋书》卷四十八《杨李传》:

> 隋以杨李为信州总管,居永安,引舟师趋三峡。陈南康内史吕仲肃屯歧亭,正据江峡,于北岸凿岩,缀铁链三条,横截上流,以遏战船。……素遣巴蜑卒千人,乘五牙四艘,以柏樯碎贼十余舰,遂大破之,俘甲士二千余人,仲肃仅以身免。

《资治通鉴·开皇九年》注曰:

蜑亦蛮矣。居巴中者为巴蜑，此水蜑之习用舟者也。

长江三峡中习于用舟和善于水战的蜑人，被称为巴蜑，是长年熟悉水上生活又善于使用舟船的人。在隋灭陈的过程中，因为依靠了熟悉水上生活及善于水中作战的少数民族蜑人的力量，才攻破陈利用长江天堑的防卫。

据实地调查，长江三峡地区的秭归瀼溪，巴东县的东瀼和西瀼等河流的得名，皆因历史上曾有僚人居住在这些地区，而四川奉节一带亦有僚人生息。《太平寰宇记》卷之七十六《简州风俗》载北宋时期川西地区的僚人尚保留悬棺葬习，其文曰："有僚人，言语与夏人不同，嫁娶但鼓笛而已。遭丧，乃以竿悬布置于其门庭，殡于别所。至其骸燥，以木函盛置于山穴中。"[①]因此可以推断，秭归、巴东、奉节一带的悬棺葬也是僚人葬俗。

四川奉节县瞿塘峡内风箱峡和盔甲洞的悬棺葬随葬物品多柳叶形巴式剑，另有楚式高背木梳、楚式剑和中原地区流行的铜带钩等，这一带悬棺葬被认为是巴人的文化遗存，前引湖北长江三峡中秭归兵书峡和巴东县龙船河悬棺葬中，随葬物品多巴式风格，族属应与巴人有密切关系。如前所述，这里所谓的巴是国名而非族名，巴人应是巴国境内的人民。历史文献记载和实地调查表明，长江三峡地区的悬棺葬可能与这里古代僚人和蜑人有关。

---

① 〔宋〕乐史：《太平寰宇记》卷之七十六《剑南道五·简州风俗》，中华书局，2007。

长江三峡地区的少数民族除称之为"獽""蜑"以外，亦称"蛮僚"，直到明代这一地区的居民尚被称作"江僚"[①]。

《周书·异域上·蛮传》：

> 僚者，盖南蛮之别种，自汉中达于邛筰川洞之间，所在皆有。……自江左及中州有巴蜀，多惊险不宾。太祖平梁、益、遂之后，令所在抚慰，其与华民杂居者，亦颇从赋役，然天性暴乱，旋至扰动，每岁命随近州镇出兵讨之，获其口以充贱隶，谓之压僚。

《隋书》卷八十二《南蛮传》曰：

> 南蛮杂类，与华人错居，曰蜑、曰獽、曰俚、曰僚、曰㐌，俱无君长，随山洞而居，古先所谓百越是也。

同书卷二十四《地理志上》：

> 蜀郡临邛、眉山、隆山、资阳、泸川、巴东、遂宁、巴西……犍为、越嶲、牂柯、黔安……其地四塞，山川重阻，水陆所辏，货殖所萃。……其边野富人，多规固山泽，

---

① 《三峡通志》卷五。

以财物雄使夷、僚……又有儴、蜑、蛮、賨，其居处风俗，饮食颇同于僚，亦与蜀人相类。

儴、蜑、僚均为古代百越之后裔，楚、巴交界之地湖北和四川的长江三峡地区悬棺葬与古代越、僚有一定的渊源关系。据近世一些学者研究，濮、儴、蜑等民族大都与我国现代壮傣语族的民族有关[①]。因此，可以认为，长江三峡地区的悬棺葬为古代濮、越人后裔的葬俗。

三、湘西、鄂西、川东南、黔东北和湖南澧水流域悬棺葬的年代和族属

湖南湘西地区永顺、保靖酉水两岸悬棺葬中的随葬器物有铜铐、银铐和宋代"天圣元宝""崇宁重宝"等物，可以认为这一带的悬棺葬为宋代遗存。泸溪、沅陵、辰溪县沅水两岸的悬棺葬没有可供断代的随葬物品，但据前引唐张鷟《朝野佥载》、南宋朱辅《溪蛮丛笑》等记载，唐宋时期湘西地区的"五溪蛮"中部分少数民族和仡佬族尚有悬棺葬俗。又据《元史》记载，元朝初年，因湘西、黔东北、澧水、辰水、沅水流域的"蛮僚叛服不常"，元世祖诏四川行省派重兵讨伐，从此

---

① 童恩正：《古代的巴蜀》，四川人民出版社，1979。

以后湘西地区的僚或仡佬大部分被消灭，或被强迫同化，少部分残存下来，但悬棺葬俗却从此而终止。

湘西悬棺葬流行年代大体上从唐宋直到元朝时期。湖南澧水流域的悬棺葬缺乏供断代参考的随葬物品，但由于它与湘西地区最为邻近，因此，在悬棺葬形制、葬制上与湘西悬棺葬如出一辙，悬棺葬年代与湘西的不会相差太远。

四川省东南部乌江和酉水流域的悬棺葬，根据这些地区悬棺葬随葬物品中的陶瓷器皿等与当地宋墓中出土器物相一致来推测，这一带的悬棺葬年代大约为宋代前后的文化遗存。另据《酉阳直隶州志》和酉阳、秀山等地冉土司的《冉氏家谱》等文献记载，冉土司的先辈于南宋进入川东南地区之时，酉阳、秀山等酉水两岸已有不少悬棺葬遗迹。这些记载更进一步证明川东南地区的悬棺葬流行年代为宋代及以前时期。

湖北鄂西地区的悬棺葬很少有可作为断代根据的随葬器物，因鄂西与湘西、川东南在地域上毗邻，悬棺葬流行年代与上述地区大体一致，亦可能多为唐宋时期文化遗存。

贵州东北松桃、岑巩等地，悬棺葬的年代，松桃县云落屯仙人岭的悬棺葬松M1经碳14测定，其年代距今1660±90年，即公元290年±90年，时代约在西晋。岑巩桐木白岩悬棺葬对岑M2的棺木做碳14测定，其年代为公元1475年±90年，在明代中期稍前。

综上所述，湖南湘西和澧水流域、湖北鄂西、四川东南、贵州东北一带悬棺葬大约从西晋时期流行到明代中期。

湖南省的湘西和湘西北澧水流域、湖北鄂西和四川省东南、贵州的黔东北在古代为少数民族地区，这些地区，从地域上讲连成一片，大多属沅江流域，著名的武陵山脉横跨湘、鄂、黔三省，与四川东南和鄂西境内的巫山山脉相交会。这一广大地区战国时为楚地，秦时为黔中郡，汉时为武陵郡。

武陵地区有五条较大的河流，北魏郦道元《水经注》曰：

> 武陵有五溪，谓雄溪、樠溪、酉溪、沅溪、辰溪，悉为蛮夷所居，故谓五溪蛮。

元马端临《文献通考》卷三百二十八曰：

> 五溪为辰溪、酉溪、巫溪、武溪、沅溪。

两说大体上一致，文中所曰辰溪，又名辰水，即今麻阳河；酉溪，今酉水；巫溪，即沅江上游，又名巫水；武溪，今武水；沅溪，即今沅江，又名沅水。居住武陵地区的少数民族活动中心均在上述五条河流域，他们因地而得名，称之为"武陵蛮"或"五溪蛮"。

五溪蛮是五溪地区少数民族的统称，南宋朱辅《溪蛮丛笑》叶钱序云：

> 五溪之蛮，皆盘瓠种也，聚落区分，名亦随异，沅其故壤，环四封而居者，今有五，曰苗、曰瑶、曰僚、曰伶佬、曰仡佬。

《后汉书·南蛮传》引干宝《晋纪》曰：

> 武陵、长沙，庐江郡夷，盘瓠之后也。

五溪蛮中包括了苗、瑶、僚等多个少数民族。其中有很大一部分少数民族的先民与原来地处江汉流域的濮人有关。

濮是我国南方一个很大的族系，如前所述，濮与越的关系十分密切，濮为自称，越是战国时期出现的他称。在较早的历史文献中，凡讲到南方民族时都不言越，只称"濮"，如前引《尚书·牧誓》。史载周成王在成周大会诸侯时，濮人曾贡纳丹砂，《逸周书·王会解》曰：

> 东越海蛤，瓯人蝉蛇，于越纳，姑妹珍，具区文蜃，共人玄贝，海阳大蟹，自深桂、会稽，以鼍，卜人以丹砂。

这里列举的14种人及其居住地全都是越人各部。据晋人孔晁注："卜人，西南之蛮，丹沙所出。"文内所言卜人即濮人，丹沙即丹砂。古时所谓西南是指湖南、湖北两省西部以及四川和贵州一带。古濮人最早居江汉流域。

西周初年楚人来到江汉流域开始与这一地区的濮人进行长期斗争。公元前822年楚国"叔熊逃难于濮而蛮"[①]。公元前8世纪中叶，楚王蚡冒"于是始启濮地"[②]。到蚡冒下一代楚武王熊通继续向南拓土，终于"始开濮地而有之"，兼并了江汉流域濮人的地盘。

战国以后的历史文献对江汉流域及其以南濮人的记载很少，大概是早在春秋时期濮人已开始大量向湖南、贵州、四川、云南等地迁徙，主要聚居在相当于今川、黔、湘、鄂四省交界之地，这些地区都属五溪蛮地。据《汉书·地理志》载，武陵郡辖13县：索（汉名汉寿，故城在今湖南常德东北）、临沅（今湖南常德市）、沅陵（今湖南沅陵西南）、镡城（今湖南黔阳西）、元阳（今湖南芷江东南）、迁陵（今湖南保靖东）、辰阳（今湖南辰溪县西）、酉阳（今湖南永顺东南）、义陵（今湖南溆浦）、零阳（今湖南慈利东）、充（今湖南大庸、桑植）、孱陵（今湖北公安）、佷山（今湖北长阳西）。汉代县的辖地范围很大，如酉阳县治在湖南永顺县东南，然而辖境却达到今四川省东南和贵州的黔东北地区。《旧唐书·地理志》载："彭水（今四川彭水县），汉酉阳县，属武陵郡。""务川（今贵州沿河县北），汉酉阳县，属武陵郡。"

---

① 《国语·郑语》。
② 同上。

从现在的行政区划来看,汉代武陵郡主要包括了洞庭湖西部的澧水流域、沅水中下游的常德地区、湖南湘西土家族苗族自治州、怀化地区和湖北的长阳地区、鄂西土家族苗族自治州及四川省东南,贵州的黔东、黔东北地区,这些地区正是川、黔、湘、鄂四省悬棺葬分布密集的地方。

汉代居住在武陵地区的五溪蛮十分活跃,《后汉书·南蛮传》载:

> 及吴起相悼王,南并蛮越,遂有洞庭、苍梧。秦昭王使白起伐楚,略取蛮夷,始置黔中郡。汉兴,改为武陵。……光武中兴,武陵蛮夷特盛。建武二十三年,精夫相单程等据其险隘,大寇郡县。遣武威将军刘尚发南郡、长沙、武陵兵万余人,乘船溯沅水入武溪击之。……二十四年,相单程等攻下临沅,遣谒者李嵩、中山太守马成击之,不能克。明年春,遣伏波将军马援,中郎将刘匡、马武、孙永等,将兵至临沅,击破之。相单程等饥困乞降。会援病卒,谒者宗均听悉受降。为置吏司,群蛮遂平。

汉章帝时期,在湖南大庸、桑植、慈利和湖北荆州一带的武陵蛮,史籍称作"武陵澧中蛮",继续反抗中央封建王朝,《后汉书·南蛮传》:

肃宗建初元年，武陵澧中蛮陈从等反叛，入零阳蛮界。其冬，零阳蛮界五里精夫为郡击破从，从人等皆降。三年冬，溇中蛮覃儿健等复反，攻烧零阳，作唐、孱陵界中。……和帝永元四年冬，溇中、澧中蛮覃戎等反，燔烧邮亭，杀略吏民，郡兵击破降之。安帝元初二年，澧中蛮以郡县徭税失平，怀怨恨，遂结充中诸种二千余人，攻城杀长吏。……明年秋，溇中、澧中蛮四千人并为盗贼。又零陵蛮羊孙、陈汤等千余人，著赤帻，称将军，烧官寺，抄掠百姓。州郡募善蛮讨平之。

整个东汉时期武陵蛮反抗中央王朝的斗争持续不断，据《后汉书》等史籍记载，武陵五溪蛮的活动地域北到江陵和大庸、桑植、慈利澧水流域，南下酉溪，到沅水下游，从沅陵以西直到四川彭水等地。

魏晋时，五溪蛮基本上仍在原地活动。《南史·齐高帝诸子传》：高帝时，沈攸之责赕，"伐荆州界内诸蛮，遂及五溪，禁断鱼盐，群蛮怨怒。酉溪蛮王田头拟杀攸之使"。五溪蛮中田姓"蛮王"据于酉溪地区。

今四川省东南彭水一带为五溪蛮之西界，贾耽《郡国县道记》云：其"地没蛮夷"，到宇文周保定四年，"涪陵蛮帅田恩鹤以地内附，因置奉州。建德三年，改为黔州。隋大业三年，又改为黔安郡"[①]。

《北史·周法尚传》载，隋炀帝时，"黔安蛮向思多反"，周法尚破向思多于清江，同书《郭荣传》曰："黔安首领田罗驹阻清江作乱，夷陵、诸郡夷人多应者。"上述记载说明鄂西清江流域与四川彭水等地的五溪蛮之间互相交往频繁，彼此关系密切。

汉晋至唐，西南地区的濮人又被称作僚，西晋张华《博物志》曰："荆州极西南界至蜀，诸民曰僚子。"汉晋时之"荆州极西南界"从方位上看，应指湖南、湖北两省西部和贵州古牂牁、古夜郎地直到四川西南部，武陵地区亦包括在内。

从唐初开始，武陵地区的武溪蛮地正式建立州郡。唐改隋黔安郡为黔州，置黔州都督府，故治今四川彭水县，统黔、思、辰、锦、郎、溪、巫、施、贵、珍、播、夷、业、南、溱等10多个州，辖地仍相当于今湖南湘西、湖北鄂西、四川东南和贵州的黔北、黔东北等地。

中唐以后，五溪蛮的活动仍很频繁，这一时期关于五溪蛮地的僚人，史不绝书。《旧唐书·杨思勋传》载，开元十二年，"五溪首领覃行璋作乱"。同书《郗士美传》：贞元初，"溪州贼帅向子琪连结夷僚，控据山洞，众号七八千"。《新唐书·关播传》载，大历十四年在雄溪和资水上游"湖南峒贼

---

① 〔唐〕李吉甫：《元和郡县图志·江南道六》。

王国良掠剽州县"；同书《邓处纳传》载，僖宗中和年间，武陵雷满据郎州，石门向瑰据澧州，并"召梅山十峒僚断邵州道"，同道州"蛮酋"蔡洁、何庚等相呼应，唐以来，五溪蛮北面的一部分仍以酉溪为中心，其南面一部分从辰、溆、锦诸州发展到播、费二州。

唐李吉甫《元和郡县图志》卷三十曰：

> 叙州，秦置黔中郡，汉为武陵郡无阳县之地。《荆州记》："舞溪僚浒之类，其县人但羁縻而已。溪山阻绝，非人迹所履。又无阳乌浒万家，皆咬地鼠之肉，能鼻饮。"……沅溪水，西南自僚界流入。

同卷"锦州洛浦县"条载：

> 洛浦县先天二年，分六乡县置，以县西洛浦山为名。县东西各有石城一，甚险固，仡僚反乱，居人皆保其土。

据田曙岚先生考证，洛浦县故治在今湖南湘西土家族苗族自治州保靖南边①。

唐代五溪蛮中的僚人又有"夷俚"之称。唐元和中，刘禹

---

① 田曙岚：《"僚"的研究与我国西南民族若干历史问题》，贵州民族研究所编印《民族研究参考资料》第8集，1981年9月。

锡贬官为朗州（故治今湖南常德）司马：

> （朗）州接夜郎诸夷，风俗陋甚，家喜巫鬼，每祠歌竹枝，鼓吹裴回，其声伧宁。禹锡谓屈原居沅湘间作九歌，使楚人以迎送神，乃倚其声，作竹枝词十余篇，于是武陵夷俚悉歌之[①]。

唐宋时期居住武陵地区五溪蛮中的僚人仍以生产丹砂闻名于世。据唐杜佑《通典·食货六》和《元和郡县图志·江南道六》载，唐时黔中郡黔州（故治今四川彭水县）、泸溪郡辰州（故治今湖南沅陵县）、灵溪郡锦州（故治今湖南麻阳县西）、务川郡（故治今贵州务川县）等地均向朝廷贡献朱砂、光明砂和药砂。据南宋朱辅《溪蛮丛笑》曰：

> 辰锦砂最良，麻阳即古锦州，旧隶辰郡。砂自折二至折十，皆颗块。佳者为箭镞，结不实者为肺砂，碎则有趑趄，末则有药砂。砂出自万山之崖为最，仡佬以火攻取。

至今贵州铜仁及其周围地区，如松桃、秀山仍盛产丹砂，铜仁的万山特区就是目前世界上最著名的汞矿之一。

---

① 《新唐书》卷一百八十六《刘禹锡传》。

宋代史"五溪蛮"有"溪峒夷僚""蛮僚""佶僚"等称呼。《宋史》卷四百九十三《蛮夷传》：

> 雍熙元年，黔南言溪峒夷僚疾病，击铜鼓、沙锣以祀鬼神。

庆历年间溪州（今湖南永顺、保靖一带）"蛮僚数入寇钞，边夷不能制"。熙宁五年，资、辰州流人与辰州布衣张翘同献策者，"褊宕无谋，亵慢夷僚，遂为懿、洽州蛮所杀。……景祐中，澧州蛮五百余人入寇……宝元二年辰州佶僚三千余人款附"。

历史文献对古越人后裔仡僚、仡伶在湘西地区的频繁活动记载颇详，《宋史》卷四百九十四《蛮夷传》载，乾道六年：

> 卢阳西据僚杨添朝寇边，知沅州孙叔杰调兵数千讨之，败绩，死者十七八。

同书又载，辰州、沅陵、泸溪、靖州等地僚人持续不断反抗宋王朝的斗争，乾道七年，前知辰州章才邵上言：

> 辰之诸蛮与羁縻保靖、南渭、永顺三州接壤，其蛮酋贡溪布，利于回赐，颇觉驯伏。卢溪诸蛮以靖康多故，县无守御，仡伶乘隙焚劫，后徙县治于沅陵县之江口，蛮酋田仕

罗、龚志能等遂雄踞其地。

乾道十一年：

> 沅州生界仡伶副峒官吴自由子三人，货丹砂麻阳县，巡检唐人杰诬为盗，执之送狱，自由率峒官杨世禄等谋反为乱。帅司调神劲军三百人及沅州民兵屯境上，声言进讨，先遣归明言思忠往招抚之，以孔目官为质，世禄等既盟，自由取其三子以归。

关于五溪蛮中所包括的民族，南宋著名诗人陆游所著《老学庵笔记》卷四载：

> 辰、沅、靖州蛮，有仡伶、有仡僚、有仡僚、有仡偻、有山瑶，俗亦土著，外愚内黠，皆焚山而耕，所种粟豆而已……

文中所言五种民族与《溪蛮丛笑》中的记载基本相同。从湘西苗族的《古老话》得知，濮人是在湘西定居最早的一个民族，仡伶、仡僚、仡偻均为古代濮人后裔，皆属僚，仡僚即仡徕，为苗族[①]。山瑶当是瑶族无疑。

明代田汝成《行边纪闻·蛮夷》所载五溪地区的峒人即僚：

> 峒人一曰峒蛮，散处于牂牁舞溪之界，在辰沅者尤多，言语侏僳，尚仇而善杀……溽暑男女群浴于河。……僚人古称天竺、咳首、僬侥、跛踵、穿胸、儋耳、狗轵、旁脊，谓之八蛮，其支而尤异者则有飞头、凿齿、鼻饮、花面、白衫、赤裩之属，……俗大略与瑶僮同之。

元朝初年，由于"思、播以南施、黔、鼎、澧、辰、沅之界九溪十八峒蛮僚叛服不常"，至元十二年六月元世祖"诏四川行省讨之。参政齐尔济苏，宣慰使李呼哩雅济等，凿山开道，分兵并进，诸蛮伏险以拒，然众寡不敌，多就擒戮，其酋长内附赴阙。辛亥诏分其地立州县，听顺元路宣慰司节制"。

九溪十八峒地域东至湖南泸溪，西至四川彭水，南至秀山，贵州思南、沿河等地，北达湖北鄂西一带，其地广袤近千里，《酉阳直隶州志》曰：

> 九溪十八峒，非尽酉阳地也。……溪峒之云犹之称乡

---

① 《湘西苗族》，《吉首大学学报（社会科学版）》民族问题增刊，1982年第3期。

称里，特借之以名其地。

自元初征讨以后，川、黔、湘、鄂交界地区五溪蛮的势力遭受沉重打击，尤其是湘西地区和澧水流域僚人的势力大为削弱。《明史》卷三百一十《土司传·湖广土司》曰：

湖南，古巫郡、黔中地也，其施州卫与永保土司境，介于岳、辰、常德之西，与川东巴、夔相接壤，南通黔阳，溪峒阻深，易于寇盗，元末滋甚。

洪武五年"五开、五溪诸蛮乱，讨平之。十八年五开蛮吴面儿反，势厥甚。命楚王桢将征虏将军汤和，击斩九溪诸处蛮僚，俘获四万余人，诸苗始惧。而靖、沅、道、澧之间，十年内寻起寻灭"。直到明朝中叶，湖南湘西沅水和澧水流域的僚和仡佬仍继续遭受中央封建王朝的残酷镇压。随着湘西地区和澧水流域僚人势力的衰落，这些地区的悬棺葬大约从元朝时便逐渐中止。

目前湘西地区很少有仡佬族，然而清代这一地区仡佬族的人数却还不少。溆浦人严如煜在嘉庆年间所著《苗防备览》中有许多关于仡佬族的记载。

随着元朝时期湘西地区州、县和卫所制度的建立，使大批汉人、汉军迁入，湘西沅水流域及其邻近的澧水流域僚人势力更加衰落，尽管如此，到清代仡佬族在湘西地区的分布仍然颇广。据严如煜《苗防备览》卷二《村寨考》和卷四《险要考》载：

> 凤凰厅西60里和65里[①]处有上、下仡佬寨；乾州厅城北30里，城西北40里均有仡佬寨，乾州厅镇溪所，城东北30余里与泸溪、永顺相邻地界峰峦重叠，路程幽暗，为仡佬寨落，又城东北50余里，山峻谷幽之处亦为仡佬所居。泸溪县六保洞庭山上下七寨以及能滩等地和上五都、归仁都、穿洞堡，泸溪县思麻溪、阿那、浦市附近以及泸溪县与沅陵县接壤处拱宸坪一带均有仡佬村寨；永顺县古丈坪西南66里多龙鼻嘴，古丈坪东南50里床机坡，西南40里半坡，永顺县城南100多里的白岩洞和德胜坡等地都有仡佬族居住。

《苗防备览》卷六《道路考》还载：

> 由浦市经洗溪堡、桐木坳等地通往乾州城的路程共130里，至烟竹坪则入五都仡佬村寨，计自烟竹坪至乾州溪口四五十里，悉仡佬地方。由乾州东至大庄过河山坳，经阿那、凉亭坳直到泸溪这条乾泸民路，沿途均有仡佬寨落。保

[①] 我国古代历史文献记载路途远近，均以"里"计，即华里为单位，本书均按历史文献表述。

靖和永顺古丈坪通往乾州的道路俱从苗人、仡佬族村寨通过。保靖通往乾州的道路，在鹅栗坡从此往东北行，共计30多里至把金俱乾州仡佬地。

《苗防备览》卷九下《泸溪·乾州仡佬风俗》又云：

泸溪仡佬居上五都之大章、小章、大西佬、烟竹坪、下五都六保之洞庭山等寨及乾州之下溪口、铁枕崖、把布、把金、上下百户各寨，共计寨落百十处，其民非苗非土，盖别为一种类也。张姓人极众，符姓次之，其他覃、杨、谢、刘各姓，皆零星杂住。相传宋时有江西兄弟二人为屯长，居此落业，子孙繁衍，其出自兄者为大章，出自弟者为小章，后改章为张。由大、小章分支而出，散居于永顺、保靖、永绥间者，平扒、丫家、茶洞、老旺寨、尖岩等处为多，大约入赘彼地，遂仍其俗，在土村为土民，在苗寨为苗人。而张姓总皆大小章苗裔，庆吊犹相通之。仡佬往来浦市、泸溪经商贸易者，能言客语，与外人无异，居村寨中未尝至城市者，则专为土语，又自相问答俱不作客语。其称天曰"板围"、称地曰"付都"，称人曰"灵"……故骤遇相接谈，未有不疑为苗，彼虽分辨，亦无由晓也。

又云：

仡佬无苗寨打冤家恶习，而以打胜为常……大章、小章、烟竹坪皆数百户，村大、人众，群苗畏之，窃牛者经过其地，遇仡佬见之辄弃牛逃去。虽晒金塘、三岔坪，沿边大苗寨往往不敢与竞。

从上述记载可以看出，清代仡佬族的分布地域主要在湘西州南部的酉水、沅水流域，与保靖、永顺、古丈、泸溪、沅陵等地悬棺葬分布地域基本一致，这就更进一步说明湖南湘西地域的悬棺葬与五溪蛮中的僚人及其后裔仡佬族有关。

目前湘西地区悬棺葬分布地域很少有仡佬族居住，其原因是元、明以后，仡佬族由于长期与汉族杂居、通商贸易等关系，一部分渐被汉族同化，地方史志常将这部分人称为"熟苗"。除此之外，还有很大部分仡佬族又与苗族相融合，20世纪50年代初，湘西土家族苗族自治州虽然没有仡佬这个单一民族，但现在吉首、泸溪、古丈、沅陵等地都有一种自称为"所"，他称为"仡佬苗"的人，他们因其汉文化程度较高，有时也被称为"熟苗"，但"仡佬苗"的称呼却充分反映了仡佬族与苗族融合的历史事实。

1956年民族调查表明，湘西仡佬苗主要分布在吉首的排绸、丹青、排吼，泸溪县的小章、烟竹坪、潭溪、良家潭、小陂流、洞头寨、八十坪，古丈县的平坝、山枣、鹅拉溪，沅陵的清水坪等地，与《苗防备览》所载清代仡佬族在湘西的分布地域大体上相同。直到现在泸溪县上堡乡还有地名叫仡佬坪，吉首排绸乡有仡佬寨，古丈平坝乡有仡佬溪。至今吉首仡佬寨中50岁以上的人可以听懂仡佬语，七八十岁的能够讲仡佬话。泸溪县小章乡是"仡佬苗"主要聚居地之一，大章现为小章乡中一个村，大小章相距十多里，20世纪40年代末，仅小章便有数千"仡佬苗"人，20世纪50年代初民族调查时几乎都自报"苗族"，只有洞头寨中的少数人仍报仡佬族。

据生长在泸溪县大章、小章的人讲，拿《苗防备览》中所记载的仡佬语与今小章、潭溪、良家潭、洪溪、八十坪等地的"仡佬苗"语相对照，竟然大同小异。目前这些地方30多岁以上的人还能讲仡佬话，用他们的语言可以同贵州仡佬族通话。尤其是用贵阳花溪仡佬族语言词汇与泸溪县仡佬苗的语言相比较，几乎完全相同。

吉首的仡佬苗过去妇女出嫁前有凿齿的习俗，关于凿齿的用意，据说是不使丈夫折寿，清人贝青乔《苗俗记》云："仡佬种有五：曰花、曰红、曰剪头、曰打牙、曰猪屎，打牙尤剽悍，而女子颇鲜好，将嫁必折其二齿，否则恐妨夫家。"现代民族调查与历史文献记载相符合，这是解释凿齿的一种说法。而泸溪等地的部分苗族至今尚有凿齿的残留习俗，即当少年男女成年后在上颌侧切牙包上金箔或铜片，以为美的装饰，很明显，人们在成年以后以包金牙代替了令人痛苦的凿齿（传统）习俗，这种习俗显然与古代僚或仡佬人以凿齿作为成年的标志有密切关系。

湘西地区的苗族大都崇拜盘瓠，妇女背小孩的花背带和小孩帽子均绣狗头，忌吃狗肉，而泸溪吉首的"仡佬苗"却喜吃狗肉，我国古代越人和僚人有犬祭和珍狗的习俗，沈莹《临海水土异物志》载，三国时期浙江、福建和台湾的古越人"安家之民"和"夷州民""父母死亡杀犬祭之"。《魏书·僚传》载：

> 僚者，南蛮之别种……好相杀害……至于忿怒，父子不相避……若杀其父，走避，求得一狗，以谢其母，母得狗谢，不复嫌恨……大狗一头，买一生口。

至今广东和广西民间认为狗是镇妖除邪、保护人们安全的吉祥之物，同时又是餐桌上的美味佳肴，因此湘西地区仡佬苗人喜食狗肉与古越人的珍狗习俗颇有相同之处。

早在20世纪二三十年代凌纯声和芮逸夫先生到湘西做民族调查时就记述了"泸溪、乾城（吉首）县有仡佬族"，并认为"泸、乾的仡佬族与贵州仡佬同族。永（顺）、保（靖）等县的土人语言属于泰掸语系而藏缅语化，或为古代僚族的遗民，均非苗族"[①]。

---

① 凌纯声、芮逸夫：《湘西苗族调查报告》，商务印书馆，1947。

笔者实地调查资料表明，湘西地区的"仡佬苗"与古代僚人及其后裔仡佬有着密切的渊源关系。泸溪、沅陵沅江两岸的悬棺葬被当地人称之为"仡佬苗坟"已能说明湖南湘西的悬棺葬为古代僚人葬俗。从前引文献资料可以看出历史上澧水流域在地理环境、民族分布等方面，与湘西地区密不可分，其悬棺葬的年代与湘西地区大致接近，而族属相同。

属五溪蛮地的四川省东南部乌江和酉水流域亦有众多僚人生息。据同治《酉阳直隶州志》卷一《形胜》载：

> 酉阳州，《方舆胜览》：古蛮蜑聚落，为楚西南徼道。《广舆记》：当思南之要冲，接荆楚之境，山川阻深，蛮僚杂错。

自汉至宋四川东南部彭水、酉阳一带僚人活动频繁。

晋常璩《华阳国志》卷一《巴志》曰：

> 涪陵郡，巴之南鄙……东接巴东，南接武陵，西接牂柯，北接巴郡，土地山险水滩，人多戆勇，多獽蜑之民。……涪陵县，郡治……汉发县有盐井，诸县北有獽蜑，又有蟾夷也。

晋之涪陵郡辖汉复县，即蜀汉汉发县（今彭水县东北郁山镇）、涪陵县（今彭水县汉葭镇）、汉平县（武隆县西北鸭江）、汉葭县（今酉阳县西北龚滩）。今彭水县城乌江对岸有一座山名"摩围山"，仡佬语呼天为"板围"，"摩"与"板"两字的辅音皆唇音，发音相近，疑两字实为一字，"摩围山"可能是仡佬语的残留。

到宋代，今四川彭水、黔江、酉阳等地仍是僚人分布地。《太平寰宇记》卷之一百二十《涪州·黔州风俗》曰：

> 黔州杂居溪洞，多是蛮僚。其性犷悍，其风淫祀，礼法之道，固不知也。[①]

宋时黔州指彭水、黔江一带。从南宋初年开始，土家族首领冉氏因助中央王朝镇压四川东南部和贵州东北思南等地的人民起义有功，故被封为土司，统治酉阳、秀山、黔江、彭水一带。《酉阳州志》卷二十二《武功志》曰：

> 建炎三年叛贼金头和尚流劫思南及涪渝等州县，阁门宣赞舍人冉守忠率酉阳诸寨夷僚助剿有功，授御前兵马使，仍命镇守酉阳，改寨为州，子孙世袭。

[①] 〔宋〕乐史：《太平寰宇记》卷之一百二十《江南西道十八·涪州·黔州风俗》，中华书局，2007。

《酉阳县冉氏家谱·守忠公传》亦曰：

> 南宋建炎三年王辟乱，酉阳蛮起而应之，冉守忠从知思州田祐恭征酉阳蛮有功，授御前兵马使，仍命镇守酉阳，改寨为州，子孙世袭。

《秀山县志》卷二《地志·山水》云：秀山官寨黄氏为宋黄庭坚之裔：

> 庭坚徙黔州，第三子郜从来，黔州人秦宗徽以女妻郜。后从冉氏入酉阳以征南客、仡佬诸蛮，税功授总管，驻官寨，子姓散居。今庙泉、绞白诸黄皆其苗裔。

上述记载表明，四川省东南部的彭水、黔江、酉阳、秀山一带，宋代时僚人颇多。

《黔江县乡土志》载，清朝末年县境内陶、田、万、黄、陈等九大姓为明代洪武、成化、万历、崇祯之时陆续从汉区迁入黔江。被认为在黔江县居住时间较长久的土著居民大姓是龚氏。

> 龚姓：按龚巨川，明嘉靖时住官渡河水寨，与胡、秦、向为四大土豪，归化后分住西池、泡水，传十一世，共三百余家。

传说龚氏祖先到黔江居住的时间可能为唐代，《龚氏家谱》云：

> 我龚氏一族世居黔地，其来久矣。……虽历代传闻起自唐朝驸马，落业人皆得知，而竟不识驸马为何名。又曰先自有兄弟三人：龚不亚诵，龚不烈诵，龚不礼体即是驸马，统领胡、秦、向三姓人马捕猎游观，来四川黔江。人言黔邑中当日龚、胡、秦、向四大姓者为杀不尽之残蛮。……又闻官渡河坎上曾为沿河宣慰司之城坝……又官渡河水寨为龚姓，大峡各有祖宗坟在上，四面悬岩上，船上远望，俨有木柜、木碓，俱是石砖砌台基磴，仙迹朗朗。

这段记载说明，第一，龚、胡、秦、向四姓均为黔江县境内少数民族；第二，龚氏从明嘉靖住黔江官渡河水寨时已不知官渡两岸悬棺葬之来历，而认为悬岩上的棺木为"木柜""木碓"之属的"仙迹"，那么黔江县官渡河两岸的悬棺葬距明代也较为久远了，至少是明以前的遗存。

据《酉阳县冉氏家谱》记载，黔江的何贞土司征服当地土著的时间与酉阳冉土司同在南宋初年。明朝时冉土司曾到酉阳州境的酉阳、秀山等地的酉水流域看过悬棺葬，亦认为是"仙迹"。黔江境内悬棺葬既不为龚、胡、秦、向四姓少数民族的葬俗，也非苗族和土家族葬俗，那么显然应是南宋以前土著居民——僚蜑（僚人）的葬俗。《酉阳冉氏家谱》还载，冉守忠于南宋初年开始统治酉阳、秀山、黔江、彭水等地时，这些地区当时均有"仡佬、僚、蜑"等族。

明朝时，四川省东南部和贵州东北地区的僚人与湘西地区僚人继续遭到明王朝的镇压，明太祖洪武五年"五开、五溪诸蛮乱，讨平之"。"洪武十八年四月思州诸洞蛮作乱，命汤和为征虏将军，周德兴为副将军，从楚王桢讨之，……和等以计擒渠魁，余党悉定，留兵镇之，又击九溪诸处蛮僚，吴面儿送京师伏诛。"①

自宋以来上述地区的僚人连续不断遭受中央封建王朝的镇压，其悬棺葬俗亦随之衰落。

尽管元明以后，川、黔、湘、鄂四省交界山区的僚人很少见于历史记载，但仍然能追寻到他们的历史踪迹。

《酉阳县志》卷六《户口志》曰：

> 酉阳州《方舆纪要》：酉阳司编户十三里，其民曰仡僚曰冉家，曰南客（按：仡僚作仡佬），今州西有仡佬溪，即其旧居。冉家一种，其居酉在土官之先有仡兜冉、高梁等号。

《酉阳县志》和《酉阳州志》所云仡佬溪在今酉阳县西双桥区

---

① 《明史》卷三百一十《土司传·湖广土司》。

井元村，当年名仡佬溪的仡佬村寨尚有"大仡佬"和"小仡佬"之分。据民国酉阳《冉氏续修家谱》记载，仡佬族原聚居的仡佬溪后来变成冉土司的田产，分家时属冉氏家族；因此现在仡佬溪的居民已全部姓冉。

《酉阳州志》卷二十二《艺文志三》有州拔贡冉正维诗《仡佬溪》：

> 王治渐摩数百年，淳风汹穆改蛮烟。却闻仡佬居溪上，尚在思黔启土前。纵猎俗移中夏地，踏歌声断早秋天。小民解说先朝事，捲叶吹茄倍怅然。

同书载黔江县亦有僚人生息，《酉阳州志》卷三《黔江县·艺文》中载黔江县令王尔鉴撰《黔江县志稿叙》曰：

> 黔地僻也，邑屡徙也。山险山戏也，水湍急也，箐林密也，谿峒邃也，代有蛮僚叛服相遘，相仍也，时没时复民劳止也，刀耕火种，稼穑艰也。

书中还载有王尔鉴描写清代黔江、彭水一带僚人遗裔生活情景的诗《亭子关》：

> 舍舟跨篮舆，崎岖上郁山。蹉跎三十里，乃至亭子

关。黔彭此分界，重叠山钧连。万壑辟溪峒，儴蜑潜其间。……在惜啸烟雨，出没恒无端。所以马伏波，曾征五溪蛮。明季逞狂狡，土酋祸更煽。焚掠尽山谷，岩栖亦难安。盛世归版图，于兹五百年。穷荒沐王化，僻壤无梗顽。伐竹结茅屋，梯云垦坂田。或临水之涯，或傍山之巅。刀耕与火种，错落森人烟……

在川东南的彭水、黔江、酉阳、秀山和黔东北松桃、务川等地，除汉族、苗族和土家族外，还有一种被称作"古老户"或"老仡兜"的人[1]，据贵州一些地方史志记载，所谓"老户"，即"仡兜苗"，亦为仡佬[2]。

据在四川彭水等地的民族调查，仡佬族是当地最早的居民，苗族和土家族进入该地较晚。由于历代民族歧视和民族压迫，不少仡佬族及其先民被赶得四处逃散，受尽欺凌。20世纪50年代初他们还不敢公开承认自己的民族成分，大多申报苗族。尽管如此，其他民族仍将他们区别开来，称之为"古老户"或"老户"。

四川东南地区的这种情况与后来在黔东北松桃、岑巩县一带所做的民族调查相符合。松桃县普觉区仡佬寨的居民被当

---

[1] "仡兜"一词为川黔一带的方言土语，用生长年代久远的老树根比喻其当地历史最悠久的土著居民。
[2] 宣统《贵州地理志》卷三："水仡佬亦仡兜苗，在余庆、镇远、施秉等处……土民称汤、杨、龙者，即其老户，善捕鱼……"

地汉族和苗族称为"古老户",20世纪50年代以前,凡逢汉族婚丧或大的节庆活动,仡佬寨的全体居民必须为汉族服家内劳役,如做挑水、洗菜、搬桌椅等杂活,他们被其他民族视为"贱民",不能直接通过汉族、苗族村寨,必须经过时,得绕道行走。松桃、岑巩、务川、沿河等地被称为"古老户"的仡佬族,几乎全都居住在交通十分闭塞的偏远和高寒山区。

酉阳、彭水等地土家族的支系繁多,其中一支被称为"仡兜冉",据调查,这些人原是当地的"古老户",为了避免土司野蛮的"初夜权"而被迫改姓冉。

秀山县旧属酉阳州,亦有僚人居住,并有"仡佬溪"。光绪《秀山县志》卷一《地志》云:

昔大禹辨土作贡,……梁则东奄巴庸,荆乃暨、黔、施三州之间,连阜通领,谿峒蟠深,自古以居奴儴夷蛋之蛮。……秀山于秦时盖黔中之西鄙,故黔有五溪,县得其一,东北酉水是焉。

又:

永兴场屈东流,其南山涧纷出,起元家溪至龙潭,凡受十一水,龙潭之上为仡佬溪。顾宁人说平茶旧有五种夷,一为仡僚,或其种人散居于此,故虽渐华风,而溪泯獠獠梼味仍昔。

实地调查所知，秀山县原仡佬溪在今永兴区境内梅江支流龙塘河上。

上述文献记载和笔者民族调查资料表明，四川省东南部乌江和酉水流域历史上确曾有为数众多的僚人生息。

"五溪蛮"为苗、瑶、仡佬、伶佬等多民族的统称，但酉阳、秀山境内悬棺葬分布地区基本上无苗族、瑶族，现今只有土家族。如前所述，土家族进入这些地区的时代较晚，大致为宋代晚期，而且土家族自古无悬棺葬俗，因受汉族影响早已实行土葬。

彭水、黔江等地悬棺葬分布的一些地区今为苗族、汉族聚居区，然而汉族和苗族进入当地的时间都较晚，如彭水、黔江县的苗族家谱记载和他们的民间传说表明，他们进入四川东南一带地区的时间一般为20代左右，即大多数苗族进入该地的时间距今约五六百年，他们差不多都来自贵州东北的松桃、沿河、印江等地，甚至有的苗族至今能说出他们祖先到四川东南部最早"落业"的地方。

苗族多行土葬，在历史上曾有一种区别于汉族土葬形式的墓葬，称"苗椁"或者"苗函"，汉族人又称为"生基"。这种墓葬是用许多大石条在地面上砌成墓穴，内用石条分隔成几孔或十几孔，每一石孔内放置一具棺木。人死以后按辈分依次将棺木放入石孔内，外加封土，一般说来封土堆都不明显。川东南苗族普遍认为这种墓葬形式是他们的祖坟，至今有不少人能加以确认。近几百年前他们开始改行与汉族相同的土葬。

对于四川东南乌江和酉水流域的悬棺葬，无论当地的汉族、苗族还是土家族均不认为是本民族葬俗，加之年代久远，他们也不知道这种葬俗的由来，因而对它赋予一种神秘色彩，或称"仙人柜"，或称"神仙碓"等。根据湘西地区的悬棺葬被称作"仡佬苗坟"，属"五溪蛮地"的乌江和酉水流域的悬棺葬亦应为居住在当地僚或仡佬的葬俗。悬棺葬的年代应为唐宋时期。

贵州松桃和岑巩悬棺葬地处黔东北，与四川东南部和湖南湘西地区相邻，秦时属黔中郡，汉为武陵郡。北与四川酉阳、秀山毗连，东与湖南湘西土家族苗族自治州接壤，西南与贵州沿河、印江、铜仁等县相接，境内西部的梵净山是武陵山脉的主峰，又是乌江和沅江水系的分水岭。

松桃县唐时为锦州卢阳郡，隶黔中采访使，宋为沅州锦州砦，明以后属贵州布政司。悬棺葬分布的松江河由南向北纵贯全县，至湖南湘西州的保靖县汇入酉水。酉水为五溪之一，松桃县古属五溪地区。苗族和仡佬族是松桃县居住历史悠久的古老民族，侗族和土家族迁入当地的时间较晚。松桃一带直到明清时期尚有为数众多的仡佬族。

明朝初年，仡佬族曾在松桃普觉一带地区（与四川秀山交界地）发起过大规模的抗暴斗争，后为朱元璋第六个儿子朱桢率军镇压下去，此后仡佬族人数逐渐减少。现在松桃县尚有仡佬族近千人，主要分布在普觉、大坪等区，从事农业生产。当地群众仍称他们为"老户"，意为当地最早的开拓者[①]。

据近年的民族调查，松桃县一些地区目前虽已无仡佬族居住，但却保留了不少与仡佬族有关的地名，如与四川酉阳、秀山接壤的甘龙区有仡佬坟，孟溪区庙隘和牛郎区均有仡佬溪。牛郎区和普觉区有仡佬寨，至今普觉区仡佬寨仍为仡佬族居住，这个区南与江口县仅一个山坡之隔，紧邻的江口县境内有好几个仡佬寨。

松桃县长兴区的花垣河（酉水上游）上黄板乡和木村乡的渡口，至今还保留着与松桃仙人岭相同类型的人工凿穴式悬棺葬遗迹。

岑巩县"隋初属清江县，文帝时属庸州（旧治今四川黔江县），后废。……又务川县，汉酉阳县地，属武陵郡，隋朝招慰生僚置务川县"。唐为思州，又为务州，治务川、涪川、扶阳三县，"宋徽宗大观元年田佑恭：内附，始建思州治（领务川、邛水、安夷三县），元初讨平九溪十八峒，田氏降，置镇远沿边溪峒招讨使司，隶思州军民宣慰司，隶湖广行省。明改思州宣慰司为思州府（旧治岑巩县），隶贵州布政司，清初承

[①] 《松桃苗族自治县概况》，贵州人民出版社，1985。

明制,民国改岑巩县"。

悬棺葬分布的龙江河自西北流向东南,横贯全县,在玉屏县入镇阳河,至湖南为沅水,系沅江上游一条支流,可下达湖南新晃、黔阳、辰溪、常德,因此岑巩县亦为"五溪蛮地"。

五溪蛮在唐宋时期最为活跃,历史文献记载颇多。元初,川、黔、湘、鄂的少数民族遭元朝军事镇压。关于五溪蛮的记载不多,但苗、瑶民族和五溪蛮中僚人后裔仍然存在。据近年民族调查,在松桃、江口、印江、思南、玉屏、石阡一带有数以万计的仡佬族。由于历史上深重的民族压迫,这些地区的仡佬族现多住在交通十分闭塞的边远、高寒山区。

岑巩县北与石阡县交界的凯本、平庄等地住着一些被称为"仡兜佬"的人,他们的衣着打扮与仡佬族完全相同,20世纪50年代初均填报汉族,近年来有的村寨已明确申报为仡佬族。

前引《朝野佥载》和《溪蛮丛笑》均详细记载了五溪蛮中,仡佬族行悬棺葬。民族调查表明,川、黔、湘、鄂等地的苗族、瑶族和土家族都无悬棺葬俗,因此,黔东北松桃、岑巩的悬棺葬亦应是僚或仡佬的葬俗。僚或仡佬,从语言谱系上讲,属壮侗语族的民族,与古代百越关系密切,这一带悬棺葬亦与古代百越有关。

四、川南、滇东北金沙江流域悬棺葬的年代和族属

流经四川省南部宜宾地区的南广河和云南省东北地区的横江、牛寨河均为金沙江支流,据《珙县志·舆地志》曰:

> 珙居叙郡南鄙,界川滇之间,本汉南广县地,山脉皆从滇来,崇岗复岭,自南趋北,水亦因之。

川南和滇东北地区山水相连,分布在该地的悬棺葬都被地方史志和当地人称为"僰人悬棺",悬棺葬流行的年代及其族属都应基本相同。

1974年,四川省博物馆在四川珙县麻塘坝清理的10具僰人悬棺随葬物品中有两件青花瓷器,经景德镇陶瓷馆的同志鉴定,被认为是明代中期的器物[①]。据此推测,珙县麻塘坝这10具悬棺大致为明代中期遗物,当然也还有早晚之分,但估计早不过明初。因元人李京在所著《云南志略》中便记载了川、滇交界地区悬棺葬俗,所以川南和滇东北地区悬棺葬年代的上限至少可以追溯到元朝。明万历初年川南一带行悬棺葬的都掌人遭到明统治者的残酷镇压,几乎被斩尽杀绝,从此以后川南和滇东北地区悬棺葬俗也就终止,因此这些地区悬棺葬的下限最迟

---

① 四川省博物馆、珙县文化馆:《四川珙县洛表公社10具"僰人"悬棺清理简报》,《文物》1980年第6期。

可能到明朝末年。

关于川南和滇东北悬棺葬的族属，元李京《云南志略·诸夷风俗》曰：

> 土僚蛮叙州南乌蒙北皆是，男子及十四五则左右击去两齿，然后婚娶。……人死则以棺木盛之，置之千仞颠岩之上，以先堕为吉。

文中明确记载元朝时川南南广河流域和滇东北地区昭通、镇雄等地悬棺葬为生活在当地的僚人葬俗。

川南、滇东北一带行悬棺葬的僚人，历史文献又称其为"都掌蛮"，当地人还称之为"僰人"。明末以后，他们虽已销声匿迹不见史载，但这一民族曾一度威武雄壮，叱咤风云，对我国南方少数民族史产生过深远的影响！

悬棺葬分布密集的川南珙县、兴文县等地及其毗连的滇东北地区，处于川、滇、黔三省交界的山区，山高谷深，交通闭塞，历代封建王朝的统治鞭长莫及，自古以来这一地区便是我国南方少数民族十分活跃的历史舞台。

先秦之时，在川南一带活动的少数民族主要是僰人。晋常璩《华阳国志》卷三《蜀志》曰：

> 僰道县在南安东四百里，距郡百里，高后六年城之，

> 治马湖江会，水通越嶲，本有僰人，故秦纪言僰僮之富。

《史记·西南夷列传》载：

> 取其筰马、僰僮。

张守节正义：

> 今益州南，戎州北，临大江，古僰国。

因此以四川宜宾为中心的川南地区有"僰道"和"故僰侯国"之称。

据《兴文县志》载，兴文县周秦为西南夷地，汉武帝建元六年，开夜郎置犍为郡，为汉阳县地。唐置晏州，宋熙宁后废晏州属长宁军，后为大坝都掌蛮地。

> 元至元十七年立大坝都总管，二十三年改戎州，明初改戎州县。万历元年克平九丝都掌蛮，设建武守御所，时县始名兴文，隶叙州府。

同书又曰：

> 建武在县西南，明万历以前为都掌蛮盘踞，不在版图之内，万历元年克平，设建武守御所，直隶都司。

四川珙县：

> 本古西南夷服地，秦灭开明氏，僰人居此，号曰僰国，后为夜郎王所胁属，汉武帝使唐蒙略通僰道，取夜郎置南广县于此，属犍为郡。……隋改南广为协州，唐改为巩州，……宋仅为羁縻巩州。

明洪武四年改为珙县，"而珙之上下罗计、落亥、青山等处仍设土官。万历元年平都掌蛮改设流官，此地始皆属中土"。

综上所述，兴文县、珙县等地在明以前一直主要是"僰人"或称之为"都掌蛮"的民族聚居区域。

唐代历史文献把这一带少数民族称之为"僚"，宋时称为"晏州夷""葛僚""刚夷恶僚""五斗夷"等。

《新唐书》卷二百二十二《南蛮传》：

> 戎、泸间有葛僚，居依山谷林箐，逾数百里，俗喜叛，州县抚视不至，必合党数千人，持排而战。……大中末，昌、泸二州刺史贪沓，以弱缯及羊疆僚市，米麦一斛，得值不及一半，群僚诉曰："当为贼取死耳！"……遂叛。

《宋史·蛮夷四》曰：

> 自黔、恭以西，至涪、泸、嘉、叙，自阶又折而东南至威、茂、黎、雅，被边十余郡，绵亘数千里，刚夷恶僚，殆千万计。

在川南地区这些僚人又有"董蛮、石门部、南广蛮"，所谓"叙州三路蛮"之分。

《兴文县志·边防》曰：

> 县属在明以前有都掌即僰僰苗保，所谓泸夷也。唐置晏州，领七县，宋祥符中，晏州夷劫掠江安知县。……徽宗政和五年，晏州夷卜漏四处剽掠。

《兴文县志》引清人顾祖禹《读史方舆纪要》：

> 南寿山，县南五里，山高大，宋时蛮酋卜漏据山为寨，一豆一蛮，数有五斗。

"五斗夷"这一名称最初的来历大约是言居住在兴文县南寿山一带的少数民族很多，故以"五斗"名之，以后人们便把"五斗夷"居住过的地方称为"五斗坝"。

从宋代开始兴文县境内的"夷""僚"被称为"都掌蛮",住在山区的为"山都掌",居平坝地区种水稻的为"水都掌"。

"都掌"一词的来历大概是以川南土著民族僰人首领在唐以后的自称,其含义大概与汉族官名"都统""都督""都指挥"之类相同。《兴文县志·建置沿革》云:

> 建武千户所,春秋僰侯故地,为西南夷,叛服不常,……宋熙宁间晏州夷献地隶泸州郡,政和间卜箎谋反,据五斗坝,后据九丝天险,号九丝山都掌。

以后,"都掌"遂成为族名,变成汉族人对僰人的称呼。至正年间,都掌人归附元朝封建政权,都掌人最大的聚居区建武千户所升为戎州,统辖水都四乡。因都掌人在川南一带人数众多,势力强大,其他民族如羿(布依)、苗、倮(彝)等人数较少的民族都处于次要地位。故历史文献常常只记载当时影响最大的都掌人,甚至一些地方志将上述几种民族与都掌人一起统称为"都掌"。在一些历史文献中,"僰"与"都掌"完全通用,如《明史·曾省吾议处都蛮疏略》:

> 都蛮东连永宁,南接芒部,西通乌蒙,北达马湖,而戎、长、高、珙、庆、筠六县近相连络,即古戎僰,汉西南

夷也。

又如《兴文县志》卷六《明国史馆修撰富顺李长春平蛮碑》曰：

> 万历元年，庚辰一战，凌霄城破之。六月丙寅，再战都都寨，复破之。僰人失此二险，交臂大折，毋论被魄矣。乃纠其党人保九丝城。……大军蹑啵而登，奋挺叫嚣，声殷殷撼天地。僰人方枕籍自坠……

在《珙县志》和《兴文县志》中"僰"与"都掌"通用的情况十分普遍。

川南和滇东北一带的居民自古以来一直称"都掌蛮"为"僰人"，把当地的悬棺葬称之为"僰人悬棺"。与此同时，都掌蛮又被称作"夜郎部"①。学术界许多学者认为夜郎属僚，为我国古代百越族系内的民族②。

从历史发展情况来看，"僰""僚""夜郎""都掌"等不同名称有一贯的继承性，实际上均指行悬棺葬的同一民族——

---

① 《汉书·地理志》载，武帝建元六年开夜郎置犍为郡，县十二，其中包括以僰道（今宜宾）为中心的川南地区，应邵注曰："故夜郎国。"《兴文县志》卷六《碑记·明翰林院经筵讲官南充任瀚西蜀平蛮碑》："蛮中推夜郎部最号枭雄，是都都掌。"
② 邓少琴：《试谈古代滇与夜郎的族属问题》；江应樑、史建忠：《夜郎是"百越"族属》；刘琳：《夜郎族属试探》，均载贵州省社科院历史研究所《讨论文集》之三《夜郎考》，贵州人民出版社，1983。

都掌人，以上各种不同名称是不同历史时期的统治者对这一民族使用的不同称呼。简言之，川南和滇东北地区悬棺葬的族属就是春秋战国以来劳动、生息在这块土地上的僰人后裔——都掌人。

考古学方面的资料证明，川南悬棺葬俗的都掌人属"僚"。1974年，四川省博物馆和珙县文化馆共同清理的珙县麻塘坝的10具僰人悬棺有10具人骨架，成年以上的7具人骨架中，发现有凿齿的痕迹[①]。

关于我国的凿齿习俗最早出现于大汶口文化早期遗址，直到大汶口文化晚期才衰落下去。以后凿齿习俗在我国东南沿海的江苏、上海一带马家浜文化，福建的昙石山文化，台湾高雄、恒春，广东增城金兰寺、佛山河宕等新石器时代晚期遗址和湖北等地的屈家岭文化遗址中均有发现。从新石器时代凿齿习俗的地理分布来看，这一习俗的起源主要与我国东南沿海和长江流域有关，而历史文献记载的凿齿风俗都比较集中在我国南方地区一些特定的少数民族之中，特别是僚人和仡佬族。晋人张华所著《博物志》，以及《旧唐书》《新唐书》《太平寰宇记》，还有明清时期许多历史文献，都详细记载了中世纪僚人的凿齿习俗。因此凿齿被认为是越僚民族的文化特征。但总的来讲，各个民族的凿齿习俗大多与成年和婚娶有关，这就说

---

① 四川省博物馆、珙县文化馆：《四川珙县洛表公社10具"僰人"悬棺清理简报》，《文物》1980年第6期。

明我国南方古代许多民族的凿齿风习主要是作为取得成年人资格的标志。凿齿，即人到成年时，人为地击落门牙旁两齿。

行悬棺葬的都掌人的凿齿习俗不仅有体质人类学的资料，而且在他们长期生息地区的地方志中亦得到印证。《兴文县志》卷二《曾省吾平蛮檄》和《兴文县志》卷一《建置沿革考》中《明浙江布政使宜宾李文续都督刘公生祠碑记》，都有关于川南都掌人凿齿的记载。

综上所述，四川南部和云南东北部地区的悬棺葬与我国中世纪的僚人有关，僚与我国古代越人的密切关系，近世许多学者论述颇多而且详细[①]，无须赘言。

都掌人的历史如何由盛而衰呢？

《华阳国志》引《秦纪》言"僰僮之富"表明，早在战国时期，川南一带的僰人已有较高的生产发展水平。秦汉王朝在川南、滇东北设立郡县，置派官吏，加强了僰人同中原地区经济、文化的交流，但由于中原统治者的贪婪、残暴的统治，一次又一次地引起这一地区广大人民群众的反抗斗争。

据《新唐书》和地方史志记载，唐朝以降，川南地区都掌人因不能忍受中央王朝的封建剥削和民族压迫，多次进行武装起义，唐大中年间川南一带的葛僚主酋长始艾为王，反抗唐朝

[①] 江应樑：《百越族属研究》，云南大学西南边疆民族历史研究所编印《西南民族历史研究集刊》第1集，1980年12月；戴裔煊：《僚的研究》，中山文化教育馆编《民族学研究集刊》第6期，（上海）中华书局，1940；翁家烈：《贵州古代濮、僚、越族属关系初探》，《贵州民族研究》1980年第1期。

统治者，"逾梓、潼，所过焚剽"①。"唐仪凤间开拓夷缴，于本部（兴文县）置晏州罗阳郡领县七，宋熙宁间晏州夷献地，隶泸州郡，政和间，夷卜笼谋叛据五斗坝，后据九丝天险，号九丝山都掌。"②

《宋史》卷四百九十六《蛮夷四》，比较详细地记载了宋代聚居兴文等地都掌蛮的反抗斗争：

> 大中祥符元年，泸州言江安县夷人杀伤内属户，害巡检任赛，既不自安，遂为乱。……五年，晏州多刚县夷人斗望、行牌率众劫淯井监，杀驻泊借职平言，大掠资畜，知泸州江安县，奉职文信领兵趋之，遇害，民皆惊扰，走保戎州。……六年九月，诏怀信为嘉、眉、戎、泸等州水陆都巡检使，合门祗候康川、符承训为都同巡检使，及发虎翼、神虎等兵三千余人，令怀信与瑊商度进讨。……七年正月，其酋斗望三路分众来斗，又为官军大败，射杀数百人，溺水死者莫计。夷人震詟，诣军首服，纳牛羊、铜鼓、器械，瑊等依诏抚谕。

《兴文县志》卷五《事纪》曰：

---

① 《新唐书》卷二百二十二《南蛮传》。
② 《兴文县志》卷一《建置沿革考》。

> 宋祥符中，晏州夷斗望劫掠江安知县，神宗熙宁七年六姓夷人入寇，命经制熊本讨之，柯阴乞降，徽宗政和五年知梅岭砦高公老之妻，帝宗女也，常出金玉器饮，晏州夷卜漏等，艳之，会泸县贾宗谅以饮竹木扰，……袭破梅岭砦，掳公老妻及其器物。

从宋到明代都掌人力量强盛，活动地域广阔。《宋史·蛮夷四》载：

> 又有夷在泸州部，亦西南边地，所部十州，曰巩、曰定、曰高、曰奉、曰淯、曰宋、曰纳、曰晏、曰投附、曰长宁，皆夷人居之，依山险，善寇掠。淯井监者，在夷地中，朝廷置吏领之，以拊御夷众，或不得人，往往生事。

文中所言川南十州如珙县、高县、兴文县、长宁县、纳溪县等地，均为都掌人活动地域。《兴文县志》卷四《宦迹》又曰：

> 都掌蛮者居叙州、戎县，介高、珙、筠连、长宁、江安、纳溪六县间。

明初至万历两百多年间都掌人反抗明统治者的斗争空前激烈，持续不断。

明洪武二十七年，戎县夷出没不常，奏调叙南卫左千户所于本县守御，永乐间遣总兵官梁鲲征讨，窜深菁不能追，乃招安之。宣德二年，夷复寇筠连，都指挥徐谅抚安之。未几，又劫高、珙、长宁、庆江等县，监察御史杨灿诣戎县招抚大坝等寨，捕获夷首械送京师。九年夷贼又叛。……正德四年，又烧劫各县，都指挥王杲集戎县汉夷乡老招出五都夷，谕以祸福，令各回砦……景泰元年正月，高、珙、筠、戎夷人并起，声言汉人每年公差下砦征粮害我。我当出报，遂傅公差于树杀之。……各攻本县。①

天顺五年，以戎县夷人连年流劫，遣总兵官许贵讨之。成化元年，都掌大坝等寨蛮贼分劫江安等县，兵部以闻。二年，国子学录黄明善奏四川山都掌蛮，屡岁出没，杀掠良民，景泰元年招之，复叛。天顺六年抚之，又叛。②

成化元年叙州人礼部侍郎周洪谟主张在川南仍立土官治理，但御史汪浩等缴幸边功，诬杀所保土官及寨主270余人。汪浩等人的倒行逆施激起了都掌人更加激烈的反抗，"夷入伏兵四起，官军五千余众皆没。浩等闻之，夜奔。官军迷道，人马堕溪谷，死者无算"③。都掌人诸寨聚议复仇，锐不可当，循江

---

① 《兴文县志》卷五《事纪》。
② 《珙县志》卷十三《军政·平蛮始末》。
③ 同上。

而南直抵江安、纳溪、合江，所向披靡，如履无人之境。

> 正德九年，葛魁夷人普法恶与夷女米浪通生子，假称浪为王母，子为弥勒佛，恶为天官，潜刻符印，造旗帜，集僰、羿、苗、倮等夷……谋为不轨……十二年十二月，夷部与筠连县流民苏衡等争田有隙，屡诉不直……于是诸夷寨俱叛，众几万人攻城堡，劫财杀人，焚庐舍。

明统治者多次调集重兵镇压都掌人的反抗均遭失败。"成化元年都掌蛮分劫珙戎诸县，兵部以闻，诏巡抚汪浩、都督芮城讨之，浩败迹。"①《兴文县志》卷六《南充任瀚西蜀平蛮碑》曰：

> 夜郎为寇中国，僭称王侯，自庄蹻略西极以来，军法所不治，蛮中推夜郎部最号枭雄，是称都蛮，窃据犍僰要害，四塞险绝，猿猱虎豹所宫，即有孙吴提兵压境，贼乘高谷，军处其下，如人射雕之中，……故先朝诸将战守多败屈失利，常置不问，明兴二百年间，王师西下讨罪，前从数百战，迄无成功。

---

① 《珙县志》卷十四《杂志》辑佚。

成化时甚至"派兵部尚书程信出合三省汉土官军十八万征剿都掌蛮,越四年仅克大坝（叙永）、对都掌人聚居的九丝天险,明军每望而不敢进",其结果是"师老将疲,仅搏一捷,然所耗伤甚重,得不补亡"[①]。

到明朝中期都掌人的力量更加强大,武装斗争继续高涨。"嘉靖中戎夷负险骄肆,绑虏千百户,杀死巡检,抢辱知县妻孥,蛮酋阿大、阿二、方三等俱僭王号,据九丝城,势甚猖獗。"隆庆、万历之际,都掌人"拥部落横行塞下,数犯庆、长、高、珙、筠、戎",并"长驱江、纳,几薄叙泸,拥众称王,攻劫城堡,死千把百户,掳杀绅监生员"[②]。严重威胁到明王朝在川南以及川、滇、黔交界地区的封建统治。

明统治者与都掌人之间的矛盾达到你死我活的地步,终于导致了一场关系到都掌人民族危亡的大决战。

万历元年四月四川巡抚曾省吾以南中军都督刘显为节帅统制,调集汉、土官兵数万向都掌人聚居的九丝山及其附近的凌霄城、都都寨等发起猛烈进攻。都掌人依仗九丝天险,拒死不下,官兵仰攻亦难,与明军对峙达半年之久。这年秋天刘显增兵至14万,分5路进军,乘都掌人9月9日作社椎牛大飨,纵酒自放之机,采取突然袭击,方才攻下都掌人最后的军事据点九丝

---

① 《兴文县志》卷六《碑记·南充任瀚西蜀平蛮碑》,《曾省吾功宗小纪碑》。
② 《兴文县志》卷六《碑记·曾省吾功宗小纪碑》,《兴文县志》卷二《曾省吾平蛮檄》。

山。在这次战争中都掌人遭到明王朝毁灭性打击。据1981年尚存于四川省兴文县建武区人民医院的《明翰林院经筵讲官南充任瀚西蜀平蛮碑》《明潼关兵备道宜宾周交平蛮颂碑》《明国史馆修撰富顺李长春平蛮碑记》《曾省吾功宗小纪碑》等碑文记载，九丝城一战，明军烧毁城中粮屯千余屯，都掌人仓皇应战，"扑崖谷死者数万，计先后下城栅六十有奇，擒名王三十有六，俘斩四千六百有奇，拓地四百里"。"卤其金鼓标弩牛马以万计，获诸葛铜鼓九十三面，题改戎县为兴文县。"都掌人首领阿大、阿二和方三先后被俘。阿大泣曰："鼓声宏者为上，可易千牛，次者七、八百，得鼓二、三便可僭号称王，鼓山巅，群蛮毕集，今已矣，鼓失而蛮运终矣。"

从明万历以后，川南地区的"僰人"或"都掌蛮"的名称均不再见于史载，这一带的悬棺葬俗亦从此终止。

在四川南部珙县、兴文县等地，每当人们仰望着那些高高悬挂在壁立山岩上的悬棺时都不禁要问："历史上有这种葬俗的民族究竟到哪里去了呢？""现今生活在这些地区的各民族中哪些人与历史上的僰人有关呢？"这些饶有趣味的问题从20世纪30年代以来的半个多世纪一直吸引着中外学者和无数的游人。

万历元年都掌人遭受沉重打击之后，他们作为一个历史范畴已经发生了巨大变化，这个民族已不复存，然而并不等于构成这个民族共同体的成员也都从此被消灭殆尽。

据《任瀚西蜀平蛮碑》载，刘显在对都掌人诉诸武力的同时也使用诱降、招安的手段："显使间谕三雄王，……部下乞降者二千三百有奇。"又据《兴文县志》卷三十六《事纪》曰：万历元年，明军攻九丝山，"燔营舍六千所，斩首俘获四千六百有奇，酋长三十六名，招安三千三百口"。即是说，在都掌人遭受明统治者血腥镇压之后至少还有几千人存留下来，这些被招安和投降的人去向如何？

由于明统治者的屠杀，留下的都掌人为求生存，便不能作为一个民族而独立存在，必然变服改俗。据笔者民族调查，幸存的都掌人有一部分已经被迫汉化。

长期以来在川南的珙县、兴文县等地就广泛流传"游倮倮，范苗子，何家就是挂岩子"[①]的民谣。这个民谣不仅从客观上反映了川南等地原是多民族杂居区的历史事实，而且也透露了有关行悬棺葬的民族——僰人（都掌人）后裔的若干历史信息。

珙县、兴文县等地的居民普遍认为，悬棺分布最密集的珙县麻塘坝和苏麻湾一带有部分何姓人家就是僰人的后代。据珙县苏麻湾的农民说，世世代代相传，明朝和明以前叙永至古蔺的川南7县都是僰人居住的地方，这一传说与《兴文县志》卷四《宦迹》所载"都掌蛮者居叙州、戎县，介高、珙、筠连、

---

① "挂岩子"是川南等地人民对悬棺葬的一种俗称，后变成对行悬棺葬民族——僰人的称呼，倮倮是历史上对彝族的称呼。

长宁、江安、纳溪六县间"相符合。僰人被明军镇压后，川南地区，尤其是珙县、兴文县等地，几百年来都流行"何家就是挂岩子"的民谣。民族调查的资料亦说明，明万历年间阿大王为首的僰人失败以后，他这一民族的人隐藏下来，由"阿"改姓"何"。

珙县麻塘坝后山等地何姓人家被当地人认为是"挂岩人"（僰人）的后代，然而因明王朝军队的残杀和历代封建统治者的民族压迫，使得后山何家自古以来对自己的祖先讳莫如深，从不承认是僰人的后裔。在1949年以前，川南一带凡被人们认为是"挂岩子"后代的人被称为"黑骨头"[①]，会遭受种种歧视。因此，"挂岩子"（悬棺葬俗）被视为奇耻大辱。

珙县麻塘坝等地的何家不承认自己是"挂岩子"的后代，但却尊崇都掌人首领阿大王为自己的祖先。根据民族调查，后山何家的人直到20世纪50年代还在麻塘坝狮子岩的悬棺葬洞穴中供有阿大王的牌位。在麻塘坝土生土长的几位老人向调查者叙述了20世纪50年代以前，他们亲眼看见当地名叫何××（早已去世）领着自己家族吹吹打打地到麻塘坝有悬棺葬的"珍珠伞"下三孝石陈礼祭奠的情景。20世纪80年代初的一次民族调查期间，麻塘坝后山何家70多岁的老人何××讲，他们何家与阿大王同一祖宗，为逃脱封建统治者的屠刀，何由"阿"改来

---

① 意即贱种，与广州方言中"黑骨头"的含义相同，而与凉山彝族统治阶级以"黑骨头"为血统高贵的奴隶主贵族之意则完全相反。

的，大约在1923年前后，他的父亲曾带领他们这一家族的人到"珍珠伞"下的悬棺葬上坟祭祖。珙县苏麻湾一带的何家也没有任何人承认自己是"挂岩子"的后代，但每年腊月和清明时节当汉族祭祀祖先和上坟扫墓时，何家的人也都会在夜间偷偷地跑到有悬棺葬的山崖脚下烧纸祭拜自己的祖先。

我国南方许多少数民族古代均无姓氏。《文献通考》阿谟，阿段曰：

> 僚俗不辨姓氏，所生男女，长幼次第呼之，其丈夫称阿谟、阿段，称妇人为阿夷、阿等之类……今稍从汉俗，易为罗、阳等姓。

川南都掌人也不例外，其首领被称为阿大、阿二、阿芶、阿墨[①]。

考古学资料也说明珙县麻塘坝和苏麻湾何家与行悬棺葬的僰人之间的密切关系。1974年四川省博物馆和珙县文化馆清理的麻塘坝僰人悬棺葬的随葬品中有一支方头圆足的红漆竹箸，上面草书汉文："……五子，阿旦沐。"[②]据实地调查，珙县一位名傅长泰的老农于1936年在麻塘坝"三眼洞"悬棺葬岩脚下

---

① 《兴文县志》卷四《宦迹》。
② 四川省博物馆、珙县文化馆：《四川珙县洛表公社10具"僰人"悬棺清理简报》，《文物》1980年第6期。

耕地时亲眼见到掉下来的悬棺中有一块竹片上书正楷汉字"阿光冀"。"阿旦沐""阿光冀"显系人名，因此，珙县和兴文县一些姓何人家的"何"由阿改成是可信的。

四川省南部和云南省东北部的悬棺葬集中分布在川、滇两省毗邻山区的200多千米范围之内。据调查所知，关于这些地区的悬棺葬的族属，无论是云南盐津豆沙关一带，还是四川珙县、兴文县和高县、筠连县等地的苗、彝、汉族，均异口同声，一致称悬棺葬是"僰人子"或"白人子""白儿子"①的祖坟，各地方志亦称之为"僰人悬棺"。

20世纪50年代初期泸州师范学校的邓甫全老师曾在珙县巡场、麻岭乡等地工作，其中有个村子名"白家村"，又叫"白家坟"。当时令邓老师感到非常奇怪的是白家村并无一户白姓人家，后来当地的农会主任告诉他："白家坟就是僰家坟，那是挂岩子后人居住过的地方。"由于历史上的民族压迫造成的民族隔阂，僰人后裔根本不敢承认行悬棺葬的民族是自己的祖先，正如农会主任所说："谁家肯认账？男的要娶亲，女儿要嫁人嘛！"过去珙县、兴文县等地不少人只有在临终前才会向儿女透露自己是什么民族。

珙县、兴文县一些七八十岁的老人们说，都掌人被明军打败后还有许多人逃往珙县洛表、洛亥等偏僻的深山老林。《珙

---

① 在西南地区方言中，"僰"与"白"音同。

县志》卷七《风俗》亦载：

> 珙县远僻山中，有胡子苗，其名土僚者，即僰之别种，此夷县属颇少，帷上罗、洛表以南间或有之，亦多改汉服，更其旧俗。

这些人虽逃到偏远山区，但仍然被迫汉化。

幸免于死的都掌人除一部分被迫汉化外，另有部分则又同化到苗族当中。关于都掌人的去向问题，兴文县广泛流传"假苗真僰"的说法。

明朝万历年间统治者剿灭都掌人之前，县志只有关于都掌人（或僰人）的记载，而无关于苗族活动的记载。在兴文县，凡是都掌人曾聚居的山寨，如鸡冠岭、内官寨、印靶山以及九丝山一带的寨子，万历元年明统治者镇压都掌人后统统变成了苗族村寨，不仅兴文县如此，而且邻近的珙县、长宁县、叙永县和云南省东北部的威信县等地都是僰人居住的地方，后来也全都变成了苗族村落。现今川南地区的苗族山寨与历史上都掌人聚居的地区一致，这种情况说明都掌人的幸存者中，有一部分又同化到苗族当中。

笔者在实地调查中发现，川南有部分苗族也认为自己是僰人的后代。1980年珙县曹营乡50多岁的农民陶××说，他们祖祖辈辈都住在悬棺葬分布最密集的苏麻湾附近，明万历时这一带的村寨为都掌人聚居区，现在全是苗族寨子。陶说，他早已怀疑自己不是真正的苗族，而是行悬棺葬的僰人（都掌人）的后代。他从小就听说自己祖先的头人是都掌蛮首领阿大、阿二，20世纪50年代以前，他们这支苗族要杀"泰山猪"祭其祖宗阿大、阿二。杀猪祭祖的活动必须在山上悄悄地进行，并且不允许女人参加。在祭祖过程中不能说一句汉话，否则祖先要生气，不会来享用祭品（汉族统治者曾残酷镇压以阿大、阿二为首的族人，造成了很深的民族隔阂）。陶还说，他多次去过贵州，会见过花苗、白苗等各支苗族，与他们讲本民族语言，彼此之间不能通话，从一至十的10个数目字当中，仅有一个字读音相同。

又据民族调查，川南宜宾地区的苗族，从明末清初以来流行一种"还泰山"的祭祖仪式。其祭祀必在家里举行，且必在夜深人静，妇女睡熟之时；尽管如此，举行时还要在门上挂刺藤，告诉外人，哪怕是本村的也不能进家来。当晚，主人邀请族内兄弟在家杀猪祭祀，从杀猪到吃肉，始终秘密进行。他们对外人的解释是只有这样做，祖先的魂魄才肯前来享祭。实际上，这种神秘的祭祀习俗说明主人不愿让任何人——包括妻（她自然来自外家）、女（她必然嫁到外家）和同村人知晓自己祭祖，不愿让外人知道自己祖先的姓名和真实面貌的心理。它反映了明末清初川南宜宾地区民族关系紧张这一历史背景，也提供了部分都掌人可能融入苗族之中的线索[①]。

在民族调查中还发现，兴文县等地的汉族人亦认为幸存下来的都掌人隐瞒了原来的民族成分，变成了建武、德胜、玉秀等区的苗族，并认为悬棺葬俗是以"阿大王"为首的都掌人的葬俗，而这些地方的许多苗族人则认为自己是阿大王的后代。20世纪50年代以前，兴文县德胜及其附近地区的苗族人民家家户户都信仰和供奉"龙君三圣神"。"三圣"即都掌人阿大、阿二和方三，直到20世纪50年代原都掌人的聚居中心——建武区还保存有"三圣庙"的建筑，庙内供着阿大、阿二和方三的塑像。当地人民群众生动地描述了三圣的形象：阿大、阿二是英勇威武的男子，而方三则是一个宁死不屈的巾帼英雄，人称方三妹。传说方三妹在与明军的殊死搏斗中身负重伤，肠子从腹部流出仍顽强拼杀直到生命止息，因此三圣庙中方三妹的塑像有肠子数道缠绕颈项。

四川南部和滇东北一带行悬棺葬的民族都掌人被明朝封建统治者残酷屠杀后，这个民族虽从历史上消失了，但是他们反抗封建统治和民族压迫的英勇斗争故事，几百年来在川南和滇东北一带广泛流传，深深激励和鼓舞着广大人民。川南一带僰人悬棺葬俗发展变化的历史记录了都掌人的民族兴盛与衰亡，以及他们为开发祖国西南地区创建的不朽功绩。

---

① 罗开玉：《中国丧葬与文化》，海南人民出版社，1988。

五、湘东南、桂北湘江流域悬棺葬的年代和族属

湖南潭衡州及东安和桂东北交界的全州地区湘江江畔均有悬棺葬。目前湖南湘江流域虽已无悬棺葬遗迹可寻，但据前引《通典》记载，至少在唐代湖南东部和南部的湘潭、衡阳、东安等地尚有悬棺葬俗。而桂东北湘江流域的全州地区其悬棺葬根据棺木上所盖明代板瓦，可以推测，湖南和桂东北湘江流域的悬棺葬流行年代上限至少在唐代，下限可到明代。

潭衡州和全州地区，古代也是越人活动范围。如前所述，几何印纹陶是古代百越文化的一个重要特征。湖南省东部和南部出土有从新石器时代到秦汉时期的大量几何印纹陶。从几何印纹陶分布的特点来看，它主要分布在湖南地区，湖南古越人主要居住区正是湘东和湘南。近年来，湖南衡阳地区发现的一些新石器时代至汉代的古遗址和墓葬中，均有几何印纹陶[1]。

衡山南岳彭家岭遗址和衡阳县金山岭遗址，出土有商以前的回纹、菱形纹、波浪纹、方格纹等印纹陶片。1982年衡阳市南郊周诗头村遗址出土的上万件印纹陶片，占陶片总数90%以上者多为云雷纹、方格纹、曲折纹等。同时在衡阳市东郊周家坳和祁东山小米山遗址采集到同类型的印纹硬陶。衡阳地区中部零陵菱角塘遗址出土的陶片中，几何印纹陶所占比例高达

---

[1] 傅举有：《古越族在湖南活动的历史和遗迹》，载《百越民族史论丛》，广西人民出版社，1985。

95%。可以看出，从春秋直到西汉时期，衡阳地区仍多几何印纹陶[1]。

除此以外，湘东和湘南地区还出有越式铜鼎、越式扇形钺、鞭形钺和双肩钺。如扇形钺和靴形钺上的大多数图案中有一个至几个腰间佩剑的人物形象，他们头上未见冠带，似为剪发，又身着短裤、赤足，图案中的人物正是"好用剑"的越人形象。湖南是我国出土錞于最多的省份，最早的錞于均出自古代百越之地，所以錞于很可能起源于越族。另一个引人注意的现象是錞于上的纹饰主要是船和鱼[2]。

衡阳市博物馆藏品中有若干当地古越族的遗物，主要有越式鼎、越式短剑、铜钺等。其中铜钺18件，形制有靴形、肩形和双肩，多为素面无纹，少数有钺弦纹和几何形线条。它们多数是在本地废品仓库发现的，有的是在衡阳苗圃出土。另衡山霞流市湘江堤岸下一春秋战国土坑遭水冲击出一组铜器，其中有武士靴形钺，双面铸有身佩刀、剑和手持斧钺的勇士，这些钺的形制和纹饰与广西恭城加会、平乐银山岭和广东德庆出土的同类物相似。从衡阳地区出土大量越式器物看，两周时期当地的主要居民应是越人。到春秋晚期，衡阳南方的郴州已属楚的势力范围，但此时楚越文化在衡阳地区的融合中，越文化仍

---

[1] 冯玉辉：《两周时期衡阳民族——越族初探》，载《百越民族史研究》，贵州人民出版社，1987。
[2] 傅举有：《古越族在湖南活动的历史和遗迹》，载《百越民族史论丛》，广西人民出版社，1985。

占优势。后来在这些地区出土的秦汉文物中也还显示出越文化的特征①。

春秋时，长沙、衡阳一带地属"杨越"。随着楚国势力的南侵，杨越从长江中游退向南方。《史记》卷四十《楚世家》载，楚成王"使人献天子，天子赐胙，曰：'镇尔南方夷越之乱，无侵中国。'于是楚地千里"。此后"吴起相悼王，南并蛮越，遂有洞庭、苍梧"②。据唐杜佑《通典·边防三·南蛮》序略：洞庭、苍梧，即长沙、衡阳等郡地，这些地区均有越人。

《汉书·吴芮传》记载，秦时有番阳令吴芮，当诸侯亡秦之初，吴芮"率越人举兵以应诸侯"，被项羽封之为衡山王，汉初徙为长沙王。关于长沙王的封地，高帝五年诏曰："故衡山王吴芮与子二人，兄子一人，从百粤之兵"，诛暴秦有功，"其以长沙、豫章、象郡、桂林、南海，立番君芮为长沙王"。由此可知，第一，吴芮率越人响应秦末农民起义，其辖地番阳（今江西鄱阳）一带为越人居住地。第二，吴芮汉初被封为长沙王后，其封地包括岭南、岭北地区。汉初岭南为越人分布区无疑，与之毗连的岭北地区江西鄱阳、南昌，湖南长沙、衡山一带也属越人聚居区，到汉武帝时，赵佗上书曰：

---

① 冯玉辉：《两周时期衡阳民族——越族初探》，载《百越民族史研究》，贵州人民出版社，1987。
② 《后汉书》卷八十六《南蛮西南夷列传》。

"西北有长沙其半蛮夷，亦称王。"①

秦汉时期岭南、岭北地区的越人有内越和外越之分，岭南地区的南越叫外越，长沙国的越人称内越。据《史记》《汉书》记载，百越中属内越的还有一个叫"陆梁"的侯国，其地在长沙国南部，今湖南省南部边境的五岭山区，亦即今湖南省南部与广东、广西交界地区②。悬棺葬分布地——湘江流域的湘潭、衡山、东安、金州等地均与上述古越人分布地域相符。

自秦汉以后，湘江流域的越人不断被汉化，但直到南北朝时，这一地区越人的活动仍多见于文献记载。《南齐书》卷十五《州郡下》载：荆州"境域之内含带蛮蜑"。《陈书》卷九《欧阳頠传》：

> 欧阳頠，长沙临湘人。……梁左卫将军兰钦之少也，与頠相善，故頠常随钦征讨。钦为衡州，仍除清远太守。钦南征夷僚，擒陈文彻，所获不可胜计，献大铜鼓，累代所无，頠预其功。还为直阁将军，仍除天门太守，伐蛮左有功。……时頠弟盛为交州刺史，次弟邃为衡州刺史。合门显贵，名振南土。又为致铜鼓、生口……

---

① 《汉书》卷九十五《两粤传》。
② 傅举有：《古越族在湖南活动的历史和遗迹》，载《百越民族史论丛》，广西人民出版社，1985。

同书卷二十《华皎传》载：华皎为湘州刺史，都督湘巴等四州诸军事，"征伐川洞，多致铜鼓、生口，并送京师"。

据《隋书·地理志》，蛮属古越人之裔，铜鼓为越人重要的文化特征之一。潭、衡州古越人的风俗习惯，从南北朝直到唐代都得以保留。《梁书》卷五十二《顾宪之传》：

  顾宪之，吴郡吴人也。……高帝即位，除衡阳内史。先是郡境连岁疫疾，死者太半……又土俗，山民有病，辄云先人为祸，皆开冢剖棺，水洗枯骨，名为除祟。

文中所载山民之洗骨葬实为越人的二次葬习，与唐杜佑《通典·边防序》中载"潭、衡州人蛮，取死者骨，小函子盛，置山岩石间"的葬俗相同。又据唐人《湖南风土志》曰：潭州，"俗信鬼，好淫祀，茅庐为室，颇杂越风"。

宋代著名诗人黄庭坚《过洞庭青草湖》诗中有描写湖南湘江流域僚人生活情景的诗句：

  行矣勿迟留，蕉林追儴傺。

据考证，宋代青草湖约当今万子湖与横岭湖之间，晋时在武陵东北与长沙、衡阳二郡交接处①。因此，湖南和广西两省区湘江流域的悬棺葬俗保留到唐宋甚至明代是可信的。

金州、东安与潭、衡州在地域上连成一片，古代同属陆梁国，旧为湘州，这些地区从先秦直到唐宋时期都有众多越人及其后裔——蜒人、僚人分布，湖南和广西的湘江流域的悬棺葬族属与古代越、僚有关。

六、广西左右江流域悬棺葬的年代和族属

从广西左右江流域隆安、平梁、大新等地悬棺葬随葬物品中发现的唐代"乾元通宝"、明代铜钱和康熙铜钱等物来看，广西左右江流域目前保留的悬棺葬遗存年代较晚，延续的时间可能为唐朝至明清时期。

广西自古以来为我国百越分布地区之一，因其地理位置在我国西南，这里的越人故有"西越""西瓯"和"骆越"之称。

新石器时代的考古资料说明，在广西地区亦有越族先民文化的典型器物几何印纹陶、双肩石斧和有段石锛分布。尤其是在悬棺葬分布密集的广西左右江流域发现了许多以采蚝、捕鱼为主，同时兼营狩猎和农业的贝丘遗址。以大新和龙州的新石器时代遗址为例，出土器物中生产工具均为磨制，以双肩石斧

---

① 朱俊明：《试论武陵僚人与其他僚人同族》，《民族论坛》1987年第3期。

和有段石锛为代表器形①。

先秦时期关于广西境内越人的历史文献记载很少，在《逸周书》等史籍和青铜器的铭文中出现了"南夷""苍梧""南瓯"等名称。《逸周书》卷七《王会解》：

> 东越海蛤，瓯人蝉蛇……其西鱼复鼓钟钟牛，蛮扬之翟，仓吾翡翠，翡翠者所以取羽，其余皆可知，自古之政，南人至众皆北向。

同书载，伊尹为四方献令：

> 伊尹受命，于是为四方令曰："臣请正东符娄，仇州、伊虑、沤深、九夷、十蛮、越沤，剪发文身。……正南：瓯、邓、桂国、损子、产里、百濮、九菌，请令以珠玑、瑇瑁、象齿、文犀、翠羽、菌鹤、短狗为献"……

文中所说正南的"瓯""桂国"是地名，也是族名，显然在广西境内。

周代青铜器铭文与《逸周书》一样称广西境内的越人为

---

① 广西壮族自治区文物工作队：《30年来广西文物考古工作的主要收获》，文物出版社，1979。

第四章 中国悬棺葬的年代和族属　311

"苍吾"[1]。

秦汉时期，历史文献称广西境内的越人为"西瓯""骆越"。"及至秦王，续六世之余烈，振长策而御宇内，……南取百越之地，以为桂林、象郡，百越之君俛首系颈，委命下吏。"[2]秦统一中国后，在岭南地区置桂林郡、象郡、南海郡。秦桂林郡治所布山（今广西贵县，管辖地区主要在今广西境内）。

南北朝顾野王《舆地志》曰："交趾，周时为骆越，秦时为西瓯，文身断发避龙。"[3]颜师古注曰："西瓯亦即骆越也，言西瓯以别东瓯也。"[4]

由此可见，东瓯和西瓯皆古越人，加东西二字只是表明他们所处地理位置的区别。

《汉书·两粤传》：

> 且南方卑湿，蛮夷中西有西瓯，其众半羸，南面称王；东有闽粤，其众数千人，亦称王；西北有长沙，其半蛮夷，亦称王。老夫故敢妄窃帝号，聊以自娱。

南越国赵佗称帝于南海郡时，西瓯王或骆越王仍统治着广

---

[1] 郭沫若：《两周金文辞大系图录及考释》。
[2] 《史记》卷六《秦始皇本纪》。
[3] 《史记》卷四十三《赵世家》司马贞"索隐"引。
[4] 《汉书》卷九十五《两粤传》颜师古注。

西地区，后来赵佗"以兵威边，（以）财物赂遗闽越、西瓯、骆，役属焉"。[①]最后终于兴兵"击并桂林、象郡"，把西瓯王统治下的西瓯、骆越仍按秦制，置桂林郡，把秦象郡改置交趾、九真二郡。汉改秦桂林郡为郁林郡。

关于西瓯、骆越同属一支还是分属两支的问题，学术界颇有争论，但无论他们同属一支还是分别为两个支系，均是古代越人。

到东汉时期，两广的骆越人又有"乌浒"和"俚"的称呼。《后汉书·南蛮传》：

> 灵帝建宁三年，郁林太守谷永以恩信招降乌浒人十余万内属，皆受冠带，开置七县。……光和元年，交趾、合浦乌浒蛮反叛，招诱九真、日南，合数万人，攻没郡县。

文献记载表明，被称作"乌浒"的人们，其活动地域与以前的西瓯、骆越人活动地区相同，文献中既没提到乌浒人从何而来，也没提到西瓯、骆越人何时从原居住地迁走，乌浒与西瓯、骆越人显然有密切的历史渊源关系。

俚的名称见于东汉。《后汉书·南蛮传》：

---

① 《史记》卷一百十三《南越列传》。

建武十二年，九真徼外蛮俚张游，率种人慕化内属，封为归汉里君。

李贤注曰：

里，蛮之别号，今则呼为俚人。

同书又载，建武十六年：

交趾女子征侧及其妹征贰反，攻郡。……交趾太守苏定以法绳之，侧忿，故反。于是九真、日南、合浦蛮里皆应之。

三国时吴人万震著《南州异物志》曰：

俚在广州之南，苍梧、郁林、合浦、宁浦、高梁五郡皆有之，地方数千里。

俚人活动的地方又是乌浒人活动的地方，二者关系密切。北宋《太平寰宇记》载：

贵州（今贵县）连山数百里，皆俚人，即乌浒蛮。

南北朝顾野王《舆地志》曰：

> 交趾，周时为骆越，秦时曰西瓯。贵州故西瓯、骆越之地，秦虽立（桂林）郡，仍有瓯骆之名。

更清楚地说明了俚人、乌浒人与古西瓯、骆越的相互关系。

"僚"的名称见于《三国志·蜀志》。晋代的《华阳国志》关于僚的记载较多，但大多指住在四川境内的少数民族。到隋唐时，关于僚的记载越来越多，此时已发展到对活动在西南地区，其中包括两广、湖南地区古代一些少数民族的称呼。如《隋书·地理志》：

> 黔安郡，统县二：彭水、涪川。傍南山杂有僚户……自岭巴南二十余郡，大率土地下湿，皆多瘴厉，人尤夭折。……其俚人则质直尚信，诸蛮则勇敢自立，皆重贿轻死，唯富为雄。……诸僚皆然。并铸铜为大鼓，初成，悬于庭中，置酒以招同类。

《隋书·谯国夫人传》：

> 夫人亲载诏书，自称使者，历十余州，……输诸俚僚。

又《旧唐书》载"南平僚",《新唐书》载"飞头僚""乌浒僚"等。

有的史籍如晋裴渊《广州记》和北宋《太平寰宇记》等历史文献将俚僚并称,有的历史文献又将俚僚通用,如《南史·蓝钦传》称陈文彻为"里帅",而同书《欧阳頠传》则称他为"蛮僚",可见俚僚在族源上相同。

僚音佬,分布在古代牂牁、兴古、郁林、苍梧、交趾等郡。即今云南、贵州、两广等地皆有僚人分布。

南宋时期,对于广西少数民族的称呼出现了"僮""撞"的记载。南宋范成大《桂海虞衡志》:

庆远、南丹溪峒之人呼曰僮。

以后僮的名称经常出现,有时写作"撞"。《明史·广西土司传》曰:

广西徭、僮居多……种类滋繁,莫可枚举。

明代广西的僚人、僮人又被称为"俍人",据明田汝成《炎徼纪闻》载,有僚人称其头人为"郎火",郎与俍同音异写,俍人与僚人的关系密切。

历史上所有这些族称之间都有密切的渊源关系,上同西瓯、骆越相连，下与"僮""俍"密不可分。从历史文献记载来看，悬棺葬分布密集的广西左右江流域没有发生过大的民族迁徙，而且直到现在这些地区仍为壮族聚居区，这种情况表明，广西左右江流域的悬棺葬是广西壮族及其先民的文化遗存。

我国悬棺葬文化遗存虽然在长江流域及其以南分布地域很广，但从以上历史文献记载及民族学、考古学等方面的资料综合分析后可以看出，悬棺葬这一古老而又奇特的葬俗与我国古代百越及其后裔关系十分密切，因此不少学者将悬棺葬看作是古越人的文化特征不无道理。

七、悬棺葬的流传

（一）中国悬棺葬的流传趋势

我国南方地区的悬棺葬分布特点是，年代越早的大多在东南沿海地区，越往西南内地的年代越晚。从时间上看，悬棺葬有从东南向西南流传的趋势。从地域上看，我国长江流域及其以南广大地区的悬棺葬有逆长江水系西上的特点，溯长江越往西去，悬棺葬年代较晚。福建武夷山的悬棺葬年代最早，船形棺的使用也是悬棺葬俗起源于滨水地区的一个佐证。由此而论，可以认为，悬棺葬起源于我国东南沿海和长江中下游近水而居的民族之中。

悬棺葬分布地域不仅在我国南方地区，它还分布在东南亚和太平洋岛屿。从时间上讲，我国大陆的悬棺葬年代普遍比东南亚地区的早。因此，我国的悬棺葬还有从大陆向东南亚流传的趋势。

悬棺葬从东向西和由北向南的流传主要是文化传播和民族迁徙所致。

有段石锛是形制奇特的一种石器，是我国东南地区新石器时代文化的重要特征。有段石锛的形状与普通的石斧、石钺大致相同，它的特殊之处，在于背面，即刃口斜上所向的一面，中部隆起，成一条横脊，将背面分为前部较厚而后部较薄的两部分，形成两个阶段，故称有段石锛。我国东南地区新石器时代文化遗址中发现的有段石锛最多，如台湾北部的园山贝冢，浙江吴兴的钱三漾、余姚、温州，江苏的无锡、丹徒、新沂，安徽寿县，江西赣江流域，广东韩江流域，海南岛和香港等地均有发现。有段石锛在我国华北地区极为少见，但在南洋群岛和太平洋诸岛广大地方却有很多，其形状和中国东南地区的很相像，几乎难以区别，南洋、菲律宾、苏拉威西都有这种有段石锛，太平洋中波利尼西亚诸岛也有这种东西[1]。钺是新石器时代的一种斧头，既是生产工具，又是武器，有段石锛其实也是石斧之一，我国古代越人他称为"越"，大约与普遍使用有段

---

[1]《中国东南地区新石器文化特征之一：有段石锛》，载《林惠祥人类学论著》，福建人民出版社，1981。

石锛有关。

我国山东大汶口文化的居民最早使用有段石锛。在大汶口文化遗址出土的石质工具中石锛是最多的一种，体形大小殊异。在大型石锛和小型石锛中都有有段石锛，尤以大型石锛磨制精致[①]。有段石锛背部上方形成段面是为了在使用时将其绑在木棍上提供方便。

有段石锛主要见于我国东南地区的河姆渡文化、良渚文化、马家浜文化、福建昙石山文化、广东北部和东部的新石器时代晚期遗址，如石峡文化等，广西南部左右江流域。它的分布北达汉江流域，西达云南滇池地区和西双版纳景洪一带。台湾新石器时代早期的大坌坑文化，中期的园山贝冢遗址和晚期的植物园文化遗址中均出土有有段石锛。

大汶口文化居民是传说中东夷族的祖先，东汉许慎《说文解字》：

夷，从大从弓，东方之人也。

《礼记·王制》：

东方曰夷，被发文身。

---

① 山东省文物管理处、济南市博物馆：《大汶口新石器时代墓葬发掘报告》，文物出版社，1974。

东汉袁康《越绝书·吴内传》解释夷曰：

习之于夷。夷，海也。

我国古代历史文献常有"夷濮"合称，"夷濮"也就是近海而居的濮人。

商周时期活动于山东半岛一带的民族是莱夷，又称"濮莱"。"濮莱"是复辅音，为越族的原始自称，这种胶着语的族称至今还保留在壮侗语族各民族的语言之中。东夷是泛指东方近海而居的人，其习性"水行山处"，善于航海驶舟，正与后来所称的越人习性相同，说明越族与古代"濮莱"同属海洋蒙古利亚种族[①]。

除使用有段石锛以外，大汶口文化还盛行凿齿（亦称拔牙或称打牙）的风俗，是青年男女成年的标志。从人骨上已经鉴别明确存在拔牙风俗的新石器时代遗址，发现最早也最多见于山东、苏北一带。这一习俗从大汶口文化早期遗址出现，直到晚期才衰落。以后在东南沿海的江苏、上海一带马家浜文化、良渚文化，福建昙石山文化、台湾高雄恒春、广东增城金兰寺、佛山河宕等新石器时代文化晚期遗址和河南、湖北屈家岭文化居民中都有发现。从新石器时代拔牙习俗的地理分布来

---

① 梁钊韬：《百越对缔造中华民族的贡献——濮莱关系及其流传》，《中山大学学报（哲学社会科学版）》1981年第2期。

看，黄河中上游和黄河下游渤海湾以北的沿海地带与拔牙风俗的起源没有关系。这一习俗的起源主要与我国东部沿海和长江中下游地区有关。而史籍记载拔牙风俗都比较集中在西南地区（包括广西）的一些特定的少数民族中，特别是僚和仡佬族。晋代张华的《博物志》《旧唐书》以及《新唐书》《太平寰宇记》，还有明清时期许多历史文献都详细记载了中世纪僚人的凿齿习俗。因此凿齿被视为越僚民族文化特征。

中国境内的拔牙风俗，从时代上可以上溯到至少距今6000余年前的新石器时代并延续到20世纪。这种风俗从原始社会时期到现代的流传范围大概涉及整个中国东南部分，特别是在新石器时代黄河下游的古代居民中广泛流传。拔牙风俗最早在山东大汶口早期文化居民中，即传说的东夷集团兴起，以后向西南方向流传到江汉地区的屈家岭文化居民，并一直保留至今天云、贵、川的一些少数民族之中。向南，这一习俗流传到史前江南居民，经浙、闽、粤沿海地区流传到珠江流域，在这个方向的流动过程中，这一风俗可能不晚于早商时期，即由大陆沿海传到台湾[①]。

据泰国的考古学资料，我国古代越人的凿齿习俗可能从华南流传到东南亚地区。

---

① 韩康信、潘其风：《我国拔牙风俗的源流及其意义》，《考古》1981年第1期。

中国南部直到马来半岛以南，从金属时代起就居住着东山文化的居民，泰人也是这一支文化的主人。金属时代以前就是石制工具的时代。泰国所在的黄金半岛石器时代的人很多，在桂莲河一带发现了这个时代的遗骸，在北碧府共发掘出新石器时代的遗骸近50具。我发现班告遗骸的牙齿有两个特点，一是到了青年时期要拔掉门牙，二是要磨和修饰门牙。不仅班告有拔牙和饰牙的习俗，在华富里发现的青铜时代的人骨架也有拔掉门牙的，在孔敬府班那迪出土的处于新石器时代向青铜时代过渡时期的骨架也有磨牙的。三个月前我同考古队前往乌通和佛统之间原来是河道的马来门路发掘时也发现了拔单牙和磨过牙的骨架。从新发现的遗骸的串珠和饰物来看这可能是堕罗钵底时期或扶南时期的遗骸。这一证据说明近3000年来，居住在泰国各地的人有拔牙和磨牙的风俗。①

由此观之，大汶口文化在我国南方与僚、俚、仡佬等民族有较密切的关系。从拔牙风俗的流传，可以看出这一风俗溯长江西上到湖北江汉流域和云、贵、川地区，又沿大陆海岸流传至华南，或又从东南沿海、台湾流传至南洋群岛和太平洋群岛。大汶口文化中的有段石锛、凿齿、头颅变形等习俗，不仅

---

① ［泰］素·仙威迁：《泰国石器时代的文化及人类》，《东南亚资料》1983年第2期。

见于我国南方的僚、俚、仡佬、台湾土著民族高山族等民族，还见于菲律宾、印度尼西亚群岛和太平洋群岛中的一些民族。我国的悬棺葬俗亦可能随着古代海洋蒙古利亚种族——"濮莱"和百越民族的迁徙流传至我国西南地区和东南亚各地。

（二）我国西南和东南地区的悬棺葬之间的关系

分布在云贵高原东部边缘的四川省南部和云南省东北部的悬棺葬是我国大陆境内年代最晚的悬棺葬文化遗存，这一地区也是我国悬棺葬分布的西极。从时间和空间上讲，这里的悬棺葬与东南地区福建武夷山和江西贵溪仙岩等地的悬棺葬都相距甚远，然而正如前所述，这两大地区的悬棺葬在文化内涵上大体相同，并且均为越、僚之人的葬俗。

为了更进一步弄清我国西南地区与东南地区的悬棺葬之间的关系，现以时代最晚、地理分布最偏西的川南、滇东北的悬棺葬为例，从历史文献记载，考古学、民族学、语言学和体质人类学等方面来说明西南地区悬棺葬的族属特征及两大地区悬棺葬之间的历史渊源关系。

川南珙县、兴文县、高县、筠连县一带及其紧邻的滇东北盐津、镇雄、威信等地的悬棺葬又名"僰人悬棺"。关于僰人的族属，目前学术界有两种意见，一种认为"僰"为羌彝系统（即藏缅语族）的民族，另一种认为"僰"属越僚系统（壮侗语族）的民族。这两种不同观点的产生与我国古代史籍和一些地方志在不同历史时期将"僰"作为不同民族的称呼有关。同时，随着历史的发展，"僰"这一共同体也会发生变化，他们当中的一部分成为羌彝系统民族的先民也是可能的。近世许多学者考证，古时"僰""濮"互通，如江应樑先生"濮为越说"，因此川南、滇东北一带的僰人应为越僚系统的民族。

川南、滇东北等地的僰人又被称为"都掌蛮"，其文化特征与我国古代越僚系统的民族有许多共同之处。

1. 凿齿

先秦时期的《山海经·海外南经》曰："羿与凿齿战于华寿之野。"虽是神话传说，但这也是迄今为止所见到最早记载凿齿习俗的历史文献，从晋代至清代我国许多历史文献都详细记载了我国华南和西南地区僚或仡佬等民族的凿齿习俗。

晋人张华《博物志》：

> 荆州极西南至蜀，诸民曰僚子。……（生儿）既长，皆拔去上齿各一，以为身饰。

《旧唐书·南蛮传》：

> 三濮在云南徼外千五百里。有文面濮，俗镂面，以青涅之。赤口濮，衣裸身而折齿。

折齿即凿齿。《新唐书·南蛮传》又载：

> 又有乌浒僚，地多瘴毒，中者不能饮药，故自凿齿。

其实并非因病不能饮用汤药而凿齿。《太平寰宇记》卷之七十七记四川西南邛雅之夷僚生子"长则拔去上齿，加狗牙以为华饰"。[①]同书卷之七十九《戎州风俗》记当地僚人有凿齿之俗，戎州即今四川珙县、兴文县一带。同书卷之一百六十七《钦州风俗》：

> 僚子巢居海曲，每岁一移，椎髻凿齿。[②]

《太平御览》卷七百八十《叙东夷》引三国沈莹《临海水土异物志》曰：

> 夷州在临海东南，去郡二千里，……四边是山，众山夷……各号为王，分划土地，……女已嫁皆缺去前一齿。

夷州即台湾，三国时期台湾的土著民族已有凿齿习俗。元代李

---

① 〔宋〕乐史：《太平寰宇记》卷之七十七《剑南西道六·雅州风俗》，中华书局，2007。
② 〔宋〕乐史：《太平寰宇记》卷之一百六十七《岭南道十一·容州·钦州风俗》，中华书局，2007。

京《云南志略·诸夷风俗》：

> 土僚蛮，叙州南，乌蒙北皆是，男子及十四五则左右击去两齿，然后婚娶。

明朝田汝成《炎徼纪闻》：

> 仡佬一曰僚，其种有五，……父母死，则子妇各折其二齿，投之棺中，云以赠永诀也。

清人田雯《黔书》：

> 打牙仡佬，剽悍尤甚，女子将嫁必折其二齿，恐妨夫家也。

此外清代《贵州通志》《广西通志》等史籍都详细记载了僚人的凿齿习俗，直到清代末年贵州仡佬族仍有凿齿习俗。[①]在我国台湾东部山区的少数民族如泰耶族、朱欧族、布嫩族、萨斯特族里拔牙（即凿齿）习俗则一直保存到20世纪[②]。今日广西融安县壮族民间还流传关于拔牙习俗的故事，在海南岛黎族，贵

---

① 华西：《仡佬民族的由来和迁徙》，《民族研究》1960年第6期。
② 韩康信、潘其风：《我国拔牙风俗的源流及其意义》，《考古》1981年第1期。

州的布依族、水族、苗族，广西的仫佬族等都有类似的神话传说。广西左右江一带，远在宋代还普遍流行拔牙之风，后来逐渐淘汰，但却以饰齿如镶金牙来代替。20世纪40年代广西左右江的壮族妇女在出门会客时，还在犬齿上包一层金银箔，以为装饰[①]。

江西古代越人有"摘齿"风俗，目前一些县的青春少女，至今还保留有镶侧门齿金牙的风俗[②]。直到现代在我国部分壮族、傣族和江西、福建等地的部分汉族人中有将上颌侧门齿镶成金牙或用槟榔染黑牙齿的习俗，都是我国古代越人凿齿习俗的残留。

尽管历史文献记载关于凿齿的目的众说纷纭，但总的来讲，各民族的凿齿习俗大多与成年和婚娶有关，这就说明我国南方古代许多民族的凿齿风习主要是作为取得成年人资格的标志。

大汶口文化早中期遗址中的人骨架，凿齿率高达70%~93%，而在江苏邳县大墩子新石器文化遗址中，凿齿率高达63.6%，广东增城金兰寺和佛山河宕遗址中的人骨架，凿齿率分别为50%和86.4%。凿齿习俗的地理分布虽然广泛，但一般来讲，这种风俗往往在近海和海岛居民中较为习见，因此常把它作为海洋民族的风习

---

① 莫俊卿：《古代越人的拔牙习俗》，载《百越民族史集》，中国社会科学出版社，1982。
② 刘美松：《试论江西古代越族的几个问题》，打印稿。

之一①。我国东夷和百越的地理分布紧相连接，从种族上讲，他们均属蒙古利亚种海洋系，他们之间的文化交流或者相互混血融合都是可能的。在解释先秦时期《山海经》中凿齿民时，我国著名学者戴裔煊先生曰："此所谓凿齿，必指僚族之古代祖先。"罗香林先生补充曰："不仅指僚，亦包括百越。"②凿齿习俗被视为我国古代越僚民族及其先民的文化特征之一。

《兴文县志》卷二《曾省吾平蛮檄》云：

> 山都群丑，聚恶肆氛，虽在往日叛服不常，未若近日猖獗尤甚，长驱江纳，几迫叙泸，拥众称王，攻城劫堡。所掠军民或卖或囚，尽化为剪发凿齿之异族……

同书卷五《都督刘公生祠碑记》云：

> 都督刘公以万历元年荡平九丝，一时椎髻凿齿之徒易为衣冠文物之祀，……至于开所设学，使千万载披发左衽之俗一旦而更新之。

1974年，四川省博物馆和珙县文化馆共同清理了珙县麻塘

---

① 韩康信、潘其风：《我国拔牙风俗的源流及其意义》，《考古》1981年第1期。
② 夏录：《古文字反映的南方民俗拾零》，载《百越史研究》，贵州人民出版社，1987。

坝的10具僰人悬棺,现保持在四川省博物馆的10具人骨架男女老少均有,在20岁以上的7具人骨架中发现6具生前打掉上颌左右两侧门齿的痕迹,几岁的小孩和十多岁的小青年无此现象[①],凿齿率高达85.7%。考古学资料更进一步证实川南行悬棺葬的僰人与古代百越人同样有凿齿习俗。

2. 大量使用铜鼓

铜鼓是我国南方少数民族地区极具代表性的一种历史文物,铜鼓主要分布于我国南方和东南亚地区,其中以我国的云南、贵州、广东、广西、四川南部和湖南西部以及越南北部等地分布最为稠密。对于铜鼓的发明和使用铜鼓的民族等问题虽然还有待进一步的研究,但在秦汉或更早时代居住两广的西瓯、骆越人及其后裔大量使用铜鼓却是历史事实。

铜鼓是岭南地区西瓯、骆越人及其后裔富有特色的主要乐器和重器。

据目前已知的考古学资料推测,我国古代铜鼓的起源地大约在云南中部地区,1975年在楚雄万家坝发掘的79座东周(春秋战国)时期的古墓中,在几座大的墓葬中发现了5面早期铜鼓,根据碳14测定,这是世界上最古老的铜鼓,这批铜鼓显示出了铜鼓产生初期阶段所具有的原始性,虽有了胴、腰、足三段截然分明的器形,但与青铜器中烹饪食物的釜非常相似。

---

① 四川省博物馆、珙县文化馆:《四川珙县洛表公社10具"僰人"悬棺清理简报》,《文物》1980年第6期。

1963年在云南祥云县东南大波那木椁铜棺墓中发现了1面铜鼓，鼓面仅有简单的四角光芒，四周无晕纹，胴、腰、足三段分明，胴腰部素面无花纹，具有早期铜鼓的特征。[①]

铜鼓最初是作为敲击乐器使用，根据上述资料，笔者推测，最初很可能是古代军队中在作战时将煮饭的铜釜用力击打以激励士兵的勇气，然后渐渐演变成铜鼓作为乐器。随后铜鼓又成了人们欢庆和娱乐时的乐器，宗教祭祀活动中的礼器，然后又成了可以号令众人的重器。在古代只有氏族或者部落首领才有权力使用和拥有铜鼓主持娱乐、宗教祭祀活动，在战时或平时遇到重大事件，需首领敲击铜鼓号令族人，因此，当氏族或部落首领拥有铜鼓，掌握了铜鼓的使用权后，铜鼓便成了权力和财富的象征。"拥二、三鼓者，便可号众称王"。于是铜鼓就具有乐器、礼器、号令众人的重器等多项社会功能。铜鼓在我国南方和东南亚地区的一些少数民族中具有相当重要的地位。

从铜鼓的分布和族属来看，自古以来大多与我国越僚系统的民族及其后裔有关，因此使用铜鼓被当作古代越僚的另一重要文化特征。

《后汉书》卷六十六《马援传》：

[①] 李昆声编著：《云南文物古迹》，云南人民出版社，1984。

援好骑，善别名马，于交趾得骆越铜鼓，乃铸为马式。

这是我国历史文献中关于铜鼓的最早记载。《后汉书》注引裴渊《广州记》：

俚僚铸铜为鼓，鼓唯高大为贵，面阔丈余。初成，悬于庭，昧晨置酒，招致同类，来者盈门，豪富子女以金银为大钗，执以叩鼓，叩竟，留遗主人也。

前引《陈书·欧阳頠传》：

梁左卫将军兰钦之少也与頠相善，故頠常随钦征讨……钦南征夷僚，擒陈文彻，所获不可胜计，献大铜鼓，累代所无。

《隋书·地理志》：

自岭巳南二十余郡，大率土地下湿，皆瘴疠，人尤夭折。南海、交趾各一都会也。……父子别业，父贫乃有质身于子，诸僚皆然，并铸铜为大鼓，初成，悬于庭中，置酒以招同类。来者有豪富子女，则以金银为大钗，执以叩鼓，竟，乃留遗主人，名为铜鼓钗。俗好相杀，多构仇怨，欲相攻则鸣此鼓，到者如云，有鼓者号都老，群情推服。

《新唐书》卷二百二十二《南蛮传》下：

西爨之南有东谢蛮，居黔州西三百里，南距守官僚，西连夷子，地方千里，宜五谷……众处山巢居，汲流以饮。……见贵人执鞭而拜，尝有功者以牛马铜鼓。……婚姻以牛、酒为聘，女归夫家，夫惭涩避之，旬日乃出，会众击铜鼓，吹大角。

宋李昉《太平御览》卷七百八十六"乌浒"条引《南州异物志》：

交广之界民曰乌浒，东界在广州之南，交州之北，恒出道间伺候郡州行旅，有单回辈者，辄出击之，利得人食之，不贪其财货也。……出得人归家，合聚邻里，悬死人中堂，四面向坐，击铜鼓，歌舞饮酒，稍就割食之。春月方田，尤好出索人，以祭田神也。①

---

① 〔宋〕李昉：《太平御览》卷七百八十六《四夷部七·南蛮二·乌浒》，中华书局，1960年影印本。

《宋史》卷四百九十三《西南溪洞诸蛮》上：

> 乾德四年，南丹州进铜鼓内附。……雍熙元年，黔南言溪洞夷僚疾病，击铜鼓沙锣以祀鬼神，诏释其铜禁。

同书卷四百九十四《西南溪洞诸蛮》下"南丹州"条：

> 南丹州蛮，亦溪峒之别种也。淳化元年，洪蕃卒，其弟洪皓袭称刺史，遣其子淮通来贡银盔二十，铜鼓三面。

又同书卷四百九十六《西南诸夷传》：

> 牂牁蛮疾病无医药，但击铜鼓沙锣以祀神，风俗与东谢蛮同。

北宋《太平寰宇记》关于僚人大量使用铜鼓的记载更多，如卷之七十七《雅州风俗》：

> 同邛州，邛、雅之夷僚，妇人娠七月而产，……长则拔去上齿如狗牙，各以为华饰。……俗信妖巫，击铜鼓以

祈祷。①

同书卷之八十八《泸州风俗》：

其夷僚则与汉不同，性多犷戾而又好淫祠，巢居岩谷……著班布，击铜鼓，弄鞘刀。……夫亡，妇不归家，葬之崖穴。②

同书卷之一百三十六《渝州风俗》：

大凡蜀人风俗相同，然边界蛮乡村有户僚即异也。今渝州之山谷有狼猱乡，俗构屋高树，谓之阁阑。不解丝竹，惟坎铜鼓。③

同书卷之一百六十一《贺州风俗》：

俗重鬼，尝以鸡骨卜……又俗多构木为巢，以避瘴气……节会则鸣铜鼓，大者广一丈，小者三四尺，好吹匏

---

① 〔宋〕乐史：《太平寰宇记》卷之七十七《剑南西道六·雅州风俗》，中华书局，2007。
② 〔宋〕乐史：《太平寰宇记》卷之八十八《剑南东道七·泸州风俗》，中华书局，2007。
③ 〔宋〕乐史：《太平寰宇记》卷之一百三十六《剑南西道四·渝州风俗》，中华书局，2007。

笙。俚人削筋竹为箭。①

同书卷之一百六十七《容州风俗》：

容州，古越地，秦属象郡，两汉属今浦郡。……《十道志》云：夷多夏少，鼻饮，跣足，好吹葫芦笙，击铜鼓。②

同书卷之一百六十九《太平军》③：

夷人号越㕭，多采珠及甲香为业，亲戚宴会，即以匏笙铜鼓为乐。……太平军，本廉州，与郁林、钦州交界，为越人居地。

南宋朱辅《溪蛮丛笑》：

蛮地多古铜……麻阳有铜鼓，盖江水中掘得，如大钟，……溪洞④爱铜鼓甚于金玉。

---

① 〔宋〕乐史：《太平寰宇记》卷之一百六十一《岭南道五·贺州风俗》，中华书局，2007。
② 〔宋〕乐史：《太平寰宇记》卷之一百六十七《岭南道十一·容州风俗》，中华书局，2007。
③ 〔宋〕乐史：《太平寰宇记》卷之一百六十九《岭南道十三·太平军》，中华书局，2007。
④ 此处洞与峒相同，指住在山间有水的地方之少数民族。

明朝田汝成《行边纪闻·蛮夷》：

> 仲家……不通文字，好楼居，……丧食尚鱼虾而禁禽兽之肉……俗尚铜鼓，击以为娱，土人或掘地得鼓，即夸张言诸葛武侯所载者，富家争购，即百牛不惜也。

嘉庆《广西通志》卷二百二十七《金石志》：

> 铜鼓为蛮僚所铸，马伏波前已有之。故伏波得之以铸马式，裴渊记甚悉。自石湖有伏波所遗一语，后人遂误以为伏波所制，且因伏波附会及于诸葛，谓大者为伏波鼓，小者为诸葛鼓，真误中误也。

据历史文献记载，川南一带行悬棺葬的都掌人是大量使用铜鼓的民族。在悬棺葬分布密集的兴文县、珙县、高县、筠连县、长宁县等都曾拥有许多铜鼓。

《叙州府志》卷十六《金石·长宁县》：

> 铜鼓，相传诸葛武侯铸以镇蛮者，今田间往往耕出之，邑中士大夫常购之，以为轩斋古玩。

同书同卷《金石·庆符县》：

铜鼓，县东三十里铜鼓窠，相传武侯征蛮时所遗。

庆符县在今高县境内。同书卷四十二《纪事》：

（宋大中祥符）七年正月，其酋斗望三路分众来斗：又为官军大败，射杀数百人，溺江水死者莫计。夷人震詟，诣军首服，纳牛羊，铜鼓、器械。瑊等依诏抚谕。

《庆符县志》卷二《图考》：

在县东三十里铜鼓窝，自明以来相沿其号。乾隆四十年，野人耕田获铜鼓一面，叩其有声，送至南风寺以供佛侧。不知铸于何代，用于何人，或曰：即武侯南征战鼓也。铜鼓面径一尺三寸八分，面围圆四尺五寸三分，底径一尺二寸七分，底围圆四尺五寸，高一尺零六分。雍正十五年闰五月，黄螂获铜鼓四面，上之。

《兴文县志》卷一《建置沿革考》：

建武千户所，春秋僰侯故地，为西南夷部，叛服不常，诸葛武侯征抚之，置铜鼓埋诸山，稍就帖然，唐仪凤间开拓夷徼，于本部置晏州、罗阳郡，领县七。……熙宁间，据九丝山险，号九丝山都掌。

同书卷五《古迹》：

> 明国史馆修撰富顺李长春《平蛮碑记》：明兴洪武二十七年，犍为郡臣以戎僰上变，高皇帝诏设守御所填以卫兵会犍为自保。……（万历元年）公购死士，夜缒取一道上，大军蹑啣而登，奋挺叫嚣，声殷殷撼天地，僰人方枕籍，……自假王以下皆骈首就诛，争踩躏以死，卤其金鼓、标弩、牛马以万计。

《兴文县志》卷三十六《事纪》明成化元年：

> 夷首十二人赴京，贡马十二，铜鼓一面。

《珙县志》卷十三《军政·平蛮始末》：

> 山都掌蛮在叙州南，偏介川贵间，与永宁芒部乌撒相接，诸峰盘旋，大坝为门户，其东则进入凌霄，又进为九丝，旁山峙都督寨，旧称九姓。……明成化四年程信为兵部尚书督军征讨，……进至大坝，攻山都六乡，僰一千四百五十七寨，斩首级三千十七级，生擒九百五十三

人，获铜鼓六十三面，牛羊猪马、盔甲、镖弩、牌刀、旗帜、弓箭无算。

谈迁《国榷》卷八十五：

> 宪宗成化四年一月提督四川军务、兵部尚书程信上山都掌之捷，获铜鼓数十。己未，四川叙南卫指挥，同知李钘（瑾）破山都掌凌霄城，大军先后获铜鼓十七、牛马器械无算，焚二百余寨。

珙县僰人（都掌蛮）因使用铜鼓极多，所以至今留下了许多关于铜鼓的地名。《珙县志》卷一《古迹》：

> 走马田，县南九十里。先是僰人悬酋长之棺于岩上，每闻金鼓之声。明万历初，总兵刘显过此，闻而异之，驰马田中，连发三矢，中棺上，金鼓遂绝，人因呼为走马田。

同书同卷：

> 铜鼓田，下罗坝田中，相传都掌蛮铜鼓沦其内，夏日常有声，今无。

同书卷十五《备遗》：

（崇祯）甲戌春，珙县母猪洞铜鼓鸣声一昼夜。游击罗秉忠、穆义等集兵十八万讨平之。

《明史》卷二百一十二《刘显传》：

都掌蛮者，居叙州戎县，介高、珙、筠连、长宁、江安、纳溪六县间，古泸贼也。成化初为乱，程信守平之。正德中，普法恶复为乱，马昊讨平之，其酋阿大、阿二、方三等据九丝山，剽远近……省吾议讨之，属显军事……调诸土兵，合官军凡十四万人。万历改元，三月毕集叙州，诱执阿苟，攻拔凌霄，进逼都都寨，……阿大自守鸡冠，显令人诱以官，而分五哨尽壁九丝城下，乘无备，夜半腰縆上斩关入……克寨六十余，获贼魁三十六，俘斩四千六百，拓地四百余里，得诸葛铜鼓九十三，铜铁锅各一，阿大泣曰：鼓声宏者为上，可易千牛，次者七八百，得鼓二三便可僭号称王，鼓山巅，群蛮毕集，今已矣。锅状如鼎，大可函牛，刻画有文彩。相传诸葛亮以鼓镇蛮，鼓失，则蛮运终矣。

除此以外，在与珙县、兴文县、高县、长宁县毗邻的宜宾、筠连、古宋、泸州、雷波等地也有不少关于铜鼓的记载。

上述历史文献记载表明：四川南部的兴文县、珙县一带不仅是我国悬棺葬分布最密集的地区，而且也是我国铜鼓分布最多的地区之一，仅明代，珙县和兴文县的都掌人就拥有近200面铜鼓。

考古学资料亦证实川南珙县、兴文县一带行悬棺葬的僰人拥有大量铜鼓。

在悬棺葬分布集中的珙县麻塘坝，几乎凡有悬棺的崖壁上都有崖画，据实地调查所知，僰人崖画中大约有10余处绘有铜鼓图像，如棺材铺、狮子岩、九盏灯、硝洞、大洞、邓家岩、三眼洞、玛瑙坡、白马洞、马槽河、地宫庙等处。

僰人崖画中的铜鼓图像均是一个圆圈，内绘有太阳纹，过去有人释为"车轮形"[①]，似不确切，这种图像以简练的手法抓住了铜鼓鼓面纹饰光芒四射的突出特点，与广西左江流域花山崖壁画中的铜鼓图像一样生动地表现了铜鼓的形制和特点，是古代越僚之人铜鼓文化的真实写照。

铜鼓图像在僰人崖画中大量出现绝非偶然。铜鼓除了作为乐器，供祭祀神明和娱乐之外，更重要的，它还是权力和财富的象征，"鼓山巅，群蛮毕集，有是鼓者，极为豪雄"或"群蛮推服"，在都掌人中"得鼓二、三，便可僭号称王"。这些都说明铜鼓对于行悬棺葬的僰人（都掌蛮）来讲是生活中非常

---

① 四川省博物馆、珙县文化馆：《四川珙县"僰人"悬棺及岩画调查记》，《文物资料丛刊》第2期，文物出版社，1978。

宝贵的重器和礼器。

自20世纪50年代以来，在川南珙县、兴文县等地有明确出土时间和地点的铜鼓就有8面，加上征集到的2面，总共有10面之多。

1951年在曾为都掌人政治、军事、经济中心的九丝山一带，现兴文县建武区出土铜鼓1面。1956年在现今悬棺葬分布十分密集的曹营乡（原属兴文县，现已划归珙县）出土铜鼓1面。1978年10月兴文县青联乡平青村农民耙田之时出土铜鼓1面。1983年10月兴文县大坝区义和村出土铜鼓1面。1981年8月珙县麻塘坝千子门苞谷地出土铜鼓1面。与兴文县、珙县邻近的宜宾县1979年于双龙乡沙坪村出土铜鼓1面。另有2面为收藏品。据考古工作者鉴定，这10面铜鼓大多属两汉至六朝时期的遗物。[①]

3. 着筒裙

我国越僚系统的民族大多穿着筒裙，筒裙成为这一系统民族的特殊服饰。

《汉书·地理志》：

> 自合浦、徐闻入海，得大州，东西南北方千里，武帝元封元年略以为儋耳珠崖郡。民皆服布如单被，穿中央为贯头。

---

① 兰峰：《四川宜宾出土铜鼓》，《考古》1983年第12期；白章、泽雨：《宜、泸两地市馆藏铜鼓介绍》，《川南文博》1985年第2期。

颜师古注曰："著时从头而贯之。"西汉时古越人穿着的贯头衣便是筒裙。

《旧唐书·南蛮传》：

> 南平僚者，东与智州，南与渝州，西与涪州接，……人并楼居，登梯而上，号为"干栏"，男子左衽，露发、徒跣，妇人横布两幅，穿中而贯其首，名为"通裙"。

唐代四川、贵州一带的南平僚所穿的筒裙与西汉初西瓯、骆越人所着的筒裙一脉相承，均是"穿中而贯其首"。

宋代周辉《清波杂志》：

> 黑濮所居多在威远、普洱之间，其人多黑色，男女徒跣，……男子剃发为辫，短衣著袴，善操弓弩，女子单衣仅尺，前不扣合，以衫布为桶裙。[①]

《太平寰宇记》卷之一百六十九记海南《万安州风俗》：

> 女人以五色布为帽，以班布为裙，似袋也，号曰都笼。以班布为衫，方五尺，当中心开孔，但容头入，名之曰

---

① 在古代历史文献中记载华南少数民族的服饰，"桶裙"与"筒裙"通用。

思便。①

同书卷之一百七十《交州风俗》：

> 有蛮夷之风，汉书云：民皆服布如单被，穿中央为贯头。②

贯头即筒裙。南宋朱辅《溪蛮丛笑》：

> 仡佬裙幅而头缝断，自足而入，阑斑厚重。下一段纯以红，范史所谓独力衣，恐是也，盖裸袒，以裙代袴，虽盛服不去，去则犯鬼，名仡佬裙。

文中所谓"独力衣"，在壮语中为"短小衣服"，民族学资料告诉我们，穿着筒裙的妇女，上衣都是短小的③。

明代田汝成《炎徼纪闻》：

> 仡佬一曰仡僚，其种有五，蓬头赤脚，……以布一

---

① 〔宋〕乐史：《太平寰宇记》卷之一百六十九《岭南道十三·太平军·万安州风俗》，中华书局，2007。
② 〔宋〕乐史：《太平寰宇记》卷之一百七十《岭南道十四·交州风俗》，中华书局，2007。
③ 戴裔煊：《僚的研究》，中山文化教育馆编《民族学研究集刊》第6期，中华书局，1948。

幅，横围腰间，旁无襞积，谓之桶裙，男女同制，花布者为花仡佬，红布者为红仡佬。

清顾炎武《天下郡国利病书·瑶僮》：

僮，性质粗悍，露顶跣足，花衣短裙……自耕而食。

同书卷一百零四《广东》：

琼州府万州夷僚名歧人，即隋志所谓俚也，有二种，远控黎峒，不服王化者为生歧，……男子着短衫，名为"黎桶"，腰前后两幅，掩不至膝，两腿俱露。……妇女亦着黎桶，下围花幔。

清张长庆《黎歧纪闻》"生黎用布一幅，穴其中以首贯之，无袖，长不掩脐"，与《汉书·地理志》所云儋耳、珠崖郡皆衣服，单被，着贯头衣形制无别。又据该书所述，黎人男子普通无下衣，仅以四、五寸粗布一片上宽下窄蔽前后，名曰"黎厂"，或用布一片通前后包之，名曰"黎包"。妇人贯头衣之外有"黎桶"[①]。

---

① 戴裔煊：《僚的研究》，中山文化教育馆编《民族学研究集刊》第6期，中华书局，1948。

清人贝青乔《苗俗记》：

　　仡佬种有五……苗女不履不袜，徒跣而行，围峒锦於腰，重叠百褶，旁无襞积，谓之筒裙，仅及膝者为短裙，……苗即仲家。

明郭子章《黔记》卷三：

　　披袍仡佬……男女外披一袍，前短后长，凿穴为桶裙。

《贵州通志·土民志》：

　　花仡佬，贵州前卫平伐司。花仡佬性犷戾，居深山……男子穿短裙，妇人穿花筒裙，俗尚花卉，故名。……披袍仡佬男女衣服仅尺余，外披以袍，方而阔，洞其中，从头笼下，前短后长，左右无袖，裙以五色羊毛织成，亦无褶。

《广西通志·诸蛮》：

　　仡佬，一名仡僚，种有五，蓬头赤足，轻命死党。以布一幅横围腰间，旁无襞积，谓之桶裙。

据上述文献记载，古代越僚系统许多民族原先不分男女皆着筒裙，使筒裙成为他们的共同文化特征，这大概与他们生活在我国南方气候炎热，和他们的早期经济生活多捕捞和种植水稻等水上作业有关，长不及膝的短裙穿着凉爽，又便于劳作。西汉《淮南子·原道训》："九嶷之南，陆事寡而水事众，于是民人被发文身，以象鳞虫，短绻不袴，以便涉游，短袂攘卷以便刺舟。"在华南地区人们穿着筒裙行走和撑船都很方便。

晋张华《博物志》：

> 荆州极西南至蜀诸民曰僚子。妇人妊娠，七月而产，临水生儿，便置水中，浮则取养之，沉便弃之，然千百多浮。

《太平御览》卷七百九十引《博物志》：

> 南海水有鲛人，水居如鱼。[①]

《贵州通志·土民志》：

> 水仡佬在余庆、镇远、施秉等处，名扰家，土民称汤、杨、龙者即其老户，善捕鱼，虽隆冬亦能入渊，故名水

---

① 〔宋〕李昉：《太平御览》卷七百九十《四夷部十一·南蛮六》，中华书局，1960年影印本。

仡佬。

明代《咸宾录》云：

> ……蜑人以舟楫为家，或编蓬水浒，谓之"水栏"，有三种：入海取鱼者为鱼蜑，取蚝者为蚝蜑，取木材者名木蜑，各相统率。鱼蜑、蚝蜑能入水二三日，亦谓之龙户。

清顾炎武《天下郡国利病书·广东下》称蜑人：

> 自唐以来，计丁输课于官，洪武初，编户立里长，属河泊所，岁收渔课，是则蜑人之在两广者多水居，业渔，即鱼蜑、蚝蜑之类，但亦有居山洞者，……现在四川、湖南等处之洞蜑，俱已同化，两广之蜑因其水居，故仍有蜑名。[①]

直到20世纪七八十年代，笔者在广州市内的江河上还见到有许多以船为家、以捕捞鱼类为生的蜑民。

前引明田汝成《行边纪闻》云，仲家"丧食尚鱼虾而禁禽兽之肉，葬以伞盖墓，期年发而火之，祭以枯鱼"。仲家即今布依族，其先民为古越人，丧葬中"尚鱼虾""祭以枯鱼"，

---

① 戴裔煊：《僚的研究》，中山文化教育馆编《民族学研究集刊》第6期，中华书局，1948。

充分说明其祖先以捕捞渔业为重要经济来源。

由于古代越僚之人居住环境滨临江河湖海，水上作业颇多，为了生产和生活方便，因此服饰多穿着短衣、筒裙，这种服饰特别具有实用的功能，直到现在我国越僚人的后裔——壮侗语族中许多民族，如侗、傣、仡佬、黎族和部分壮族妇女仍然保持着适于水上作业的传统服饰，穿着筒裙。20世纪50年代初海南岛黎族男子所着"吊幪"还与清代海南"生歧"男子穿的短裙相似。

四川省珙县麻塘坝僰人崖画中人物形象很多，但妇女形象却只见于棺材铺和玛瑙坡两处崖画，这两处崖画所绘的妇女形象都身着筒裙。在1974年于麻塘坝取下的10具悬棺中有7条筒裙，还有30条裤，形制特殊，整条裤的形状呈等边三角形，小腰，宽裆，右开口，长不过膝[1]，与中山大学人类学系博物馆现收藏的海南岛黎族男子所着"吊幪"相似，这种吊幪既似短裙又类似三角裤。由此视之，川南行悬棺葬的僰人（都掌蛮）也具有同两广越人及其后裔一样着筒裙的文化特征。

4. 与我国越僚系统民族一致的命名方法

《魏书·僚传》：

> 僚者……略无姓氏之别，又无名字，所生男女，长幼

---

[1] 四川省博物馆、珙县文化馆：《四川珙县洛表公社10具"僰人"悬棺清理简报》，《文物》1980年第6期。

次第呼之，其丈夫称阿蕃、阿段，妇人阿夷、阿等之类，皆语之次第称谓之。

据《兴文县志》载，明时川南都掌蛮最大的首领名阿大、阿二，其余各寨大小头领和军事将领为阿墨、阿苟、阿欧、阿瓦、阿当、阿辱、阿缪、阿桂、阿夸、阿么儿等。四川省博物馆清理麻塘坝悬棺时，棺中出了一支红漆竹箸，上有"江山△高，日月△长，五子△阿旦沐"这样一些文字，"阿旦沐"三字显系人名。近年在麻塘坝进行民族调查时，从一位名傅长泰的老农那里得知，他本人18岁时亲见三眼洞掉下的1具悬棺中有一块巴掌大的竹片，其上书黑色正楷汉字"阿光冀"，亦应是人名。

在川南僰人悬棺葬分布的区域，地名多冠以音（lo）的"洛""罗"或"落"字，据《珙县志》载，当地的地名有洛表、洛亥、洛肇、洛甫、洛𫮃坝、罗渡、罗通、罗旺、罗会村等，又据《高县志》载，高县的地名有罗场、洛义、洛沐祥、洛木柔等。

广西学者张一民先生认为，以"洛"名地，实为壮族习俗，壮语中山麓岭脚之间叫"六"（壮音读lok），"六"（音陆）、"骆"音近，壮人古时无文字，以汉字记音往往不够确切而难免走样，故"骆田"就是"六田"，也就是山麓岭脚间的田。岭南地区特别是广西左右江及越南红河三角洲一带丘陵很多，不少田地是在山岭间开垦而成的。正因为如此，岭南地区以"六"或近"六"音的字如骆、洛、雒、芦、罗、乐、龙、隆、陆、禄等字作地名的到处都有①。

以上情形与中山大学梁钊韬教授到海南岛腹心地区调查时，黎族老妇解释"莱"（loi）为山野之意和《太平寰宇记·儋州风俗》所载"儋州俗呼山岭为黎"，《天下郡国利病书》卷一百零四所载"里者，蛮之别落，后汉谓之俚人南裔，异物志谓在广州之南，俗呼山岭为黎，义取山岭"亦相符合。壮语和黎语同属壮侗语族，"莱"（loi）与"洛"（lo）音近，含义相同。

我国古代越人生活在东南沿海，长江中下游平原和岭南地区江河纵横的丘陵地区，水行山处。尤其是到中世纪，由于汉民族的逐渐大量南移，不少越人已经汉化，部分越人后裔——僚人更是退居山谷地区。川南珙县、高县、兴文县和滇东北昭通、镇雄等地的悬棺葬都分布在云贵高原东部边缘地区的大河流域，依山傍水，地方志将都掌蛮又称为"土僚""生僚""夷僚"，他们的居住环境大都为山间谷地或山岭之间，因此他们以"洛"名其住地与广西壮族、海南岛黎族具有相同的含义。

---

① 张一民：《西瓯骆越考》，载《百越民族史论集》，广西民族出版社，1985。将"六"读成"流"（liu）是普通话发音，华南许多省区的方言中"六"就是"陆"的发音。

不同地区、不同民族因其居住的地理环境和语言、风俗习惯等的差异而有不同的地名命名法，所以地名往往具有鲜明的民族特点和地方特色。语言是人们在长期的物质生产劳动过程中，由于互相交往的需要而形成和发展的。"一个民族的语言往往是一个民族最显著的特点，是整个民族性的体现，它把这个民族的物质生活、生存和劳动环境以及精神生活变成形象和声音。同时，这个民族每一代的物质文化和精神文化都通过语言和语言的物质外壳——文字，得以保留并传给下一代。因此，语言往往是一个民族最稳固最有活力的特征，它常常是一个民族生命力的象征"[1]。正因为语言具有上述特点，因此，与其他文化特征相比较而言，就具有更大的稳定性。通过对岭南越人和川南都掌人在语言学上相互关系的研究，便可以看出他们曾经具有相同的语言。

5. 体质特征的比较

民族和种族虽然一个属历史范畴，一个属生物学范畴，是两个不同的概念，但二者之间也有着密切联系。

人类学是研究人的体质在时间和空间中的变化，其中与民族学关系最密切的是人种人类学，又称为体质人类学。体质人类学家颜誾先生指出：在研究民族历史和民族学中，"起着显著的作用并且还占着主要地位的问题就要算各民族的起源问

---

[1] 阿拉坦等著：《论民族》，民族出版社，1989。

题。讲到民族的起源问题必须与人类学密切合作"。人种人类学是研究种的分化、种的分布区域、人种形成的历史、种的形成的原则及其变化规律；同时研究种族之间的相同或差异。颜訚先生进一步指出：在我们国家里，解决当前民族学中的来源问题以及民族间有关人种一些问题，必须依靠体质人类学的资料[①]，从而使我们得出更加科学的结论。林惠祥先生早就指出："欲证明二民族之间的关系，最好为体质特征之比较。"[②]

1974年考古工作者在珙县麻塘坝取下的10具僰人悬棺中的人骨的研究引起了国内学者极大的兴趣和关注。

这批人骨架总共10例个体，其中男性6例，女性4例。男性全部为成年个体，女性除BM1为一例五六岁的儿童外，余亦全为成年人。除去儿童个体身高未予计算外，僰人的身高，男女平均都在中等高度范围内[③]。

从鼻型上讲，男性多属中鼻型和阔鼻型，女性多为阔鼻型，余为特阔鼻型——根据僰人悬棺人骨架与亚洲蒙古人种各类型比较得出的初步结论是，悬棺组部分重要的颅面特征表现出其与亚洲蒙古人种的南亚类型具有较多的一致性，而与东亚类型之间存在着较疏远的关系，与东北亚类型，特别是北亚类型之间存在着明显的体质差异。通过僰人悬棺的人骨架与蒙古

[①] 颜訚：《人类骨骼在考古学研究中的重要地位》，《考古通讯》1958年第4期。
[②] 林惠祥：《林惠祥人类学论著》，福建人民出版社，1981。
[③] 秦学圣：《僰人10具骨架的观察与测量》，载《人类学研究》，中国社会科学出版社，1984。

人种若干近代组的平均值和组差的比较和分析，结果均表明悬棺组与印尼、华南两个近代组存在着最为接近的关系，其次为西藏B组和华北组，而与因纽特、蒙古两个近代组之间关系相对较为疏远[①]。

就人种而言，我国西南少数民族中主要包含着亚洲蒙古人种的东亚和南亚类型，现代西南少数民族中有的以东亚类型的体质因素为主，如白族、彝族，有的则以南亚类型因素占据优势，如傣族[②]。

从颅骨的体质特征讲，川南一带行悬棺葬的僰人与古代越人后裔——现代壮侗语族的民族如傣族关系比较密切。

僰人的体质特征除凿齿以外，还有头颅改型的习俗，悬棺中人骨架的头顶骨均有冠状方向的浅横凹，凹陷位于顶结之前，冠状缝之后，近颞线处最宽阔和清晰，近矢状缝处渐消失。一般肉眼可见。左右两侧凹陷一般没有明显差别，似为某种形式的负重所造成[③]。四川长江三峡地区巫溪县大宁河流域荆竹坝M18号悬棺内2具西汉颅骨顶部的冠状凹陷情况，与川南珙县僰人颅骨上的相同[④]，说明生前也有头颅改型的风俗习惯。两

---

① 朱泓：《"僰人悬棺"颅骨的人种学分析》，载《南方民族考古》第1辑，1987。
② 中国人类学会编《中国八个民族体质调查报告》，云南人民出版社，1982。
③ 秦学圣：《僰人十具骨架的观察与测量》，载《人类学研究》，中国社会科学出版社，1984。
④ 秦学圣：《荆竹坝M18号崖棺两具尸骨的鉴定》，《民族学研究》第四辑，民族出版社，1982。

地行悬棺葬之先民虽时隔1000多年，相距数千千米，但从都有头颅改型风俗习惯来看，便更加证实了川南僰人悬棺与川东长江三峡地区的悬棺葬在族属上具有一定的历史渊源关系。

人为地改造头部形状是一种古老的习俗。这种风俗以山东、苏北一带的大汶口文化居民最为普遍，在出现的时间与地理上大致与拔牙风俗平行[①]。

大汶口文化居民身材比较高大，男性身高平均为172.26厘米；川南僰人的身高，男性平均为163.6厘米，女性平均为158.6厘米。实地调查表明，僰人的身高比现代川南地区的苗族和汉族更高。林名钧《川南僰人考》云：

> 尝闻诸来自珙县之苗族青年，谓族中有一流行传说。……其传说云：约500年前苗族自他处迁来，卜居高、珙、筠连诸县之地，以务农为生。然其地原有土著，体量高大，四肢有力，善治田地……[②]

这一传说与历史事实甚相符合，川南一带苗族大约于明代迁入该地区，其时当地的土著正是盛行悬棺葬俗的僰人，不仅体质人类学的资料表明僰人身材较为高大，而且民间传说也说

---

① 潘其风、韩康信：《中国石器时代的人种分析》，《新中国的考古发现与研究》，文物出版社，1984。
② 载中国悬棺葬学术讨论会秘书组印《悬棺葬资料汇集》，1980年10月。

明僰人身材较其他民族高大魁伟。

关于大汶口文化居民的体质特征，目前学术界虽有不同意见，但多数认为，大汶口文化居民体质特征基本上属于蒙古人种，在亚细亚蒙古人支系中，与波利尼西亚人种组群较为接近。与蒙古人种新石器各组相比，波利尼西亚人种在人类学的分支中属于蒙古人种，但与赤道人种混合[1]。另一种意见认为，大汶口文化居民与现代华南人比较接近[2]。

如前所述，大汶口文化居民为我国东夷族的祖先，与古代百越及其先民同属蒙古利亚种海洋系，在体质特征方面，百越民族先民，如浙江河姆渡文化居民、福建闽侯县石山、广东增城金兰寺和佛山河宕以及广西甑皮岩等新石器时代遗址居民的人骨都显示出与现代蒙古人种的南亚类型较为接近[3]。

综上所述，川南僰人的体质特征，在许多方面与我国古代越人的后裔壮侗语族的民族关系密切，又与大汶口文化居民存在不少相同之处，如身高、凿齿、头部的人工变形，从总体上讲都与蒙古人种南亚类型接近等，因此，可以认为川南僰人亦属蒙古利亚海洋系。由于这一群体远涉西南山地，居住的地理环境和经济生活都发生了巨大变化，加之又与苗、彝、汉等民

---

[1] 颜訚：《大汶口新石器时代人骨的研究报告》，《考古学报》1972年第1期。
[2] 张振标：《从野店人骨论山东三组新石器居民的种族类型》，《古脊椎动物与古人类》1980年第18卷第1期。
[3] 潘其风、韩康信：《中国石器时代的人种分析》，《新中国的考古发现与研究》，文物出版社，1984。

族长期杂居，随着时间的推移和其他民族的相互影响，僰人与我国越僚系统的民族及其后裔壮侗语族的各民族早已产生了较大的差异，然而从他们所保持的传统文化和体质特征方面仍能找到他们的民族来源。

在川南珙县、兴文县一带有关僰人的民间传说流行很广，如《麻塘坝阿君配龙女》《石船》《人鱼与悬棺》等。川南地区僰人民间传说故事中涉及江、河、湖、海、鱼、龙、蛟、龟等方面的很多，这难道是偶然的吗？古代居民的文化与其居住的地理条件有密切的关系，自古就住在深山里远离江河湖海的民族，在他们的文化艺术里不可能有关于江河海洋一类的强烈反映，反之亦然。川南珙县等地悬棺附近的崖画、石刻里刻了众多的鱼龙和兽类的图像。……民间传说故事与悬棺、崖画之间都有其共通之处：都是实行悬棺葬民族的生产和生活情况的反映。它反映了悬棺葬的主人或其先民是居山濒水，从事渔猎生产的民族[①]。

我国西南地区的悬棺葬不仅在文化内涵方面与东南地区的悬棺葬存在着共同规律，而且在族属方面也具有密切的渊源关系。

因此这两大地区的悬棺葬不是独立发明，而是古代民族迁徙所致，它们之间所存在的沿袭和传承的关系是十分明显的。

[①] 杜品光：《从民间故事看川南悬棺葬的族属》，《民族学研究》第四辑，民族出版社，1982。

第五章　中国南方地区的悬棺葬与崖洞葬

一、中国崖洞葬的地理分布

崖洞葬是我国南方少数民族另一古老的葬俗。由于这一葬俗是将死者尸体全都葬入天然崖洞，因此被称为"崖洞葬"，又因其葬地选择皆与山崖相关，所以被包括在崖葬之内。不少学者常常将此葬俗与悬棺葬相混淆，实际上这两种葬俗在表面上有些相似，而在葬地的选择，反映的宗教观念等文化内涵方面却有本质的差别。

为了深入、系统地研究悬棺葬这种独特的丧葬习俗和考古文化，将它与华南地区的崖洞葬区别开来，必须对中国南方地区的崖洞葬也进行比较全面的研究。

关于华南地区崖洞葬的地理分布，我国历史文献多有记载。

明万历重刻《贵州通志》云：

> 短裙苗者，属烂土司，（今三都）男女着花衣短裙，

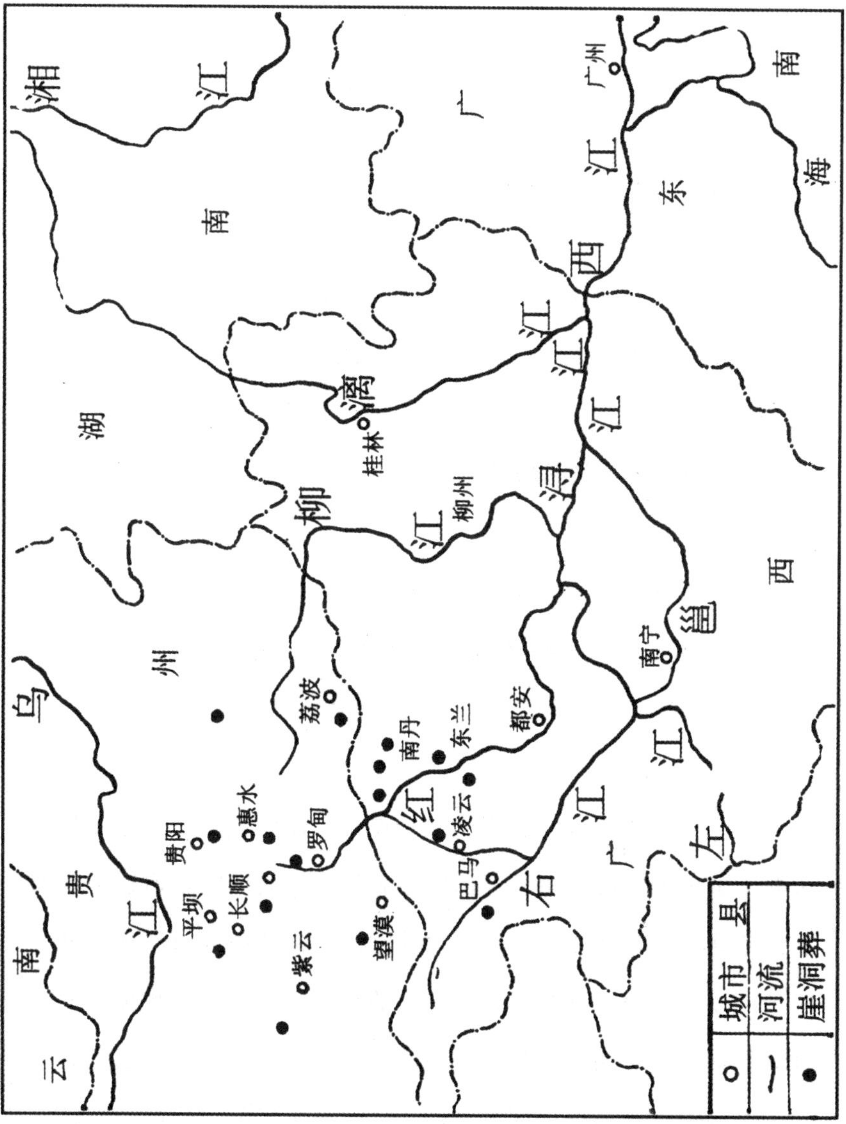

图5-1：中国南方地区崖洞葬分布示意图

第五章　中国南方地区的悬棺葬与崖洞葬

绾髻，插木簪，好斗牛。男女十五六跳月为配，至生产（即直到生孩子之时才正式结婚），方讲婚姻。……死不殡，置之山洞。

嘉靖《贵州图经》云：

康佐苗，镇宁部民，有丧则举家杵击臼，更唱迭合，三五月方置尸岩穴间，藏固深祕，人莫知其处。

《安顺续志》紫云访册又云：

康佐苗一名老苗，又称炕骨苗，在县南火炕坡一带，人死停丧，以头向外倒厝之，埋葬亦然，有不葬者，置尸山洞或岩壁间，任其干去，故以火炕称。

据笔者20世纪80年代多次实地调查，崖洞葬主要分布在我国西南部的云贵高原石灰岩山区，并且大量集中在贵州省南部和广西北部。与华南地区的悬棺葬相比，黔桂山区崖洞葬的分布地区要少得多。此外贵州省中部的贵阳市高坡乡和平坝县下坝乡等地也有分布，直到现在高坡乡和下坝乡的苗族，荔波县瑶麓乡的瑶族仍然保留崖洞葬俗。本章关于贵州、广西苗瑶族崖洞葬的资料几乎全部都是笔者通过田野考察所得。

（一）贵州省崖洞葬的分布

1. 贵阳市高坡乡岩洞葬

位于贵阳市东南郊约50千米的花溪区高坡乡是苗、汉、布依等民族杂居区，亦是贵阳市苗族居住最集中的地方，苗族占全乡总人口80%以上。

高坡乡苗族聚居在杉坪、甲定、云顶、摆龙、洞口、批林、上午和五寨等大队的30多个自然村寨，这些地区的崖洞葬有8处之多，几乎所有的崖洞葬都利用当地天然的石灰岩溶洞，葬地的选择，葬具形制和葬制也基本上相同，现在笔者仅以杉坪大队长寨村正对面的山凹龙山洞和甲定大队的龙打岩两处岩洞葬详加叙述。

（1）龙山洞崖洞葬

在高坡乡西南约13千米处，崖洞位于一条小路旁边的山腰，洞口距地面约50米，洞高约13米、宽16米多，洞内纵深约12米，地面平整，棺木均放在洞内左侧，而右侧则用以放随葬品和祭品。洞内棺木重叠放置，上下共6～7层，每层4列，每列棺木8～14具，尽管低层棺木大多已经腐朽破碎，但目前棺木堆积高度仍达5米左右，共计有棺木200多具。

（2）龙打岩崖洞葬

在高坡乡南22千米处甲定大队龙打岩寨附近，位于栗木山腰，洞口向西，距地面约50米，洞口高约20米、宽10余米，洞内纵深30~40米，最宽处达50米左右。洞内由于石块崩塌，地面高低不平，棺木皆置于崩塌之石块上，成5列置放，每列棺木5~24具不等。据笔者1983年调查，洞内仅存完好的棺木64具。该洞属于龙打岩寨。

2. 平坝县下坝乡崖洞葬

平坝县属贵州省安顺地区，在贵阳市西南，是一个汉、苗、布依、仡佬等多民族杂居地区，平坝县下坝乡的苗族至今保留崖洞葬俗。

下坝乡崖洞葬位于平坝县城西北20多千米的十字区下坝乡桃花村附近，崖洞葬地点为一偏远深山沟谷中一巨大的石灰岩溶洞。

桃花村分5个自然村寨，全是苗族人家，共有600多人，60%以上姓刘。根据服饰上的特征，下坝乡的苗族被称为"歪梳苗"。

下坝乡崖洞葬的棺木共有567具，俗称"棺材洞"，是当地刘姓苗族的公共墓地，他们至今仍将死者的殓尸棺木放入洞中。

下坝棺材洞位于一个高约10多米的山坡上，该洞有2个洞口并列在陡峭的崖壁上，左边大洞为主洞，洞口向北偏东，洞高约15米、宽13.7米、纵深30多米，洞口距地表约6~7米，右边的小洞与大洞相通，两个洞内空气都比较流通，洞内干燥。估计放入洞中的棺木年代多较久远，大多朽烂，所存棺木不多。目前所见大部分棺木置放在洞外一块高低不平的空旷地面，层层叠叠，数不胜数，这一片空地被大片常绿乔木覆盖，人迹罕至。

3.黔南地区崖洞葬的分布

黔南地区崖洞葬分布比较密集。

（1）惠水摆金"棺材洞"

惠水县的崖洞葬主要分布在摆金区和王佑区，以摆金区的棺材洞最负盛名。

摆金棺材洞距惠水县城东南30千米的石头寨附近。从摆金新寨步行500米，经石头寨沿河行1千米，有一巨大的石灰岩溶洞横跨两山之间，溶洞纵深约100多米，洞高50米左右，内宽约10多米，洞底部有地下水形成的暗河，崖洞两端通风透亮。洞内两壁陡峭如削，但在距河面约30米处的右侧壁凹陷，形成一

图5-2：贵州惠水苗族崖洞葬（陈明芳摄于1985年）

个长80多米、宽6~7米、高20米左右的空间。棺木在这里重重叠叠堆积如山，堆砌的棺木高达七八层，那密密麻麻的木架上搁置了数百具棺木。据当地老人讲，1940年前棺材洞里堆积的棺木有700多具。由于年久木架腐朽，棺木坍塌和野猫、野狗等动物入洞毁坏的外界因素扰乱，笔者实地调查时，洞内尚存殓尸棺木大约200具，有的棺木甚至是1978年才放入的。笔者所见洞内地面上有不少散乱的棺板，有残缺的死者四肢骨骸，男性死者的衣服和苗族妇女的裙子等物，地上一片狼藉，洞里有浓烈的尸臭味。洞的右壁凹陷处原有棺木100多具，因地势低矮，容易攀登，棺木大多被毁或被水冲走，现仅存10余具。

在摆金棺材洞附近1~4千米范围内还有卡喇关、杉木寨、嘎攘、鸭棚4个棺材洞，原存放棺木达500多具，由于潮湿朽烂和火灾等原因，现大多被毁。

（2）长顺县交麻崖洞葬

长顺县城南70千米交麻天星洞为一大的石灰岩溶洞，洞高2.5米、宽14米，洞底有一条地下水形成的小河流出，洞壁陡峭，无路进入洞内，只能乘船入洞，在入洞10多米的左侧壁自然台地上放置了120多具棺木。棺木按一定次序排列叠放，叠放层次不等，少则一层，最多四层，每层少者10具左右，多的则达20多具[1]。

---

[1] 黔南布依族苗族自治州文化局编《黔南文物志稿》（一），1983。

（3）罗甸县拉来寨崖洞葬

崖洞葬在罗甸县内分布很广，主要分布在栗木、深井、田坝、董架和罗苏等乡的苗族聚居区。

拉来寨位于罗甸县城东北52千米处，在村寨周围山上有几个自然洞穴，均搁置棺木。有一洞一棺的，有一洞置几十棺或三四百具棺木的。棺木分叠放和排放两种形式。大部分棺木因年久腐朽和人为破坏，已荡然无存，至今洞内仅存骸骨[1]。

据调查，罗甸县沫阳区田坝乡油尖寨背后一山间绝崖陡壁形成的崖檐下，尚有保存完好的6具棺木[2]。

（4）望谟县席娃寨崖洞葬

望谟县崖洞葬分布于大小麻山、花明山和蛮城山的七里河两岸。自1958年以来的兴修公路、水利和农田基本建设等活动，使大部分崖洞葬遭到破坏。

在七里河东岸述里乡席娃寨附近尚保留一崖洞葬遗迹，该洞距山坳约500～600米，洞宽约3米、高约4米、纵深10余米，洞内分5排置放了13具无人继认的棺木。排列比较规则，每具棺木均由8根木棒夹垫重叠搁置。

（5）荔波县崖洞葬

荔波县位于贵州南部[3]，东南与广西壮族自治区的环江县为

---

[1] 黔南布依族苗族自治州文化局编《黔南文物志稿》（一），1983。
[2] 雷广正、莫俊卿：《黔南悬棺葬及其族属初探》，《民族学研究》第四辑，民族出版社，1982。
[3] 笔者于1988年冬天到贵州荔波县瑶族地区调查崖洞葬。

邻，西南与广西南丹县接壤，是贵州瑶族的主要聚居区。荔波瑶族世世代代生活在荔波县南部黔桂交界的石灰岩山区，由于历史的原因，他们被分隔在茂兰区的瑶麓乡、茂兰乡和朝阳区的瑶山乡。这三个地区的瑶族在历史上均行崖洞葬，至今瑶麓乡的瑶族仍保留此种葬俗。

①瑶麓崖洞葬

瑶麓乡位于荔波县城西北50多千米处，因当地瑶族服饰崇尚青色，男子喜着青色短衣、短裤而被称为"青瑶"。青瑶有韦、覃、欧、卢、常、莫六个姓氏，分别住在8个自然村寨，共1200多人，除常姓于近百年已改行土葬外，其余五姓，至今保留崖洞葬俗。

青瑶实行崖洞葬的5个姓氏，10岁以下的儿童夭亡后实行土葬，按姓氏分别埋在村寨附近的山脚下，地面不垒砌坟堆。10岁以上的人死亡后，一律与成年人同等对待，凡属正常死亡者，按家族区分，将殓尸棺木放入崖洞。从山上摔死，遇车祸或妇女由于难产等原因的非正常死亡者，不能将其棺木放入洞中，而只能搁置洞外。而且还必须将殓尸棺木翻转倒置，即棺盖朝下，棺底朝天，使尸体在棺内成俯卧状。这样做的含义是非正常死亡的人，其鬼魂对人们威胁最大，如此处置尸体，可以使这些凶死亡魂永世不得翻身，以免干扰活人。

瑶麓乡是一个山间平坝，大多数青瑶的村寨均分布在这一平坝的南端，平坝周围是山，有许多石灰岩溶洞，崖洞葬的各个洞穴均在山脚下。瑶麓乡现有5个崖洞葬洞穴，被当地瑶族称为"死人洞"。

铜鼓坳崖洞葬　在瑶麓乡政府东北面约21千米处，位于瑶麓通往佳荣的公路铜鼓坳隧道口旁的山坡上，洞距山脚约10余米。

该洞口高约2米、宽10余米，但洞内最宽处约100米，高约20米，由前后两洞组成，前洞宽阔空旷，纵深60~70米，后洞为长100米左右的狭长甬道，通往山后。这个洞是上、下韦寨韦姓、卢家寨卢姓及部分欧姓人家的公共葬地。前洞内右侧堆放韦姓家族的棺木，左侧堆放卢姓家族的棺木，洞内中间地带堆放欧姓家族的棺木。1958年洞内失火，以前置放的棺木焚毁，目前所见的棺木系1958年以后放入的，洞内棺木近100具，有几具是近年新放入的，其中一具专门注明为1978年放入。洞外棺木重叠，约60~70具。按规矩，非正常死亡者的棺木才放洞外，因青瑶丧葬习俗必须夜间出殡，现在一些负责抬殓尸棺木的年轻人或者出于对死者亡魂的恐惧，或者为了省事，经常不按以前的老规矩将死者的棺木安放入洞中，于是便将殓尸棺木丢弃在洞口就仓皇逃离，所以洞外堆放的棺木日渐增多。

覃家寨崖洞葬　在瑶麓乡政府南，距覃家寨约500米的一个小山坡上，洞距山脚约10米许，洞口高2米多、宽20米左右，洞内深10余米，现存有棺木大约100多具。由于置放棺木甚多，洞内空气不流通，绝大多数棺木已经朽坏，棺板和许多死人头颅和四肢骨散乱在地面，那情景真是一言难尽！洞外有棺木50~60具，大多保存完好。很多敛尸棺木均系近年来才放入洞内，最晚的1具棺木是1985年放入的，死者为一老年妇女。这一具敛尸棺木距笔者1988年到此地调查仅有三年时间。

打里寨覃家崖洞葬　在上述崖洞葬西面100米左右的山坡上，距离山脚20多米，该洞分左右两个洞口，洞内堆满棺木，左边洞口大约高3米、宽20米、纵深30～40米，这个山洞又分为前后两洞。前洞为韦姓家族棺木处，后洞宽20～30米、深10多米，是覃姓家族堆放棺木的地点。两洞内堆积棺木过多，洞内潮湿，空气不流通，大多数棺木已经朽坏，大约也有野狗等入洞扰乱，因此人头骨、四肢骨和死者衣服、裙子等遍地皆是。

洞干寨覃家崖洞葬　为洞干寨覃姓家族崖洞葬地点，在上述两洞附近。洞口大约高3米、宽20米，内宽11米，深20～30米，洞内棺木很多，除2～3具保存完好以外，其余都朽坏。洞外堆放的许多棺木大多数已经朽坏。笔者所见无论洞内外，朽坏的棺木及散乱的死人骨骸遍地都是。该洞棺于1960年焚毁一次，目前所见棺木是此后放入的。

洞闷寨崖洞葬　位于瑶麓乡政府东约5千米处，在村寨东南约1千米的山上有一自然洞。洞距山脚20米左右，洞口约高3米、宽20米、深5米，为洞闷寨欧姓瑶族的崖洞葬地点，洞内原有棺木100具左右，今大多朽坏，保存完好的已不到10具。

常家寨崖洞葬　东距瑶麓乡政府5千米处，距常家寨约500米的山坡上有一崖洞，洞约高3米、宽8米、深20多米，为常姓瑶族的崖洞葬地点。常家寨原有30多户人家，50年前水族迁居常家寨，而该寨瑶族全部他迁。1958年这一处崖洞葬都被破坏，至今仅为空洞。

②瑶埃崖洞葬

在荔波县瑶族的3个支系中，人口最少的是"长衫瑶"，仅有400多人。他们分散居住在茂兰区的洞开、瑶寨、立化等地，长期以来与布依族、水族、汉族杂居。长衫瑶现已实行土葬，在历史上曾有崖洞葬俗，因他们自古以来大多住茂兰乡瑶埃一带，所以瑶埃附近至今保留崖洞葬遗迹。

板高凹崖洞葬是瑶埃崖洞葬中最具有代表性的一个地点，尤其令人感兴趣的是，从这一处崖洞葬可以看到崖洞葬向土葬演变的过程。

板高凹距茂兰乡政府约4千米，在瑶埃生产队瑶寨西北约1千米的崖顶上，为一巨大的石灰岩溶洞。洞距山脚80～90米，内分4个套洞，前洞最大，洞口东南向，洞高20余米、宽50～60米、深20～30米。该洞近年来遭受人为破坏严重，保存完好的坟堆和棺木已不多见，目前尚保存棺木70多具。洞内棺木排列有序，从洞壁左侧向右侧分前后两排横列，前排有棺木30具，后排有37具。

瑶埃崖洞葬与瑶麓和其他地区崖洞葬的不同之处是，殓尸棺木放入洞后，棺底铺砌碎石，棺木四周和棺盖均用大小不等的石块或碎石堆砌成长方形台体，类似坟堆。各坟堆之间有一定的距离，棺木头部向着洞外，脚朝洞里。

后洞比前洞稍小，坟堆纵向排为3列，每列有棺木10~13具，不少坟堆上插有带叶的竹枝。

总的来讲，棺木放入洞内起坟堆砌的方法可分为5种。

一是在棺底和棺木四周用碎石堆砌，棺盖之上再覆盖碎石。二是棺底和棺木四周堆砌碎石，棺盖上覆盖泥土。三是棺的四周堆砌泥土，棺盖上覆盖碎石。四是棺木四周和棺盖上均用泥土覆盖，其外层再堆砌和覆盖碎石。五是整个棺木全用泥土覆盖。

通过狭小的通道，后洞里面还有两个宽敞的暗洞，由于洞内通风情况很差，洞内棺木均已朽坏，然而这两个洞中的棺木上都不堆砌和覆盖碎石或泥土，而是置于棺架之中。棺架形制与广西南丹县里湖白裤瑶崖洞葬的高棺架相同，用高2米多、宽约20厘米、厚6~7厘米的木枋制成，棺架立柱顶部有雕刻装饰，一种为牛角形，另一种为菱形。棺木置于棺架中，距地面约60~70厘米。

后洞殓尸棺木的置放形式属崖洞葬的早期形式，前面两洞棺木四周和棺盖上堆砌碎石、泥土，这应是崖洞葬向土葬过渡的中间类型。

瑶埃东北面洞开瑶寨附近有一崖洞葬遗迹，该洞在瑶寨西北约500米的山坡上，洞内棺木形制及置放后棺木外堆砌碎石和泥土的方法与板高凹的崖洞葬相同。

（二）广西崖洞葬的分布

广西的崖洞葬主要分布在桂西北的南丹、都安、巴马等县的石灰岩山区，其中以黔桂交界的南丹县里湖乡最为集中。

南丹县地处云贵高原余脉，北与贵州荔波县接壤，这一地区岩溶地形发育良好，岩洞很多。南丹县里湖乡与荔波县瑶山乡地界犬牙交错，属高寒山区，境内峰峦起伏，万山奇峻，交通闭塞。崖洞葬分布在当地"白裤瑶"聚居的怀里、化果、仁广、瑶里、董甲等6个大队，共有38处之多，根据笔者1988年冬的实地调查，现择要叙述如下：

1. 怀里崖洞葬

在怀里大队东约300米处，距山脚约30米，洞口西北向，宽约2～3米、高2.4米，洞内高约1.4～1.6米、深6.4米，内置棺木2具，里面的只剩残棺板，外面的1具保存完好，棺内有2具人骨架。

2. 化图村崖洞葬

位于怀里大队化图村东南的山坡上，距山脚约30米，洞西向，高约3～3.5米、宽约8米。可分为前后两洞，前洞室较后洞室高，前洞高约2～3米、宽约8米、深约4米。后洞宽约30米、深约40米，洞内置放棺木28具，大多保存完好，仅2具残朽。棺内有人骨架及木枕，部分棺内有纺织物碎片。

3. 白台山崖洞葬

位于怀里大队花桥村西约1千米的白台山半腰，距山脚约40

米，洞口向东，宽5.6米、高5米，洞深9米左右，外宽内窄，放置棺木4具，其中2具完整。

在此洞的山背后山腰处还有一洞，宽约10米、高约2米。洞内向右拐弯，深约30余米处置放棺木20具，仅5具完整，内存人骨架及纺织品残片。

在上述一洞的西侧约50米处，距山脚约70米，有一高约2米、深约3米、宽4米的岩洞，洞内前低后高，置放棺木7具，均已朽坏，仅存饰有牛角的棺架和棺侧板。

4. 埂渣九崖洞葬

位于怀里大队花桥村西面的埂渣九山北坡有一洞朝天，洞高约2~2.5米，洞内潮湿，内有棺木17具，多已塌散，有4具棺木内各有人头颅骨1个。

5. 八独山崖洞葬

位于纪后大队二队，距山脚约70~80米，洞口在半山腰，南偏西，高、宽均8米左右，洞深近20米。洞内现有棺木13具，多已朽坏，少数棺内人骨尚存，其中1具内有3个人头颅骨。

6. 东木山崖洞葬

位于化果大队利才村东南约500米的东木山半坡上，洞口西南向，高约7米、宽10余米，内存7具残棺，未见死者尸骨。

7. 老寨山崖洞葬

在仁广大队老寨村西约300米处，洞口宽约20米、高4米。洞内宽19米、深31米、高2~10米，洞内潮湿，置棺47具，多已散乱，仅6具稍完好，棺内有人头颅骨、肢骨，无随葬品。

8. 当桥山崖洞葬

位于仁广大队当桥村西北约500米处，距山脚约30~40米，洞口宽约5米、高3米。洞内宽8米、深12米、高3~5米。有棺木6具，内存零乱的死人骨骸。

9. 水塘山崖洞葬

位于瑶里大队东北约250米的山坡上，距山脚20米，洞口宽5米、高7米。洞内高约1~8米，深20多米，洞底较平，置棺24具，大多散架，死人骨骸狼藉一地。

10. 瑶里老寨山崖洞葬

位于瑶里大队东约1千米处，距山脚约30米，洞口宽2~5米、高7米。洞内宽2~4米、深约50米，内置棺木4具，皆已朽坏，尚存残板和零星死者骨骸。

二、中国崖洞葬的文化内涵

（一）崖洞葬地的选择、葬具形制和葬法

1. 葬地的选择

我国南方地区的崖洞葬集中分布在云贵高原的石灰岩山区，

基本上与江河无关。葬地的选择绝大多数在山脚、山腰，或者就在距村寨附近几十米的洞穴之中。有的崖洞葬地虽山势险峻，但很少选在悬崖绝壁或山顶，大多数葬尸崖洞都容易进入。

2. 崖洞葬的棺木形制

我国崖洞葬的葬具全为木质，但棺木形制大多为木板拼合式，整木挖凿而成的棺十分少见。尤其特别的是贵州和广西各地的崖洞葬中在棺木外加井字形木架的架棺非常普遍，这类葬具大约占了整个崖洞葬具的80%以上。

（1）木板拼合式高架棺。此种棺木分为三式：

木板拼合式高架棺Ⅰ式。这类棺见于贵州荔波县和广西南丹县瑶族地区的崖洞葬。棺木制作方

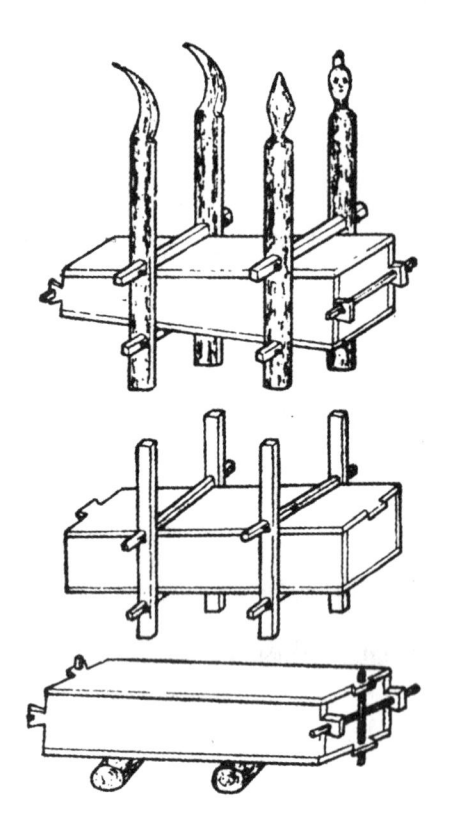

图5-3：广西南丹县崖洞葬木棺结构示意图①

---

① 广西壮族自治区博物馆：《广西南丹县里湖岩洞葬调查报告》，《文物》1986年第11期。

面，棺盖板和棺底板大小相同，板内四周开槽，棺侧板与棺挡板均嵌入槽口内，棺侧两端的凸出部分上凿方孔，穿入木栓固定两面棺侧板。整个棺身之处再加木制的井字形架固定。棺架立柱高约1.6～2米。棺架主柱分圆形和方形两种，圆形主柱直径约10～12厘米，方形主柱宽16～20厘米、厚7～10厘米。大多立柱顶部均加工成牛角形或者菱形，或雕饰以人头、小鸟等。

木板拼合式高架棺Ⅲ式。见于贵州惠水摆金棺材洞。棺身由六块板拼合，拼合方式与上述高架棺Ⅰ式相同，然而两棺侧板无凸出部分，棺侧板与棺挡板用木栓或榫头固定。棺木外加棺架固定。棺架立柱高约1.2米左右。

木板拼合式高架棺Ⅱ式。见于贵阳市高坡乡崖洞葬，棺木形制与汉式弧形棺基本相同，在棺木外加井字形棺架固定搁置棺木。

棺架立柱大多为碗口粗的圆木做成，高1.5～2米。

（2）木板拼合式低架棺。见于广西南丹县里湖乡和贵州荔波县瑶麓、瑶埃，罗甸县油尖寨、拉来寨等地的崖洞葬。棺木形成与高架棺Ⅰ式大体相同，棺木外架的井字形棺架立柱较低，一般高约1米或不足1米。

（3）栓棺。见于广西南丹县里湖乡和贵州平坝县下坝乡，长顺县交麻崖洞葬。棺身由六块板拼合，棺盖、棺底和棺的两棺侧板，均用木栓固定。另一种形制只是用两条木栓插入两棺侧板尾部所凿的方孔中，将整个棺身固定。

（4）弧背形汉式木板拼合棺。见于贵州平坝县下坝乡的崖洞葬。

（5）整木挖凿的圆形棺。仅见于贵州平坝县下坝乡的崖洞葬中，在整个崖洞葬中数量极少。棺盖、棺身为同一段整木剖开，棺身刳空，以仅容1具尸体为限。这种棺木制作非常原始粗糙，棺盖、棺身两端用竹篾、藤条捆扎固定。

3. 崖洞葬的葬法

华南地区崖洞葬的葬法严格按氏族和家族区分，一般是一个家族同葬一个崖洞，也有同一氏族中几个家族共葬一洞的，但在洞内各家族棺木摆放的位置均有定规，不得混淆。因此崖洞葬中每个洞至少几具、十几具棺木，许多崖洞多达几十具乃至数百具。尽管由于年代久远，棺木已经散乱，但许多崖洞中的棺木仍可看得出是成堆放置，彼此之间有明确界限，不相混淆。

具体地讲，我国崖洞葬的置棺方式有如下几种：

（1）使用简易尸床。这种形式并无棺木之类的东西作为葬具。同一家族的人使用同一个崖洞，人死后将尸体依照亲疏关系分别置放在简易的木质尸床上，如贵州荔波县瑶山乡的崖洞葬。

（2）同一家族的同一代人使用同一口棺木。同一家族的成员死后葬入同一崖洞，但按辈分却是同一代人共用一口大的棺木，待第一代人死完了，才启用新的棺木殓装下一代人的尸体，如贵州罗甸县油尖寨。

（3）人死后一具尸体各用一口棺木，同一家族的成员葬入同一崖洞之中，但殓尸棺木严格按辈分或家庭搁置和重叠安放，如贵州荔波县、惠水县等地的崖洞葬。

（4）同一家族或家庭成员共同使用一具棺木，棺内至少有2具尸骸，甚至3～7具不等。棺内有男女合葬，亦有成年人与儿童合葬，当是一个家族成员或同一家庭成员，按死者去世时间顺序先后葬入同一棺中，如广西南丹县里湖崖洞葬。

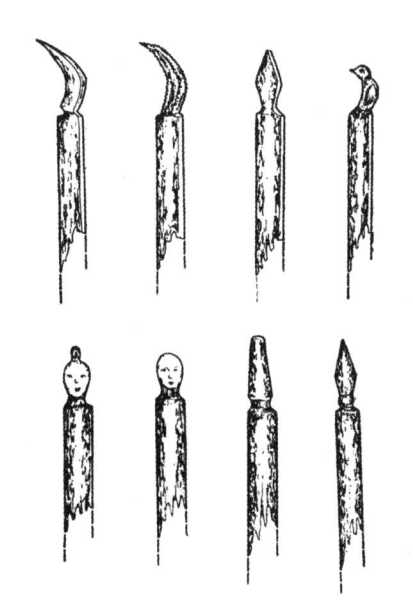

图5-4：广西南丹县崖洞葬高架棺立柱顶部装饰[1]

---

[1] 广西壮族自治区博物馆：《广西南丹县里湖岩洞葬调查报告》，《文物》1986年第11期。

（二）随葬物品和葬制、葬式

我国崖洞葬中随葬物品较少，而且多为简单的生产工具和生活用品。

在贵阳市高坡乡崖洞葬中发现的随葬物品有当地苗族所用的芦笙，苗族妇女所戴的背牌、海贝，系带的残片，苗族服装的残片。各个崖洞葬均有形制十分相似的陶罐，这些陶罐与现在苗族生活中使用的陶罐大致相同。

平坝县下坝乡崖洞葬中的随葬品不多，殓入棺木中的尸体，女性一般穿着一套衣裙，男性穿一套衣裤，尸体下垫以编织十分粗糙的竹席。衣服、裙子、鞋的质料多为蓝靛染成的蓝色麻布或未染色的白色麻布。近年来在洞中发现一件长350厘米、宽72厘米的蜡染彩色百褶裙。裙边花纹为龙凤纹，蜡染色彩有红、黄、蓝、橙等多种色调。这种多色调的彩色蜡染已失传多年，因此这条百褶裙极为珍贵。

另外还发现有方格纹夹砂灰色陶釜、淡青色釉的瓷壶、青黄色釉的粗瓷碗，盛装食物的竹篾饭箩、葫芦瓢、土红色油漆的木瓢，彩绘油漆木梳和未经髹漆的白木梳若干。

惠水摆金棺材洞中的随葬品有深蓝色粗麻布衣裙残片、银冠、银梳、芦笙、箫笛、竹编鸟笼、陶碗、陶罐和竹木加工的生活用具等。

荔波县瑶麓和瑶埃崖洞葬中也很少见到随葬物品，除了死者所穿着的衣裤和衣裙外，几乎别无他物。

南丹县里湖乡崖洞葬多数被人为破坏严重，所保存的随葬物品有铜手镯、马鞍形木枕、残瓷碗、牛角筒。衣、裤、裙子的残片，经鉴定，其质地为纱、绢、绮、绫、罗、缎，一部分是明代纺织品[①]。

关于崖洞葬的葬制，无论从棺木形制均长2米左右，高约0.5米、宽约0.6米来看，还是从目前棺内保存完好的尸骸来看，都是一次葬。葬式大多是仰身直肢，但也有侧身直肢者。

三、崖洞葬的年代和族属

我国南方地区目前所见到的崖洞葬年代都比较晚，大多数为明、清时期的文化遗存。因崖洞葬在葬法上是按氏族或家族同葬一洞，为了长期利用和保存这种公共葬地，所以每隔数十年或者100年左右要采取焚毁洞内棺木的办法。如距惠水县摆金棺材洞仅1千米的杉木冲棺材洞原有棺木100多具，20世纪40年代曾点燃棺木，洞内烟火持续了三天三夜。罗甸县董架乡一个巨大的石灰岩洞中的棺木也曾在20世纪40年代被大火焚毁上千具。又如贵州荔波县瑶麓乡的崖洞葬便是当一个崖洞棺材装满后，就用火将其焚烧，以便今后再用，该乡目前最大的铜鼓坳

---

① 广西壮族自治区博物馆：《广西南丹县里湖岩洞葬调查报告》，《文物》1986年第11期。

崖葬洞在20世纪60年代烧过一次，现今所见棺木是20世纪60年代以后放入的。广西南丹县里湖乡的崖洞葬也有类似情形。

贵州是我国崖洞葬最集中的地区，由于历代中原王朝的统治者不重视对南方少数民族文化习俗的调查研究，因此，关于这一地区崖洞葬的历史文献记载很少，最早的仅见于明代，如前引《贵州新志图经》等。到了民国时期有关崖洞葬的记载渐多，这种葬俗至今在贵州部分苗瑶族地区尚被保留。可以认为，崖洞葬的年代上限至少到明代以前，其下限延续到现在。

据笔者实地调查，我国苗瑶族自古无悬棺葬俗，而崖洞葬的分布地域主要集中在黔桂两省苗瑶族聚居的石灰岩山区，时至今日，贵州省贵阳市高坡乡和平坝县下坝乡的苗族在老人临终之前儿女须征求他本人的意见，即他死后是愿意"下乡"还是"进城"。"下乡"为按照本民族的传统葬法——实行崖洞葬，"进城"是采取与汉族一样的土葬形式。贵州荔波县瑶麓乡的瑶族基本上全实行崖洞葬。

上述情况说明，我国南方地区的崖洞葬是苗瑶族的丧葬习俗。

贵阳高坡乡苗族最大的崖洞葬地点"龙山洞"正前方所立的"龙山锁钥"碑是当地崖洞葬族属最有力的物证。该碑是于清代嘉庆年间，明确记载立碑是为了相约保护"龙山洞"前的山林，以利子孙后代"人丁发达"，而参加建碑的人是高坡杉木寨和坪寨的67房（家族）人，到今天这两寨的人全部姓罗，都是苗族，他们一直保护这块碑和所定公约。以前苗族无清明扫祭祖坟的习俗，仅仅在遇灾祸或祭祖时才祭"龙山洞"，现在受汉族文化影响，清明时节杉木寨和坪寨的苗族也在"龙山洞"前的树枝上挂白纸条以示祭祖。除"龙山洞"外，当地苗族对各崖洞葬属于哪个家族同样十分清楚。各家族不仅知道哪个葬洞是自己的祖茔，而且还清楚哪一代的祖先葬在哪个崖洞，有的甚至还能指出哪一口棺木是哪一位祖先的，这位祖先与现在的后裔相差多少代，等等。有关这样一些情况，如果不是代代相传和与当地苗族密切有关，他们是不可能了解得如此清楚的。在笔者实地调查中得知，龙山洞崖洞葬中的一些棺木乃近年来当地苗族放入。

贵州惠水、罗甸和望谟地区的崖洞葬都被当地苗族确认为自己祖先的葬俗。

惠水摆金棺材洞被石头寨的苗族肯定是自己祖先的葬俗。棺内女尸一般均着镶有花边的衣服，下身穿花的或靛蓝百褶裙，头插木梳，佩戴贝壳作为装饰品，这样的穿着打扮与现今苗族妇女基本一致。惠水董上大队的苗族原从长顺地区迁来，其中梁姓家族的苗族崖洞葬在大约70年前才改为土葬。

望谟县崖洞葬的殓尸棺木多能为当地苗族确认，凡未经本族人同意，不准动用或观看，至于什么时候改行土葬，他们已说不清了。

平坝县下坝乡的崖洞葬族属不如上述地区单纯，在近600具棺木中绝大部分被当地刘姓苗族确认为自己祖先的葬俗，而且至今他们仍将死者葬入该洞。有少部分制作极原始的圆木棺，无主人认领。经碳14测定，这些棺木约为唐代遗物。据苗族家谱记载，当地苗族迁入该地的时间可追溯到大约明代。据调查，崖洞葬周围最早的居民是仡佬族。

目前长顺、清镇、平坝县等地遗留下许多仡佬寨、仡佬坝、仡佬坡等冠有仡佬的地名，而现在这些地方全为苗族或其他民族聚居。因此平坝县下坝乡的崖洞葬族属除少数可能为仡佬族葬俗外，大多数为苗族葬俗。

贵州荔波县瑶麓、瑶埃、瑶山等地的崖洞葬均被当地瑶族确认为本民族的葬俗，而且瑶麓乡的瑶族至今仍行崖洞葬。

广西里湖乡崖洞葬中遗存的纺织品残片，经鉴定，部分属于明代，说明这批崖洞葬中相当一部分葬于明代，而有的崖洞葬棺木中死者骸骨均已朽尽，仅存遗迹，其间留有宋代瓷碗，说明其中少数棺材年代上限可能早到宋代。另外，在这里崖洞葬中过去曾发现过清光绪时期的铜钱，而且里湖一带现代居住的白裤瑶族实行土葬时，仍有使用与耿盖山洞崖洞葬相似的低架棺。这批崖洞葬年代下限有迟至清末，甚至民国时期的可能[①]。

广西南丹县里湖乡崖洞葬可能与现代白裤瑶族的祖先有关。

其根据是：一、现代白裤瑶使用的低架棺与耿盖山洞的低

---

① 广西壮族自治区博物馆：《广西南丹县里湖岩洞葬调查报告》，《文物》1986年第11期。

架棺近似。二、白裤瑶男子平均身高约为155.7厘米，与崖洞葬中男子生前平均高度156厘米基本相合。三、白裤瑶族有砍牛祭丧，并将牛角嵌在死者墓前木柱上的习俗，这与高架棺柱顶刻成牛角形状显然有一定关系。四、贵州荔波县瑶麓乡的瑶族，目前仍有将低架棺置于崖洞中的葬俗，他们还在举行过砍牛仪式的棺上，置一木制牛角，其含义与里湖崖洞葬高架棺柱顶所饰牛角形可能相同，这都证明里湖崖洞葬的主人与现代白裤瑶有一定关系[①]。

据笔者实地调查，南丹县里湖乡的白裤瑶，目前虽行土葬，但他们仍然认为村寨附近的崖洞葬是自己祖先的葬俗，未经他们允许，任何人都不得进入崖洞。

在贵州荔波瑶埃的青瑶和瑶山乡及广西里湖乡的白裤瑶，就是现在的土葬也还不能称为完全的土葬。他们将殓尸棺木抬到山坡上并不挖墓穴，而是用锄刨出一块平地来安放棺木。棺柩四周及棺盖上堆砌碎石和泥土，构成梯形台体或椭圆形的土石堆，棺木入土极浅。

综上所述，我国南方地区崖洞葬绝大多数是苗瑶族的葬俗。

---

① 广西壮族自治区博物馆：《广西南丹县里湖岩洞葬调查报告》，《文物》1986年第11期。

四、崖洞葬的起源及其反映的宗教观念

（一）崖洞葬是人类早期洞处穴居生活的反映

考古学资料表明，在远古时期由于社会生产力低下，人类多以天然洞穴为居住之所，人死后就直接埋葬在生前所住的洞穴之中。迄今为止，国内外发现的最早丧葬均产生于洞穴内，如北京的山顶洞人和欧洲的尼安德特人。

我国苗瑶族同胞自古以来大多居住在我国南方山区，山林为他们提供了衣食之源，同时山区众多的天然崖洞也是他们的栖息之所。四川东南部和贵州东北地区的苗族都有关于自己的祖先居住崖洞的传说。至今贵州有少数苗族仍居住在山洞。

生时以崖洞为家，死后依然归葬崖洞，这是符合情理的事。

我国南方地区的崖洞葬都分布在云贵高原的石灰岩山区，这里岩溶地貌发育良好，普遍存在的崖洞与溶洞为实行崖洞葬的民族创造了优越的地理条件。华南山区苗瑶族普遍实行崖洞葬，也是因地制宜的一种选择。

（二）崖洞葬是原始氏族社会血缘关系的反映

崖洞葬是原始社会时期鬼魂观念产生之初的产物。它所反映的宗教观念是以氏族或家族为主的血缘关系。关于崖洞葬的来历，在广西南丹县白裤瑶地区广泛流行这样一个传说故事。

相传很久很久以前，瑶族人死后并不埋葬，而是将死人的尸体平分给大家吃掉，这种习俗在历史上保存了许多年。后来瑶族之中有一个名老洒的青年由于亲眼看见了母牛产下小牛时的艰难和痛苦情景而念及自己母亲的辛劳和养育之恩，决心改变分食老人尸体的陋习。当他母亲衰老去世以后，他便悄悄将母亲的尸体藏匿在山上的崖洞之中。后来人们终于发现了老洒母亲去世，坚持要分食尸体。为了废除食人的落后习俗，老洒找来自己的舅舅做众人的说服工作，并在他的帮助下，用砍牛的方式，将牛肉平分给大家代替死者的尸体。从此瑶族开始实行崖洞葬并举行砍牛仪式，砍牛之后死者亲属将牛肉分给自己的家族人食用。到20世纪80年代广西南丹白裤瑶尚保留老人去世以后，必须举行砍牛仪式再安葬死者的习俗。

这个传说表明：瑶族社会的发展曾经历过生产力发展水平极其低下的原始社会，由于生活资料的匮乏尚存在过食人遗风。[1]人类丧葬习俗的产生是社会生产力发展的结果。在原始宗教观念——鬼魂崇拜产生之前，瑶族先民还无丧葬礼仪和葬俗。老洒借助其舅舅的权威，才得以砍牛的方式代替分食死者尸体。根据这一传说，可以推测崖洞葬可能产生于瑶族母系氏族社会时期。

以上传说故事从民族学的角度证明我国南方苗瑶族的崖洞

---

[1] 见本书第一章所述20世纪五六十年代新几内亚东部高原的土著民族尚保留此种习俗。

葬是早期鬼魂崇拜观念的产物。

我国旧石器时代晚期的山顶洞人遗址，其住所分上室、下室等几个部分，据分析，上室为住所，下室为葬地。这种有意识有规范的布局以及妇女有较多装饰品的随葬，说明山顶洞人已处于由血缘关系维系着的早期母系氏族社会阶段。

共同进行的生产劳动，共同的生活，共同的血缘关系以及为了生存与其他原始人集团之间剧烈而频繁的斗争等，都把氏族成员的命运紧紧地联系起来。

人类社会在丧葬习俗产生之前的漫长历史年代里，可能已有灵魂观念的萌芽了，但从灵魂观念发展成为对死者尸体进行丧葬礼仪，则只有氏族社会中才有可能。因为对尸体能够进行处理安置的必然是死者亲人，这种对死者的亲近感和眷恋之情是在氏族公社的共同生活中长期培养起来的，是氏族传统长期积淀的结果。

伴着葬俗产生随之而来的丧葬礼仪成为全氏族进行的集体活动，通过这种活动可以进一步加强氏族内部的团结。随着社会生产力的发展，我国苗瑶族虽早已进入阶级社会，但崖洞葬的种种葬法所反映出的宗教观念均带有浓厚的原始氏族社会的特点。

在原始氏族社会，人与人之间的关系依靠血缘纽带来维持，任何人都不能离开自己的氏族而独立存在。人死以后，人们按现实的社会生活对待鬼魂世界。因此崖洞葬均是同一氏族或同一家族的成员死后葬入同一崖洞，他们生前是一个关系密切的社会群体，死后也同样不能分离。

五、崖洞葬与悬棺葬之间的关系

（一）崖洞葬与悬棺葬的相同之处

1. 我国的悬棺葬与崖洞葬在葬地选择方面均与山崖有关，而且殓尸棺木都是置于空气之中，从处理尸体的物理性质上讲，同属风葬。

2. 悬棺葬和崖洞葬都是我国南方少数民族的丧葬习俗，在葬仪和随葬品方面具有一些相似之处。据民族学资料，我国南方少数民族非常注重丧葬礼仪，而不像汉族那样讲究厚葬。这种情况与我国南方少数民族，尤其是苗瑶族社会发展水平密切相关。在20世纪50年代以前，地处偏远闭塞山区的苗瑶族社会还保留着一些原始氏族社会的意识形态，每个社会成员的生死存亡都被看作是与本氏族休戚与共的重大事件，前引《朝野佥载》对历史上川东南、湘西、黔东北等地"五溪蛮"的悬棺葬俗中隆重的丧葬礼仪做了极为生动的描绘，"五溪蛮，父母死，于村外阁其尸，三年而葬，打鼓路歌，舞戏月余……"至今印度尼西亚苏拉威西岛中部山区的托拉贾人，人死行悬棺葬时，仍盛行椎牛①，连几岁的小女孩夭折后举行的葬礼也不例外。

我国苗瑶族的崖洞葬自古以来，除死者随身所穿衣服（裙

---

① 椎牛、砍牛或者宰牛是华南和东南亚一些少数民族为死者送葬的传统礼仪。

子）和少量首饰及头枕或者一个盛饭的小竹箩等物外，几乎再无其他随葬物品。然而为死者送葬的砍牛仪式却十分隆重，耗资之巨，甚至不惜倾其家产。印度尼西亚的托拉贾人亦然，他们辛勤劳苦一生，积累的财富便是在亲人死后用于隆重的砍牛仪式，砍牛的多少决定其社会地位的高低。

直到现在我国黔、桂地区的苗瑶族同胞的丧葬礼仪还特别隆重，哪怕是一个几岁的孩童夭亡，方圆几十里以内的亲友数百人在闻讯后，都要连忙赶到丧家为这孩子哭丧，饮酒通宵达旦，上山送葬的队伍更是浩浩荡荡。至于老人去世后，丧葬礼仪愈加热闹非凡，为老人送葬的铜鼓要敲击几天几夜，并砍杀数头膘肥健壮的水牛，宴请前来送葬的亲友。[①]

上述情形反映出血缘关系在苗瑶族社会中所占有的重要地位。

悬棺葬和崖洞葬的随葬物品都不甚丰富，而且多为生活用品，少见生产工具和武器。随葬物品以竹木器为多，反映出他们居住的地理环境和民族生态。

3. 从目前所掌握的资料来看，崖洞葬全利用天然崖洞，悬棺葬有很大一部分也利用天然崖洞。除江西贵溪县仙岩的悬棺葬外，我国南方地区的悬棺葬和崖洞葬均无封门。

---

① 笔者20世纪80年代实地调查资料。

（二）崖洞葬与悬棺葬的差异

1. 两种葬俗在地理分布和葬地环境方面不同

我国悬棺葬的地理分布与长江流域及其以南的一些江河密切相关，台湾兰屿悬棺葬则在海岸的陡峭山崖之上。悬棺葬地的选择必在濒临江河大海的悬崖峭壁，人们难以攀登到达的地方。

崖洞葬的分布集中在我国云贵高原的石灰岩山区，基本上与江河大海无关。葬地的选择绝大多数在他们居住村寨附近的山上或山脚，或者山腰，有的崖洞葬地虽山势险峻，但很少选在悬崖绝壁或山顶上，葬尸崖洞都容易进入。

从地域分布来讲，悬棺葬的分布远比崖洞葬为广。

2. 两种葬俗反映的经济生活不同

从悬棺葬的地理分布和葬地的选择必在临江面海的悬崖峭壁，以及使用船形棺等方面来看，这是一种水上作业较多的民族之葬俗，它反映的应是以稻作和捕捞渔猎为主的经济生活，属海洋民族的风习。而崖洞葬则是我国西南山地从事粗放农业耕作兼营狩猎和采集的少数民族的葬俗。

在进入以农业为主的社会阶段以后，牛是人类进行农业生产的得力助手，在农业经济比较发达的民族当中，牛常受到最高的尊崇，如汉族和其他一些民族都以法律的形式严禁宰杀耕牛，然而在黔桂地区行崖洞葬的苗瑶族，尤其是瑶族的丧葬礼仪中大量宰牛宴请前来送葬的亲友却是必不可少的项目。

据笔者20世纪80年代实地调查，黔桂山区的白裤瑶胞每个家庭都饲养牛，其目的既不是将牛当作商品出售，也不是为了提供畜力，而是为了在老人去世举行葬礼时宰杀，一般宰杀1~2头牛，多的达3~4头。而且以杀每头价值人民币1000元以上的大牯牛为佳。家境贫寒的人家即使一时无力宰牛为老人送葬，也须在经济条件许可的时候补办宰牛仪式。直到现在，黔桂交界山区的白裤瑶仍盛行宰牛送葬的风习，死者无论男女，年龄在10岁以上均要宰牛。

苗瑶族在丧葬礼仪中任意宰杀牛或耕牛的情况，从侧面反映出牛在苗瑶族社会不是农耕经济的产物，它反映了苗瑶族的祖先仅把牛看作肉食来源的传统观念，而这一观念正是狩猎民族把一切动物（包括役力动物）皆当成食物的自然产物。

3. 两种葬俗使用的葬具不同

我国悬棺葬中的葬具绝大多数为整木刳制，这类棺的形制或为船形，或为圆木挖凿的独木舟式。木板拼合式棺罕见，更无汉族式弧背形棺。

崖洞葬中绝大多数葬具为木板拼合式棺，整木挖凿而成的棺极为少见，更无船形棺。而崖洞葬中所普遍使用的长方体、外加井字形框架的棺木绝不见于悬棺葬之中。

4. 两种葬俗放置棺木的方法不同

悬棺葬置放棺木的崖壁上有突出崖檐的地方，或利用天然崖洞（包括崖隙），若无天然崖洞可利用，则在崖壁上开凿壁龛或者凿孔打桩置放棺木，说明悬葬高崖绝壁有明确的用意。悬棺葬的棺木有将多具放入一洞中，或层叠搁置于木桩之上，但有许多是一具放入一洞或一龛内，或者架置于木桩之上。

崖洞葬绝大多数利用天然崖洞放置棺木，而且几乎都是为数众多的棺木放入同一洞内。

5. 两种葬俗的葬制有差异

悬棺葬中有一次葬和二次葬之分，而崖洞葬据笔者目前的实地调查大多为一次葬，罕见二次葬。

6. 两种葬俗的年代有较大差异

我国悬棺葬流行的年代久远，大约从商周时期一直延续到明、清。关于华南地区悬棺葬的记载最早见于三国时期沈莹《临海水土异物志》。对大多数地区的悬棺葬人们早已莫知其从来，千百年来蒙上了浓厚的神秘色彩。如武夷山的悬棺葬被称为"仙人所居""仙人蜕骨之所""虹桥板"，湖南湘西沅水流域的悬棺葬被称为"仙人木""仙人舟""仙人晾衣"等，并将一些求仙、升天的汉族宗教观念附会上去。

我国现存崖洞葬年代远比悬棺葬为晚，有关的历史文献记载最早见于明代，而笔者实地调查所获的资料与文献记载基本相符。目前所见崖洞葬的年代上限大致在明代，黔桂地区的崖洞葬绝大多数都能被当地苗瑶族确认为自己祖先的葬习，时至现代我国部分苗瑶族仍保留崖洞葬俗。

7. 两种葬俗反映的宗教观念不同

崖洞葬反映的宗教观念带有浓厚的氏族社会血缘关系色彩，属早期人类社会的鬼魂崇拜，而悬棺葬反映的宗教观念则是在鬼魂崇拜基础上发展起来的祖先崇拜。悬棺葬中许多棺木重叠置放一处，虽也有血缘关系的反映，但从整个葬俗来看，它是以保护祖先尸骨为主要目的。唐代"五溪蛮，父母死，于村外阁其尸，三年而葬，……尽产为棺，于临江高山半肋凿龛以葬之，……弥高以为至孝。"元《马可·波罗游记》载："（云南）秃落蛮，亲死，葬之高崖绝壁，俾人兽不能侵犯。"这些记载可充分说明悬棺葬所具的祖先崇拜性质。

如前所述，崖洞葬几乎均为一次葬，而悬棺葬中除一次葬外，二次葬相当普遍。二次葬无论在葬仪和葬法上都比一次葬复杂。

8. 我国部分地区的悬棺葬伴有崖画

广西左江流域崖壁画年代约为先秦至两汉时期的文化遗存，已发现的左右江流域悬棺葬中随葬物品多明清时期遗物，悬棺葬年代上限可到唐代[①]。由此看来，左江流域崖壁画与悬棺葬的年代相去甚远，很难讲二者之间有何必然的联系。四川珙县麻塘坝几乎凡有悬棺葬的崖壁周围都有崖画，二者之间有着

---

① 张世铨：《广西崖洞葬和几个有关问题的商讨》，《民族学研究》第四辑，民族出版社，1982。

密切联系①。

到目前为止，贵州、广西地区的崖洞葬附近尚未发现崖画。

（三）悬棺葬和崖洞葬的相互影响和交流

我国自古以来就是一个多民族大家庭，在我国南方地区，各民族交错杂居的特点非常突出。

我国苗瑶语族的民族与古代越、僚人的后裔——壮侗语族的各民族，如壮、布依、仡佬族等长期杂居，共同生活，在经济文化方面交往十分频繁，形成兄弟般的亲密关系。在贵州望谟地区的崖洞葬被认为是"炕骨苗"的葬俗，但当地有部分苗族和布依族同样忌讳接触"炕骨苗"的棺材和物件，尤其忌讳到"炕骨苗"的崖葬洞中去。又据今人调查，贵州安顺、兴义、毕节和黔东南部分苗族自称"濮"，而凯里黄平、雷山等地的苗族则自称"仡佬"。湘西地区行悬棺葬的民族被当地汉族、土家族等称之为"仡佬苗"。这种"你中有我，我中有你"的民族关系特点是我国各族人民在长期历史发展过程中，不断自然同化、相互混血融合的结果。

悬棺葬和崖洞葬随着时代的发展和各民族之间交往的频繁，它们之间也必然互相影响，产生交流。如贵阳市高坡乡行崖洞葬的苗族，在近100年来也有类似悬棺葬的葬法。如苏垭村白岩距

---

① 陈明芳：《广西花山崖壁画与四川珙县僰人崖画》，《民族艺术》1985年试刊号。

地面约30米的悬崖绝壁上置放一具棺木。高坡乡云岭村附近临溪悬崖裂缝中也放有几具棺木。而时代较晚的一些悬棺葬在葬地的选择上已不很严格，如湖南省慈利县悬棺葬分布密集的龙潭镇龙头山崖一处悬棺葬和广西柳江县木罗村等地的悬棺葬便在一般的山脚、山腰，高度不高，且崖下亦无江河溪流。

通过对华南地区悬棺葬和崖洞葬的比较研究可以看出，悬棺葬与崖洞葬虽有某些相同之处，但无论从葬地的选择、文化内涵、年代、族属以及所反映的宗教观念等方面来看，它们都是各具浓厚的民族特点、不同性质的两种葬俗。若将这两种葬俗混为一谈，势必造成混乱。

我国南方地区的悬棺葬尽管分布地域很广，但不论东南地区还是西南地区的悬棺葬，它们在地理分布、葬地选择、文化内涵、族属及其反映的宗教观念等方面均有其共同的规律性，这些共同因素便可说明这两大地区的悬棺葬之间的渊源和传承关系。不可否认，华南各地悬棺葬之间也存在着某些差异，但是归根结底，它们在一系列根本问题上具有相同性质，应属同一类文化，若硬将它们割裂开来，显然是不恰当的。

悬棺葬不仅遍及我国长江流域及其以南的广大地区，而且广泛分布于东南亚地区，甚至远及太平洋群岛的波利尼西亚和美拉尼西亚。悬棺葬俗这一奇特的考古文化和丧葬习俗已成为世界性的文化现象，与同时广泛分布于华南和东南亚地区的刀耕火种、梯田稻作、干栏式建筑、凿齿、文身、贵重铜鼓、猎头、犬祭、多灵崇拜等古代的文化习俗被称为环太平洋文化。

东南亚有广义与狭义之分。我们通常所称的东南亚是指亚洲的东南部地区，包括中印半岛和马来半岛等地的国家和地区，面积448.6万平方千米，人口多达3亿。广义的东南亚不是行政区划的概念，不仅包括中印半岛和马来半岛，而且还包括南洋群岛，即散布在太平洋和印度洋之间广阔海域上的数万个岛屿。它们分属印度尼西亚、菲律宾、马来西亚、文莱和东帝汶。更广义的还包括整个大洋洲的美拉尼西亚、波利尼西亚和密克罗尼西亚群岛。

由于东南亚与我国南方地区在地理位置上的邻近，因此自古以来，东南亚各族人民与我国南方地区的民族在经济、文化方面的交往十分密切，民族迁徙频繁，民族的分化、混合更造成了两大地区民族关系的复杂。当我们探讨中国悬棺葬时，必须将它置于更加广阔的背景中，与东南亚地区的悬棺葬进行比较。去探讨二者之间存在的联系和区别，以便对中国悬棺葬有更加深入的认识和了解。

第六章　中国与东南亚悬棺葬之比较研究

一、东南亚地区悬棺葬的分布、年代及其族属

（一）东南亚地区悬棺葬的地理分布

悬棺葬作为古老的丧葬习俗和考古文化，其分布范围极具特色，若以中国长江以南的广大地区作为定点，悬棺葬的分布向东到达我国台湾地区，然后到了日本的琉球群岛，从我国广西至越南等中南半岛，悬棺葬广泛分布于菲律宾和东南亚海岛地区，甚至远播太平洋的美拉尼西亚和波利尼西亚群岛，这种世界性的文化现象被著名的人类学家和民族学家凌纯声先生称之为"环太平洋文化"。除悬棺葬以外，我国南方地区众多少数民族与东南亚地区一些民族还同时有铜鼓文化、凿齿、文身等许多文化特点，以上都属环太平洋文化，而悬棺葬则是环太平洋文化的一部分。研究中国悬棺葬必须开阔视野，与东南亚悬棺葬进行比较研究，只有这样才能真正了解悬棺葬独特而又深厚的文化内涵。

关于东南亚地区悬棺葬的资料，由于种种客观条件的限制，尤其是不能去东南亚实地考察，目前掌握得很少，远远不足以提供给我们详细研究。现主要根据凌纯声先生在《中国与东南亚之崖葬文化》中收集的资料和笔者收集到的一些外国学者研究的资料作为线索介绍给读者，以便将中国和东南亚的悬棺葬作一简单的比较研究。凌纯声先生在其著作中所说的崖葬，按考古文化的命名，实际上大多为悬棺葬。

1. 中印半岛和马来半岛

中印半岛越南广南省西部山区沿色加朗河岸崖上的天然洞穴，为附近村庄摩依族居民存放棺木之所。

泰国极西南的董里府，地处马来半岛最狭地带，有古印度尼西亚自称"海人"的僚族葬尸山洞的葬俗。

泰国西部北碧府的安巴岩洞发现了距今2000多年的悬棺葬，棺木为船形。约有90具船棺，多为平盖，也有两船相覆的形制，值得注意的是，在船棺葬群中有3对铜鼓随葬。铜鼓上有许多木舟的图像。棺木系用整木挖凿而成[①]。

中印半岛西极，缅甸与阿萨姆交界的麻栗坡地方那加族的西支在岩壁上凿洞葬尸其中。

2. 东南亚海岛地区

东南亚海岛地区悬棺葬分布十分普遍。不仅印度尼西亚群

---

① 斯密夫·华生：《早期东南亚》，摘自《历史考古和历史地理论文集》，牛津大学，1979，英文版。张维持先生提供。

岛、菲律宾群岛、琉球群岛有许多悬棺葬遗迹，而且尤为重要的是印度尼西亚苏拉威西岛中部的托拉贾人（Toraja）到20世纪70年代尚保留悬棺葬俗[①]。20世纪90年代，笔者还在电视上看到美国《国家地理》频道《发现与探索》栏目播放的苏拉威西岛上土著居民的悬棺葬俗及其丧葬礼仪。

（1）加里曼丹岛（旧称婆罗洲）

加里曼丹岛北部沙巴和沙捞越属马来西亚。在北加里曼丹岛东部海岸沙巴的肯那巴坦干河岸的白石山自然岩洞中有当地土著沙巴人的悬棺葬遗迹。100多年前英人Rceagh在《婆罗洲居民的特殊葬式》一文中记载颇详：沙巴东海岸的白石山有许多石灰岩洞穴为当地古代土著的藏棺之所，现在居民已不知此葬俗。洞穴之口在一峭壁上，离地约70~80英尺，不易攀登。洞中有铁木棺40具，雕刻水牛、鳄鱼、蜥蜴、蛇诸形，甚为精致。棺内骸骨有男人、女人及小孩。殉葬物有吹箭筒、标枪、中国制品、陶器及土制和外来的铜器。这许多遗骸似为爪哇人，但当地又无此种人住过的传说。棺上的雕刻图纹精美，远胜现住土人的工艺……

白石山在一铁木和其他贵木树林之中，离河岸1英里，距产烟草的Batu Putch地方2英里。所有石灰洞穴为水侵蚀而成，但洞内无石笋和钟乳石。近山脚有许多洞穴，亦藏有粗制的铁

[①] 《世界民族大观》第2本《东南亚》，台北：自然科学文化事业公司印行，1978。

木棺和许多人骨，此下洞因近地面，土人常来探索，棺多不盖而中空，人骨散置地上，骨上沾有鸟粪。当我们进洞见一群海鸟飞去。洞之大小已记不清楚，其长约20或30码，大多狭而不整，我见有一穴，长约15英尺，其阔仅容一棺。……上洞有2或3个石室，有短短走道可通，离地约80英尺，最大一洞有棺木40具，已如上述。棺的排列多数为棺上堆棺，亦有散置在地上的。有的棺盖移去，可见男人、女人及小孩的骸骨尚保完整。棺盖两头雕水牛或黄牛头的为男棺，雕蛇、蜥蜴、鳄鱼的为女人及小孩的棺木。……上洞的遗物、遗骸的骨和发、棺木的雕刻，多保存完好。多数的男棺中有中国普通的瓷器、别种的陶器、吹箭筒和标枪；女人与小孩的棺中多铜的饰物，尤多铜丝的手镯和臂圈，与岛内部土人所戴的相似。但铜的三重冠是爪哇或外来的制品，这一冠饰使头发不变其位置，但增加女骸可怖之状。

据肯那巴坦干的一个酋长讲，他的部民以及沙巴东海岸的其他部落昔日均行此种葬俗，在大威海湾的一些石灰岩洞穴，过去为崖葬之所，洞中尚存棺木。肯那巴坦干河沿河的部落直到20世纪初期始革此俗。

19世纪末Pryer所著《英属北婆罗洲的土著居民》一文中亦记述了沙巴东海岸大威海湾沙巴人的悬棺葬俗：

在大威海湾，昔盛极一时的沙巴族，现在只有少数的遗民了！他们大部分已与Erans族混合而不可分辨，然尚有另居的村落，信奉他们的宗教，遵行旧俗，如法律不禁，有时还以人作牺牲。在若干有燕窝的洞穴，藏有腐朽的棺木，上雕有奇异的图形，据云为古代沙巴人的葬棺，还有许多棺木置于高崖壁桩之上。

加里曼丹岛除东部海岸以外，属印度尼西亚的中部和东南海岸亦有悬棺葬遗迹。从加里曼丹中部发源的马哈坎河向东南流入马卡萨尔海峡，全长400英里，马哈坎河沿岸悬崖木桩上有彭人（pens）的悬棺，这种形式是在悬崖峭壁上凿孔打桩，置棺其上。棺木做工很粗，棺旁木板有浮雕人像。

加里曼丹岛西北沙捞越离古晋市500英里尼亚河畔发现了一群石灰岩洞穴，洞穴中有岩壁画和船棺。

有一特大的名"大洞穴"里面有从旧石器时代到铁器时代五个文化层。在尼亚洞晚期新石器时代文化模式中已有独木船棺葬，死者为蒙古人种，墓坑非常浅，尸体通常放在一个挖空的木头中，抑或安放在木板、席子或网上。这种葬俗的时代有人认为大约为公元前250年。尼亚洞铜器和铁器时代有大量的船棺葬。船棺被地面上的柱子支撑着，不过现已倾倒。船棺周围放着中国早期的陶器及大量制造的软陶器。有一种墓是在悬崖洞穴里，葬具为木头刳制成的小船，船放在木桩上，里面有人类遗物。毗邻大洞穴的一般洞穴中发掘出许多蒙古人的墓葬,出土了唐宋时代陶瓷制品,经过雕刻的木头、骨头和石头、玻璃与肉红玉髓小珠、金属工具、青铜器、铁、黄金以及7~11世纪的钱币。①

一个被称为骨骼洞的古代葬地石穴,石缝中发现了许多古代遗物。粗笨的石器以外,有几百架尸骸,有的安置在瓷缸里,殉葬物有中国的古钱、铜器、铁器、珠宝及陶瓷,这些遗物恐怕不是同一时代的东西,发掘者以为是元明以前的遗迹,因其中无一件明以后的器物,瓷罐装白骨放置山岩石缝之中,是福建流行的一种"重葬"制度。②

另一个称壁画洞,位于高出河面150英尺的山崖上,洞里的岩壁及顶上有些很完整的壁画,表现人群的各种活动,有的手舞足蹈,有的举枪荷杖,有的光着头,有的带着复杂的冠饰,多数是裸体,不分性别。人群当中还有许多简单的鸟兽、鱼笼等。最显著的是些大小船只,船上有人。这些壁画是用朱色画的,笔法简陋,可是相当生动。洞里的地面及地下掘了些小木船,形式简单,船首雕有各式动物形状,岩壁石缝里也有些墓葬,其他遗物以唐陶瓷及粗糙的陶器为普

---

① 郑德坤:《从沙捞越考古发现谈中国与东南亚地区的古文化交往》,《东南文化》第2期,江苏古籍出版社,1987。
② "重葬"在考古学上又称二次葬,即人死以后先行土葬,若干年以后待死者尸体腐烂,只剩下骸骨,再将其捡入特制的陶罐或陶瓮之中,又称为"二次捡骨葬"。进行二次葬时有隆重仪式,这种葬俗曾在两广和福建甚为流行。1981年秋季笔者到广东南海县作考古学田野考察时见许多农户的屋后都放有捡骨葬的陶瓷罐。

图6-1：印度尼西亚托拉贾人现代的悬棺葬，在悬崖峭壁上开凿人工横穴放置棺木，并开凿横穴，给木偶穿上死者生前的衣服，以示悼念，相信死者因此可得重生[①]

---

① 采自《世界民族大观》，台北：自然科学文化事业公司印行，1978。

通，发掘者相信这类遗址与古代的殡葬有关。船是普度死者灵魂的器具。壁画洞是古代葬地无疑，这类葬制的流传相当广。婆罗洲东南一带的土人还习用船葬风俗。在大陆方面，古代的越南、广西、贵州、四川等地都有这类葬制。最近在川东川西发现了战国时代的船棺葬，川南也有悬崖棺葬……沙捞越的船棺葬应是同一系统。现在沙巴最多的民族是都顺人，他们很接近，他们有的还自称为中国人。有些学者以为这些人是中国最早移民的后裔。[①]

（2）苏拉威西岛

苏拉威西旧名西里伯斯，本岛中部山区的托拉贾人，现仍保留悬棺葬俗。根据克鲁包耶尔著《西里伯斯中部的猎头民族》和威廉斯所著《西里伯斯：印尼群岛的新人之地》以及日人所编《世界民族大观》中的《东南亚》[②]，可以对托拉贾人的悬棺葬有一个粗略的认识。

威廉斯《西里伯斯：印尼群岛的新人之地》一文中的插图说明：

> 托拉贾人的悬棺葬地选在马塔阿洛河的源头一座名叫

---

① 郑德坤：《沙捞越考古观感——由考古学看华人开发沙捞越的历史》，《南洋文摘》1967年第8卷第3期。
② 《世界民族大观》，台北：自然科学文化事业公司印行，1978。

Geonoeng Tindara山上，山形似塔，悬崖绝壁，在山的四分之一的峭壁上，利用天然崖崖沿或开凿洞穴，以置舟形的棺木，近视之如无窗的摩天大厦，并见朽棺渐将下坠。岩上的方洞为葬穴，在葬穴附近如戏院包厢的长方形石龛中横列的人为死者的木偶像。托拉贾人中在社会上较有地位者，死后葬入洞穴，作木偶像，着生前衣服，肩挂一袋，立于石龛中，骤视几疑是生人，近看始知为木偶。（见图6-1）

在苏拉威西岛中部，除托拉贾人外，尚有莫里人（Mori）和图卢尔（Tooeloe）人亦行悬棺葬俗，不过他们是待死者尸体腐烂后，将骸骨装入陶瓮后再置于山洞。据曾到图卢尔人居住的山地调查所获资料得知，山洞中有高40厘米、宽20厘米的陶瓮，其中多数均可发现有头盖骨或体骨。并见雕刻精美的小箱中藏有头骨甚多。

（3）菲律宾群岛

根据菲律宾大学拜耶尔教授著《菲律宾考古纪要》所载，菲律宾群岛的悬棺葬分布十分普遍。吕宋岛山地省"最有趣的伊哥洛人的遗迹，在围绕Sagada高原的地区，有很多的石岩洞，壁龛和岩阴用作为葬所，常见有许多的棺木朽片，头骨及肢骨，或瓷器的碎片散置在峭壁的岩阴中"。

记山地省Beuguet分省的洞穴葬和木乃伊云：

在此分省中，最使人感兴趣的古迹为洞穴和壁龛葬，其中藏有木棺、骨骸，尤其在若干地方还有干木乃伊。这许多木乃伊在潮湿的气候中，尚能保存不坏，有几个标本至少有150至200年历史。在碧瑶附近的托马斯山上的一洞穴中藏有20多个木乃伊，至少半数尚是完整，在这分省的北部，近Buguias和Coo两地方，著名的Ano木乃伊……据著者的研究，此干尸已有200多年之久，但仍完好，盛以木棺，藏在离地海拔7000英尺悬崖壁龛中，尸体自头至足，文身的花样复杂。

在吕宋之南的马林杜克岛，法国人曾于1881年做过系统调查：

第二期调查在特里斯雷耶斯小岛的Gasan地方附近发现

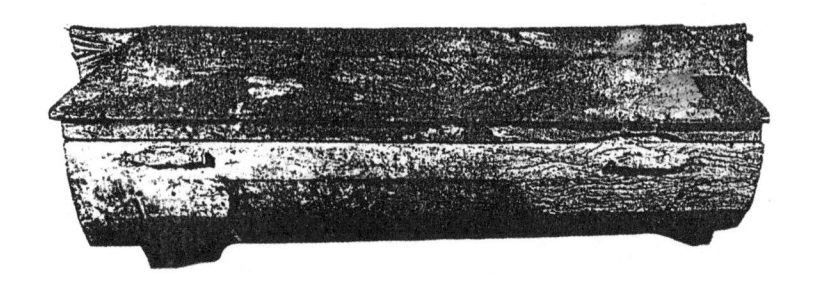

图6-2：菲律宾巴拉望岛伦滚洞穴内用披尔树干剖制成的棺木，长3英尺，内装2具二次葬的人骨架，内装有金子、光玉髓等制造的装饰品，以及泰国可太时期和中国元朝时期的陶器，很显然，所有的物品都是用于二次葬的东西①

---

① 采自《菲律宾的民族文化遗产》，马尼拉，1977，英文版。

一群洞穴葬，有许多头骨（多数变形）瓮罐碎片，雕刻的小棺板，贝壳的手镯或戒指，及其他殉葬品散在3个葬址。最好的洞穴，离地海拔70米。第5期调查发现未经发掘的著名Pamine-Taan葬穴。洞口很低，中藏棺木堆积成行，棺内有陶瓮，亦盛有骨骸。最大之棺长90厘米，阔20厘米，高15厘米。许多棺内还藏着两具木棺，其一较小（为二次葬）。

吕宋岛东南的民都洛岛南部波加林洞穴，位于Bulalacao和Mansalay两镇间的中途，在一面海悬崖之上，崖高500英尺，宽约200码，洞穴在临海峭壁之上，离海面200英尺，1904年因采集鸟粪，无意中发现此洞，中有许多头骨和体骨，上复尘土和鸟粪已有3吋，可见久未翻动。

菲律宾群岛中部的马斯巴特岛，于1921年发现巴吞干洞穴："巴吞干洞穴在马斯巴特岛之西北部，为调查4个洞穴之一，系大块石灰岩构成，无疑的为一葬所，藏有头骨44个，很多的散骨，一具狭长的木棺或头骨匣有两个雕刻鳄鱼头的把手，还有一个较小但已破碎的头骨匣及两个新石器时代的石器。"

在萨马尔岛巴塞和圣·胡安尼科海峡东端，1860年发现很多岩洞，"离巴塞数英里的尼帕尼帕地方，找到许多破棺，若干头骨及陶瓷器的碎片。木棺有3种形式"。

棉兰老是菲律宾群岛中最南面的一个大岛，岛之西部为三宝颜半岛，1906年在半岛东北，达皮坦和那耶两区发掘了18处洞穴和葬地，它们都位于临河或小溪的悬崖峭壁。

菲律宾西部，靠近加里曼丹岛的巴拉望岛有悬棺葬，位于利普翁海岬，距海面约120米的陡峭崖壁上的曼侬洞穴，其内分为4个内室，能照射到阳光而又不被雨淋的A、B两室放置有许多陶制的船形棺（内装骨头）。有的船形陶棺被木架支撑着。这种用陶棺作葬具的全是二次葬，其年代为新石器时代晚期至金属时代（距今约3000年至1500年），在菲律宾中部的悬棺葬，葬具是整木挖凿的船形棺和瓮棺同时采用。棺木通常有盖，棺盖顶部呈人字形，外观像是有屋顶的船，因此它们常被称为"船棺"。菲律宾船棺一般都较短小，多为二次葬。

马斯巴特岛东部一个岩穴里有一只短小的舟，里面装着人的骨骸。因是最近埋葬，所以船棺未受扰乱。

在巴拉望岛奎松城一个名叫隆杜的岩洞中发现了悬棺葬群，棺木是用坚硬的披尔树干做成，有一棺长115厘米，宽32厘米，内装一个青年和一个少年的尸骨，随葬品有陶片，鱼叉以及至今还在巴拉望岛使用的镰刀和砍槟榔的小刀。这个葬群年代定为公元700~1000年。另一个葬群仍在巴拉望岛奎松地区同样突露的一个石灰岩壁上发现，有一具用披尔树干精致雕刻成的船，长224厘米，宽37厘米，内装一个青年人的尸骨，为一次葬。随葬品是一个棕色釉的中国瓷罐碎片，年代大约是公元13世纪末到14世纪初。

菲律宾的悬棺葬在棉兰老、巴豪、宿务、洛依特、朗布隆、巴拉望、民都洛、比科尔岛以及其他地区（如吕宋岛山地省的沙干达高原等地）。由于"魔法猎取者"和挖鸟粪的人常进入洞中收集棺材，因此金属时代的悬棺葬很多遭到破坏。这些地区悬棺葬的共同特点是，首先，棺木均用当地所产的坚硬树木，其次是随葬了从泰国、越南和中国南部来的陶瓷制品以及当地制作的陶器、金属工具和玻璃装饰品等。悬棺葬中最显著的特色是人工的头颅变形，通常是前额和头骨的后部被人为地弄平了。

1961年菲律宾国家博物馆的一支考古队在班顿岛海边闪光岩层和突出的崖磴上发现了散乱放置着的骸骨和棺材。这个

图6-3：菲律宾山地省沙干达伊哥洛人悬棺葬洞穴中堆积的二次葬棺木（作者根据《菲律宾的民族文化遗产》中照片绘制）

图6-4：菲律宾山地省沙干达伊哥洛人木制的棺木用绳子捆绑搁置于石灰岩质的悬崖之上（作者根据《菲律宾的民族文化遗产》中的照片绘制）

遗址遭严重破坏，大部分棺盖被揭开，头骨和其他骨骸混在一起。考古人员收集了5具棺木和一些经人工变形的头盖骨及2个装饰物、碎布片等。1966年在距上述洞穴仅几米的地方发现一个洞穴，洞内22具棺木中尚有17具保存完好，棺材木质仍是坚硬的木头。两个悬棺葬群中棺木盖子都刻有蛇的主题，棺盖剖面仍呈三角形，棺身由整段树干挖空而成。从棺木的长度推断为二次葬。随葬品有来自中国南方和泰国的陶器，另有贝壳手镯和金饰品。这些随葬品都保存得很好，一个中国罐子还带着木头瓶塞，还有可可壳杯子、竹工艺品、梳子和一些龟壳手镯。在17世纪西班牙统治者进入菲律宾之前，菲律宾各地悬棺葬分布非常普遍①。

（4）琉球群岛

琉球群岛的悬棺葬土名风葬，在琉球群岛分布甚广。1940年日本人河村只雄在他所著《南方文化之探究》中对琉球群岛的风葬记载较详：

> 久高岛为琉球群岛中文化最原始的岛。……岛之东海岸有名后生地方的公共墓地，位于谷中二丈多高的绝壁上，山势陡险，甚难攀登，所谓风葬场所即在此。……笔者曾亲临后生墓地作实地调查，见有棺木五六具，横陈岩石之间。棺木以粗绳捆扎，其上或系木屐一双，或纸伞一柄，旁有骨壶数个。此种置于岩石间的棺木，其尸体在自然状况下渐成石骨。笔者此次调查时适遇暴风雨，有一构造不坚之棺木吹去棺盖，露出全副白骨，得以窥全貌，此骨历时已久，无甚臭味。普通此种白骨每12年经洗骨后装入陶瓷中。现在后生墓地的一隅，已有一近代龟甲式的坟墓出现，此种风葬或将逐渐绝灭。
>
> 冲绳本岛地方各处洞穴中常见累累之白骨，或许风葬在琉球各处都有。今日之先岛尚可见彻底的风葬，先岛中最原始的岛上，洞穴之中或岩阴之下，只铺些茅草即将尸体置

---

① 《菲律宾的民族文化遗产》，马尼拉，1977，英文版。

于其上。既无法事，亦无碑位，以此与久高的风葬相比，则久高岛较为进步……

据凌纯声先生研究，琉球群岛中的奄美、大岛等地亦有悬棺葬俗[①]。

在与印度尼西亚相邻的美拉尼西亚的班克斯群岛、新赫布里底群岛和波利尼西亚的萨摩亚、马克萨斯群岛中都有悬棺葬分布。

（二）东南亚地区悬棺葬的年代

有关东南亚地区悬棺葬的资料甚少，据前面章节所引资料，与中国南方地区的悬棺葬相比，一般说来，东南亚地区悬棺葬的年代较晚。

中印半岛的越南、缅甸和阿萨姆交界的麻栗坡、马来半岛上泰国董里府等地的悬棺葬年代不详。

泰国西北部北碧府翁巴岩洞的悬棺葬距今有2000多年，大约相当于我国秦汉时期的文化遗存。

菲律宾群岛悬棺葬分布很广，它的年代上限可早到巴拉望岛曼侬洞穴中新石器时代晚期至金属时代初期，即距今3000年至1500年，其下限一直可到西班牙统治者进入菲律宾之前的公

---

① 凌纯声：《中国与东南亚之崖葬文化》，载《中国边疆民族与环太平洋文化》（上），台北，1979。

元17世纪。根据对山地省悬棺葬中一些棺木内存放的干尸所作的鉴定，这里的悬棺葬距今大约200～150年，即菲律宾的悬棺葬最晚可到公元18世纪。

马来西亚沙巴东海岸白石山以及东海岸沿河一带的部落直到20世纪始革悬棺葬俗。

印度尼西亚悬棺葬年代上限不详，至今苏拉威西岛的托拉贾人仍保留此种葬俗，据此推测，印度尼西亚其他地区的悬棺葬亦可能大多为近现代文化遗存。

据日本人河村只雄20世纪40年代的实地调查，日本琉球群岛中久高岛、先岛等地的悬棺葬应是近现代葬俗。

太平洋岛屿中美拉尼西亚群岛和波利尼西亚群岛的悬棺葬俗由邻近的印度尼西亚传入，大约亦是近现代的葬俗。

（三）东南亚地区悬棺葬的族属

越南广南省西部色加朗河岸的悬棺葬为摩依人的葬俗，但摩依人是法国殖民者对越南北方广平省以南占人、日来人、埃地人等30个民族的统称，根据对邻近越南的东南亚地区悬棺葬族属所进行的推测，有的学者认为，摩依人是越南的早期居民，来源于马来波利尼西亚语系印度尼西亚语族的民族，即马来民族，因此越南的悬棺葬与马来人有关。

泰国北碧府安巴岩洞悬棺葬的族属虽无明确记载，但据国内外一些学者研究，中印半岛上的古代居民，很大一部分由华南移入。大约两三千年前，发源和生息在我国广西和云南东部的壮傣语族（又称壮侗语族）诸族的先民经多次民族迁徙，经越南和老挝北部，到达缅甸和泰国北部定居，以后又渐南下，进入泰国、老挝南部和马来半岛北部地区[①]，2000年前北碧府的悬棺葬很可能与现今泰国境内壮傣语族的民族有关。

泰国西南董里府的悬棺葬为自称"海人"或"僚人"的葬俗。僚人是现今老挝的主体民族，与泰国的泰人是最接近的一个族群，他们都与我国云南傣族同属壮傣语族的民族。

缅甸和阿萨姆交界的麻栗坡悬棺葬为那加族的葬俗，那加族的语言虽接近藏缅语族，但在文化特征方面更接近我国古代越人，他们的盛装（头戴羽冠）、战争武器等与我国2000多年前越、僚人所铸铜鼓的文饰图像相同，故凌纯声先生认为，今之那加族和台湾的阿美人是在东南亚保存印度尼西安古文化较多的两族[②]。

在东南亚海岛地区，马来西亚加里曼丹岛沙巴东海岸行悬棺葬的是沙巴人。加里曼丹西北部古晋尼亚洞发现的大量船棺葬，据郑德坤先生研究，加里曼丹岛的船棺葬与中国大陆的船棺葬应属同一系统，沙巴最多的民族是都顺人，他们的风俗和中国的僕撣民族（即今壮傣语族的民族）很接近，他们有的还

---

① 梁敏：《侗傣诸族的源流》，《中国民族史研究》第1辑，中央民族学院出版社，1978。
② 凌纯声：《铜鼓图文与楚辞九歌》，载《中国边疆民族与环太平洋文化》（上），台北，1979。

自称为中国人,他们是中国最早移民的后裔[①]。据此推测,沙巴东海岸行悬棺葬的沙巴人应是该岛的都顺人。

印度尼西亚加里曼丹岛靠东南海岸的马哈康河沿岸的悬棺葬为彭人的葬俗,他们的族属可能与同岛的都顺人接近。

印度尼西亚苏拉威西岛中部山区的悬棺葬为托拉贾人的葬俗,相传托拉贾人为2000多年前陆续从海上迁入马来群岛原始马来人的后裔,原分布地区很广,后来因受新马来人的排挤而多数退居山林地区,部分仍住沿海和邻近岛屿,语言属马来波利尼西亚语系印度尼西亚语族。

菲律宾山地省的悬棺葬为伊哥洛人的遗迹,伊哥洛人是新石器时代从海上迁入菲律宾群岛的原始马来人的后裔,语言属马来波利尼西亚语族,菲律宾其他地区的悬棺葬族属应与山地省大致相同。

日本琉球群岛的悬棺葬为琉球人的葬俗。太平洋群岛中美拉尼西亚群岛的悬棺葬为班克斯岛人和naiteum岛人的葬俗,波利尼西亚群岛的悬棺葬为萨摩亚人和腊洛汤加人的葬俗。

据凌纯声先生研究,东南亚半岛和海岛地区所有行悬棺葬的民族除那加族外,其余均为马来波利尼西亚语系印度尼西亚语族或称南岛语族的民族[②]。马来波利尼西亚语系包括了300到

[①] 郑德坤:《沙捞越考古观感——由考古学看华人开发沙捞越的历史》,《南洋文摘》1967年第8卷第3期。
[②] 凌纯声:《中国与东南亚之崖葬文化》,载《中国边疆民族与环太平洋文化》(上),台北,1979。

500种语言,是世界上唯一分布在海洋岛屿上的一个大语系,这一语系的民族主要居住地区有马来西亚、印度尼西亚、菲律宾和太平洋群岛中的美拉尼西亚、密克罗尼西亚和波利尼西亚。说南岛语系语言的人口有一亿五千万,其中绝大多数居住在东南亚[①]。

南岛语系的一些民族,即马来人,在古代与我国东南沿海地区的百越民族(今华南壮侗族属诸民族的先民)有一定历史渊源关系。

二、中国和东南亚的悬棺葬之间的关系
——华南和东南亚古代民族及其文化的同源性

奇特的悬棺葬俗从华南到东南亚远至大洋洲,环太平洋分布。这种文化现象究竟是独立发明还是属于文化传播?有的认为,我国和东南亚地区的原始民族实行悬棺葬俗有民族的特殊原因和意识。"因此,假如把世界上某一习俗的共同存在都追溯到某一民族或某一地区份上,这一做法显然是不大妥当的。"[②]

与上述观点相反,一些学者认为,从文化方法论来讲,大

---

① 张光直:《中国东南海岸考古与南岛语族起源问题》,四川大学博物馆、中国铜鼓学会编《南方民族考古》第1辑,四川大学出版社,1987。
② 林蔚文:《闽赣川黔地区崖棺葬几个问题的比较研究》,《考古与文物》1988年第2期。

凡文化很少是属于"自然发生的,它大都是经过传播和借用的混合而形成的。此外再加上任何民族都没有是纯种的,故此所有文化也是由很多种族的要素组合而成。只是在它的要素中以哪一个文化所包括的成分轻重之分而已。因此,我们可以说,文化很少是独创的"[①]。然而这并不意味着凡是异地相同或相似的事物都与文化传播有关,而且此处所谓文化传播是指在邻近地区之间进行的多向,而非单向的物质文化与精神文化方面的交流。

(一)中国和东南亚的悬棺葬同属东南亚古文化的一部分

1. 悬棺葬的分布具有一定的时间连续性

东南亚古文化的分布,北起长江流域,中经中南半岛、马来半岛,南至南洋群岛,这一文化起源于大陆,向南迁移,初到一地,与当地原有文化混合,住定之后又有其他文化侵入。在大陆东南,东南亚古文化最先与汉文化接触,因此中国东南地区如浙江、福建、江西、广东沿海等地区的东南亚古文化最先被汉文化同化,而沿大陆海岸的岛屿,如琉球、台湾、海南及南洋群岛中印度尼西亚群岛和菲律宾群岛某些岛屿的山区,由于地域的阻隔,很少受到外界文化影响,故至今尚较多地保留着东南亚古文化特征。

---

① 刘其伟:《"物质文化方法"浅说》,《艺术家》第67号第12卷第1期,台北,1980。

从时间上讲，我国东南地区的悬棺葬年代普遍比东南亚地区的为早，尤其是东南亚有的海岛地区，因受交通条件的限制，直到现代都还比较完整地保留了悬棺葬俗。可以认为，我国悬棺葬除了由东南向西南内地流传以外，还具有从大陆向东南亚流传的趋势。

2. 具有地理分布的延续性

悬棺葬俗在地域分布方面具有从东向西、由北向南的特点。这一葬俗东起福建、浙江、台湾，中经江西、湖北、湖南，西至四川及云贵高原，南达广西左右江流域，再经中南半岛、马来半岛，直到南洋群岛，甚至波利尼西亚群岛，形成一条关系密切的锁链。

3. 具有相同的文化内涵

（1）葬地的选择。两地悬棺葬均依山傍水，葬地大都选在临江面海的悬崖绝壁之上。马来西亚沙捞越的达雅克人和印度尼西亚苏拉威西岛中部的托拉贾人是当地原始居民，后来因其他民族的不断迁入而被迫逐渐由沿海平原退居深山密林，地理环境虽然改变，但他们却继续保留着古老的文化传统，他们的悬棺葬地仍选在大河沿岸难于攀登的险峻山崖上。

（2）葬具形制。我国和东南亚的悬棺葬除菲律宾的瓮棺，近现代台湾雅美人和东南亚个别地区的民族使用麻袋、布袋、陶罐作为葬具之外，其余地区的葬具大都为整木刳制，而且多船形棺和独木舟式棺材。最典型的是菲律宾西部靠近印尼加里

图6-5：菲律宾巴拉望岛距海面200米悬崖上的曼侬古尔洞中的船棺和瓮棺（距今3000~1500年）①

曼丹岛的巴拉望岛新石器时代晚期至铁器时代曼侬古尔洞穴的瓮棺葬中有船形棺。曼侬古尔洞穴位于距海面大约120米的悬崖绝壁，……这里的视线所及是南中国海，其中内室出土87件瓮棺和陶器，有陶制的船形棺（内装人的骸骨），另有木架支撑着的陶制船。瓮棺中有一被菲律宾列为国宝的著名文物，它是一个深腹罐，上有圆形顶盖，抹红泥陶衣并绘有红色双钩纹，盖上塑一叶小舟，舟中乘坐两人，船尾的人正奋力摇桨，船头一人神态安详，双手交叉置于胸前。这个陶罐的盖上塑有船只，也是船形棺的另一种表现形式。曼侬古尔洞穴遗址中保留了许多陶制的船形棺。悬棺葬具大多与船的形制密切相联系，集中反映出我国和东南亚行悬棺葬的民族具有善于造船和用船的海洋民族的生活习惯和习性。

---

① 采自《菲律宾的民族文化遗产》，马尼拉，1977，英文版。

图6-6：菲律宾巴拉望岛洞穴中的瓮棺，棺盖上塑有一叶小舟，亦是船形棺的表现，小船上后面的人双手划桨（年代距今3000~1500年）[1]

（3）随葬物品。我国和东南亚的悬棺葬中随葬品大多为生活用品和少量的生产工具，多棉、麻织物和竹、木制品，反映出当地温暖湿润的生态环境。随葬物品简单且基本上为生前实用器物，无汉族和其他民族的厚葬风习。

（4）置棺方式。我国和东南亚的置棺方式基本相同，有天然洞穴式，此种形式在我国和东南亚各地均十分普遍；悬崖木桩式，如我国福建武夷山，四川珙县、兴文和婆罗洲马哈康河沿岸彭人的悬棺葬；人工凿穴式，如我国南部，四川长江三

---

[1] 采自《菲律宾的民族文化遗产》，马尼拉，1977，英文版。

峡地区，川黔湘鄂四省交界地区和印度尼西亚苏拉威西岛中部山区的托拉贾人等，均采用此种形式；崖缘式，多见于中国台湾、菲律宾、琉球群岛等濒海地区，四川和湖北长江三峡亦有这种形式。

（5）葬制和葬式。我国和东南亚地区的悬棺葬均有一次葬和二次葬之分，这两种葬制在两大地区都十分普遍。二次葬又称为"洗骨葬"或者"捡骨葬"，盛行于我国唐宋时期川鄂湘黔的"五溪蛮"地和广西左右江流域，二次葬于近现代在我国两广和福建等地普遍流行，且自古以来二次葬在东南亚也特别流行，至今在东南亚地区很常见。

（二）中国和东南亚行悬棺葬的民族的关系

1. 考古学的资料：都与中国古代越人有密切关系

东南亚行悬棺葬的壮泰语族的民族和南岛语族中的一些民族（又称马来族）与我国古代越人都有较为密切的关系。

居住在我国东南沿海的百越民族的先民在新石器时代已形成了以使用有段石锛和几何印纹陶为特征的独特文化系统，这一地区考古文化的内涵主要包括了有段石锛、双肩石斧，陶器中圈足器、圜底器和三足器及陶器的几何印纹装饰，其中有段石锛是我国百越民族先民的重要文化特征之一。

（1）有段石锛。有段石锛不仅在我国东南沿海地区分布广泛，而且在东南亚也较为普遍。"太古时代马来西亚为方内陆，包括中印半岛、马来半岛、苏门答腊的东海岸和爪哇岛北部沿海，人类从亚洲大陆南下，经马来地方散布到各地去，在这一带新石器时代的遗物最普通的要算雷公斧，而且比较常见的是一种矩形手斧，可以装柄，用途似乎是刨平和钻挖木材。"①我国两广和福建一带均称有段石锛为"雷公斧"，从文中所描绘的形状和用途都说明这种装柄的手斧是有段石锛。

东南亚海岛地区的有段石锛，主要分布在加里曼丹岛北婆罗洲和苏拉威西岛，以菲律宾群岛为最多。菲律宾的有段石锛最早的可以上溯到公元前1000年，在新石器时代晚期有段石锛在菲律宾分布甚广，拜耶教授在菲律宾采集了近万件石锛，据说40%～50%是有段的，可见有段石锛在菲律宾石器中的重要地位。"从各地有段石锛相比较而言，中国台湾的、菲律宾的，甚至波利尼西亚的都与中国大陆的有段石锛很相像。"②有段石锛在太平洋群岛中的波利尼西亚持续年代很长，从公元前一直到近代欧洲殖民者进入以前，当地土著仍大量使用这种生产工具。

有段石锛的分布范围是有特点的。中国大陆从福建、江西、广东、广西，遍及浙江、江苏，到安徽数量减少，华北仅见于山东海岸地区，中国西北地区全然不见。从长江中游到西部山地也几乎不见。从这一点看，可以说有段石锛是中国大陆

---

① 郑文辉：《马来西亚史前文化》，《南洋文摘》1964年第5卷第11期。
② 林惠祥：《林惠祥人类学论著》，福建人民出版社，1981。

东南沿海特有的一种石器。综合新的考古学资料，黄河流域的文化和东南沿海的文化也是不相同的。东南沿海的文化是以印纹陶器为代表的文化。印纹陶文化的分布，北以长江为界线，遍及安徽、江苏、浙江、福建和台湾；西以湖北、湖南两省交界处为界，在界之东可以看到在晚些时候波及了广东、香港、广西、海南岛、云南、印度支那、马来半岛及菲律宾。印纹陶文化从吴越地区南下传到越南东山文化地域，又向东波及我国台湾。东山文化的印纹陶器进一步分布到印度支那、马来亚、印度尼西亚、菲律宾，该文化的青铜剑甚至影响到了云南。另一方面，云南、贵州、广西的青铜文化也给越南东山文化以影响。吴越地区的有棱石器分布在中国台湾北部，还有东南亚地区的马来亚、婆罗洲、苏门答腊、爪哇、巴厘岛。有段石锛从中国大陆的东南沿海、中国台湾、菲律宾一直连接到波利尼西亚东部以及新西兰等地。圆角石斧是由方角石斧演变成的，它从中国大陆东南沿海一直分布到台湾地区，然后又从菲律宾到东印度尼西亚、新几内亚、密克罗尼西亚。如上所述，吴越文化不仅与印度尼西亚有关系，而且也与美拉尼西亚，波利尼西亚的海上诸岛文化有关系[①]。

从时间序列上讲，我国东部山东沿海和东南沿海地区是有段石锛这种特殊器物的发源地，它的传播与我国古代越人（或

---

① ［日］市川健二郎著：《殷、吴越和太平洋群岛文化》，蔡凤书、崔大勇译，《东南文化》1988年第1期。

称海洋蒙古利亚种）在我国南方地区和太平洋区域活动有关。它的传播路线一条是从沿海地带到华南两广并深入到西南内地的滇池地区，另一条路线则是从浙江、福建沿海经我国台湾到达菲律宾进而扩散到北婆罗洲（今马来西亚沙巴）、苏拉威西、波利尼西亚等海岛地区，若将这些考古遗址一个个连接起来，便形成一条由西向东横贯太平洋的航线。不少考古学家早已指出，有段石锛产生于亚洲大陆和中国台湾，这种石器由菲律宾进入印度尼西亚、波利尼西亚等太平洋诸岛[①]。

有段石锛不同于普通石斧，其背面横脊将石锛分为前后两段，这种特殊的形制是为了便于装柄，更好发挥其使用效能，在16、17世纪欧洲殖民者进入波利尼西亚群岛之前，当地尚无金属物，其生产工具和武器都是石器、角骨等，而以有段石锛为最重要，当地土人制造小艇、雕刻木器等均用有段石锛，石器时代人类制造小船（即独木舟）都是将一段大树干在中腰处用火烧焦，然后刳去其焦炭，刳制工具可用石斧或常型石锛，但如将石锛加柄，会更加方便有力，所以有段石锛在沿海或岛屿地方制造独木舟尤其需要。林惠祥先生推测，太平洋诸岛和南洋群岛多有段石锛或许是由于这种原因。我国大陆的有段石锛大都分布在东南沿海，大约也是制造独木舟的需要。

在东南亚有段石锛的分布与悬棺葬的分布范围大体一致，

---

① *National Geographic*, Vol, 146, No. 6, December 1974. 张维持先生提供并译成中文。

在有段石锛分布最多的菲律宾，悬棺葬的分布也最为密集。因此，有段石锛不仅为中国古代越族独特的文化因素之一，而且也是东南亚地区马来人使用的特殊石器。

（2）双肩石器。双肩石器（又称有肩石器）发源于我国新石器时代的珠江三角洲，它分布在粤中、粤西、雷州半岛、海南岛、广西左右江流域、浙江、台湾，西至云贵高原，在贵州盘县，云南江川、云县等地也有发现[1]。双肩石器的传统特征是器身较宽，肩部明显，柄部较短，刃部多弧形。石器的主体是双肩的斧、锛、刀、铲、切割器，以打制的为大宗，极少数有局部磨光或通体磨光。双肩石器与有段石锛都是一种需要装柄的复合工具，在功能上双肩石器可能多侧重砍伐，而有段石器则主要作为加工的工具，广东珠江三角洲新石器时代文化遗址中除了大量的双肩石器以外，还出土了数量颇多的有肩有段石锛，这种石器是广东地区极富特色的器物造型。

东南亚地区在越南发现双肩石器很多，并且散布于整个中印半岛、马来半岛、菲律宾等地，西达印度阿萨姆、孟加拉，Wbeeler认为双肩石器由华南沿海传入阿萨姆和孟加拉[2]。东南亚双肩石器的形制和岭南地区相同，中印半岛和马来半岛等地以肩角明显的居多。越南富寿昆仑岗遗址，双肩石器数量远远

---

[1] 曾骐：《百越地区的新石器时代文化》，《百越民族史论集》，中国社会科学出版社，1982。
[2] 夏鼐：《中巴友谊的历史》，《考古》1965年第7期。

超过其他形制的石斧。中印半岛以东双肩石器的形制和红水河、盘江流域同类器相近,可能前者来源于后者,这与两地有肩石器出现时间相符,双肩石器在东南亚最早见于新石器时代中期北山多福和望乡洞穴遗址,但数量较少,且不典型,晚期增多,并延续到东山时期[1]。越南境内,不仅红河三角洲新石器时代许多文化遗址中出土双肩石斧,而且在南部西贡市以东17千米,距今4000年左右的贡洞遗址中也出了许多磨光的双肩石斧[2]。双肩石器在越南青铜时代至铁器时代初期的绍阳、磊山、公渡、富厚等遗址也有发现[3]。

越南新石器时代晚期至金属时代的红河中游和其他流域三角洲的冯原文化,中部沿海地区和贝丘遗址的保卓文化,北部沿海岛屿的下龙文化等遗址中都出土了有段石锛或双肩石斧,并伴有几何印纹陶出土。从沿红河分布的一组彼此相关联的冯原文化遗址中可以观察到磨光石器制作已日趋专门化,如有肩斧——锛,有段斧锛等,这些斧锛都是磨制精细,尺寸、形制、纹饰多种多样,纹饰一般为规则几何图案[4]。

---

[1] 张永钊:《关于中国华南地区和东南亚地区史前文化关系的几点看法——兼评W. G.索尔海姆"史前时期中国南部主人是谁"?》,《广东省博物馆馆刊》1988年第1期。
[2] [法]埃德蒙·索兰等:《印度支那半岛的史前文化》,《考古学参考资料》第2辑,文物出版社,1979。
[3] 朱俊明:《中越两国古代文化和民族的主体关系》,载《百越民族研究》,江西教育出版社,1990。
[4] [英]杰里米·戴维森:《越南近年来的考古活动》,《考古学参考资料》第2辑,文物出版社,1979。

自20世纪60年代以来，在泰国的北碧府、黎府、素攀、碧武里、董里以及乌隆、沙空那空等地都发现了双肩石斧。在越南同奈平原的昆仑岗、福新、义盛、会山等遗址以及老挝北部、中部也出土了不少双肩石斧[①]。

我国广东南海县西樵山是双肩石器的起源地之一，在新石器时代晚期散布到广东全省并波及广西南部，再进入印度支那半岛、马来半岛，又由印度尼西亚进入大洋洲。

（3）几何印纹陶。我国东南沿海新石器时代至金属时代的陶器纹饰以几何印纹陶为主，几何印纹陶是我国华南与东南亚地区古代文化遗存的重要内涵之一，为我国古代越人又一独特的文化特征。这种陶器最早见于我国河姆渡文化和良渚文化等百越先民文化遗址。大体上分布于长江以南的东南沿海和华南地区，包括台湾、金门、海南岛及香港诸岛屿，其中以江苏南部、上海、浙江、福建、江西及广东、广西、台湾、湖北、湖南和安徽等的部分地区为主要分布地。

台湾新石器时代大坌坑文化、凤鼻头文化等遗址中的陶器都可见到与福建昙石山，良渚文化及华南其他文化遗址中所出陶器相似的几何印纹。

几何印纹陶在我国的地理分布与有段石锛和双肩石器的分布地区一致，在东南亚有段石锛和双肩石器分布的地区亦大多

---

① 刘稚：《东南亚泰佬系民族源流初探》，《东南亚》1986年第3期。

有几何印纹陶分布。林惠祥先生曾指出:

> 东南亚史前陶器多以刻纹为饰,其纹皆几何纹,中国之陶器有二大系统,在华北大陆者多属彩绘陶器,在东南者则为印纹陶器,如杭州、武平、海丰、香港各处陶器之纹样与南洋有全同者,有近似者,至少亦仿佛相类。在印度支那以及南洋群岛的印纹陶和中国东南区相类。在越南北山曾经发现新石器时代遗址中有印纹陶,其花纹和中国东南区的很像,在爪哇也曾发现印纹陶,甚至也有全形的,都像中国东南区的,如圆底印纹陶壶很像福建闽侯发现的。又在苏拉威西中部Galoempang地方也发现过新石器时代的陶片是印纹陶,据发现者说,曾发现两种陶片,一种是粗陶,另一种则印有三角纹、草之字纹、波形纹、螺旋纹、旋转曲折的花纹等。粗陶是本地中石器时代发明的,细的印纹陶和方形石锛,磨光石箭镞共存,是和中国或印度支那有关,或即那边传播来的。[①]

我国东南沿海陶器在器形上圈足器、圜底器、三足器较多,在泰国北碧府班告发现的陶器中有许多器形颇似"鼎"的三足器,颇似豆的三足盘,同时还有各种类型的壶、钵、罐

---

① 林惠祥:《南洋马来族与华南古民族的关系》,《林惠祥人类学论著》,福建人民出版社,1981。

等，这与百越鼎、豆、壶共存的陶器组合基本相符[1]。班告遗址和马来半岛一些遗址中陶器形制棱角分明，平底器较少，圜底器和圈足器较多，与西江中下游晚期陶器风格相似，一些圈足盘、钵形豆也雷同[2]。

泰国北碧府、佛统府甘烹盛县，素攀府乌通县、北碧府北碧县、素叻他尼府那仙县以及孔敬府能诺他遗址都发现了几何印纹陶器，纹饰有绳纹、席纹、篮纹、方格纹、锯齿纹等，这类印纹陶器在印度支那半岛北部亦有发现[3]。

1909年在越南东北海岸一个名叫沙萤的地方发现了一种具有代表性的陶器，出土这种陶器的遗址被称作沙萤遗址，这些遗址主要分布在越南中部至湄公河三角洲的海洋地区，其代表遗址就是沙萤本身，在以南的贡洞与和高以北的岘港四周也有类似的遗址。沙萤陶器的形制通常是圜底器和圈足器，双面镂孔的器物也较常见。最常见的纹饰有三角形纹、长方形回纹、山形纹或细窄的长方形垂直纹带。在东南大陆和海岛地区，如马来亚吉兰丹查洞、婆罗洲尼阿（又称尼亚）洞穴、菲律宾的卡拉纳等地出土的陶器与沙萤陶器密切相关，如果把以上几种文化的陶片混在一起，便难以分辨出哪一种陶片是属哪一种文

---

[1] 刘稚：《东南亚泰佬系民族源流初探》，《东南亚》1986年第3期。
[2] 张永钊：《关于中国华南地区和东南亚地区史前文化关系的几点看法——兼评W. G.索尔海姆"史前时期中国南部主人是谁"？》，《广东省博物馆馆刊》1988年第1期。
[3] 刘稚：《东南亚泰佬系民族源流初探》，《东南亚》1986年第3期。

化。通过对比研究，可以看出沙萤陶器、卡拉纳陶器、尼阿陶器无论在表层处理、装饰花纹、形制等方面都有着某些相同、相近或相似之处。在马来西亚、菲律宾、婆罗洲、西里伯斯（苏拉威西岛）中部以西的卡隆庞等地都出土了有三角形要素、长方形回纹、"之"字形纹、垂直长方形要素的几何印纹陶。沙萤陶器流行年代大约从新石器时代晚期直到青铜和铁器时代。一般说来，早在公元前1000年已经产生，随着中国和印度影响的到来，这种陶器在东南亚大陆渐渐消失了，而在边远的东南亚海岛地区却延续了更长的时间。研究者认为，即使制作陶器的陶工没有一个共同的起源，这些陶器也是有着一个共同的起源的。另一些学者认为，陶工们或多或少也是有着一个共同起源的。这种陶器必定有一种感情或精神为制作者所共同掌握。这种陶器在这样广阔的地区发现，使用这种陶器的民族必定是航海者，并且是优秀的航海者[①]。

越南新石器时代晚期至金石并用时代，红河中游及其他河流三角洲周围的冯原文化、北部沿海岛屿的下龙文化和中部沿海地区的保卓文化遗址不仅出土有许多有段的和双肩石器，而且还出土了许多陶器，其主要纹饰是阴刻的几何图案[②]。

我国东南地区的百越文化是海洋文化，从几何印纹陶在我

---

① 南林：《东南亚的沙萤陶器》，《东南亚》1987年第1期。
② ［英］杰里米·戴维森：《越南近年来的考古活动》，《考古学参考资料》第2辑，文物出版社，1979。

国和东南亚地区的分布特点来看,使用印纹陶的居民多住在沿海或湖泊附近的台地上。例如,江苏江浦县的台地遗址都在比现在水田高出5~7米的台地上,发现烧土带上伴有灰土层;在该省武进县河岸的泥炭层中发现三艘独木舟[①]。

苏秉琦先生在研究我国南方考古文化时指出,有段石器的分布地域可以延伸到南太平洋、新西兰,而几何印纹陶的分布地域则遍及整个东南亚。若将中国版图分为面向内陆和面向海洋的两部分的话,则前者多出彩陶和细石器,后者的文化特征则以黑陶、几何印纹陶、有段和有肩石器为主[②]。

据索尔海姆在菲律宾发现的最新资料,他在吕宋岛的发掘特别注意陶器,发现同岛西岸的圣提堡出土的印纹陶器是从印度支那、马来亚传来的[③]。

菲律宾史前文化遗址中的陶器在器形上是以圜底器为主的组合,有类似中国良渚文化和东南沿海其他新石器时代的黑陶、几何印纹陶的罐、瓿类、高圈足豆等,整个东南亚海岛地区史前文化中的陶器传统中除了受波利尼西亚西部主体文化拉皮塔文化的陶器影响以外,更多的是受中国几何印纹陶的影响,以加里曼丹岛为中心,北到吕宋,南到美拉尼西亚的

---

① [日] 市川健二郎著:《殷、吴越和太平洋群岛文化》,蔡凤书、崔大勇译,《东南文化》1988年第1期。
② 苏秉琦:《苏秉琦考古学论述选集》,文物出版社,1984。
③ [日] 市川健二郎著:《殷、吴越和太平洋群岛文化》,蔡凤书、崔大勇译,《东南文化》1988年第1期。

"波—马来亚陶器传统"，这是一种与中国南方几何印纹陶有密切关系的印纹陶文化[1]。马来西亚的马来半岛中部和西部以及加里曼丹岛的沙捞越、沙巴等地史前晚期遗址中的陶器都有较多的三足器。

马来半岛中部和西部的众多石灰岩洞穴被史前人类用作居地和葬地，位于马来西亚中部的瓜克奇尔遗址文化层有三层堆积，下层是以简单印纹陶为主的堆积，中层出有经修饰的印纹陶器，上层则是典型的马来亚新石器文化的陶器并伴有印纹陶。与之邻近的坚德兰希利遗址（4800±800 B.P即距今年代），出土了具有马来亚新石器文化特征的三足器。新石器时代马来亚陶器群广泛流行于东南亚海岛地区，有成组分布的几何模印纹。早期陶器以罐、钵、碗、釜等为主，晚期则出现长颈、圆腹、小平底的壶类及三足器。在马来西亚的柔佛州、哥打丁宜等地发现的印纹陶中有云雷纹、编织纹、方格纹、篮纹、曲尺纹、叶脉纹、米字纹、圆圈纹、波浪纹、S形纹等大多与中国东南沿海地区的印纹陶相似[2]。由此可见，中印半岛和南洋群岛的几何印纹陶从器形和纹饰都和中国东南地区的几何印纹陶有许多共同之处。

在中印半岛东山文化时期，几何印纹陶特别盛行，并且

---

[1] 乔晓勤：《中国东南沿海史前文化与太平洋区域史前文化的关系研究》，中山大学博士生毕业论文，1989年打印稿。
[2] 同上。

集中分布在马来半岛、加里曼丹岛及印度尼西亚群岛。从年代上讲，我国的几何印纹陶产生于距今为5000年左右的新石器时代晚期，大约在距今3000多年时台湾出现了几何印纹陶。几何印纹陶这种文化因素可能于公元前后由我国华南分别从中印半岛进入马来半岛，又由中国台湾经菲律宾传到加里曼丹岛及印度尼西亚群岛等地。在东南亚地区，这一陶器传统延续时间很长，其晚期遗物往往和中国外销的唐、宋瓷片共存。

泰国北碧地区新石器时代晚期陶器同中国新石器时代晚期的最后阶段——山东的龙山文化十分相似。同样，它同沙萤—卡拉奈文化也有许多相似之处，而沙萤—卡拉奈文化从根源上看，很可能受了遥远的中国文化的影响[1]。

在加里曼丹岛青铜时期出土的陶器形制往往与中国新石器时期的陶器形制相联系。沙捞越古晋附近的岸边台地发现了一系列历史记载的贸易遗址，每个遗址都埋藏着大量的中国瓷器及本地制的软陶器，并发现了一个1000年以上的中国人村落遗址，有大量破碎的中国瓷器，还有公元112年汉武帝元鼎时期的钱币[2]。南洋史家认为，沙捞越有人类当推在今第四省的尼亚洞。尼亚河畔的都孙人是沙巴土著人数最多的民族，其风俗习惯和中国云南人，尤其是僰、傣民族很相似。

---

[1] ［法］埃德蒙·索兰等：《印度支那半岛的史前文化》，《考古学参考资料》第2辑，文物出版社，1979。
[2] 张维持先生提供，谭·夏礼臣：《1964年在马来西亚最近考古发现》，《皇家亚细亚学社马来西亚分社期刊》第28卷第一部，1965。

上述考古材料说明，东南亚和太平洋岛屿行悬棺葬的南岛语族的民族与我国古代越族有着密切的历史渊源关系。

2.民族学的资料：有一系列相同的文化特征

（1）文身之俗。"断发文身"是我国古代百越民族奇异的文化习俗之一，《逸周书·王会解》：[①]

> 越沤（瓯）剪发文身。

《庄子·逍遥游》：

> 宋人资章甫而适诸越，越人断发文身。

《淮南子·齐俗训》：

> 越王勾践，劗发文身，无皮弁搢笏之服，拘罢拒折之服，然而胜夫差于五湖，南面而霸天下。

西汉刘向《战国策·赵策二》：

> 被发文身，错臂左衽，瓯越之民也。

---

① 《逸周书》是中国古代历史文献汇编，作者和成书时间争论极大，有认为早自西周，或晚至战国或西汉。

《礼记·王制篇》：

南方曰蛮，雕题交趾，有不火食者矣。①

《汉书·严助传》：

越，方外之地，剪发文身之民也。

东汉《越绝书》：

越王勾践，东垂海滨，夷狄文身。

在我国古代历史文献中，文身有"雕题""镂面"之称，东汉《异物志》载，"雕题国，画其面皮，身刻其肌而贵人，或若绣衣，或若鱼鳞"。文身在文化人类学上又称之为"毁身装饰"。所谓文身，即是用针、刺或刀一样锋利的器具在人体不同部位刻画出各式各样的花纹，并填以锅烟、丹青等颜色的粉末，待颜料深入伤口，皮肤肿胀消退以后，身上的花纹就永不褪落。接受文身施术的人，要忍受"被创流血"的巨大痛苦。然而这一习俗在古越人中却普遍盛行。

---

① 成书于西汉时期的儒家经典之一。

图6-7：文身是印尼婆罗洲（今加里曼丹岛）各个土著民族的一种原始文化，每个民族都有自己的传统花纹，这些花纹便是各部落特有的标志。文身是一种极为痛苦的毁身装饰。男子的文身比妇女文身的部位多，而且更为复杂。正因为文身手术时的痛苦，才更能代表一个男人的勇敢精神。图为本南族（Penan）男子的文身花纹。注意其两边长耳垂所挂的重耳环[1]

---

[1] 采自刘其伟《婆罗洲雨林探险记——原始部落文化艺术》，台北：广城书局，1983。

《左传·哀公七年》：

太伯端委以治周礼，仲雍嗣之，断发文身，嬴以为饰。①

《墨子·公孟篇》：

昔者越王勾践，剪发文身，以治其国，其国治。②

《史记·吴太伯世家》：

吴太伯，太伯弟仲雍，皆周太王之子，而王季历之兄也。季历贤，而有圣子昌，太王欲立季历以及昌，于是太伯、仲雍二人乃奔荆蛮，文身断发，示不可用，以避季历。

《史记·越王勾践世家》：

越王勾践，其先禹之苗裔，而夏后帝少康之庶子也。封于会稽，以奉守禹之祀。文身断发，披草莱而邑焉。

---

① 《左传》，传为春秋时期左丘明所著的编年体史书。
② 《墨子》，由墨子及其弟子完成的战国时期哲学著作。

又《史记·鲁周公世家》：

> 吴王夫差强，伐齐，至缯，征百牢于鲁。季康子使子贡说吴王及太宰嚭，以礼诎之。吴王曰："我文身，不足责礼。"乃止。

由此观之，古代越人的君王和普通平民均接受文身之术。断发文身之俗有其深刻的社会根源，它与我国古越人早期的经济生活密切有关。汉代《韩诗外传集释》廉稽曰：

> 夫越亦周室之列封也，不得处于大国，而处江海之陂，与鼋鳝、鱼鳖为伍，文身剪发而后处焉。

唐《酉阳杂俎》：

> 越人司水，必镂身以避蛟龙之患。

我国古代越人居住海滨和江河湖泽，生产活动以水中捕捞为主，剪断头发，更便于水中操作。"常在水中，故断其发，文其身，以像龙子，故不见伤害。"古越人为了谋生，多在水中作业，常常会碰到鲨鱼、鳄鱼之类的凶猛动物，人们出于对它们的恐惧，便在身上刻刺花纹图案，把自己打扮成蛟龙的形状，以躲避水中凶猛动物的伤害。西汉《淮南子·原道训》：

> 九嶷之南，陆事寡而水事众，于是民人被发文身，以像鳞虫。

《汉书·地理志下》：

> 今苍梧、郁林、合浦、交趾、九真、南海、日南、皆粤（按：粤、越古时通用）地。其君禹后，帝少康之庶子，封于会稽，文身断发，以避蛟龙之害。

清屈大均《广东新语·鳞语》：

> 南海，龙之都会，古时入水采珠贝者，皆绣身面为龙子，使龙以为己类，不吞噬。

就更清楚地说明了古越人文身的目的是在水下作业时，避免水中生物伤害。

随着社会的发展，我国古代越人的生产领域扩大，以渔猎捕捞为主，变成以稻作农业为主，兼营渔猎，越人的经济生活虽然发生了变化，但这种文身习俗却在其后裔中长久地保留下来。我国海南岛黎族、云南傣族、台湾高山族中的一部分直到现代尚保留文身之俗。

在历史上海南岛黎人男女均有文身习俗,明田汝成《炎徼纪闻》载:

> 黎人男子文身椎结……女伴互施针笔,涅两脸为虫蛾花卉,名为绣面。

清《古今图书集成》:

> 黎人……男文臂腿,女文身面。

男子文身的部位大多在双臂、双腿,文身的面积比较大,图案以鱼鳞状的花纹或蛇形纹和蛇的变形纹为主,也有几何形的图案。至现代黎族的文身大多见于妇女,女子在12～16岁期间,必须进行文面文肢文身的定文工序,施术前由母亲或其他女性长辈对少女进行文身教育和说服工作。黎族认为,文身是妇女的美德,不文身的女性,不仅容貌不美,而且是对氏族的叛逆。在黎族当中不施文身术的妇女生前在社会上没有地位,无人迎娶,终生受歧视,死后到阴间也得不到祖宗的承认,她的鬼魂就成为无家可归的"鬼妇"。因此每个少女都得心甘情愿接受文身术,遇到不情愿者,往往采取强制手段,迫使文身。妇女出嫁时,只有文身后才能进夫家门口。未施文身术的女性（包括未到文身年龄而夭折的女童）死去时，尸体也须用木炭在应文身的部位画上花纹图案后才能入棺下葬，违者不能进入公共墓地埋葬[①]。宋范成大《桂海虞衡志》曰：

绣面乃其吉礼。（黎）女年将及笄，置酒会亲属女伴，自施针笔，涅为极细虫蛾花卉，而以淡粟纹徧其余地，谓之绣面。

清张长庆《黎歧纪闻》：

女将嫁，面上刺花，涅以靛，其花或曲或直，各随其俗。

民族调查资料与历史文献记载甚相符合。黎族各支系的文身花纹图案有所区别，但都以几何纹为普遍。20世纪50年代以后，海南岛黎族妇女的文身被禁止了，但至20世纪80年代在海南40岁以上的黎族妇女当中，仍可见到文身习俗的痕迹。

1984年笔者去海南岛参加学术讨论会时，在黎族村寨还见到有文身习俗的黎族中年妇女。（见图6-8）

[①] 王国全：《黎族风情》，广东民族研究所编，1985。

图6-8：有文面的海南岛黎族妇女，花纹布于额头和眼睛下方面部双颊（陈明芳摄于1984年黎族村寨）

云南傣族的文身习俗，元李京《云南志略》和《马可·波罗游记》等均有记载。《云南志略》云：

> 金齿百夷，男子文身，以赤白土傅面。文其面者谓之绣面蛮，绣其足者谓之花脚蛮。

图6-9：台湾高山族之泰雅族妇女的文面[1]

  至近现代傣族施行文身术的主要是男子，妇女也有文身的习俗，但不及男子普遍。当男孩长到10岁左右就要开始文身，文身部位主要是四肢和躯体，不及于面部，文身花样主要是几何图案、鸟兽、花卉和文字符号，不同地位，不同等级文身的花纹图案不相同。每个人文身的程度也不一样，有的仅在手腕文上几个字，或一个符号，有的则从腿至胸文有多种图案。傣族男子如果不文身，姑娘就看不起[2]。

  台湾高山族中，许多民族自古以来一直盛行文身之俗。

---

[1] 采自刘其伟《台湾土著文化艺术》，台北：雄狮图书公司，1984。
[2] 曹成章、张元庆：《傣族》，民族出版社，1984。

《隋书·琉球传》：

> 妇人以墨黥手，为虫蛇之文。

张燮《东西洋考·东番考》附记：

> 鸡笼山、淡水洋在彭湖之东北，故名北港，又名东番，手足则刺纹为华美，众社毕贺，费亦不赀。

经多次民族调查，台湾高山族大体上可分为7~9个族群，至今尚有泰雅、赛夏、派宛、鲁凯、牢南、布侬六个族群保留文身习俗，女子从十多岁月经初潮开始文身，作为结婚的准备。男子则于每次猎头之时施文身术，不文身的女子会陷于终身独栖的孤苦境地。男女文身通常都是二次，乃至三四次才能完成，所需时日颇长。文身的部位有面部、手背、手掌、臂部、背部、手腕。男子在胸部或下膊黥刺[①]。

自古以来，文身习俗在东南亚地区亦非常盛行，前引《汉书·地理志》载，古时称之为交趾、九真、日南郡的越南北部、中部和南部地区和南海、郁林、苍梧诸郡一样，民人"被发文身"。唐李延寿《南史·扶南传》载，扶南国（今柬埔

---

① 刘其伟：《台湾土著文化艺术》，台北：雄狮图书公司，1984。

寨）"国俗本裸，文身被发，不制衣裳"①。明《广东通志·诸蛮一》：

> 南方曰蛮，有不火食者矣。然其种类非一，与华人错居，其流曰蜑、曰獽、曰貍、曰僚、曰𤞚，居无君长，随山洞而居，其俗断发文身，好相攻讨。自秦并三楚，汉平百越，地穷丹徼，景极日南，水陆可居，咸为郡县……蛮獠之族，递为去就，至于林邑、赤土、真腊、婆利……

在隋唐时期，我国南部邻国越南、柬埔寨、马来西亚的沙捞越（北婆罗洲）一带的民族均有文身习俗。

至今东南亚地区许多民族仍有文身风习。印度北境阿萨姆的那加族，缅甸的钦族、卡仁尼族，南洋群岛中的安汶岛、尼亚斯岛、门达瓦伊群岛、松巴岛、弗洛雷斯岛、帝汶岛等岛屿上的土著居民，加里曼丹岛的达雅克人，菲律宾群岛诸族均有文身习俗。

越南的少数民族布柔人很重视文身，在村子里有专门从事文身工作的人，他们刺绘的图案很多，有几何图形、动物、花草等带色的图形。柬埔寨的男子有文身习俗，认为文身后可防刀枪毒虫之害。

---

① 历代官修正史《二十四史》之一。

文身习俗遍及马来西亚沙捞越各族,依身体部位的不同而有各种花纹图案。在沙捞越的土著民族中达雅克人的文身最负盛名。

达雅克人是主要分布在加里曼丹岛分属印度尼西亚、马来西亚和文莱三国的一个大的民族群体。其中聚居在马哈康河

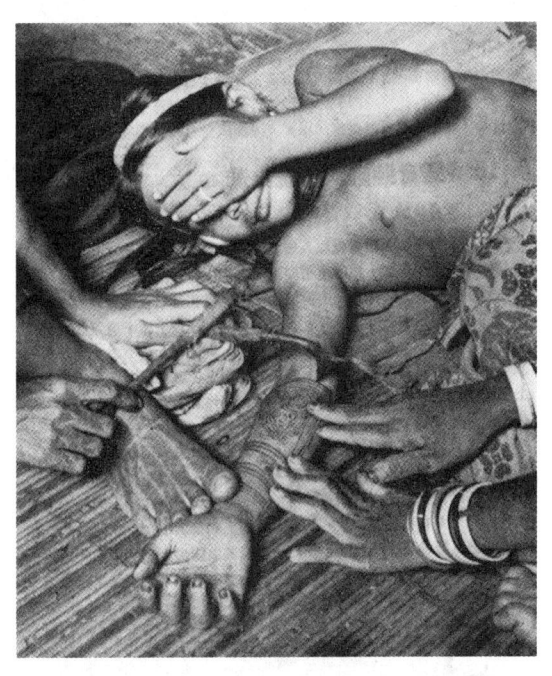

图6-10:一个印尼土著民族加央人的少女躺在屋内的草席上接受文身手术,她的手臂上先用煤烟画上花纹,然后用针具将皮肤刺穿,使墨汁浸入皮下。文身手术是极其痛苦的,又被称为"毁身装饰"。文身若不小心,有时会感染严重的疾病[①]

---

① 采自刘其伟《婆罗洲雨林探险记——原始部落文化艺术》,台北:广城书局,1983。

和卡普阿斯河的加央（又称卡洋）族为婆罗洲最喜爱文身的民族，其花纹图样及施术所费的时日可能是世界各族无法比拟的。根据加央人的习俗，男子必须砍杀过敌人而取得人头，才有资格在背上、手上和指上文身，如果一个男人经过猎头战争，但未获得人头，只能在一根手指上刺文，加央男人的文身

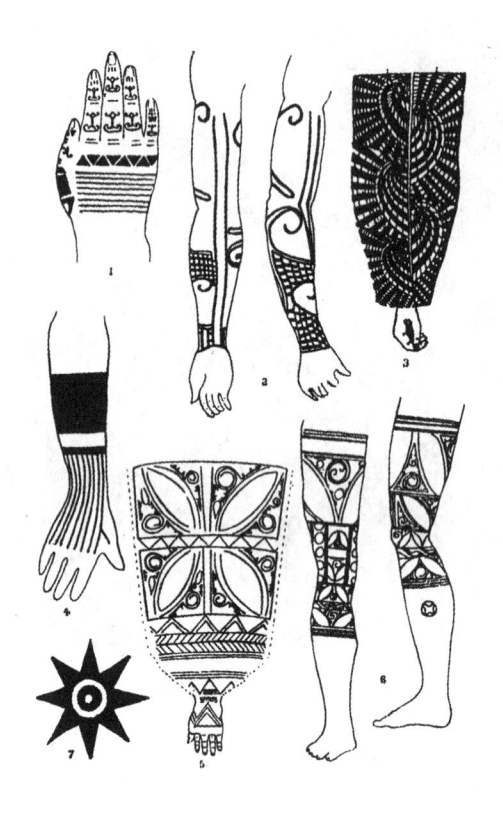

图6-11：印度尼西亚加里曼丹岛现代土著民族肯雅人的男子文身图案[①]

---

① 采自刘其伟《婆罗洲雨林探险记——原始部落文化艺术》，台北：广城书局，1983。

部位有腕、前臂、大腿——自臀至膝的部分，胸，臂膀。加央族妇女的前腕、手背、大腿（自臀至膝的全部），脚部跖骨的上面都刺以极复杂的花纹。加央少女从小接受文身，施术的日期很长，也极其痛苦，通常需要4年的时间，10岁的时候就在手指和脚背上刺青，一年后才刺手腕，接着再刺大腿，必须在青春发育期前全部完成。加央人深信，文身的人不但生时可以驱灾，死后才可到另一个欢乐世界。

肯雅人与加央人合称巴豪部落，二者之间亲缘关系明显。肯雅人中许多男子和妇女都文身，其部位与加央人不尽相同，但在Uma Tow的肯雅人，凡是长屋的屋长（小酋长）的女儿都必须文身，女孩从8岁开始，在指上刺青，直到18~20岁以前，大腿的部位必须完成。整个身体的文身工序完成大约需10年时间。

加里曼丹岛的姆禄人和都孙（又译杜生、都顺）人都有文身习俗。居住在沙捞越林梦和峇南河的加拉必人与姆禄人有密切的亲缘关系。姆禄人文身的图样比较简单，加拉必人的男子一般刺刻带文，妇女则刺几何文。加拉必人的妇女，无论成婚与否，均从16岁开始文身，施术日期很短。

时至今日，居住沙捞越沿海平原的海达雅克——伊班人仍盛行文身。伊班男子初次出去猎取人头或打猎的时候便开始文身，所刺花纹和加央人一样，依部落而有所区别。较为奇特的是，伊班人喜在喉部和肘部两部位文刺，也有在腿部、背部及肩部刺刻花纹，但在手背上黥刺的只限于猎头的战士，他们才能拥有此项殊荣。达雅克人的文身部位遍及全身，花纹图案极其复杂。达雅克人深信，文身以后在将来离开尘世时才可以进入天堂。一般都认为，青年人文身是英勇威武的表现，如同我国云南傣族一样，在达雅克少女的心目中，不文身的男子是懦夫。

菲律宾山地省伊哥洛人的悬棺葬中有著名的安诺木乃伊，已200多年，但仍完好，尸体自头至足文身花样复杂[1]，直到现在，菲律宾的民族除了基督徒外，几乎都施行文身。菲律宾的吕宋岛、比沙焉岛和他加禄群岛等岛屿的山地民族中文身风习最盛，尤其是吕宋岛的伊哥洛人，不论男女都要文身，伊哥洛人的文身图案共有十几种，大都模仿蛇皮、犬牙、山川和植物的样子绘成。其中线条式的图案只限于英勇的男子汉和有猎头经历的男子才能采用，凡猎得一个首级，便在身体的肩膀通至腹部文上一条新的线条，作为他一生荣耀的标志。伊哥洛人还在面部黥刺，男子在脸颊上，女子则在额头与鼻部。有的人在胸部与臂肘上刺文，以显示他具有一定的社会地位，并有过猎头的"光荣历史"。伊哥洛人认为，文身是人生旅途中必须履行的礼仪，不文身的人是可耻的。

早期的文身是我国古代越人原始宗教中的一种自然崇拜和图腾崇拜。古越人生活在江海之滨，特殊的自然地理环境，

---

[1] 凌纯声：《中国与东南亚之崖葬文化》，载《中国边疆民族与环太平洋文化》（上），台北，1979。

以捕捞为主的经济生活及生产力水平的低下,使得人们将常见到的凶猛动物"龙"(水中的鳄鱼、鲨鱼之类)、蛇作为自己的图腾崇拜。《说文·虫部》:"南蛮,蛇种。"同书又曰:"闽,东南越,蛇种。"《说宛·奉使》:"(越人)剪发文身,烂然成章,以象龙子者,将避水神也。"据前引《淮南子·原道训》等历史文献均载古越人文身"以象鳞虫""如蛟龙之状",可以知道古越人的文身花纹主要以龙蛇为主。他们以为这种"象龙子",像"鳞虫"的样子,让"龙蛇"一类的祖先见了就可不受其伤害,甚至还可保障他们的安全。

海南岛黎族妇女文身的纹样就有蛇纹,如美孚黎的妇女,

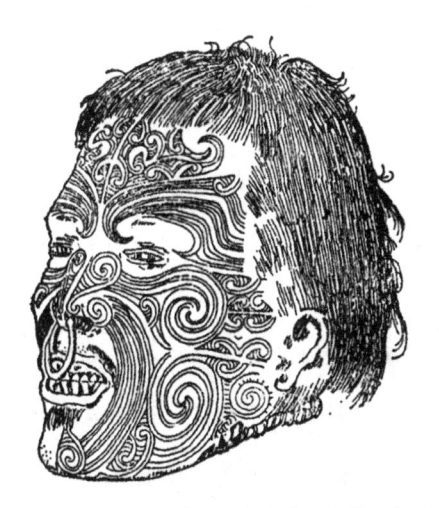

图6-12:新西兰土著民族的文身,女性一般为面部,男性则面部、四肢和躯干均可文上各种花纹[①]

[①] 采自《林惠祥文集·原始艺术》,厦门大学出版社,2012。

在脸上及四肢均刺蚺蛇的纹样，因而称为"蚺蛇美孚。"①前引《隋书》载台湾"土著"居民妇女文身图案为"虫蛇之文"。直到近现代台湾"土著"民族文身的图样以几何形花纹为最多，也有人头状和蛇形纹。几何形纹样均与蛇纹有关。据说，泰雅人黥面文身的花纹，最初就是模仿蛇的斑纹而来的②。排宛人文身花纹中的"曲折纹、锯齿形、叉形、网月形均从百步蛇背上的三角纹变化而来的，这种花纹在他们的心目中就是百步蛇的简体"。鲁凯人文身的花纹，其中折线为百步蛇之意。

东南亚婆罗洲达雅克人中的卡洋人文身图案中的蛇纹以百步蛇上的三角形斑纹为主，而变成各种花纹——如三角形纹、菱形纹等③。菲律宾吕宋岛的伊哥洛人文身图样中也多模仿蛇皮。正如弗雷泽指出：

> 图腾部族的成员为使其自身受到图腾的保护，就有同自己于图腾的习惯或穿着图腾动物的皮毛或其他部分，或辫结毛发，割伤身体，使其类似图腾，或取切痕、黥纹、涂色的方法描写图腾于身体之上。……此种精神状态的表现，正可以图腾信仰解释之。图腾民族的固定身体装饰最普遍而显示图腾意义最深浓的，当属身体敷痕。舍伯利认为身体敷痕

---

① 蒋炳钊等：《百越民族文化》，学林出版社，1988。
② 许良国：《论台湾少数民族的文身习俗》，《台湾民族历史与文化》，中央民族大学出版社，1987。
③ 同注释①。

为三类，即涂色、切痕、黥纹。①

从我国和东南亚至今保留文身习俗的民族来看，比较晚近的文身，不仅仍具宗教的意义，而且更具社会功能和审美的价值，文身是取得氏族成员资格和成年的标志，女性的文身一般都与婚娶有关，而男性的文身则是英勇威武，具有一定社会地位的表现。

上述东南亚地区差不多都有悬棺葬分布，而且这些地区至今保留文身习俗的民族亦多与悬棺葬密切有关。

（2）干栏式建筑。干栏是一种离开地面或依树积木而成的建筑物，多用竹木建造，是我国古代越人及其后裔普遍采用的一种住宅形式。干栏又称为"阁栏""麻栏""栏房"，均来源于我国壮侗语族的语言，意译为"楼居"②。干栏式建筑至今仍是我国壮侗语族诸民族如壮、傣、布依、侗、黎、水等族和南方其他一些少数民族采用的一种居住形式。

我国古代越人地处热带、亚热带地区，气候温暖，雨水充沛，他们分布在滨临河流、湖泽和海洋地区，经济生活以稻作、捕捞渔猎为主，河流、海洋和湖泊与他们的生产生活息息相关，而这些地区常常可能遭受海水和河水泛滥及蛇虫猛兽的

---

① 李则纲、岑家梧：《始祖的诞生与图腾艺术史》，上海文艺出版社，1988年影印本。
② 莫俊卿、雷广正：《"干栏"建筑与古越人源流》，《百越民族史论丛》，广西人民出版社，1985。

威胁。根据这种自然地理环境和气候特点，古代越人先民早在六七千年以前就利用当地的竹木资源，创造了干栏这一独特的房屋居住形式并长时间普遍采用。

1963年在云南祥云大波那出土的木椁铜棺墓中的铜棺，外形颇似一座"干栏式"房屋建筑，只是桩柱略短而已。

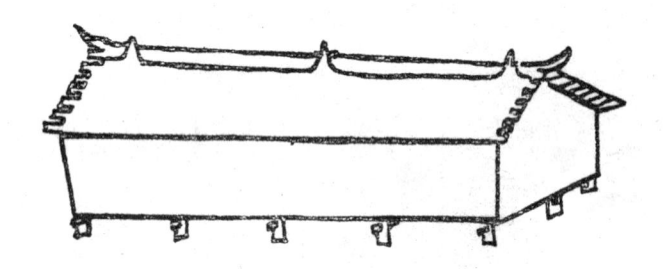

图6-13：云南祥云大波那铜棺似"干栏式"建筑[①]

1973年在杭州湾河姆渡文化遗址发现了大片带榫卯结构的干栏式建筑，第一期发掘出土的木构件总数在1000件以上。主体构件是13排木桩，主要分布在发掘区中部300平方米范围内，这里至少有三栋以上的建筑。从揭露出的排桩来看，建筑遗址至少宽23米以上，进深为7米左右，这座建筑物的原状可能是带前廊的长屋。第二期发掘中又发现大片的木构建筑遗迹，在整个发掘中各文化层都发现诸如柱础、柱洞、木桩、地龙骨和各种加工过的木板等。特别是第三、第四文化层木构件尤多，

---

① 李昆声编著：《云南文物古迹》，云南人民出版社，1984。

且大多数构件保存情况良好，有的木板至今尚有清晰可见的石斧、石锛的加工痕迹[①]。

浙江吴兴钱三漾遗址、江苏丹阳香草河遗址和江苏吴江梅堰都有干栏式建筑遗迹发现。

吴兴钱三漾是1958年发现的新石器时代遗址，有居住的建筑遗迹3处，据发掘报告：

（甲区）这一层发现木桩很多，能肯定是居住遗址的有两处，其中一处是在探坑15与16之间，南北两边作倾斜坡度，中部下陷。木桩按东西向树立，长方形，东西长约2.5米，南北宽约1.9米，正中有一根长木，径11厘米，似乎起着"檩脊"作用。上面盖有几层大幅的竹席。

（乙区）较为明显的居住遗迹有一处，位于探坑14的西部斜坡下，方向北偏西，已知的长度是3.18米。木桩只有东边的一排尚完整，排列密集，正中也有一根长木，径18厘米。上面盖着大幅树皮，芦苇和竹席。东边散乱着好些青杠木和红烧土灶穴。每个灶穴都有几道火弄，但都残破。[②]

---

① 浙江省文物管理委员会、浙江省博物馆：《河姆渡遗址第一期发掘报告》，《考古学报》1978年第1期。河姆渡遗址考古队：《浙江河姆渡遗址第二期发掘的主要收获》，《文物》1980年第5期。
② 浙江省文物管理委员会：《吴兴钱三漾遗址第一、二次发掘报告》，《考古学报》1960年第2期。

这些居住遗迹应属干栏式建筑的基地。

1957年发现的江苏丹阳香草河遗址，"在广约200平方米的范围内，挖出200余根长2米，直径30厘米不等的木桩。木桩一端削尖，三五根一处的密密排在一起。埋藏着木桩的堆积土呈黑色，极似淤积的河泥。内包含蚌壳、兽骨、鹿和人的骨骼，以及远及新石器时代，近到南北朝的文化遗物"[1]。这里发现的都是2米多长、一端削尖的木桩，并且三五根一处密密排在一起，似符合干栏式建筑的特点。

江苏吴江梅堰遗址发现于1959年，在新石器时代青莲岗文化层内，出土了许多木桩"在蛤利层上面和一般出土中，还发现有木桩，约略可以看出有长方形和椭圆形的"[2]。根据上述报告，这一处遗迹也应是干栏式建筑遗址。

1978年在广东高要县金利公社茅岗大队石角村前的鱼塘中发现了年代约为战国至秦汉时的一处比较完整的干栏式木结构建筑遗迹，遗址范围长达4米，宽约100米，是广东目前发现靠近江河最大的一处遗址。建筑遗存平面布局均为长方形，遗物有木桩、木板、圆木条、木楔等，仅木桩，前后被当地农民挖出的就多达千件。木桩采取直接敲击法打入地层，是支撑房架的附属构件，木柱均挖洞栽入地层，是支撑的主体，绝大部

---

[1] 朱江：《丹阳香草河发现文物》，《文物参考资料》1958年第9期。
[2] 江苏省文物工作队：《江苏吴江梅堰新石器时代遗址》，《考古》1963年第6期。

分木柱都凿有榫孔，圆木条是梁架构件，居住面便铺架在此梁架上，木板当是铺设用材。茅岗遗址是一处水上棚居类型的遗址，其经济结构以渔猎为主，这种居住方式及经济结构在今天岭南水上聚居的"蛋家"仍有保留。[1]

江西清江营盘里遗址发现了干栏式建筑的陶屋模型[2]，江西贵溪仙崖悬棺葬洞穴共发现棺木37具，其中有1具为屋脊形大棺，棺作卷棚式，中间棱起有脊，棺底下部有刳制成的桥形矮足6对。棺盖面呈两面坡式。棺底内收，具备了干栏建筑的基本特点，应是仿造生前住房制成的[3]。

福建崇安闽王城高胡坪宫殿建筑区内发现了属于低干栏结构建筑[4]。

秦汉以后我国东南地区的百越民族逐渐与汉族同化；但干栏式的建筑形式却仍然被保留，被称为"陶仓""陶囷"的干栏式建筑模型——陶屋以广州汉墓出土最多。除此以外，广州汉墓还出土了许多被称为"栅居式陶屋"的干栏式建筑模型，分上下两层，底层饲养家畜，上层住人，有的还设置楼梯供上、下之用。广西贵县汶井岭东汉墓中出土一件陶屋与广州汉

---

[1] 广东省博物馆杨豪、杨耀林：《广东高要县茅岗水上木构建筑遗址》；杨豪：《茅岗遗址远古居民族属考》，均载《文物》1983年第12期。
[2] 江西省文物管理委员会：《江西清江营盘里遗址发掘报告》，《考古》1964年第2期。
[3] 江西省历史博物馆、贵溪县文化馆：《江西贵溪崖墓发掘简报》；刘诗中、许智范、程应林：《贵溪崖墓所反映的武夷山地区古越族的族俗和文化特征》，均载《文物》1980年第11期。
[4] 林蔚文：《古代东南越人建筑业述略》，《中南民族学院学报》1985年第4期。

墓出土的长方形干栏式陶屋模型相同[1]。到东汉时期，湖南长江汉墓中都还随葬干栏式建筑的陶屋[2]。

我国古代历史文献对我国南方民族居干栏式建筑的记载颇多，或称"干栏""葛栏""阁阑""麻栏"等。

图6-14：台湾高山族之泰雅族的住宅干栏式建筑[3]

三国沈莹《临海水土异物志》曰：

> 安家之民悉依深山，架立屋舍于栈格之上，似楼状。居处、饮食、衣服、被饰与夷州民相似。

---

[1] 莫俊卿、雷广正：《"干栏"建筑与古越人源流》，《百越民族史论丛》，广西人民出版社，1985。
[2] 高至喜：《谈谈湖南出土的东汉建筑模型》，《考古》1959年第11期。
[3] 采自刘其伟《台湾土著文化艺术》，台北：雄狮图书公司，1984。

自古以来我国东南沿海浙江、福建的古越人同台湾"土著"居民都居干栏式房屋。直到现代台湾的高山族各族人民均普遍居住干栏式的房屋（见图6-14）。晋人张华《博物志》：

南越巢居，北朔穴居，避寒暑也。

《魏书·僚传》：

僚人依树积木，以居其上，名曰"干栏"。干栏大小随其家口之数。

《南齐书》卷十四《志六》：

广州镇南海，滨际海隅，委输交部，虽民户不多，而俚僚猥杂，皆楼居山险，不肯宾服。

《隋书·地理志》：

扬州……自岭以南二十余郡……其人椎结跣跼，乃其旧风。其俚人……巢居崖处，尽力农事，刻木为契。

唐樊绰《蛮书》：

> 裸形蛮……其男遍满山野，亦无君长，作"葛栏"屋舍。多女少男，无农田，无衣服，惟取木皮以蔽形，或十妻、五妻共一丈夫，尽月持弓，不下"葛栏"，有外来侵袭者则射之。其妻入山林采拾虫鱼菜螺蚬等归啖食之。

《旧唐书》载，聚居今贵州东北和四川东南部的南平僚"土步瘴疠，山有毒草及沙虱、蝮蛇，并楼居，登梯而上，号为干栏"。《太平寰宇记》卷之八十八《剑南东道七·昌州风俗》载唐宋时四川大足、荣县一带"无夏风，有僚风。悉住丛箐，悬虚构屋，号'阁阑'"[1]。同书卷之一百六十三《剑南西道四·渝州风俗》载重庆及其附近地区边蛮界乡村有僚户：

> 今渝州之谷有狼猱乡，俗构屋高树，谓之"阁阑"。[2]

同书卷之一百六十一《岭南道五·贺州风俗》载广西贺县等地"俗多构木巢，以避瘴气"。同书卷之一百六十三《窦州风俗》还载广东信宜县和广西平乐县一带居民"悉以高栏为居，号曰'干栏'"。同书卷之一百六十九《岭南道十三·雷州风俗》载：

---

[1] 〔宋〕乐史：《太平寰宇记》卷之八十八《剑南东道七·昌州风俗》，中华书局，2007。
[2] 〔宋〕乐史：《太平寰宇记》卷之一百六十三《剑南西道四·渝州风俗》，中华书局，2007。

雷州地滨大海，人杂夷僚，多栅居以避时疫。

或：

大抵依阻山谷，并木为居。

同书《琼州风俗》又曰：

有夷人，无城郭，殊居异……号曰生黎，巢居洞深。①

《太平御览》卷七百八十五载：

沈怀远《南越志》曰：晋康郡夫振县夷人曰"俙"，其俗栅居，实为俚之城落。②

晋康郡在广东德庆地区，"俙"与疍音同，书中所载"俙人"很可能就是广东德庆的疍人。

宋代赵汝适《诸番志》卷下：

---

① 〔宋〕乐史：《太平寰宇记》，中华书局，2007。
② 〔宋〕李昉：《太平御览》卷七百八十五《四夷部六·南蛮》，中华书局，1960年影印本。

黎，海南四郡岛上蛮也。……屋宇以竹为栅，下居牲畜，人处其上。

南宋周去非《岭外代答》：

黎……居处皆栅屋。

南宋朱辅《溪蛮丛笑》曰：

佬佬以鬼禁，所居不著地，虽酋长之富，屋宇之多，亦皆去地数尺，以巨木排比，如省民羊栅叶覆屋者，名羊栖。

南宋范成大《桂海虞衡志·志蛮》曰：

民居苦茅，为两重棚，谓之"麻栏"，上以自处，下畜牛豕。棚上编竹为栈，但有一牛皮为裀席。牛豕之秽，升闻栈罅，习惯之。

同书又载：

僮俗……居室无贫富，俱喜楼居。……黎居处架木两重，上以自居，下以畜牲。

明《广东通志殊崖传》：

> 今黎俗住木栏是也。

同书《风俗》载，广东茂名一带"男女盛服椎髻跣足，聚而作歌，以'高栏'为居，故有'高栏'之号"。

明代顾岕《海槎余录》：

> 凡深黎村，男女众多，必伐长木，两头搭屋各数间，上复以草，中剖竹，下横上直，平铺如楼板，其下则虚焉。登涉必用梯，其俗呼曰："栏房"。

明人曹学佺《蜀中广记·边防记》曰：

> 白夷、头裹黑帕，戴笋择尖帽，……房屋皆以大竹架造，形如帐篷，分上下两层，上层住人，下层住牛猪六畜，前后开门，无窗户，屋板悉刳大竹铺成。

明代邝露《赤雅》：

> 僮……绩茅索绹，伐木架盈，人栖其上，牛羊犬豕畜其下，谓之麻栏子。子长娶妇，别栏而居。

直到现代我国傣族、壮族、黎族、侗族、水族等仍普遍采用干栏式建筑。聚居云南西双版纳的傣族竹楼造型独特美观。竹楼的外形像一顶巨大的帐篷建架在立于地面的木柱之上，居住面距离地面2米左右，楼板用竹片或木板铺成，楼室四周墙壁用竹篱围成。楼底木柱林立，四周无遮拦，专用于关养牲畜、家禽、堆放柴火杂物，作舂米场地。以前的傣族竹楼因地制宜，无论是大梁、小梁、大柱、中柱还是墙壁、楼板全利用当地盛产的竹子做成，就连固定梁柱、墙壁、楼板的扎篾也是用嫩竹削成的。随着社会经济的发展，傣族的干栏式建筑的材料大多由竹子变成了木料，或者屋顶的茅草换成了瓦片，但建筑结构仍然没变，而且人们还习惯于称"竹楼"。

海南岛黎族人民过去都是住一种富有民族特色的船形屋，其特点是平面呈纵长方形，由两端山墙作为出入口，屋顶呈半圆拱形，房屋的外轮廓像一条船。因而称为"船形屋"，较早的船形屋离地2米左右，其下可作水牛栏。20世纪50年代在白沙县等地尚可见到。随着时代发展，黎族人民定居时间久了以后，村子附近伤害人的野兽也逐渐减少，牲畜也从住宅中分离出来，于是船形屋离地面的高度就渐渐缩小。海南岛现存的船形屋各地差异不大，楼板距地面仅0.5米左右，下养牲畜的作用就趋于消失了。无论高脚或是低脚的船形屋，地板都是架空的，这对于高温多雨的潮湿气候无疑是非常适合的。因此，目前海南岛五指山中心地区如白沙、保亭、通什、琼中、东方、昌江等地仍大量保留船形屋的干栏式建筑。住在五指山以外，接近汉族地区的黎族由于汉文化影响较深，到近现代住宅已仿照当地汉族式样建造，如陵水、崖县等。

随着社会经济的发展，在干栏式建筑流行的地区，一些房屋的建筑材料已大量使用砖瓦，有的建成汉族式房屋，但许多房屋仍保留着传统的干栏式建筑结构，而且竹木材料也还在被普遍采用。

从干栏式建筑的起源和分布情况来看，它与我国长江以南和东南各地土著居民所处的江河湖海这种地理环境和炎热的气候有关。它最早是我国越族先民的居住形式，由于我国各民族交错杂居等因素，后来也为我国南方其他一些少数民族，如云南的景颇、基诺、苗、瑶等族所采用。1986年笔者到云南阿佤山考察沧源崖画，所到佤族村寨全是干栏式建筑。

干栏式建筑在东南亚地区流行甚广，在中印半岛的越南、缅甸、泰国、柬埔寨、老挝及马来半岛、印度尼西亚群岛、菲律宾群岛等地区，自古以来，还是许多民族的主要居住形式。唐李延寿《南史·海南诸国林邑传》："林邑：其国俗居处为阁：名曰'干栏'。"越南冯原文化不出青铜器的地层便个别地发现干栏，东山遗址在地下两米深处也发现"高脚屋"残痕。栏房以我国南方越族地区出现最早和建造最普遍，越南新石器时代居民一般是居于露天或洞穴，其干栏式建筑和它的越语名称是越人带入的[①]。目前越南的少数民族如傣、布柔、布茹等仍以干栏式建筑居多，上层住人，下层为厨房和饲养家畜家禽。

在泰国南部和马来半岛北部班考文化遗址中同样发现了干栏式住宅的遗迹。泰国侬却韶的班考文化遗址中就发现了柱上房屋的柱干，今天东南亚仍然流行这种高脚屋。[②]现泰国人的房屋是干栏式建筑，地板距地面很高，楼下饲养牛马鸡猪。

干栏式建筑至今是老挝山区土著居民老侬人和老听人的传统住宅，地板离地高约2米，以竹木为材料，屋顶覆以茅草、瓦片、木板或棕榈叶，老侬人多选择在平原和河流沿岸建筑村寨定居。

柬埔寨古称扶南，其首都一度曾是毗耶陀补罗，即"猎人城"，在现今柬埔寨的波罗勉省的巴山和巴南附近，位于暹罗湾畔湄公河三角洲沿海边缘地区。一位法国考古工作者曾在那里进行发掘，发现由无数干栏式建筑组成的一大片城市房屋区，由小运河网交叉分割[③]。

柬埔寨农村房屋目前仍多以竹木结构的干栏式建筑为主，木柱支撑的地板一般距地面2米左右。江滨湖畔的水上渔村居民则架屋于木筏之上，随水涨落而上下，房屋之间搭木板互相联结，对外交通则依靠小艇。

---

① 朱俊明：《中越两国古代文化和民族的主体关系》，载《百越民族研究》，江西教育出版社，1990。
② 胡鸿保：《东南亚史前史略》，《东南亚资料》1983年第1期。
③ ［英］霍尔著：《东南亚史》上册，中山大学东南亚历史研究所译，商务印书馆，1982。

老挝的主要居民寮人屋舍多以茅竹材料搭盖而成，高脚楼地板高出地面2米左右，步梯而上，屋顶作尖形，室内铺席以供坐卧，楼下饲养牲畜。住在老挝北部山区的许多少数民族都居干栏式建筑，他们的房子完全用竹竿支撑，距地面约3~4米。

缅甸人的住房都建在1米高的柱架上，房子下面的空间当作饲养牛马或储藏农具、家具的场所。

马来西亚的马来人普遍居住干栏式建筑，大都喜欢把住宅建在海滨、河岸或靠近水源的地方，而且往往是几家或几十家聚在一处，房屋一般离地面都很高。马来人的生产活动在海滨河岸和平原地区进行，这些地区都是潮湿地带，而且常常遭受水害威胁，因此房屋建筑都高出地面。由于时代的变迁和生活方式的改变，马来人的生活环境从海滨和河岸向山林和高地拓展，然而他们的房屋建筑却一直保持着传统的干栏式建筑形式。公元15世纪马六甲是一个称雄南洋群岛的强国，并且是东西方商贾聚集的贸易中心，但除了中国商人和移民建的中国式房屋和庙宇及印度人、阿拉伯人的穆斯林教堂以外，马来人的建筑依然是干栏式建筑，明代马欢《瀛涯胜览·满腊加国》曰：马来人"房屋和楼阁之制，上不铺板，但高四尺许之际以椰子树劈成片条稀布于上，用藤缚定，如羊棚样，自有层次，连床就榻盘膝而坐，饮卧厨灶皆在上也……"到18世纪末华人大量迁入东南亚之后，马来人的房屋建筑有了迅速的革新，但不过是木板和木枋渐渐排除了竹料和藤索，在布局方面增加了客厅、梯亭等附设部分以及刷油髹漆等，干栏式的建筑结构仍未改变。

加里曼丹岛各民族都以长屋为地面聚居单位，这样的长屋相当于一个小的村落，长屋为干栏式建筑，距地面高度不等，一般为4~5米。

马来西亚沙捞越的达雅克人①、卡洋人、肯雅人、伊班人以及居住山地高原上的姆禄人均住干栏式建筑，达雅克人住房是一间连着一间的长屋，下有木桩支撑，离地在3米以上，地板用棕树木板，有时也用竹片铺盖，墙和屋脊棕叶盖建，长屋前有一阳台横贯全屋，形成一条长廊，是居民们从事集体工作如舂米、织渔网或进行社交活动的场所。长屋的长短不一，短的三四家，长的近百家，所以达雅克人的长屋实际上是一个村寨。在沙捞越古晋最古老的长屋竟多至一百几十户。目前在许多达雅克人部落中已出现了一些小型的干栏式住所，里面只住一个小家庭。

海达雅克人又称为伊班人，是沙捞越占土著人口最多的民族，因此他们的长屋在沙捞越一带比其他各民族更为普遍，在沙捞越第二省和第七省的河流流域两岸最为密集，一般的长屋平均有房10~30间左右，可容纳100~200多人，有一些长屋竟多达70余个房间。

陆达雅克人早些时候是散居各地，后为伊班人所驱逐，

---

① 达雅克是一个民族的总称，居住在内陆的称为"陆达雅克"，居住在海岸的称为"海达雅克"。

才移到第一省的内陆。陆达雅克人的长屋，每座长约90米，离地大约4～5米，亦为干栏式，房间以树皮为间隔，屋顶则用竹叶，有时也有用芦苇来做屋顶。

卡洋人和肯雅人大部分定居在峇南河一带，他们的长屋大部分建于河岸附近，每座长屋一般长100～160米，离地面高3～4米。柱子和地板以木料为主。

加拉必人分布于沙捞越让江、峇南河、林梦河上游的高山森林地带，亦住干栏式长屋。

姆禄人大部分在沙巴内陆及沙捞越第五省的内陆高原地带，尤其精于种植水稻。他们的长屋常达50米以上。

马来西亚的沙巴土著中人口最多的是卡达山人，俗称都顺人，居住形式亦为干栏式建筑，沙巴人居住的海岸地区到处都是水上房屋，无论大小市镇都建水屋，立柱于海滩之上，钉木为棚，围以木板，成为高脚楼式房屋。都顺人中另有一支名叫鲁古斯族，他们所居的房屋与达雅克人的相似，都是一排排的长屋，最长的达130多米，里面有40多个房间，约有25个家庭。较小的长屋里面可住七八家人，支撑长屋离开地面的柱子用硬木做成，楼板用竹片编织而成，墙壁用树皮围成，屋顶用尼巴叶盖建。

住在苏门答腊中部至西海岸的米南加保人，过去一座干栏式建筑的长屋就是一个母系氏族。姑娘结婚以后，新房就建在长屋的对面，每幢房屋都建一个马鞍形的屋顶，给整个房屋增添了奇特的色彩。同岛中部，集中居住在托巴湖周围的巴达克人也用大树干建造巨大的干栏式住房，四面由走廊相通，在这样的住所内居住着一个宗法大家族。

菲律宾的民族通常被分成三类：平原民族，即人口数量最多，最开化的民族，主要居于菲律宾北部与中部的河谷地带和沿海平原；山地民族，即各个少数民族，居于群岛内地的深山密林，其开化程度落后得多；南方穆斯林民族（摩洛人）。所有的平原民族都把房子建在木桩上，建筑材料是竹子，用藤条片编结起来作墙，用聂伯棕作屋顶，竹片作地板，室内干燥通风。山地民族的房屋有的建在地面，有的建在木桩上，如北吕宋高山地区的伊哥洛人，房屋一般设前后两个门，甚至三个门，沿梯而上，晚间将梯收起，以防敌人和野兽的侵袭。吕宋北部的巴戈波人，巴拉望岛南部的克诺伊人为了避免敌人和野兽的袭击，则直接在高达数米的大树上构筑房屋，这些房屋都盖在树顶上，人们沿着一根带有砍痕的圆木攀爬进屋。棉兰老岛萨马尔人以航海、捕鱼、采珠著称，在人种方面近似马来西亚和印度尼西亚的劳特人（"海上居民"）。他们的房屋建筑更富有海洋民族的生活气息，他们的住房直接用木桩架筑在水面上，当地人称"渔村"或"水上部落"，较大的渔村有路，实际上是一座用木板搭起来的很长的桥，离海面2～3米。分布在菲律宾南部三宝颜沿海和苏禄群岛海上的巴乔人素有"海上吉普赛人"之称，除了少数住在靠海的干栏式房屋中之外，大多数人住在由数艘"船屋"组成的小型船队中。他们主要从事捕鱼和海中采集。南方摩洛人乡村地区的房屋与马来人相同，用木桩撑起，离开地面1～3米，往往是傍水建屋或建在水上，家庭越富有，社会地位越高的人家，其房屋离地面也愈高。屋顶用棕榈叶覆盖，屋顶斜面既陡又长，一座房屋通常是只有一间房。

（3）以蛇为图腾崇拜。我国古代越人居住于炎热潮湿之地，多毒虫蛇类，自古以来对蛇产生敬畏心理，因此越人及其后裔的装饰图案多用蛇形或简化的蛇形。如前所述，古越人和东南亚民族的几何印纹陶便是蛇图腾崇拜的典型。几何印纹陶中有许多纹样，如波折纹、圆涡纹均似蛇的形态，晚期的夔纹更是蛇图腾的表现。

古越人喜在居住的场所和建筑物上树立蛇神像，《吴越春秋·阖闾内传》就记载了吴国在城门上以蛇为装饰："越在已位，其位蛇也，故南大门上有木蛇，北向首内，示越属于吴也。"同书又载，越王勾践降吴后，曾使巧工雕神木，"状类龙蛇"作为珍宝献于吴王，这是越人以龙蛇为装饰和图腾的例证[1]。

古越人器物装饰多蛇形，浙江义乌曾出土一件西汉陶鼎，鼎盖为覆盆式，顶部有三个鸡形小纽，顶心有一蟠蛇形大纽[2]。

---

[1] 吴永章：《论我国古代越族的"蛇图腾"》，载《百越史论丛》，广西人民出版社，1985。
[2] 浙江省文物管理委员汪济英、牟永抗：《浙江义乌发现西汉墓》，《考古》1965年第3期。

广州西汉南越王墓出土的金钩玉龙、龙虎合体玉带钩、透雕双龙纹玉佩中所谓龙的造型无一不是蛇的真实写照。南越王墓出土的高31.7厘米的鎏金屏风铜座所铸跪于地上的人像身体被数条大蛇缠绕,则更加生动地表现出了古越人的蛇图腾崇拜[①]。

广东、广西、福建三省以舟楫为家的疍民,历代史家多视他们为越人遗民,史载他们有祀蛇神的习俗。《赤雅》:"蜑人神宫画蛇以祭。"《天下郡国利病书·广东》引《庙州志》:"从南蛮为蛇种,观其疍家神宫蛇像可知。"清陆次云《峒溪纤志》:"其人皆蛇种,故祭祀皆祀蛇神。"近人徐松石在《粤江流域人民史》一书第153页中说:"广西梧州三角嘴亦有蛇庙,蜑人信奉甚虔。"清人吴震方《岭南杂记》所记粤地祀蛇盛况更为翔实:

> 潮州有蛇种,其像冠冕南面,尊曰游天大帝。龛中皆蛇也,欲见之,庙祝必致辞而后出,盘旋鼎俎间,或倒悬梁椽上,或以竹竿承之,蜿蜒纠结,不怖人亦不螫人。长三尺许,苍翠可爱,闻此自梧州而来。长年三老尤敬之。凡祀神者,蛇常憩其家,甚有问神借贷者。……戊戌之岁,余入粤游于东莞,偶行市中。见有门施彩幔,内作鼓导者,叟童男女杂沓于门语,侏离嘈嘈不可辨,而入者咸有惊异非常之

[①] 笔者曾在广州参观西汉南越王墓博物馆时,目睹了这一件稀世的文物珍品。

色，出者如瞻礼天帝庭庙，退而不敢忘端肃之状，心窃怪之。随众而入，见庭中铺设屏幛，几案樽俎甚备，香烟郁郁，灯火荧荧，执乐者列两旁，鼓吹迭奏，几上供一瓷盘，盘中小树数株，有一青蛇蜿蜒升降于树间长不及尺，大小逾小指，一身两头，项相并，颈相连，四目二口，两舌并吐，绿质柔扰，立人鞠躬立案左，出入者以次膜拜，苟越次不整，主人正色约束，皆唯唯惟命。

这里描绘了一幅粤地之人把可怖的活蛇奉作"天帝"加以崇祀的生动全景。潮州、东莞均属疍民分布地区，把蛇神或活蛇当神加以顶礼膜拜，这是疍人以蛇为图腾的可靠证据[①]。

福建南平市东南樟湖坂镇濒临闽江水际至今建有蛇王庙，庙为重檐悬山式，檐角处的昂头雕成蛇头，形态生动逼真，这座蛇王庙又称为"连公庙""福庆堂""连公菩萨"，是蟒蛇精的化身，能消灾去难，保佑居民水陆平安。直到20世纪40年代末，当地居民每年七月初七都要举行盛大的迎蛇、敬蛇的宗教祭祀活动并演戏酬谢蛇神。七夕迎蛇神活动虽现今已见不到，但每年农历正月十五的游蛇灯活动却依然流行至今，其中尤以南平市郊的茂地、珠宝、山村及樟湖坂镇一带最为突出，长达1~2里的浩浩荡荡的蛇灯游行队伍蜿蜒前进，所到之处，

---

① 吴永章：《论我国古代越族的"蛇图腾"》，载《百越史论丛》，广西人民出版社，1985。

家家户户都要放鞭炮迎送，游行活动结束时，人们将蛇头、蛇尾灯笼送至蛇王庙中焚烧，颂祝蛇王升天，祈求蛇神给人们带来"吉祥如意、田园大熟、五谷丰登"的好年景，闽南地区的农村居民至今尚有把蛇奉为保佑家居平安的神物加以崇拜。闽西长汀县有蛇王宫，其中立有蛇王塑像，该县平原里溪边亦有蛇腾寺等祭蛇建筑[①]。

　　福建地区现今所保留的崇蛇习俗是古代越人蛇图腾崇拜的遗风。福建的崇蛇活动的全部内容都反映出蛇与水息息相关，如蛇王庙、蛇王宫都建筑在江畔溪边，人们祈求蛇神保"水陆平安"，南平市的游蛇灯最壮观的和最后阶段的舞蛇活动都在闽江边沙滩进行，迎蛇活动结束时，除一条巨蟒外，其余的几百条蛇都放生于闽江之中，等等。上述一切充分表现了我国古代越人的崇蛇活动具有海洋文化的特征。与我国古代越人有着密切历史渊源关系的高山族为现代民族中蛇图腾崇拜的典型。

　　派宛人对台湾最毒的一种俗名"龟壳花"的毒蛇（属管牙类之响尾蛇科）极虔敬崇拜，不敢杀害，甚或于酋长之家屋中特备一小房以为其巢穴，屋饰器物常雕蛇形，其初盖全由于虔敬之念[②]。

---

① 陈存洗、林蔚起、林蔚文：《福建南平樟湖坂崇蛇习俗的初步考察》，《东南文化》1990年第3期。
② 林惠祥：《台湾畲族之原始文化》，载《林惠祥人类学论著》，福建人民出版社，1981。

图6-15：台湾高山族人祭祀崇拜的祖宗木刻雕像（男左、女右）头顶刻有百步蛇一双，为蛇的图腾崇拜之表现形式[①]

台湾地区各族群中，百步蛇纹常被应用于祖灵雕刻之上。百步蛇之被供奉为祖灵，依照心理学，实由于畏惧此等毒蛇，而终于生敬，故鲁凯人有以百步蛇为祖先头目的传说。派宛（排湾）人壁板雕刻部分，主题之外而以百步蛇作为填充。派宛人的器物装饰喜用蛇的图案。木雕和石雕常雕有百步蛇，木枕三面雕刻纹样亦常采用蜷蛇图纹、木匙、饭匙和酒杓，有制自柳榖或黄杨木，匙柄多施以雕刻的蛇纹。派宛人自制的木梳

---

① 采自刘其伟《台湾土著文化艺术》，台北：雄狮图书公司，1984。

握柄上常施人头、鹿纹、蛇纹等雕刻。台湾诸族的番刀柄部、刀鞘大都施刻纹，纹样有人像和蛇。台湾诸族的木盾以派宛人保存最多，盾面的雕刻有人头纹、同心圆纹和蛇背纹。宗教所用占卜道具箱。作祭祀用的木壶木罐多刻蛇纹或刻以人头纹。派宛人和鲁凯人住屋装饰最为发达，象征头目权势大小的主柱，雕饰主题除人物外，亦有以蛇纹、鹿纹和人头纹作为补充。派宛人的立柱以百步蛇作雕饰的最多。台湾诸族住房的檐桁与槛楣雕刻中亦多蛇形[1]。

颇有意义的是，据清人施鸿保《闽杂记》载：

> 福州农妇多戴银簪，长五寸许，作蛇昂首之状，插于髻中间，俗名蛇簪。或云许叔重《说文》云，闽，大蛇也，其人名蛇种。簪作蛇形，乃不忘其始之义耳。[2]

以蛇形为饰，其起因应源于祈求蛇神保护之意，当属蛇图腾艺术[3]。

近代福建山区有蛇王宫，因此有的学者认为，几何印纹陶的纹样是蛇的形状和蛇的斑纹的模拟、简化和演变，其原因是陶器主人（古越族）对蛇图腾的崇拜，弄清这一关系，我们就

---

[1] 刘其伟：《台湾土著文化艺术》，台北：雄狮图书公司，1984。
[2] 许叔重即东汉许慎，《说文》即《说文解字》。
[3] 吴永章：《论我国古代越族的"蛇图腾"》，载《百越史论丛》，广西人民出版社，1985。

可以理解我国南方广大地区为什么会盛行印纹陶,也可以理解东南亚地区为什么普遍流行几何印纹陶了[1]。

除几何印纹陶以外,东南亚一些民族也有其他形式的蛇图腾崇拜。菲律宾棉兰老、巴豪、宿务、洛依特、萨马尔、马斯巴特、班乃、赫格塔斯、朗布隆、巴拉望、民都洛、比科尔半岛等地都发现了悬棺葬。虽然这些地区置于崖洞中的棺木绝大多数已被人为严重地扰乱了,但这些地区的棺木堆的共同特征是使用坚硬的木料作为棺材。在朗布隆群岛中的班顿岛所发现的两处悬棺葬遗址保存完好的17具棺木,其共同之处是所有的棺盖两端都有蛇形的雕刻。这些雕刻有些表现得抽象,但多数表现具体,把蛇的头、眼睛、颚和牙齿都刻出来了。在一些图案中蛇的舌头伸出或者一个人的身体被蛇吞入[2]。

林惠祥先生在谈到马来半岛、苏门答腊、爪哇、婆罗洲、菲律宾等地的马来人(又称海洋蒙古利亚种)与华南古越族在文化上相似时指出,马来人与古越人均有拜蛇习俗,南洋亦有祀蛇之庙[3]。

(4)善于造船驶舟。我国越人先民及其后裔,自古以来就是一个濒海而居,以捕捞为业而善操舟航海的民族。越人和东

---

[1] 陈文华:《几何印纹陶与古越族的蛇图腾崇拜——试论几何印纹陶饰的起源》,《考古与文物》1981年第2期。
[2] 《菲律宾的民族文化遗产》,马尼拉,1977,英文版。
[3] 林惠祥:《南洋马来族与华南古民族的关系》,《林惠祥人类学论著》,福建人民出版社,1981。

南亚以及太平洋诸岛的各民族所居的地理环境和他们捕捞渔猎经济活动决定了船在他们生活中具有不可缺少的重要地位。

春秋时期我国东南沿海地区的吴、越便以擅长舟楫而著称于世，《越绝书·吴芮传》："越人谓船为须虑，……习之于夷，夷，海也。宿之于莱，莱，山野也。"同书卷八中越王勾践自称其民："夫越性脆而愚，水行而山处，以船为车，以楫为马，往若飘风，去则难从。"而吴国也被称为是"不能一日废舟楫之用"的国家，甚至到了西汉，吴地的船还被视为国家兴亡的象征[1]。

早在六七千年前我国越人先民——河姆渡文化的居民就已发明创造了独木舟作为水上交通工具。在浙江余姚河姆渡遗址第三、第四文化层中出土过6支船桨，木桨为柄翼相连的形制，其中有一件的柄部还刻有精美的几何花纹[2]。1958年江苏武进奄城出土了4条年代约春秋战国时期的独木舟，其中最大的一条呈梭形，全长11米、中宽0.9米、深0.42米，船体很薄，加工相当精细。1975年武进县万绥公社出土一条全部用木榫严密相接的汉代木船[3]。1972年江苏吴江县芜平公社发现约为战国时期的独木舟。1958年温州市西山建自来水厂时出土4条棱形独木

---

[1] 林华东：《吴越舟楫考》，《东南文化》第2期，江苏古籍出版社，1987。
[2] 吴玉贤：《从考古发现谈宁波沿海地区原始居民的海上交通》，《史前研究》1983年创刊号。
[3] 武进县文化馆、常州市博物馆：《江苏武进县出土汉代木船》，《考古》1982年第4期。

舟，其中一条全长7.8米、中宽0.6米、舱深0.2米。1970年浙江温岭箬横发现一条残长7.2米、中宽1.1米、舱深0.9米的独木舟（约为秦汉时期）。1983年江苏宜兴出土2条约为战国时期的独木舟[①]。江苏地区的古越人不仅在距今绍兴城25千米的沿河建立了它的造船工业，即所谓舟室，并且还在距今绍兴城20千米的沿海地带修筑了石塘、防坞、抗坞等港埠。直到元代这一带所造的船只仍被称为"越船"，从新石器时期始到如今，吴越地区所造的舟船不仅数量多，而且制作精良，一直是全国的造船中心[②]。

1973年福建连江浦口公社鳌江南岸发现一条独木舟，从残体看原独木舟系用大树干削去约1/3的纵断面，存留树皮，再凿成舟形，舟体头小尾大，舟中有掌舵者的站位和放置横板之用的凹槽。实测舟长7.1米，头部宽1.2米，尾部宽1.6米，近尾部侧舷最高达0.83米。这条独木舟出土于闽江口以北，岱江下游的连江县近海处。岱江流入台湾海峡，这一带水上交通频繁，造船业比较发达[③]。

1974年底在广州市文化局建筑工地挖土过程中发现了一处秦汉时期的造船工场遗址。造船工场是一块堆积而成的东西长约300米台地，船场遗址层位于地表以下5米深处，船场下面是

---

① 林华东：《吴越舟楫考》，《东南文化》第2期，江苏古籍出版社，1987。
② 郑土有：《试论吴越文化是一种稻作渔捞文化》，载《百越民族研究》，江西教育出版社，1990。
③ 卢茂村：《福建连江发掘西汉独木舟》，《文物》1979年第2期。

灰黑色的沉积黏土层，经海洋研究所取样研究分析，属海相地层，表明此处曾经是浅海。试掘已揭开来的部分工场分属造船台和木料加工场地两个区域，共有3个船台。广州造船工场遗址的发现表明，早在秦代，我国已进入了造台建船的阶段。从滑道中两行滑板与枕木之间、木墩与滑板之间不作固定处理来看，船台可根据不同需要，分别制造大小不同的船，也可以造同一规格的船[①]。根据造船工场的结构布局和规模推测，秦汉时期的南越人已经能够制造载重约25~30吨的大船，少数大船可能要更大一些[②]。

1956年在广州西汉古墓中出土了一件木制船模，船的中部有两个舱，篷盖为两坡式，舱内设有坐凳，这只船应是交通船或旅游船。1955年在广州东汉墓中发现一件陶制船的模型，这只船模制作非常精确，尾部设有望楼，两舷设有撑篙用的边走道，首部每舷设有3个桨架。船尾有舵，船首吊着一只锚。（根据模型推测）这船估计长20米左右，是一只内河客货船[③]。以上考古资料表明，远在春秋至秦汉时期，我国东南沿海的水上航运和造船工业都达到了相当高的水平，为我国对外交往和远洋航行创造了优越条件。

到唐宋以后，广西地区仍善造独木舟，周去非《岭外代答》：

---

① 广州市文物管理处等：《广州秦汉造船工场遗址试掘》，《文物》1977年第4期。
② 上海交通大学"造船史话"组：《秦汉时期的船舶》，《文物》1979年第4期。
③ 同上。

广西江行小舟皆刳木为之，有面宽六七尺者。……钦州竞渡龙舟，亦刳全木为之，则其他之所产可知矣。海外蕃船亦有刳木者则其木何止合抱已。

据历史文献记载，我国古代越人可能还使用边架船和双身船。边架船是在独木舟旁的一侧或两侧绑上木架，上载一与船身平行的大木，以防船身倾斜，双身船则是两船平行合并而成的航行工具。这两种船都可以加强抗风浪的能力。有的学者认为《越绝书》卷八记"勾践伐吴霸关东……死士八千人，戈船三百艘"和《史记·南越尉佗列传》中"戈船下厉将军"中的戈船即是边架船。甲骨文中之"方"字有作另穴形者，凌纯声先生亦认为与边架船的造型有关[1]。高诱注《淮南子·主术训》云："舟，船也。方，两小船，并与共济为航。"《说文解字》："方，船也。"边架船和双身船的使用，大大提高了我国古代越人征服海洋的能力。直到现在双身船这种由两条独木舟平行合并而成的船和边架船作为航海工具仍在波利尼西亚的许多地方使用。

我国台湾的阿美人、卑南人和日月潭的邵人都善于用整木挖凿独木舟，阿美人是台湾"土著"中人数最多的一支，现居花莲至台东一带的纵谷平原和台东海岸山脉外侧之平地，阿美

---

[1] 乔晓勤：《中国东南沿海史前文化与太平洋区域史前文化的关系研究》，中山大学博士生毕业论文，1989年打印稿。

人传说他们的祖先自我国南部乘独木舟到达台湾。林惠祥先生在20世纪20年代在台湾日月潭见到土著的独木舟，这种独木舟形甚狭长，约17英尺长，2英尺宽，舱深不及1英尺，用樟木树干刨成，底无龙骨，头尾不削尖，无帆橹等物，只有手提小木桨。这一标本仍然代表着独木舟中比较原始的一类，除日月潭外，台湾的台北、宜兰等地也都有独木舟发现[①]。至今尚保留悬棺葬俗的兰屿雅美人是典型的海洋民族，他们完全以捕鱼为生，具有高超的造船技术。造船的方法大致在船的底部放一根龙骨，然后在龙骨左右拼以木板，木板与木板之间用榫结合，左右船板拼好以后则缚以藤条，将船板固定，然后在船板外面雕刻波状纹。兰屿雅美人的渔舟为东南亚诸族中最特别的，不仅造型独特，而且船上用白、红、黑三色，船身所施图文非常美丽。

除独木舟和兰屿雅美人制造精巧美丽的渔舟外，台湾"土著"居民还使用一种航海竹筏，这种竹筏是用9~11根台湾所产麻竹或刺竹，以藤篾扎绑而成，桅杆用长5~6米，直径30~35厘米的杉木制成帆用白粗布缝制而成，每筏配整根杉木制成的划桨4支，舵桨2支，其他设施包括樟木制成的长方形插板，天然鹅卵石制成的石锚，除台湾外，在越南沿海，波利尼西亚的

---

① 乔晓勤：《中国东南沿海史前文化与太平洋区域史前文化的关系研究》，中山大学博士生毕业论文，1989年打印稿。

一些岛屿，南美太平洋沿岸都有航海帆筏[①]。

东南亚和太平洋诸岛各民族与我国古代越人居住的自然地理环境和所从事的主要经济活动相同。他们对海洋和河流有着十分亲切的感情，船在他们的生产和生活中与古越人同样重要。自古以来在菲律宾、马来西亚、印度尼西亚、巴布亚新几内亚的民族中独木舟都是广泛使用的水上交通工具。独木舟在航海过程中的进一步发展、完善便是边架船与双身船。居住在菲律宾南部民都洛岛和棉兰老岛的土著民族摩洛人至今使用边架船。摩洛人的边架船是独木或拼板而成的窄长形，船头船尾都呈垂直方向的开叉形，两边船舷外各有一木架悬出的防倾木，长度与船身相当并与船身保持平衡，在印度尼西亚的巴厘岛和苏拉威西岛北部也存在类似的双边架船。单边架船主要见于大洋洲的波利尼西亚、密克罗尼西亚和美拉尼西亚。小船是美拉尼西亚的主要交通工具，在新赫布里底群岛的人们至今还使用将一段面包树干挖空做成的独木舟，也有人使用木板制成的大船。美拉尼西亚船只的最大特点是在一侧装有用横杆相连的平衡架，以保持平衡。波利尼西亚人是公认的杰出航海家，他们能以无畏的胆识乘坐各种小船（单人的或双人的、带1个或2个平衡架的）横渡波涛汹涌的海洋。波利尼西亚和美拉尼西亚人主要的生产活动——捕鱼促成了他们航海技术的发展。

[①] 乔晓勤：《中国东南沿海史前文化与太平洋区域史前文化的关系研究》，中山大学博士生毕业论文，1989年打印稿。

见于我国历史文献记载的双身船是波利尼西亚的主要航海工具，它是用2条或更多的横木把2只独木舟并排连接起来的。从中国沿海地区到东南亚岛屿区，一直进入大洋洲都以独木舟及其演变发展而成的边架船、双身船作为主要的航海工具。

船在东南亚各民族之中如同我国古代越人一样重要，马来人在远古时代就是精于航海的民族。达雅克人中的一支美拉瑙人是沙捞越古老的滨海民族，因沿河而居，小孩生下来尚未学步之前，已先学会游泳，出门都是以舟代步。沙捞越达雅克人中的卡洋人和肯雅人生性喜水，居住的长屋多数建在河岸附近，他们和婆罗洲其他土著民族一样，精于制造长独木舟，善于在激流中航行，他们是世界上最会操纵长而重的木舟的民族，即使妇女也能在激流中驾驶木舟。卡洋人平时都是撑着木舟去种水田。海达雅克人精于种植水稻，种稻的工作由男女共同进行，也是他们的主要职业，造船捕捉海鱼是他们的重要副业，妇女尤其喜欢在浅水中捕捉鱼虾。

沙捞越的陆路丛林难以穿越通过，因此内陆交通常多利用河道，内陆许多河水都太浅，只能驶长舟。大雨之后河水暴涨，水流湍急，驾驶长舟非常困难，驶舟者虽然知水文和有高超的技巧，但直到目前为止，能驾驶长舟的只有伊班人。

达雅克人对于造船具有高超的技术，热带丛林供给他们丰富的木材作为建造各种船只的需要。卡洋人（加央人）能建造长达30米左右的独木战船，最长的甚至可以达到40米以上。它是由一根整木利用火和斧头来把它挖空的。为使船壳内光滑，仍先用火来烧，后用手斧来修饰。修好后船内盛水，外部则用火烧，如是里外经过几度手续，慢慢使船体成形。船壳中间部分的直径约0.7～1米，凹处约1.6～2米宽。当船身凿空时，在内部凿有小榫头，架以横木座位。一般战船可乘60至70人，划桨位置是双人座，可以两人并肩划桨，船首刻鳄鱼文为装饰，但有些刻以传统的犬文，涂以黑、红两色，颇为壮丽。此外有一种小渔船或小型的长舟，它只乘坐1～2人，属个人所有，也是由一根整木开凿而成，开凿的方法与战船的做法相同。据说伊班人在70年前还有一种小舟是利用大树上的树皮来做的，舟首和舟尾的收口用藤条扎起来，一般划桨多由坚木制成，叶片和桨柄也是由整根木料凿成，叶片约14厘米宽，50厘米长，桨柄长约80厘米。这些木桨大都由妇女来加工，故非常精致，甚至有些桨叶上还饰以传统的花纹[①]。

19世纪末英国著名人类学家海顿到加里曼丹岛考察时，对海达雅克的造船和驶船技术也曾作过描述：

> 一年一度的竞舟会于一月二日在萨剌瓦克河上举行，水上是各种大小的船只，从仅能装载一个轻装土人的挖凿而成的小独木舟，以致能够两人并排地装载五六十人的用森林

---

① 刘其伟：《婆罗洲雨林探险记——原始部落文化艺术》，台北：广城书局，1983。

中的巨树挖凿成功的大独木舟，无所不有。这些独木舟忽而这里，忽而那里，平稳地飞速滑动，如鱼一般。①

100年前南太平洋岛屿的土著民族制造独木舟的方法与现今加里曼丹岛达雅克人造独木舟的方法基本相同，都是用手斧和火进行加工，所不同的是，前者使用石斧。海顿在巴布亚海岸见到当地土著居民用石斧造独木舟的情景：

> 独木舟外面是用白种人那里得来的钢战斧斩削，但是挖空木料都是用石手斧的，斧口依斧柄的转动可以移到任何角度，这似乎是奇怪的事情。就是这些原始的制船匠倒宁愿用石器而不用铁器去挖凿那些独木舟，大概是因为他们恐怕那锋利的铁刀口，一个不小心就要削穿那船身的薄边的缘故。独木舟挖好并修整了以后，里外均用火焰把它们烧焦，其主旨是使木料变得坚硬，而且我以为有几分是为填补木孔，使它们更适于航海，我相信用火去烧独木舟的结果是使它们开得更宽大。我们石器时代的祖先制造他们的独木舟除了没有金属器具可用以外，大概是和这种情形恰好相同的。

所有的波利尼西亚人和萨摩亚人都惯于在水面和水下活

---

① ［英］海顿：《南洋猎头民族考察记》，上海文艺出版社，1989年影印本。

动，使用石锛和手钻即可制造各种船只，其大小从用一根圆木挖成的独木舟直至50~60英尺的大船①。

从中国东南沿海地区到东南亚岛屿区，一直进入太平洋群岛都以独木舟演变发展而成的边架船、双身船为主要的航海工具，而各种木竹制成的排筏也是史前的一种交通工具，因此最早期的人类航海活动是在近海岛屿以及群岛之间进行的，正是这种较近距离的岛与岛之间的交流构成了史前东南亚与中国沿海地区的广泛交易网络。

（5）使用铜鼓。铜鼓不仅是我国南方少数民族地区具有代表性的一种历史文物，而且在东南亚亦有广泛分布。

铜鼓分类的方法较多，1902年维也纳皇家博物馆人类学民族学部主任黑格尔首创四分法，将我国和东南亚铜鼓分为四式，此法至今仍被国外学者所遵循，而在我国学术界也有很大影响，因此在叙述东南亚铜鼓时采用黑氏分类法。

越南 越南发现的早期铜鼓——黑格尔Ⅰ式铜鼓，又称为"东山鼓"，主要是在北方，据越南各省发现的东山鼓的分布地点及标本的统计表明，除老街、河口外，这类铜鼓集中在平原各省：河内、海兴、和平、河西、南河及清化。在山区，铜鼓常出自河谷附近。平原地区铜鼓的分布深入江河支流流域。

1932年在越南河西省终美县美良村通林寺附近的稻田中，

---

① ［英］乔治·彼得·穆达克著：《我们当代的原始民族》，童恩正译，四川省民族研究所，1980。

发现1面比黑格尔Ⅰ式铜鼓还要古老的铜鼓。

1924年在河内近郊的玉河村深2米的土中获黑格尔Ⅰ式鼓1面。后在河内东南的河内省玉侣村龙大山寺掘得玉侣鼓（又称"玉缕鼓"）1面。

法国人Darenoe在河南省南的宁平近海处获得黑格尔Ⅱ式鼓1面。1937年3月在河内西南面的河东省黄下村开凿运河时掘得黑格尔Ⅰ式鼓1面。另一法国人Demange在和平省获黑格尔Ⅳ式鼓1面。

清化省在越南河滨、松马河下游近河口，为汉代九真郡，近代出土铜鼓最多。从1924年至1928年在离清化省城东北10千米松马河右岸的东山村发掘墓葬遗址，获大小铜鼓共20面及一些残片。1935年继续发掘时获黑格尔Ⅰ式鼓1面。清化省城西北127千米的广化府地，多印度尼西安族的孟人，法国人曾于孟人土司家获黑格尔Ⅰ式鼓1面。广化的罗汉谷苍村的寺院中保存有黑格尔Ⅱ式鼓4面。又绍化府安东县东尼村有铜鼓寺，因藏有一黑格尔Ⅱ式铜鼓而得名。

公通省在安南西南，省会即名公通，尚有交跸地方，两地各出黑格尔Ⅰ式铜鼓1面[①]。

除上述地区以外，越南东系的和平省松林村出土黑格尔Ⅰ式鼓1面。1889年越南归仁的驻在官幕烈在治理黑河流域芒族居住地时从世袭酋长亲属手中购得其世代相传的铜鼓1面。河东

---

① 凌纯声：《记台大二铜鼓兼论铜鼓的起源及其分布》，载《中国边疆民族与环太平洋文化》（上），台北，1979。

省美德府陨内上榄村发现黑格尔Ⅰ式鼓1面。越南东系平原，河内西边山西出土黑格尔Ⅰ式鼓1面。1935年阳土在东山发掘2座印度尼西亚式的墓葬时，从那儿分别发现黑格尔Ⅰ式铜鼓各一面。另外阳土从1号古墓发掘到小铜鼓模型3个。从东京河南省平陆县富多安集拉何孔家的宗庙里、河南驻在官家里、清化省丙通和农贡、东京和平省的费舍、北宁省顺成府金山的胶漆市，都有出土或收集到的黑格尔Ⅰ式铜鼓若干面[1]。

1961年在越南北部海防的越溪，从地下深150～200厘米处发现35个用树干做成的棺材，其最大的一口棺中出土了黑格尔Ⅰ式铜鼓2面[2]。

据考古资料，越南北部红河流域和乌江流域的平原地带东山文化遗址中出土铜鼓多达54面。

老挝 20世纪20年代，在老挝中部沿澜沧江边乌朋公路附近的稻田中掘得黑格尔Ⅰ式鼓1面，世称老挝铜鼓。老挝东北部三诺、中部景广、西部澜沧江东岸及老挝西南巴色等地亦有铜鼓发现[3]。

柬埔寨 西北部与泰国交界地和中部大湖湖口都曾出土过

---

[1] ［日］松本广信：《古代印度支那稻作民族宗教思想的研究——通过古代铜鼓纹所见》，载《民族考古译文集》第2集，云南省博物馆、中国古代铜鼓研究会编印，1987。
[2] ［日］今村启尔：《古式铜鼓的起源和变迁》，载《民族考古译文集》第2集，云南省博物馆、中国古代铜鼓研究会编印，1987。
[3] 凌纯声：《记台大二铜鼓兼论铜鼓的起源及其分布》，载《中国边疆民族与环太平洋文化》（上），台北，1979。

黑格尔Ⅰ式铜鼓。金边国立博物馆还收藏有从磅咋叻的土罗、蒙留塞、贡吓、昌龙的坦、布罗·托·他库村等地出土的黑格尔Ⅰ式鼓2面[①]。

缅甸 缅甸的铜鼓早在11世纪末我国历史文献即有记载，宋《太平广记》云："骠国蛮夷之乐有铜鼓，即知南蛮酋首家皆有此鼓。"古代骠国即今缅甸。

考古资料表明，缅甸亦是东南亚出土铜鼓较多的地区。

> 缅甸掸邦，地域甚广，东接我国云南西境，常有铜鼓出土。此外在缅甸东南沿海顿逊区怒江县巴奔和顿逊区阿木黑特县摩尔门等地都发现有铜鼓，上缅甸最东南锡汤河与怒江之间的卡伦地至今尚铸造和使用铜鼓。[②]

泰国 泰国出土铜鼓较多。泰国北部近缅甸边境的界山中土著民族较多，在一个名洞养的地方出土了黑格尔Ⅰ式铜鼓4面。在泰国东部与老挝及柬埔寨为邻的武汶亦出土黑格尔Ⅰ式鼓1面。泰国北部与我国云南思茅沿边接近的景迈一带出土黑格尔Ⅲ式铜鼓甚多。[③]

---

① ［日］松本广信：《古代印度支那稻作民族宗教思想的研究——通过古代铜鼓纹所见》，载《民族考古译文集》第2集，云南省博物馆、中国古代铜鼓研究会编印，1987。
② 凌纯声：《记台大二铜鼓兼论铜鼓的起源及其分布》，载《中国边疆民族与环太平洋文化》（上），台北，1979。
③ 同上。

在湄南河上游，与老挝邻近的泰国北部童难，在一个地点就发掘出4面铜鼓。在泰国东部和中部湄南河和锡蒙河流域的素可太、呵叻、乌汶、素辇、洛坤都分别发现1面铜鼓[①]。

泰国曼谷国立博物馆收藏铜鼓很多，仅黑格尔Ⅰ式鼓就有5面，其中4面都出于湄南河中游乌太他尼县的土阳，是孟高棉语族寮族之物。程逸府出土过4面铜鼓，库坎出土过2面铜鼓。另外呵叻、乌汶、那空、锡他玛拉托、素可太等地均有铜鼓出土[②]。

泰国东北部呵叻高原上的班清遗址是泰国乃至东南亚地区的重要文化遗址，时间跨度较大，在距今2500年的青铜文化层中出土了一面形制较小的铜鼓，此鼓既无装饰又无鼓耳，其大小似大波那铜鼓。在一个独特的浅黄透红色的彩陶盆上亦描绘了一无耳的早期铜鼓形制。1972年日人量博满氏曾发现一面泰国早期铜鼓，在发掘的铜鼓内壁还附着一片班清彩陶[③]。

泰国中部北碧府沙越县10千米附近的翁巴洞穴早期金属时代的墓葬船棺葬中，随葬了3对铜鼓。翁巴洞穴地层虽被扰乱，但在1960~1962年泰国丹麦史前联合考察队前去发掘时，收集到4面黑格尔Ⅰ式铜鼓的碎片。在这以前该洞穴出土了2面相当完整的铜鼓，都已被人取走。按所有能收集到的各种情况以及

---

① 武胜：《越南和东南亚东山鼓分布状况》，《考古学参考资料》第2辑，文物出版社，1979。
② ［日］今村启尔：《古式铜鼓的起源和变迁》，载《民族考古译文集》第2集，云南省博物馆、中国古代铜鼓研究会编印，1987。
③ ［美］Garrett Solyon：《跨入古金属时代的早期步子——班清文化区的青铜器》，《民族考古译文集》第2集，云南省博物馆编印，1987。

发掘现场观察表明，铜鼓与船棺密切有关，因此把两者联系起来研究是比较合适的。在1965～1966年泰国丹麦联合考察队第二次进行大面积发掘时，在铁器文化层中出土了3对铜鼓，其中一对是在第二室一群船棺葬中发现的，另一对是在过道内发现的，距这对铜鼓最近的一个独木船棺是史前时期用火烧焦树干刳制成的（根据碳14测定，其年代为距今2180±100年，或公元前230年）；还有一对是在第三室的一个最深的角落中发现的，一个棺外面的一边横靠着铜鼓，但棺的其他三面却空无一物。各地出的不少铜鼓都有船的图像，这是说明两者关系更强有力的证据。翁巴洞穴出土一面饰以船的图样的鼓。法国人戈鹭波1929年发表的论著有玉缕鼓的图版，清楚表现出一条载鼓的船形象，这大约是最能说明两者关系的铜鼓。铜鼓是使用了一段时间才埋到地里去的，翁巴的发现证实了这种看法是很有道理的。翁巴出土的一些铜鼓，从最早的到最晚的这一大段时间，估计至多达两个世纪，在研究解决这些铜鼓的绝对年代问题时，要考虑到铜鼓曾使用过一段时间的具体情况。此外，泰国北部的程逸（乌达腊迪）附近洞穴出土4面铜鼓（其风格与翁巴鼓有些类似）[1]。

泰人的铜鼓一直使用到索可泰王、阿瑜陀耶王朝时期（公元14世纪中期），现代王族仪式中也还使用铜鼓。[2]现在泰国王

---

[1] ［丹］佩尔·索伦森：《翁巴洞穴及其出土的第五面铜鼓》，《民族考古译文集》第1集，云南省博物馆编印，1985。
[2] ［泰］素·仙威迁：《泰国石器时代的文化及人类》，《东南亚资料》1983年第2期。

宫和一些寺庙仍继续使用铜鼓。据德国驻曼谷领事卡伦奇先生所绘泰国出土的铜鼓图，鼓面有青蛙和12道光芒的星体，相对简单的纹饰和印尼群岛上发现的其他铜鼓多少有点相似。据卡伦奇先生的报告：

> 曼谷有许多这样的鼓，一个在Tevapithak宫，另一个在皇帝二世的王宫里，它被用以报时，每当日出、日落和午夜，人们就敲响这面鼓。在皇帝一世宫内的Phrakeo庙里还有一面鼓，它是皇帝及其亲属周末进香和献祭时用的，还有一个放在Boraranivat庙。皇帝死后，僧侣们一直使用着它。皇帝一世宫中有数目众多的铜鼓，每逢节庆的日子，这些鼓一被敲响，皇帝便步入谒见室。此外，另4对鼓在盛大游行时使用。皇子、公主剪发、皇帝节日进香都要使用它们。据一些学者和旅行家报道，在西贡的庙宇，湄公河三角洲的一个岛上村，村寨住房的入口都有或用于祭祀和报时的铜鼓。在柬埔寨的寺庙，兵营和戏院也都使用铜鼓，至今柬埔寨东部的山民部落里仍制造和使用铜鼓。[①]

马来半岛 据日人松本广信研究，马来半岛发现的黑格尔Ⅰ式铜鼓至少有12面。1926年在马来西亚巴豪州的巴都帕锡加

---

① ［德］A.B.迈尔：《后印度铜鼓向东印度群岛的播迁》，载《民族考古译文集》第1集，云南博物馆、中国铜鼓研究会编印，1985。

拉的彭亨河发大洪水之际发现1面黑格尔Ⅰ式铜鼓。1941年，在吉隆坡州克林郊外克林河和那沙河汇流处附近海拔133米的小丘边沿挖出了黑格尔Ⅰ式鼓1面[①]。

1964年，在马来亚雪兰莪州瓜拉冷岳地方的坎彭·森格爱·朗，农民发现了两块铜鼓碎片。皮科克的调查表明，被埋在直径4.5米、高1米左右的小山中的坎彭铜鼓共2面，铜鼓是倒置于木板上的，皮科克认为那木板是独木舟的残留部分。除铜鼓外还发现了铁器、土陶器、赤褐色不透明的玻璃珠等，木板经碳14测定，其年代为485±95年 B.C（即公元前485±95年，约相当于我国东晋至南北朝时期）。同年在马来亚巴图·布洛克的瓜拉丁加奴，在施工中发现2面铜鼓，虽然铜鼓已被施工机械所损坏，但据发现者说，铜鼓是两个并排倒置埋着的。铜鼓内侧带有铁锈，残留有编织物的痕迹，在大的一个铜鼓内侧有铁制的箭壶和箭头锈在一起。很明显，这些铜鼓是作为容器使用的[②]。

马来半岛西部的巴生、东部的巴图巴夏卡南和东海岸的甘榜双溪朗，也曾发现过铜鼓。

东南亚岛屿区除加里曼丹岛和菲律宾群岛目前尚未发现铜鼓以外，在印度尼西亚群岛铜鼓分布甚广，从苏门答腊、爪

[①] [日]松本广信：《古代印度支那稻作民族宗教思想的研究——通过古代铜鼓纹所见》，载《民族考古译文集》第2集，云南省博物馆、中国古代铜鼓研究会编印，1987。
[②] [日]今村启尔：《古式铜鼓的起源和变迁》，载《民族考古译文集》第2集，云南省博物馆、中国古代铜鼓研究会编印，1987。

哇、帝汶、苏拉威西、摩鹿加各群岛的小岛中均有铜鼓出土。

苏门答腊西部为多山地带，在西海岸塔朗、卡登出土有黑格尔Ⅰ式铜鼓。潘得贺氏在《南苏门答腊的巨石遗迹》中指出：在巴托加迪尔发现的战士像，他背负第1型式的铜鼓，证实中等大的铜鼓是青铜时代苏门答腊人作战鼓使用，并且在印度尼西亚各地据说发现有作照明器使用的陶制小铜鼓[①]。岛的南部从1930年到1940年发现了铜鼓和铜鼓残片，有2件标本是在哥打阿贡发现的，在林克吉湖以南和潘迪阿贡各发现1件标本[②]。

爪哇岛是迄今为止印度尼西亚群岛中出土铜鼓最多的地区。本岛中部有许多史前遗址，特别是在今三宝垄城南边的北哥打墓地，在迪延高原和蒂安迪的许多考古遗址区都发现了铜鼓。此外，在爪哇中部西南礼拉芝市附近，三宝垄区西南高原上一寺庙中亦掘得铜鼓。在爪哇岛7个地点共出土9面铜鼓。[③]

又据日本松本广信氏研究，爪哇并里汶的德萨·墨鲁希、北加浪岸附近河中、本托·得哇寺院附近的底恩高原、三宝垄市南郊、三宝垄州辛埋·娄地区班九墨宁寺地，都出土有黑格

---

① ［日］松本广信：《古代印度支那稻作民族宗教思想的研究——通过古代铜鼓纹所见》，载《民族考古译文集》第2集，云南省博物馆、中国古代铜鼓研究会编印，1987。
② 武胜：《越南和东南亚东山鼓分布状况》，《考古学参考资料》第2辑，文物出版社，1979。
③ ［日］松本广信：《古代印度支那稻作民族宗教思想的研究——通过古代铜鼓纹所见》，载《民族考古译文集》第2集，云南省博物馆、中国古代铜鼓研究会编印，1987。

尔Ⅰ式铜鼓[①]。

峇厘岛 在爪哇之东，亦曾出土过铜鼓。

在峇厘岛之东的松巴哇岛东面的一个小岛，名桑格安岛上曾发现5面保存完整的铜鼓。

帝汶岛东南的罗帝，东北的小岛勒帝岛，勒帝岛之东的路安岛、帝汶岛之北的汪巴岛等地均出土过铜鼓。

苏拉威西 在苏拉威西岛南端偏东南方向称作塞拉亚的小岛上，铜鼓是自古以来的尊崇之物，形制为黑格尔Ⅰ式。

苏拉威西岛东南的萨来尔岛，摩鹿加群岛东南的克衣群岛中的库尔岛都曾有铜鼓出土[②]。

据日人松本广信研究，在来帝岛之东的銮，称为勒旺的东南诸岛之一和帝汶岛东北的卡伊群岛中的土瓦岛，也发现有铜鼓。传闻阿鲁岛的土人也同样崇拜铜鼓。1937年王立巴达比亚博物馆接受了一批寄赠的铜鼓，是在小巽他群岛的巽巴哇海岸附近的萨加岛发现的。其中三面置于古代坟墓附近，土人用作祈雨[③]。

印度尼西亚铜鼓发现地以爪哇为最多，此外则散布在爪

[①] ［日］松本广信：《古代印度支那稻作民族宗教思想的研究——通过古代铜鼓纹所见》，载《民族考古译文集》第2集，云南省博物馆、中国古代铜鼓研究会编印，1987。
[②] 凌纯声：《记台大二铜鼓兼论铜鼓的起源及其分布》，载《中国边疆民族与环太平洋文化》（上），台北，1979。
[③] ［日］松本广信：《古代印度支那稻作民族宗教思想的研究——通过古代铜鼓纹所见》，载《民族考古译文集》第2集，云南省博物馆、中国古代铜鼓研究会编印，1987。

哇以东的各小岛上。铜钺（根据上下文，疑为"鼓"字——笔者注）的发现地，在爪哇是克拉旺、茂物、芝巴达、井里汶、勃良安、展玉地区、北加浪岸、巴纽马斯（万由马斯）、三宝垅、葛都、德孟贡。

在苏门答腊是南榜、明古连、苏南的松贝查雅村。在巴厘南部有特制的被称为"柏任之月"的铜鼓。在松巴哇的东面小桑格安，或称古农阿皮则，发现了5面铜鼓。在罗蒂岛、鲁昂岛、勒地、卡伊群岛的库尔岛上也都有铜鼓发现。在苏拉威西的南海岸外的沙拉亚岛也有铜鼓发现。

铜鼓的分布除爪哇外，东部印度尼西亚各岛较之西部各岛，更为广泛。西部各岛在纪元初是印度"殖民势力"最先侵入的地方，原住的部族或由于战争失败相率携鼓避入山地或迁移至无人居住的小岛上。茂物高原发现7种铜鼓碎片和桑格安岛发现5面铜鼓，其他东部各地也均见之于小岛上，很可能是出于这个原因。但也有由于携带不便，迁移时将铜鼓埋入地下而未被发现的[①]。

法国埃德蒙·索兰等在《印度支那半岛的史前文化》一文中，也记述了东南亚铜鼓的广泛分布：

在马来西亚甘榜双溪朗遗址，发现了两面Ⅰ型铜鼓，

---

① 王任叔：《印度尼西亚古代史》，中国社会科学出版社，1988。

还有珍珠同出。铜鼓放在一座船棺葬中的木板上，这块木板就成了断代的材料。印度尼西亚有一种铜鼓名字叫作"萨乐叶"，铜鼓的花纹上半部是传统的"死者船"，下半部是一群大象和椰子树，萨武的一件铜鼓也有孔雀花纹。在印尼松巴哇岛附近的桑让岛上发现了一批"马卡拉摩"铜鼓，上面都有大象图案。在爪哇东部的巴厘、阿洛尔岛和弗洛勒斯发现了制造铜鼓的中心，这些地区制造的铜鼓样式很别致，不久前还有产品。①

铜鼓声音浑厚、深沉，经敲击后鼓声流转，在空中回荡，经久不息。它原本是作为乐器制造的，用于宗教祭祀和节庆时舞蹈的伴奏或单独演奏，在战时也用于召集和号令部众。由于宗教祭祀和战争都由部落和氏族公社的首领主持，铜鼓便逐渐为他们拥有，成为财富和权力的象征。唐杜佑《通典》云：

> 五岭之南，人杂夷僚，不知教义，以富为雄，铸铜为大鼓。初成，置于庭中，置酒以招同类。又多构仇怨，欲相攻击，则鸣此鼓，到者如云。有鼓者号为"都老"，群情推服。

如四川珙县、兴文县行悬棺葬的"僰人"以铜鼓为贵，"有

---

① ［法］埃德蒙·索兰等：《印度支那半岛的史前文化》，《考古学参考资料》第2辑，文物出版社，1979。

鼓者，号为都老，群情推服"，"得鼓二、三，便可僭号称王"。

关于铜鼓的社会功能，历史文献多有记载，在我国和东南亚的考古资料中也多有反映。《旧唐书·南蛮西南夷列传》：

> 东谢蛮，其地在黔州之西数百里……有功劳者以牛马铜鼓赏之。……譓聚则击铜鼓，吹大角，歌舞以乐。

《宋史·西南诸蛮传》：

> 西南诸夷，汉牂柯郡地，……疾病无医药，但击铜鼓、铜沙锣以祀神。

明曹学佺《蜀中广记·边防记》记雅州图经：

> 芦山县新安乡，五百余家，僚种也。……俗信妖巫，击铜鼓以祈祷焉。

又同书《名胜记》记重庆合川一带僚人，引《太平寰宇记》卷之一百六十三《渝州风俗》：

狼柔乡人，居高树上，……惟击铜鼓祭鬼以祈福。①

清《黔苗图说》载：

捕笼仲家，贵阳南笼安顺三府，定审二州皆有之。以十二月朔为大节，岁时，击铜鼓为欢。

铜鼓在唐宋时期我国俚僚人中甚为流行，于是唐宋诗词中也有不少描写南方少数民族击铜鼓娱神、驱疾逐鬼祈福的内容。许浑《送客南归有怀》中有"瓦尊留海客，铜鼓赛江神"，温庭筠《河渎神》词有"铜鼓赛神来，满庭幡盖徘徊"。孙光宪《菩萨蛮》中有"木棉花映丛祠小，越禽声里春光晓。铜鼓与蛮歌，南人祈赛多"等诗句。

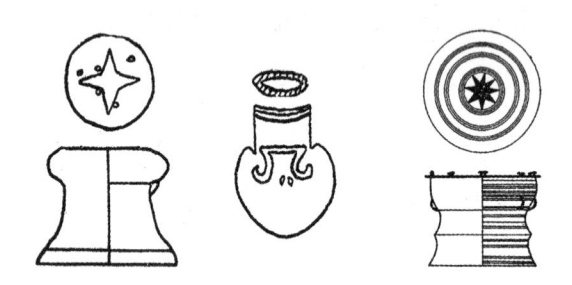

图6-16：中国南方少数民族使用的铜鼓，左边为早期铜鼓，年代为战国时期，右边为汉代铜鼓②

---

① 〔宋〕乐史：《太平寰宇记》卷之一百六十三《剑南西道四·渝州风俗》，中华书局，2007。
② 李昆声编著：《云南文物古迹》，云南人民出版社，1983。

云南晋宁石寨山出土的4件青铜贮具器和3件干栏式铜屋模型上均有大量陈列铜鼓，以显豪富和击鼓歌舞及做祭祀人头之用①。

在我国和东南亚的铜鼓中，成熟期的铜鼓②多在鼓面铸有青蛙或蟾蜍，其含义可能认为这两种动物与雨的关系比较密切，因而是作祈雨之用，有了充沛的雨水，农业自然就能获得丰收。直到现在广西地区的壮族在天旱时还有抬铜鼓祈雨的。

考古资料表明，东南亚地区的铜鼓大多为黑格尔Ⅰ式鼓，属早期铜鼓类型，大体相当于我国石寨山型铜鼓。这类铜鼓和我国石寨山型铜鼓在体积、纹饰等方面虽然还存在差异，但它们的外形极为统一，它们之间存在的共同因素使人深信这类铜鼓原产于一个很小的地理区域。

考古发现证明，我国云南中部偏西地区是铜鼓的发源地，我国最早的铜鼓出现在大约公元前7世纪，云南楚雄万家坝古墓群中出土的铜鼓，鼓面仅有简单的太阳纹、鼓身素面无纹，年代为距今2640±90年③。当万家坝铜鼓发展成为型制较为稳定的晋宁石寨山型（年代约为战国至西汉）以后，便逐渐向东、向北、向南传播，影响到华南和东南亚一大片古老的民族地

---

① 汪宁生：《试论中国古代铜鼓》，《考古学报》1978年第2期。
② 按李伟卿先生的铜鼓分类法，鼓面上铸蛙或蟾蜍的铜鼓，出现在西汉末至东汉初期，见李伟卿《关于铜鼓的断代问题》，《云南文物（简报）》1979年第8期。
③ 李伟卿：《关于铜鼓的断代问题》，《云南文物（简报）》1979年第8期。

区。其中以东、南两路影响最大。自云南往东有南、北盘江汇流的红水河（古牂牁江）直下广东入海。稍南的右江横贯广西与红水河汇流。一条路线可能沿沅江南下红河，穿过越南北部入海。另一条路线向东、向北，由滇东、滇东北进入川南、黔西和广西的古夜郎和句町地区，向东推至广东，向东南达海南岛。铜鼓入广西的一支在桂粤边境特别繁盛，随后又进入越南并由此传播到东南亚各地。

铜鼓在南传的过程中经过具有青铜文化基础的红河三角洲，在骆越人手中获得了充分的发展，出现了制作精美的东山铜鼓。

越南铜器时代的东山文化，一般认为是公元前500年，越南学者陶维英也承认越南"铜器文化的全盛时期应在瓯越骆国独立以前，即公元前三世纪和四世纪前"，他还承认越南的青铜器文化是从中国西南部传入的，说"人们推断铜器工艺开始传入越南是取道西北面，即由富有铜矿和锡矿的云南而来"[①]。

大量的青铜器是东山文化的最大特点，东山铜鼓最典型的图案是展翅飞翔的鹭鸶和载有头插鹬鸡翎的武将的战船。这些题材毫无当地的地方色彩。然而从云南到马来西亚一带出土的铜鼓，无论在鼓形和图案方面都与此相同。这说明在使用这些

---

① 陈国强：《东南越族文化特质与铜鼓》，《东南文化》第3期，江苏古籍出版社，1988。

铜鼓的不同地区之间，确实存在着某种礼仪方面的亲缘关系[①]。

南、北盘江流域和红河流域出土的铜鼓虽然很多，但却无云南楚雄那样的雏形铜鼓——万家坝型铜鼓（釜形鼓），因而被认为是铜鼓自西而东递嬗关系的依据。东山鼓被认为是东南亚最早的铜鼓。越南学者认为时代较早的玉缕鼓、黄下鼓、沱江鼓和云南的开化鼓，大都胴部较高，形体较大，结构稳定，面和胴部的主题花纹有房屋、舞乐园、羽人、竞渡等，工艺水平很高，不可能是铜鼓的原始形态。它们不仅比云南中部地区发现的铜鼓进步，甚至比我国云南晋宁石寨山、江川李家山、曲靖八塔台，贵州赫章可乐，广西田东锅盖岭、西林普驮屯和贵县罗泊湾等战国至西汉时代墓中出土的铜鼓进步，应是比较成熟和晚出的作品[②]。

东南亚地区的铜鼓多为黑格尔Ⅰ式铜鼓，海岛地区的铜鼓绝大多数为石寨山型，印度支那半岛和马来半岛及印度尼西亚部分地区出土的铜鼓多属于越山东山鼓或其晚期的变体[③]。

东南亚铜鼓与我国石寨山类型的铜鼓纹饰包括了东南亚史前期和民族艺术常见的几何图案和写实主题，鼓面上常见的几何形主题通常是带状同心形，纹饰有螺旋形、折回螺旋形、

---

① ［法］埃德蒙·索兰等：《印度支那半岛的史前文化》，《考古学参考资料》第2辑，文物出版社，1979。
② 《古代铜鼓学术讨论会纪要》，载《古代铜鼓学术讨论会论文集》，文物出版社，1982。
③ 房仲甫：《我国铜鼓之海外传播》，《思想战线》1984年第4期。

编织或带状的菱形、圆形、三角形、梯形图案等，这些图案都常见于华南古越人及其后裔分布地区和东南亚地区的陶器、木雕、编织品、金属制品和文身图样。写实图案常见于鼓面和铜鼓的胴部，其中青蛙或蟾蜍的阳铸和鼓面上阴铸成带状的翔鹭几乎见于所有的铜鼓，此外，多羽人图案、船纹、划船纹等，纹饰虽然繁多，但基本上属写实画面，如各种人物形象、剽牛、舞蹈、干栏式建筑、飞鸟、牛、鹿、鱼、象、棕榈树等诸种社会生活图景。例如印度尼西亚松巴哇岛东北角的小岛桑格安出土的五面铜鼓中有一面当地居民称为"马卡拉曼"的铜鼓，极生动地反映了东南亚古代居民的生活。它的鼓面和鼓身都有复杂的几何纹，动物图像有家禽、狗、鸟、象、鹿、马和虎等以及宗教祭祀场面。鼓面中心的光体有10道光芒，围以12条阔狭不等的晕，各晕都饰以几何纹和羽人纹、飞鸟纹。第三晕为主晕，第十二晕铸接4只青蛙。主晕展开的是一幅严正的生活场面，有四所相连的干栏式的柱上家屋，马鞍形的屋顶，形式同今天在苏拉威西所见到的沙丹·托拉贾人的居屋相似。其中一所屋子有堆叠起来的石阶，一个扎包头布的人站在石阶半路上，石阶直通屋内。屋前场地有人在舂米。屋子的山形墙前有一只长尾巴的兽类在行走，屋子中间的地板上有人高坐着，另有一人踞坐在自己的股上，弯着身子向那人致敬。那人似在接受礼物。其次，两个面对面跪着的人中间放置着一只铜鼓，另有一人背向他们站着，似乎把什么东西放到一个橱柜下面右边的盘子上去，这个人穿着钟形衣服。紧接屋顶部分是一个小阁，可看到一些筐和一只铜鼓。柱屋下面有一只猪在奔跑，还有两只鸡和狗。另一所屋中有一个全面部的人，两手上举，看来手上有一枝三叶草似的东西，屋前场地有鸟、鹿。四所屋子相距的中间填满了相互交织的有眼孔的羽人，其中还有些裸体人形。鼓身有许多纹饰，有6只新月形的"载魂船"，船头船尾都形如鸟头。船中载满羽人，船尾有一人把舵，全身赤裸。船头下有大鱼和老虎，船尾下有一只猛禽在啄食一条大鱼。在同一晕上，还有一些人和兽的画像、一只上鞍的马、一个强壮的武士正与一只老虎搏斗，还有一只吠叫着的狗协助他。此外，还有鹿、白象、一个穿花裙的舞者，一个踏高跷的形象。鼓的腹部分成八个格子，格子的带是几种几何纹：曲线纹、梯纹和漩涡纹等。格子内充满有眼孔的飞鸟和戴羽冠的裸体人形。足部也有各种纹饰，有骑马佩剑的武士等[①]。桑格安铜鼓上的马鞍形屋顶的干栏式建筑，不仅见于今苏拉威岛中部的托拉贾人，而且也是苏门答腊岛米南卡保人的居住形式。这种马鞍形屋顶的干栏式建筑在我国云南滇文化青铜器中最为常见，晋宁石寨山出土的铜贮贝器上的房屋及3件青铜房屋模型均作脊长于檐、两角高翘之状。江川李家山出土的铜房屋模型和云南开化铜鼓鼓面主晕中的房屋亦为马鞍形屋顶的干栏式建筑。

---

① 王任叔：《印度尼西亚古代史》，中国社会科学出版社，1988。

桑格安铜鼓中人物所着"钟形衣服",据王任叔先生研究,可能是古代流行的"贯头服"[1],即前所述,我国古代越僚人的传统服饰——筒裙。铜鼓中头戴羽冠的羽人形象也是我国石寨山型铜鼓最常见的纹饰。

从纹饰来看,我国南方和东南亚的铜鼓反映出两大地区的古代民族有一些共同的生活和文化习俗。

美国学者索尔海姆指出,铜鼓揭示出东南亚青铜文化传统包括越南东山文化、泰国班清文化,这两种文化与中国云南晋宁的石寨山文化有密切联系。有的学者认为,沿着云南流向东南亚的河流传播了古代青铜文化[2]。

考古资料证明,自古以来我国云南山谷地带与东南亚海岸地区关系十分密切。印度支那以北越为中心发现的东山文化的青铜器与云南石寨山的铜鼓及其他青铜器多数都相同,云南东面的红河与流入太平洋的大川山谷相通,据此推测越南北部的青铜文化与云南方面有深厚的关系。铜鼓船纹出现在战国至秦汉之际,并非偶然,应与当时铜鼓的海外传播有关[3]。

国外学者对东南亚铜鼓分布广泛的原因有几种看法,认为铜鼓在东南亚的出现是由于贸易交换的结果,或者认为是与民族迁移有关,可能有一些古代越人离开受敌人统治的家乡携带

---

[1] 王任叔:《印度尼西亚古代史》,中国社会科学出版社,1988。
[2] 深思:《索尔海姆教授谈东南亚考古》,《东南亚》1987年第1期。
[3] 房仲甫:《我国铜鼓之海外传播》,《思想战线》1984年第4期。

铜鼓，迁往南方[①]。

从老挝发现的铜鼓来看，属东山铜鼓类型，它们与我国广西西林铜鼓和贵县罗泊湾一号墓发掘的铜鼓相比较，在各方面都存在着相同或相似之处，说明几面鼓的铸造和使用者属于同一个族系的民族。老挝不是铜鼓的发源地，再进一步说，它们的铸造地当属同一地区。法国学者戈鹭波把老挝鼓定在公元1世纪，这个年代与中国出土的同类铜鼓年代基本一致，西林和贵县罗泊湾铜鼓年代均为西汉，老挝鼓传入老挝的时间可能是在西汉时期，也就是说，是随着泰老系民族先民乌浒人或其他越人的迁徙而带到老挝去的。徐松石先生指出："在岭南创制铜鼓之前，岭南土著的俚僚部族，大约在楚国强盛和秦始皇开辟南海、桂林、象郡时即已开始大量移入印度支那半岛，但最大批的迁徙还是在两汉时候，铜鼓随着移民流入印度支那半岛。"[②]

通过对一大群各有特色的早期铜鼓的研究，特别令人注意的是（泰国）翁巴鼓的形制与印尼东部的罗帝、桑格、卡侬等岛屿发现的鼓相似。一外国学者马歇尔研究了包括碎片在内的印尼出土文物后认为，没有一件印尼鼓是当地制造的，而相当多的鼓可确定是从东南亚大陆输入印尼的，他指出，印尼铜鼓

---

① ［越］何文进：《关于东南亚铜鼓的若干说明》，载《民族考古译文集》第2集，云南博物馆、中国铜鼓研究会编印，1987。
② 深思：《老挝泰佬族系民族探源》（上），《东南亚》1987年第1期。

分布情况表明，铜鼓从亚洲大陆经泰国和马来西亚的半岛滨海地区至印尼。西马来亚东海岸瓜拉丁加奴鼓和泰国翁巴鼓的发现也支持了大陆说[①]。

从铜鼓分布的地域而言，北起我国长江南岸的湖南、四川，南至印度尼西亚群岛中的克衣群岛，西至缅甸的伊洛瓦底江流域，在这一广大区域内，古代在华南地区的主要土著居民是越人，在东南亚则主要是属马来—波利尼西亚语族的民族，又称马来人。据人类学家凌纯声、林惠祥、梁钊韬等先生研究，他们同属海洋蒙古利亚人种，二者之间关系密切。因此铜鼓被认为是我国古越人和古代马来人共同的文化特征。

（6）猎头风俗。猎头这一古老习俗虽然分布很广，但尤其盛行在太平洋群岛和亚洲东南部，在华南和东南亚地区更为流行。古马来人与我国古越人皆有猎头风习。

在我国发现与猎头有关的考古资料，有江苏仪征破山口出土的一件东周兵器，端部铸一人面纹。江苏镇江谏壁王家山出土了三件青铜剑，其中的一件肩腹突出处饰一浅浮雕的人面纹，湖南长沙干井塘出土的人面纹剑，广东马坝石峡的剑及海丰、暹岗，香港大屿山等遗址出土的青铜剑中也都镌刻人面纹，时代也都在东周，人面的形象都是双目圆睁、大口，这种一致性均向我们暗示了古越人曾广泛流行猎首习俗，而且还伴

[①]　［丹］佩尔·索伦森：《翁巴洞穴及其出土的第五面铜鼓》，《民族考古译文集》第1集，云南省博物馆编印，1985。

随制作人面的现象。台湾高山族、云南佤族曾盛行猎头，也存在制作人头的现象，特别是在高山族中制作人头像更是普遍[1]。越南东山文化遗址中发现用于巫术的匕首，其柄部铸有人像[2]。在马来西亚猎头民族中也发现过类似的木制人头雕刻品，他们把一根木桩的顶端雕刻成人头像，这件人头像的木柱，就称为"灵柱"[3]。

青铜兵器上的人面装饰反映了古越人的猎首习俗，这种人面多饰于匕首，由此推测，这种兵器是当时猎首所用的主要武器[4]。

前引考古资料中的青铜剑亦主要作猎首之用。台湾"土著"居民所用的武器大约经历了石器、铁器和枪器三个时期的变迁，第二时期是铁器的输入，尤其在有了蕃刀的制造以后，猎首（猎头）之风甚炽。直到现在台湾派宛族所用蕃刀的刀柄（全为木雕），大都雕人头像作为装饰，雅美人的蕃刀造型与剑相似，刀鞘雕以雅美人独特的人纹[5]。据戈鹭波引《国际民族学资料》，加里曼丹岛猎头民族达雅克人使用的匕首柄部雕刻成人像，这种人头像和人纹图样在刀柄或刀鞘上的装饰，均是猎头遗风的反映。

---

[1] 施玉平：《试论勾吴族的猎首习俗》，《东南文化》1988年第5期。
[2] ［法］V.戈鹭波：《东京和安南北部的青铜时代》，《民族考古译文集》第1集，云南博物馆编印，1985。
[3] 李果：《中国南方猎首古俗试探》，《人类学论文选集》第2集，中山大学出版社，1987。
[4] 李秀国：《越地青铜器图像所见〈古越俗诸文化习俗考〉》，《人类学论文选集》第2集，中山大学出版社，1987。
[5] 刘其伟：《台湾土著文化艺术》，台北：雄狮图书公司，1984。

在我国和东南亚出土的铜鼓图像中亦多见猎头习俗,说明在铜鼓盛行的时代确有猎头风尚。云南晋宁石寨山出土的铜鼓和贮贝器上均有猎头祭祀场面[①]。

石寨山古墓群中M13：259、M3：64、M6：22出土的3座干栏式建筑的铜屋模型,生动地再现了2000多年前华南古代民族猎头祭祀的情景,每一座干栏式房屋正面的上层均有供奉人头的小龛,饶有兴味的是在每一存放人头的小龛下都置放有铜鼓作为供祭人头的礼器。据凌纯声先生、盖勒登博士和薛祖特的研究,认为华南和中南半岛出土铜鼓上的纹样有头戴羽冠、手提敌首的战士形象,羽冠为砍过人头的标志[②]。

原始社会初期人类为了生存而争夺土地资源,认为屠杀是保有领土最为有效的方式,故世代砍杀,这大约是猎头最初的起源。后来猎头演变为氏族的血亲复仇,即若有氏族成员受到其他氏族的伤害,本氏族的全体成员均有为他以猎头形式对加害氏族进行血亲复仇的义务,同时,为了农业生产丰收,猎头也成了用人头向上天祈求赐福祭祀活动中不可或缺的宗教礼仪。到近现代在一些原始民族中成了男性成人礼中的一部分,猎头多的男子倍受女人青睐,以至于被整个氏族尊崇而成为氏族首领。

---

① 云南省博物馆：《云南晋宁石寨山古墓群发掘报告》,文物出版社,1959。
② 凌纯声：《国殇礼魂与馘首祭枭》,载《中国边疆民族与环太平洋文化》（上）,台北,1979；朱飞：《猎头民族羽冠的考证》,《南洋文摘》1967年第8卷第3期。

我国台湾的高山族，南洋群岛婆罗洲的达雅克人，印尼苏拉威西的托拉贾人（Toraja）、苏岛峇塔人（Batak），我国云南西南部以前的佤族人，印度阿萨姆的那加人（Nagas）等也都是猎头民族。其猎头原因，宗教动机是得人而祀，求福利，"浙路有杀人而祭海神，川路有杀人而祭盐井者"。社会动机是怨仇相害或为了获得多妇。人类学家指出，海上这些猎头民族属于蒙古利亚种的混血巴来安人，是来自大陆的移民。表现在铜鼓纹饰中确有猎头人祭的场面。越南黄下铜鼓日晕外第六圈的纹饰都是头戴羽冠的战士纹样。其右起第二人像的手中就持有敌人的首级。凌纯声在其《铜鼓图文与楚辞九歌》一文中指出，二者所写所画都是一回事。他认为《国殇》和《礼魂》二节是描写猎头仪式的。据晋宁石寨山墓群所发掘的《杀人祭祀场面盖虎耳细腰铜贮贝器》的报告，铜鼓盛行期确有猎头祭的风尚。从《魏书·僚传》直至明代邝露《赤雅》的历代史书中都记载有西南地区的僚人猎头，特别是猎美髯头颅的风俗。这与1949年前的云南佤佤人于阴历二月八日祭谷节，老远跟踪猎取长须的首级为祭品，以求五谷丰登，这种猎头祭的风尚，与今日残存于东南亚的民族习俗相衔接[①]。直到20世纪60年代我国云南的个别少数民族仍有为了血亲复仇和农历四月种旱谷时

---

① 凌纯声：《国殇礼魂与馘首祭枭》，《中国边疆民族与环太平洋文化》（上），台北，1979。

祈求丰收的猎头遗风。①

据历史文献记载，从三国至唐宋时期，我国古越人及其后裔——俚僚人均盛行猎头之风。

沈莹《临海水土异物志》：

夷州在临海东南……战得头，著首还，于中庭建一大材，高十余丈，以所得人头差次挂之，历年不下，彰示其功。

《魏书·僚传》：

其俗畏鬼神，尤尚淫祀。所杀之人，美须髯者，必剥其面皮，笼之于竹，及燥，号之曰鬼，鼓舞祀之，以求福利。

《隋书·琉球国》：

琉球国，居海岛之中……俗祀山海之神，祭以酒肴，斗战杀人，便将所杀之人祭其神。或依茂树起小屋，或悬骷髅于树上，以箭射之；或累石系幡，以为神主。王之所居，壁下多聚骷髅为佳。

---

① 笔者于1986年在云南阿佤山实地考察所获民族学资料。

《太平御览》卷七百八十五《乌浒》引《南州异物志》曰：

交广之界，民曰乌浒，东界在广州之南，交州之北。恒出道间，伺候二州行旅，有单迥辈者，辄出击之。利得人食之，不贪其财货也……出得人归家，合聚邻里，悬死人中庭，四面向坐，击铜鼓，歌舞饮酒，稍就割食之奉。月方田，尤好出索人，贪得之，以祭田神也。①

《太平寰宇记》卷之一百七十六《钦州风俗》：

僚子专门吃人，得一人头，即得多妇。

又同书卷之一百六十九《儋州风俗》：

俗呼山岭为黎，人居其间，号曰生黎，杀行人取齿牙贯之于项，以炫骁勇。②

明人邝露《赤雅》：

---

① 〔宋〕李昉：《太平御览》卷七百八十五《四夷部六·南蛮》，中华书局，1960年影印本。
② 〔宋〕乐史：《太平寰宇记》卷之一百六十九《岭南西道十三·太平军万安州·儋州风俗》，中华书局，2007。

獠人相斗杀，得美须髯者，则剜其面，笼之以竹，鼓行而祭，竞以徼福。

顾炎武《天下郡国利病书》卷一百四十《俚户》中曰：

琼州府万州夷獠名歧，……（生歧）每出劫，谓之讨草、讨菜。

台湾高山族的猎头行为也被称为"出草"；"出草者谓出门杀人取其首以归也"。

直到明清时期台湾高山族的猎首之风仍然盛行。《明史·外国传》：

鸡笼山，在彭湖屿东北，故名北港，又名东番，去泉州甚迩……谷种落地则止杀，谓行好事，助天公，乞饭食。既收获，即标竹竿于道，谓之插青，此时逢人便杀矣。

清代林谦光《台湾纪略》称番人"性好杀人，截其头洗剔之，粘以铜锡箔供于家"。清郁永河《裨海记游》则称"台湾（野番）杀人辄取首去，归而熟之，剔去骷髅，加以垩，置诸当户，同类视其室骷髅多者推为雄长"。

台湾"土著"的猎头之风到20世纪初开始被政府严厉禁止。

阿里山的邹人，猎首的目的为取得人头祭神，求神保佑阖社的人口平安，谷物丰登。南势阿美人猎得人头，回至宿地，换上盛装，集敌首于地，全队团成一圈跳舞，并高唱猎首歌，归来行至社外，乃高歌欢呼，表示成功凯旋。台湾现存土著七族，除兰屿的雅美人外，本岛上的六族均有猎首之俗，北部的泰雅人和南部的派宛人，此风尤炽[①]。

台湾"土著""出草"的目的在于猎取人头，出草和战斗不同，出草不是为了击破敌人或掠取别人的财物，只要获得首级便算成功。猎头的目的是用作祭祀，其后将骷髅集中于公廨，置于"首笼"或"头棚"之中，作为全社的荣誉。现在这种风俗固然早已绝迹，但最勇悍的泰雅和布农两族的若干部落，停止猎头也不过六七十年[②]。台湾"土著"民族把猎头又称为"出草"。

直到近现代尚保留猎头习俗的民族主要分布在南太平洋和东南亚岛屿区。19世纪末，英国著名人类学家海顿曾带领一个考察团到南太平洋托雷斯海峡诸岛两岸和加里曼丹岛等地考察，搜集了有关当地猎头民族的大量原始文化和民族志的珍贵资料著成《南洋猎头民族考察记》。

南洋群岛中加里曼丹岛的主要土著居民达雅克人是猎头民族，而以猎头最负盛名的是陆达雅卡洋人和海达雅克伊班人。

---

① 凌纯声：《国殇礼魂与馘首祭枭》，载《中国边疆民族与环太平洋文化》（上），台北，1979。朱飞：《猎头民族羽冠的考证》，《南洋文摘》1967年第8卷第3期。
② 刘其伟：《台湾土著文化艺术》，台北：雄狮图书公司，1984。

图6-17：人类为了生存，生活经验告诉他，屠杀是保有领土最有效的方法，故此世代砍杀，血染大地。图为加央族人在祭祀中将猎头所获得的骷髅挂在已施咒术的亚答叶上祈求赐福与丰收[①]

　　伊班人从幼年开始接受猎头的教育，在他的一生当中都在期望猎取别人的人头。当一个男孩到了应结婚的时候，便是他初次尝试猎头的时刻。要得到一个美丽女子的青睐，他必须首先显示出他的勇气，这是他一生中最重要的事。伊班人和卡洋人中的妇女深信，她们的长发要砍过人头的男人来抚它才会长得更加柔美。故此族人中猎不到人头的男子将永远讨不到老婆。猎取人头大都在夜里乘人不备时进行偷袭，然后将人头押

---

① 采自刘其伟《婆罗洲雨林探险记——原始部落文化艺术》，台北：广城书局，1983。

回部落举行一个动人的仪式，妇女们高歌、舞蹈，表示慰灵和祈求更多的丰收。当晚战士们都集中在一起彻夜痛饮。达雅克人的猎头习俗虽经几百年来殖民政府的禁止，但余风仍然存在，尤其是在加里曼丹岛内陆地区，他们依然信奉着古老的"达雅加哈里岸教"，还盛行着猎头风俗，至今除普南族以外，到达雅克人任何一所长屋都可看到许多白色的头骨[①]。

菲律宾群岛行悬棺葬的伊哥洛人，从前猎头之风较盛，目前散居在北吕宋山间的伊哥洛人大部分已与其他民族和平共处，但唯有少数的伊哥洛人仍保留猎头遗风。他们认为，一位好男儿须于成年之际离乡外出，携回敌人的脑袋，以表英勇，方无愧为堂堂男子汉。每年3～5月是猎头最盛的季节，据菲律宾官方载，在瑞瓦末示加耶与瓦依斯两省，每年少则数人，多则十余人被猎去人头。伊哥洛人过去被称为"猎首生番"，保留猎头遗风的仅为该族中一群僻居深山腹地的米亚佬人，他们通常进据河流，退藏林间，男子几乎尽是渔猎能手，又善用藤条飞腾林间。他们每年定期举行人头祭大典，往昔多至35个。菲律宾除伊哥洛人外，至20世纪初，文督、伊夫高、亚巴瑶、丁归研等也有此陋习。[②]

东南亚有猎头习俗的民族还有印度尼西亚苏拉威西岛的托

---

① 刘其伟：《婆罗洲雨林探险记——原始部落文化艺术》，台北：广城书局，1983。
② 梁维吾：《菲律宾群岛猎人头的故事》，《南洋文摘》1963年第4卷第8期。

拉贾人，苏门答腊岛的峇塔人（Batak）[①]。

关于猎头的起源，最早可能是因人类社会初期食物匮乏而出现的食人之风。随着社会生产力的发展及人类自身思维的提高，食人习俗也就具备了宗教的性质。尤其是当农业出现以后，人类对土地的依赖性更加突出，认为人血和人头是最上等的祭品，用以祭祀土地神，可以换取神祇的欢心，得到其佑护，消弭天灾，从而获得农业上的丰收，因此出现猎头祭祀的风俗。云南沧源等地的佤族猎取人头的时间是在3～5月种旱谷的季节，猎头的目的是祭谷神。我国岭南地区古越人及其后裔——俚、歧、乌浒等猎头的时间是在"春月方田"之时，目的是"以祭田神"。明代台湾高山族猎头的时间是"谷种落地则止杀"，目的是"助天公，乞饭食"，而菲律宾伊哥洛人猎头的时间是每年从3月开始，终至6月，其早期的猎头大都与"祭谷神"或"祭田神"，祈求农业丰收有关。到后来，猎头的目的不仅具有宗教性质，而且更具有社会的性质，如我国台湾高山族，菲律宾的伊哥洛人、加里曼丹岛的达雅克人等，猎头不单为了求得农业丰收，而且更多的是为了表现男子汉的勇武，向女性求爱，在族人中争取更高的地位，实现对权力的欲望和为了向敌人复仇等。

总的来讲，猎头的两大功能是：一、宗教祭祀，用珍贵的

---

① 朱飞：《猎头民族羽冠考证》，《南洋文摘》1967年第8卷第6期。

人头向天神祈求农业、渔猎的丰收和保佑族人平安；二、表现男子汉的勇武、向女性求爱以及在氏族或部落中产生怨仇相害时的血亲复仇。

猎头习俗在新石器时代分布于长江流域广大地区，大体上自新石器时代末期起，这个习俗开始南移。猎头文化的南退与中原文明的南进始终是同步的，直到猎头习俗的消失[①]。凌纯声先生指出：中国长江流域以南至于海是猎头文化的中心区域，本文化早已消失，"而在边缘区极西的天涯，极东的海角至今犹存"。据前引资料，此一东南亚古文化的猎头习俗在今东南亚偏僻闭塞的深山腹地尚有残留。

考古学资料证明，直到公元初（秦汉之际），华南和部分印度支那半岛区在汉化以前是一个不可分割的文化区域。在人类历史发展进程中，不同地区、不同人类群体有独立创造相似文化的可能性，从地理位置上讲，东南亚和华南地区毗邻，上述考古学和民族学资料反映出诸多富有特征的文化因素具有惊人的相似性，这绝不是偶然的。

3.体质人类学和语言学的资料：东南亚古民族与中国古越人有一定的渊源关系

（1）旧石器时代的人类学资料。东南亚包括中印半岛和马来群岛（又称南洋群岛）两大地区。东南亚民族繁多，但从

---

① 李果：《中国南方猎首古俗试探》，《人类学论文选集》第2集，中山大学出版社，1987。

人种上讲，主要归属于两大人种，即澳大利亚——尼格罗人种（即黑色人种）和蒙古利亚人种南方类型。

从地理位置上讲，东南亚位于太平洋和印度洋之间，北连中国的山山水水，南临澳大利亚，在东南亚次大陆与东南亚群岛之间是南中国海，又被称为"亚洲地中海"。从地理构造上讲，东南亚大陆区本身就是亚洲大陆的一部分，而岛屿地区早在1万多年前的冰河时期也是亚洲大陆的延伸，在菲律宾群岛与印度尼西亚群岛之间均有陆桥连接，而另一方面又同澳洲大陆相接。这种邻近的地理位置为东南亚和华南地区的人类之间的密切交往提供了极为有利的条件。因此，从远古时期起，人类在没有水上交通工具的情况下也可以散布于东南亚各地。印度尼西亚和菲律宾都有旧石器时代的古人类居住，爪哇岛和华南地区一样都是世界上人类起源地之一。

地质学上第四纪曾多次出现周期性冰期，引起全球海平面周期性的升降变化。现在的许多孤岛在每一次海退时都与大陆连在一起，东南亚巽他地区，海退时呈现出巽他大陆，而每一次海浸又使这一地区重新成为岛屿。巽他大陆是由巽他大陆架连接今天的马来半岛、苏门答腊、爪哇、婆罗洲等大小岛屿构成。更新世最低海平面是在"第三冰期"，下降317~319米。在最后一次冰期高峰（约2万年前）巽他大陆最后一次形成。其西北端通过台湾陆桥与大陆连接，现代中国南海成为名副其实的"地中海"，而每一次海退的发生都为人们的迁徙、交往架起了陆桥。我国华南地区在更新世普遍存在大熊猫—剑齿象动物群,在东南亚也发现了更新世各时期的代表动物群,最重要的是中国—马来西亚动物群,即大熊猫—剑齿象动物群;这一动物群同样出现在缅甸、爪哇。这说明更新世时动物可以通过巽他陆桥迁徙。相同的动物群表明了两地气候和自然环境的相同。早于更新世的人类可能是从中国的云南,经泰国、缅甸,取道马来西亚半岛,通过巽他陆桥进入爪哇的。

这样泰国的克隆文化、马来亚的坦彭文化的发现便有着重大意义。第一,这两种文化处于上述路线的中途;第二,这两种文化刚好把我国和东南亚半岛大陆与巽他地区联结起来。另一条路线是从广东、福建,通过台湾到达菲律宾,台湾发现的大量史前遗址证明了这个中间站的存在。总之,中国(尤其是华南)与东南亚地区的旧石器文化,无论在文化类型、器物组合还是在工艺制造上,均有很大的一致性。这种一致性证明了两地文化的相互交往。显然中国在旧石器文化相互交往过程中是起着主导作用的[1]。

亚洲大陆的原始人从旧石器时代早期开始,趁更新世出现过几次低海面的机会,不止一次地通过"陆桥"扩散到东南亚的海岛上去,其中的一支很可能在这个时候从华南沿海到台湾,再南下经菲律宾群岛、加里曼丹岛到苏拉威西岛,然后通

---

[1] 周大鸣:《东南亚地区旧石器文化与中国旧石器文化的关系》,《东南文化》1988年第1期。

过伊利安岛进入澳大利亚。华南地区旧石器时代的柳江人属晚期智人，柳江人鼻部宽阔，是炎热地带人类的一种特征，体骨和股骨显示出柳江人身体矮小，与现代东南亚人比较接近，代表蒙古人种的一种早期类型，是我国和东亚迄今为止所发现的最早的新人化石。

在加里曼丹岛北部沙捞越尼阿（即尼亚）洞穴发现的距今约万年的旧石器时代的人头骨，经比较研究，其头型及头指数与中国旧石器时代晚期的柳江人、资阳人较为接近，尼阿人上齿槽弓的形状与柳江人相近，绝对值或腭指数方面均与柳江人十分接近，尼阿人的以上特征显示出与柳江人的亲近关系。尼阿头骨与亚洲大陆族系的密切联系程度由于其与澳洲的联系，可能尼阿人是由亚洲大陆迁来，又作为中间站的代表影响印度尼西亚和澳洲，使澳洲古人类的形成过程中具有亚洲大陆的影响，也就是说亚洲大陆也可能是澳洲古人类的起源地之一[①]。近年来澳大利亚国立大学古人类学家桑恩博士根据我国广西柳江出土的人头骨化石与在澳大利亚南部凯洛尔人头骨化石很相似，提出澳大利亚的土著居民部分来自中国，可能从华南和东南亚岛屿移入[②]。

在菲律宾有人类活动的时间最晚也可追溯到距今10万年

---

① 吴兴智：《中国旧石器时代人类与其南邻（尼阿洞人和塔邦人）的关系》，《人类学学报》1987年第6卷第3期。
② 沁明：《澳大利亚人种部分来自中国》，《人类学学报》1984年第3卷第2期。

前，菲律宾现存的砍砸器旧石器传统与中国大陆、台湾，以及马来西亚、越南、老挝、泰国、加里曼丹的更新世石器相类似。

地质学资料表明，菲律宾群岛原属古代大陆的一部分，人们发现一些温带植物，甚至在山区还发现有属于喜马拉雅山脉区系的植物。与菲律宾相连的海域是一片浅海，深约46～61米，在更新世四次大的冰川活动期，至少在最后一次冰期，东南亚海域海水下降了100米左右，巽他陆架露出水面。这样，菲律宾与亚洲大陆之间（通过中国台湾）；菲律宾群岛各岛屿之间；菲律宾与印度尼西亚群岛之间；菲律宾与新几内亚之间形成了至少5条大的出入菲律宾的陆桥。菲律宾出土的一些动植物化石也证实了陆桥的存在。中国台湾和菲律宾山区的一些温带植物（如松树）和啮齿类动物说明二者之间的紧密联系。最能说明问题的是菲律宾群岛上发现的大量古象和犀牛以及鹿和野猪等大型动物化石，如果没有陆桥，它们是不可能到达菲律宾的[1]。

面向我国南海的巴拉望岛，位于加里曼丹岛与中部菲律宾之间，正处在从亚洲大陆到东南亚岛屿的通道上，像一条狭长的走廊把菲律宾和亚洲其他部分连接起来。在更新世末期陆桥消失以前，亚洲大陆的动物和人类多由此进出菲律宾。巴拉望

---

[1] 大刚：《菲律宾远古人类及其文化》，《东南亚》1986年第3期。

岛和加里曼丹岛、西马来西亚的动植物种类十分接近，属同一区系，这都是陆桥的证据。

正因为巴拉望曾是一条交通要道，人类频繁出现，所以这里是菲律宾旧石器时代人类遗存最丰富的地区。在巴拉望岛西南海岸的悬崖峭壁上发现了几十个曾是古人类居住过的石灰岩溶洞，其中塔崩洞穴文化遗存最为丰富，人类居住时间最为长久（从50000年前至9000年前），因此这些洞穴遗存以塔崩洞穴文化作为统称[①]。

塔崩洞穴中发现了距今24000～22000年的下颌骨及一块额骨附连鼻骨，经研究，塔崩人的体质特征表现出可能是澳洲人种与蒙古人种杂交的产物[②]。

一种观点认为，约在40000年前古巽他大陆上生存的古人类，分别形成后来的蒙古利亚种与澳洲种，但大多数学者倾向于认为蒙古人种的南部支系是在较晚的时期由北方移入的。尼阿洞穴遗址人骨的血清学研究证明，该地古人类中O型与A型血有较高的出现率，这一点与现在居住在整个加里曼丹一带的少数民族群体中一些群体的血型构成颇相似，尤其是与北加里曼丹的穆拉特人（Murats）及加里曼丹的海上达雅克人相似[③]。

[①] 大刚：《菲律宾远古人类及其文化》，《东南亚》1986年第3期。
[②] 吴兴智：《中国旧石器时代人类与其南邻（尼阿洞人和塔邦人）的关系》，《人类学学报》1987年第6卷第3期。
[③] 乔晓勤：《中国东南沿海史前文化与太平洋区域史前文化的关系研究》，中山大学博士生毕业论文，1989年打印稿。

以越南北方及和平省的洞穴遗址为代表的和平文化，是东南亚中石器时代至新石器时代早期文化。

目前一般人都认为是来自北方的美拉尼西亚人在他们迁徙的时候，给印度支那及其邻近各地带来了和平文化，在和平文化的地层中发现的人骨都属这一种。其实，和平文化的石器是从当地旧石器时代的石器直接发展起来的。另外，和典型的和平文化密不可分的坦邦（Tan-Pong）人实际上是属于"印度尼西亚"人种，[1]即是说在旧石器时代晚期至新石器时代之初，中印半岛的居民成分有澳大利亚人种的一支美拉尼西亚人及澳大利亚人种与蒙古人种混血产生的后裔。

人类学家根据古人类学的新资料研究认为，爪哇猿人经过梭罗人和瓦贾克人发展成为澳大利亚人种，而北京猿人经过山顶洞人的发展成为蒙古人种。在上古时代，澳大利亚人种最初主要分布在马来群岛和澳大利亚，后来他们可能通过陆桥来到东南亚的半岛地区。与此同时，不断由北方南下的蒙古人种不仅抑制了澳大利亚人种的扩展，而且把他们同化和融合了[2]。

体质人类学家普遍倾向于一种古代东亚、东南亚、澳洲之间在人类种族形成过程中存在联系的观点。中国体质人类学者张振标先生通过一系列颅骨测量资料的分析指出，中国柳江人

---

[1] ［法］埃德蒙·索兰等：《印度支那半岛的史前文化》，《考古学参考资料》第2辑，文物出版社，1979。
[2] 王民同：《东南亚民族的来源和分布》，《昆明师范学院学报（哲学社会科学版）》1984年第2期。

的体质特征与中印半岛、印度尼西亚新石器时代最相近，同时与近代南亚和菲律宾的颅骨也很相似，特别是与新西兰毛利人更接近，他的结论是中国古人类可能从两条路线来影响太平洋区域的种族构成：一条从中国台湾经菲律宾进入印度尼西亚，另一条沿中印半岛、马来半岛，越过其他大陆架进入印尼，在到达印尼后，可能与当地居民混杂，另一些继续沿东南方和东方迁移，进入波利尼西亚。中国沿海地带与东南亚地区、大洋洲的古今人类颅骨测量数据及相关的指数表明，颅长宽指数中中颅型占优势，颅长高指数中高颅型占优势，而颅骨宽高指数中中颅型较多，眼眶指数、鼻指数方面，中眶型、中鼻型较多，而上述特征总体出现率较高的群现有柳江人、华南人、大汶口人、佛山河宕人、印度支那人、菲律宾人、马来亚人、印度尼西亚人、波利尼西亚人、黎族人、广西壮族人。具有长颅、正颅、狭颅、低眶、阔鼻特征的群体有昙石山人、美拉尼西亚人等。瓦贾克人和澳大利亚的晚期智人凯洛人（Kelcor）在体质特征上有较多相似性，因而瓦贾克人是较早与东南亚其族群分离的群体。中国南方沿海居民与菲律宾、印度尼西亚、波利尼西亚居民在体质特征上的联系正好可以和南岛语谱系中显示的语系内语族的分化对应起来。在总体上，中国沿海的人类群体在体质特征上与东南亚海岛区的人类群体存在比较广泛相似因素[①]。

（2）新石器时代的人类学资料和中国古代越人及其先民的迁徙。我国南方新石器时代浙江河姆渡、福建昙石山、广东增城金兰寺、广东佛山河宕等遗址中出土的人骨资料都表现出这些古代居民具有蒙古人种的体质特征，同时又有颅长较长，颅高较长、额部较窄、面部低而宽、鼻部也较宽阔和下颌微突等澳大利亚-尼格罗人种的体质特征。

河姆渡文化的居民被认为是我国古越人的先民，通过对河姆渡新石器时代早期遗址所出的人头骨的观察和测量，河姆渡头骨的长狭颅型和偏低的面型与华南的昙石山、河宕、甑皮岩等新石器时代头骨及澳大利亚-尼格罗人种（即黑色人种）的头骨比较相似，和我国黄河流域新石器-青铜器时代头骨中多中长颅型上面较高而表现出与现代东亚蒙古人种（又称亚美人种或黄色人种）接近的发展趋势不同。类似蒙古人种和澳大利亚-尼格罗人种混合的头骨形态类型早在旧石器时代晚期的柳江人头骨上已经出现。而河姆渡新石器时代头骨可以说在蒙古人种形态的发育上比柳江人更明显。在我国南部发现的一些新石器时代头骨上，既有与蒙古人种相比较的性状，又存在同太平洋尼格罗人种相比较的特征，这种形态可以追溯到旧石器时代的原始蒙古人种。据此推测，某些现代太平洋尼格罗人种的祖先类

[①] 乔晓勤：《中国东南沿海史前文化与太平洋区域史前文化的关系研究》，中山大学博士生毕业论文，1989年打印稿。

型与亚洲大陆的原始蒙古人种类型之间有过共同的遗传基础[1]。总之，河姆渡文化居民的体质特征，既有蒙古人种的性状，又具有一些类似现代赤道人种的性状，如长颅结合宽而平的鼻骨，眼眶小、较低的上面及明显的齿槽突颌等。

广东佛山河宕新石器时代遗址的人骨同样具有一些蒙古人种的性状，同时还有一些如长而高狭的颅型，上面低矮、垂直颅面指数小，鼻骨角小，阔鼻、齿槽突颌以及没有下颌隆起等与现代蒙古人不相符合的特征。这些特征常见于现代一些赤道种族或现代和新石器时代的南亚类型中，总体来看，这些居民的体质上可能更接近蒙古人种的南部边缘类型。

广东增城金兰寺遗址的头骨有明显的蒙古人种的特征，梨状孔下缘呈婴儿型则与福建昙石山组部分头骨相近，有可能由于混杂了澳大利亚-尼格罗人种的成分。福建昙石山遗址的人骨年代为公元前1300年左右。头骨形态和测量项目比较，都显示出与现代蒙古人种的南亚类型较为接近，而颅长、低面、阔鼻等性状则与南亚的新石器时代类型更接近。广西新石器时代居民的人头骨有一些接近南亚类型的性质，但比现代南亚种族有更小的颅指数，较大的面宽和鼻宽等，这个组的颅面形态与华南新石器时代组有更多的共性[2]。

---

[1] 韩康信、潘其风：《浙江余姚河姆渡新石器时代人类头骨》，《人类学学报》1983年第2卷第2期。
[2] 潘其风、韩康信：《中国石器时代人种成分的研究》，载《新中国的考古发现和研究》，文物出版社，1984。

东南亚现代居民的远古祖先很大一部分是从中国南方逐步迁徙而来的。

从新石器时代开始,东南亚各地已有许多民族的先民繁衍生息。在今天东南亚半岛和海岛地区热带森林中残留着三个民族集团——尼格利陀人、塞诺人和原始马来人,他们的祖先都可以追溯到东南亚的原始人种:澳大利亚-尼格罗人种和最早到达这一地区的海洋蒙古利亚人种,即蒙古利亚种的南方支系。

新石器时代华南地区的部分居民由于人口增殖而产生的压力或者是刀耕火种的原始耕作业的需要,逐渐南迁,先到印度支那半岛,然后到南洋群岛。

蒙古利亚人种在南迁的过程中和分布在东南亚的原始居民澳大利亚-尼格罗种混血产生了新型的民族集团——马来人,或称原始马来人,体质人类学称为"蒙古人种马来类型"。现在居住在越南北部深山地区的摩依人,马来半岛东部和南部热带密林里的贾昆人,主要分布在加里曼丹岛丛林中和沙捞越西南沿海地区的达雅克人、沙巴内陆地区的都孙(即都顺)人,居住在菲律宾群岛的伊夫高人、伊哥洛人和中国台湾的高山族(台湾"土著"民族的统称)等,他们大都有悬棺葬俗。

林惠祥先生认为,马来族是我国东南沿海的蒙古利亚种在南迁过程中与印度支那半岛和南洋群岛的先住居海洋尼格罗种、吠陀族等混血产生的,其路线是先到印度支那,后到南洋群岛。因远古时中国东南的蒙古利亚种最南支生活在江河海滨，早有舟楫，所以其迁徙大约沿海岸线平地及水路进行，并兼用舟楫为工具。迁徙时间最早亦不过始于数千年前，即新石器时代。盖南洋旧石器时代属于尼格利陀人，马来人之古物只有新石器，大约在大陆已进化至新石器时代才开始南迁。在南迁前，已有石器、印纹陶及舟楫等文化，马来人即带此种文化而至南洋。中国东南方与南洋之史前古物所以相类大约是由于这个原因[①]。

另有一些人类学家和考古学家认为，马来民族是在相当于我国新石器时代末至青铜时代由云南南部一带移入马来半岛，他们沿湄公河、萨尔温江和伊洛瓦底江移动。在迁移过程中，有些就在上述河岸居住下来，然后至缅甸全境、暹罗、越南等地，有些继续南下至马来群岛，南下的马来人，因形体上的特征，有先后二支之分，前者经过石器时代生活，有的还懂得架屋造船，这一族有苏拉威西的托拉贾人和婆罗洲的达雅克人等[②]，这种看法与林惠祥先生的观点基本相符。

马来人与我国古越人有着共同的民族来源，在体质特征方面亦有一些亲缘关系。直到现在，东南亚和太平洋岛屿的许多民族当中，还有为数众多的人在体型、发肤、鼻眼和面部等体质特征方面与华南人，尤其是与两广、福建沿海地区居民十分

---

① 林惠祥：《南洋马来族与华南古民族的关系》，《林惠祥人类学论著》，福建人民出版社，1981。
② 疑云：《马来民族发展史》，《南洋文摘》1966年第7卷第2期。

相似。

新近的体质人类学资料，包括血型与体质特征的研究都显示：菲律宾的居民与亚洲各地的人类群体有着广泛的联系。经过对菲律宾山地少数民族伊富高人头发形状，头形，眼、面部特征，牙齿等多方面的分析研究，体质人类学家罗金斯认为，伊富高人属于马来人种的印度尼西亚群。另一位体质人类学家伊斯泰尔则认定民都洛岛的土著瑙汉人与华南的矮小蒙古人种有诸多相似性。东南亚现代民族血型的对应研究证明，在血型构成上尼阿洞的史前人类与现代加里曼丹的姆鲁人和都顺人比较接近[1]。

都顺人是加里曼丹岛北部沙巴地区的权威土著，语言似马来语。家家户户祭祀他们的远祖——中国宋代将领狄青的画像。沙巴高山出土的古代铜炮很多，近年不完全统计已有数百尊，据古老传说，有些炮身上刻有"狄"字，乃五虎平南将狄青元帅的兵器。炮身镂刻的精美图案具有中国风格[2]。郑德坤先生早已指出，北加里曼丹岛沙巴和沙捞越的土著民族在文化习俗方面与我国西南的僰撣民族非常接近，有的人还自称是中国人。有些学者以为这些人是中国最早移民的后裔[3]。

---

[1] 乔晓勤：《中国东南沿海史前文化与太平洋区域史前文化的关系研究》，中山大学博士生毕业论文，1989年打印稿。
[2] 天涯：《沙巴的风土民情》，《南洋文摘》1967年第8卷第6期。
[3] 郑德坤：《沙捞越考古观感——由考古学看华人开发沙捞越的历史》，《南洋文摘》1967年第8卷第3期。

凌纯声先生亦认为南洋土著中的印度尼西安人源于大陆，中国史籍所载百越民族是现在中南半岛、马来半岛和南洋群岛土著之在大陆上的祖先。蒙古人种的一支传衍下来的后裔，有一部分初栖息于中国大陆的长江流域以南，后更南下形成今日的印度尼西安民族（南岛语系的民族）及文化。凌先生主张，今日南洋土著中的印度尼西安民族源出于大陆；在大陆上时，中国史籍多有记载，其偏于东南者称百越，偏于西南者称百濮或僰、僚；百越和百濮在民族和文化系统上极为相近，是同族而异支，可以百越一名而概括之。后来百越民族受华夏系的压力而南退入海，形成今日南洋土著中的印度尼西安民族，经过历史上的三件大事：楚灭越、秦始皇灭楚与开发岭南，与汉武帝灭南越、东越。南方的百越民族历若干次的迁徙而退居今日的南洋群岛。西洋学者后来研究中南半岛的历史、考古、民族和语言，又发现今之缅甸人、暹罗人、安南人、老挝人等都是后来移入的民族，在他们之前半岛上较古的居民亦为印度尼西安人。所以美国民族学家克娄伯曾说：

中南半岛与东印度群岛在昔组成一个文化区域；直到现在，印度尼西安文化虽然落后，然到处所遇见仍为同一原始文化。在今菲律宾、东印度群岛、阿萨姆及中南半岛等地这一系文化还多保持着相同的文化特质，例如：刀耕火种、梯田、祭献用牺牲、嚼槟榔、高顶草屋、巢居、树皮衣、种棉、凿齿、文身、贵重铜锣、竹弓、吹箭、少女房、猎头、人祭等，这许多文化特质组成了东南亚古文化，它的分布地域不仅在东南亚岛屿，而且远及大陆。

除此以外，再加上铜鼓、龙船、贯头衣、蛇图腾、楼居、岩葬等24种文化特质，加上克氏的统计，共计有50种的东南亚古文化的特质。这50种文化特质今在南洋的印度尼西亚语系的土著中分布甚广，而在中国大陆上古代百越民族或其今日的遗民中多可见到。分析的结果，可以证明今南洋的印尼土著与中国古代的百越民族系出同源[①]。

凌纯声先生还认为，通过历史文献和民族学资料提供的线索，可以找出整个太平洋地区民族移动与文化变迁的发展线索。他认为中国沿海地区是环太平洋古文化的起源地，中国古史称之为夷的文化可名之海洋文化。海洋文化的分布，起自海，遍及长江与珠江流域，经云贵高原到达中南半岛，再自马来半岛而及于整个南洋群岛又东向中国台湾、琉球和日本，现在南洋群岛的马来民族尚保存了大部分固有的南夷和百越的语言和文化[②]。

东南亚地区可分为东南亚大陆区与东南亚海岛区两部分，

---

① 凌纯声：《南洋土著与中国古代百越民族》，载《中国边疆民族与环太平洋文化》（上），台北，1979。
② 同上。

前者的北界可到中国的南部地区，南达新加坡，东起华南沿海穿过阿萨姆到印度东部，后者则包括东南亚的所有岛屿，从中国台湾一直延伸到安达曼群岛、印尼东部、伊利安岛的西部岛屿。

东南亚位于热带、亚热带，气候温暖，雨量充沛，森林茂密，河流纵横，是以采集和渔猎为生的原始民族理想的处所。东南亚又处于亚洲和澳洲、太平洋和印度洋的十字路口，是大陆走向海洋的通道。在原始社会时期，人类群体居无定所，尤其是遇天灾或因其他外界因素而产生压力的情况下，更加会推动他们向远方迁徙和移动。

据国内外学者研究，自新石器时代开始，东南亚地区有几次大的移民浪潮。

第一次移民运动来到东南亚的是南岛语系的民族，南岛语系又称马来波利尼西亚语系或澳斯特洛尼西亚语系，是世界上唯一的主要分布在岛屿上的一个大的语系，其主要的居住地区有南洋群岛和太平洋群岛，操南岛语的民族绝大多数居住在东南亚。

美国学者约翰·F.卡迪认为，南岛语的民族中孟人最先深入中印半岛北部，他们可能在公元前，或者无论如何是在与中国周朝或汉朝文明接触之前，就已从中国南部经湄公河上游来到这里，他们经过萨尔温江和锡唐河走廊进入下缅甸，先在直通，后在科斯马和渤因的沿海地区建立了居住中心。从锡唐河上游流域他们又沿掸邦高原的斜坡向北移动。孟族人很早就成为熟练的耕种者，也是商人、造船匠和航海人员，他们在海上的交往曾扩展到印度科罗曼德尔海岸的北部地区和得楞伽那的内陆。孟族的另一支较大的族群实际上很早就把统治权扩大到了整个湄南河流域，并由此南进到了地峡。马来人采用孟族的基本数字，这证明早在他们的高棉兄弟经湄南河南进之前就已到达了马来亚北部[①]。

孟族是从华南迁入中印半岛的古老居民之一，属海洋蒙古利亚人种，主要分布在缅甸伊洛瓦底江下游勃固地区和丹那沙林地区，少数居泰国曼谷周围的湄南河下游一带。有的学者认为，孟人早在公元前2000年就从中国西南到达缅甸东南部，他们与缅甸的缅人，泰国的泰人有亲缘关系[②]。

缅甸的掸族、泰国的泰族、老挝的寮人和越南的泰族、越族（京族或称安南族），是中印半岛人数最多、分布最广的一个大的族系。有的学者称之为"泰佬"族系，这一族系的先民在距今约2500年创造了广布于中印半岛的青铜文化，因以越南东山遗址为代表，故称"东山文化"。关于东山文化的主人是谁？中外许多学者认为是古代分布在中印半岛的百越族群，泰国学者清·犹地认为，东山文化的主人是第二批马来人或印

[①] ［美］约翰·F.卡迪著：《东南亚历史发展》（上册），姚楠、马宁译，上海文艺出版社，1987。
[②] 林巨兴：《百越民族同东南亚民族关系研究》，载《百越民族研究》，江西教育出版社，1990。

尼人。这种人的血统包括苏门答腊岛东部、马来半岛沿岸和婆罗洲的爪哇人、亚齐人，米南加保人、马来亚人，苏拉威西群岛的巽他人、马都拉人、巴厘人、望加锡人、布吉人、梅纳多人，摩鹿加岛、帝汶岛沿海的人以及菲律宾群岛的他加禄人、比萨扬人、伊诺卡诺人、摩洛人。人们认为第二批马来人是从中国西部经马来半岛去到南方各群岛上的。中国称为骆和骆越的人。这些人住在南越王国，或越南人称为南越的地方。这个王国在中国南部包括广西、广东，直到北安南（今越南）这一片地区。这一地区在史前金属时代居住着安南人和芒人。芒人同迁来的泰人相遇。东山文化的主人是有经验的农民，种植水稻，饲养水牛，他们的住房是长方形的高脚屋，屋顶像马鞍形状，也像泰国佛寺的房顶。他们是有经验的航海者，是掌握了一些天文知识的驾驶独木舟的坚强的海岛居民，是喜欢到中国海去的商人，死后用船棺埋葬尸体，等等[①]。

上述资料表明，越南东山文化的主人与从中国西部南迁至中印半岛、马来半岛，后又到达南洋群岛的古越人有关，他们具有明显的海洋民族的文化特征。

另据林惠祥先生研究，南岛语系的民族可能与我国东南地区的百越民族有关。属于这一语系的民族从新石器时代向南迁徙：一路是西线，由印度支那到达苏门答腊，分布在马来群岛

---

① ［泰］素·仙威迁：《泰国石器时代的文化及人类》，《东南亚资料》1983年第2期。

的印度尼西亚和菲律宾的广大地区；另一路是东线，由闽粤沿海经台湾到达菲律宾群岛。

狄逊氏认为，最先到达南洋群岛的蒙古利亚种是广义马来族（海洋蒙古利亚种人）的祖先。约在公元前数百年有一种民族由东南亚或东亚某地，大约是由安南或东京（越南北部）或者更北方的华南海岸迁移至印度尼西亚，这种人可以称为正马来人，身材中等，肤色黄棕，发直而黑，有各种程度的蒙古眼，他们的体质特征很像现在中国大陆沿海和台湾相对的闽粤二省的住民。马来人的祖先是从华南中海岸向海外迁徙的，原因是公元前500年汉人南下的影响，其路线是先经菲律宾，然后向西转移到苏门答腊，最后到了西海岸，成为米南卡保人。还有一种看法是，认为马来族一部分由华南移到菲律宾，然后再转到印尼诸岛，菲律宾最古老的居民属于黑人类型，公元前1000年，这些部落被大概从中国领土上进入菲律宾的南蒙古移民所排挤，从海滨低地移到山里，据说这些外来人就是经过菲律宾群岛移居到印度尼西亚及太平洋的，他们带来了马来-波利尼西亚语言，这种语言今天仍在所有这些地区流行[①]。

南岛语系的民族南迁时间大约是在公元前2500～公元前1500年期间，按他们的体质和文化程度的差异，通常把最早来到而又比较落后的称为"原始马来人"，后来的称为"新马来

---

① 林惠祥：《南洋马来族与华南古民族的关系》，《林惠祥人类学论著》，福建人民出版社，1981。

人"，他们吸收了大多数原始马来人并与东南亚地区的尼格利陀等土著民族相混血，演变成为现在的马来人，他们的体质特征是：身材较矮，皮肤为淡褐色或暗褐色，头发平直而黑，鼻宽唇厚。现在马来西亚、印度尼西亚和菲律宾的大多数民族均为马来血统，所操语言皆属南岛语系。

新石器时代印度尼西亚群岛同马来亚、中印半岛和华南的文化交流更加密切，而新的种族集团——蒙古利亚人种南方支系也一浪逐一浪地从印度支那半岛迁移到印度尼西亚群岛来，或者同当地的原住民混合起来，或者把他们挤到偏僻的山区和遥远的海岛上去。于是，尼格利陀人和美拉尼西亚人从这时更多地迁移到今天的伊里安岛和美拉尼西亚群岛上去，但也有向西北迁移到尼科巴和安达曼群岛去的。在印度尼西亚群岛上这一迁移的浪潮是经历了整个新石器时代，并且继续到铜铁器时代的，有人认为第一次迁移浪潮发生在公元前3000年左右，那是原始马来人，他们带来了新石器文化，第二次迁移浪潮是在公元前300～公元前200年间，那是次生马来人，他们带来铜的和铁的工具和武器。第一次迁移之时，群岛上的原住居民被赶到森林丛莽中去以致逐渐消灭。而第二次迁移显然也有把原始马来人赶到内陆去的。但因是属于同一种族，他们之间又有互相通婚而混血的。从语言关系中也可以看出部族的迁移和文化交流的痕迹。在整个太平洋的岛屿中除了密克罗尼西亚外，他们的语言可统括在南岛语系里。在这一语系可分为：①印度尼西亚语族，它包括马来、爪哇、达雅克等150种方言；②波利尼西亚语族；③美拉尼西亚语族。这一广大语族群的形成，正是证明从新石器时代起直到公元以后几个世纪里，那些群岛上居民往来和迁徙的频繁，文化交流的密切[①]。

关于印度尼西亚民族的来源，原印度尼西亚著名的政治家艾地曾指出：

> 从几千年前的历史来看，印度尼西亚民族并不是印度尼西亚的原居民。大约在公元前1500年，或者说约在3500年前，现在的印度尼西亚民族还不是定居在印度尼西亚，而是居住在后印度（现在的印度支那、泰国和缅甸），当时他们叫作孟高棉人，现在越南北部、泰国和柬埔寨还有这种人。孟高棉人是南亚人的一个分支，其他分支是阿萨姆人，印度的扣答人和桑塔尔人。印度尼西亚人是"孟高棉人"的四个分支之一，其他分支是：美拉尼西亚人、波利尼西亚人和密克罗尼西亚人。孟高棉人这4个分支现在合称"澳斯特洛尼西亚人"（南岛人）。孟高棉人并不是后印度的原始居民，他们是来自中国云南的移民，当他们还在云南的时候，他们是属于"斯特利亚人"（南方人）。

---

① 王任叔：《印度尼西亚古代史》，中国社会科学出版社，1988。

这里值得注意的是，孟高棉人是"来自云南（中国南部）的移民"。从考古学来看，印度尼西亚人是中国南下的蒙古利亚种族和存在于印度支那的澳大利亚尼格罗种族系统的各种族相互混合的结果。这在越南北山-和平文化遗址的发掘中可以得到证实。苏联人类学者有这样的说法：马来群岛居民可以分为3个主要人类学"层次"，最晚的层次是南亚人种（马来人、爪哇人、巽他人）；稍早的"层次"也是属于南亚人种，但绝大多数是属于身材矮小、长头和宽鼻的变种，他们的特征是面部较短，内眦折的百分率较小（如伊夫高人、他加禄人、达雅克人、尼亚斯岛的居民）；更早的层次是波形发、皮肤较黑的维达人种类型（苏拉威西岛、东苏门答腊和加里曼丹的许多种族群）。最晚的层次和稍早的层次也就是次生马来人和原始马来人，最早的层次也就是维达人和尼格利陀人。

考古资料表明，原始马来人首先出现于印度支那和平文化时期的和平洞穴中，有人把它列入中石器时代。晚期此后又发现于马来亚的新石器时代的吉兰丹瓜家洞穴之中，即被称为原始马来人的。原始马来人最初从印度支那迁入印度尼西亚群岛各地就整整包括一个新石器时代，或者还包括中石器时代晚期的几千年时间。他们的迁入同他们的生产方式有关。由于他们只能利用石器工具，主要生产可能是畜牧业和刀耕火种的农业，这就决定了他们是常常移动居住地的。原始马来人之移入印度尼西亚群岛各地是一批一批地经历了几千年时间逐渐移入的，甚至于铜铁器时代也还不断地有原始马来人各种族集团移入。在这一时期内，印度尼西亚人已经知道了梯田和水田耕作。据称梯田耕作方式只限于中国西南边境、印度支那各地、菲律宾群岛和印度尼西亚群岛各地，它在世界其他地区是没有见到过的。这一时期是次生马来人，即南岛人的移入时期。总之，印度尼西亚民族还在亚洲大陆的时候就起源于一个民族共同体，操同一种语言，拥有共同的文化。他们来到印度尼西亚之后，分居各个岛屿，彼此隔绝，而在这些岛屿上又被大的山脉河流和沼泽所分隔，难于互相往来。许多世纪以来，由于自然障碍造成的分隔状态，使他们在各不相同的情况下发展起来，成为语言和文化互异的民族[①]。

因有陆桥存在，更新世最早登上菲律宾群岛的是爪哇人和与北京人同时代（或稍后）的直立人。约在1万年前，地球上冰川消融，气候转暖，人类跨入全新世的门槛，进入了新石器时代。在旧、新石器时代交替之时，菲律宾文化的主人有原始澳大利亚人种，有演变中的尼格利陀人种、拉美尼西亚人种以及蒙古利亚南方人种与澳大利亚人种的混血人种——原始马来人种。随后，新石器时代几次大的蒙古利亚南方人种的移民浪潮带来了新的文化因素，与最早的土著文化交织融合，共同形成了新石器时代文化。

---

① 王任叔：《印度尼西亚古代史》，中国社会科学出版社，1988。

新石器时代在东南亚有几次蒙古利亚南方人种澳斯特洛尼西亚语系民族大的移民浪潮，这几次移民浪潮，后来构成今天菲律宾70%以上人口的民族成分，而菲律宾此时的文化进程与这几次人口迁移有很大关系。奥地利考古学家罗伯特·海涅·格尔登认为东南亚有过3次民族大迁徙：第一次民族迁徙是在新石器时代早期，来自日本和中国北部沿海地区，经过中国台湾到达菲律宾，并通过密克罗尼西亚群岛西部向美拉尼西亚群岛和新几内亚岛运动。他们携带来椭圆石斧（或锛）文化以及种植芋、薯和制作绳纹陶的技术（他后来认为这种文化也可能来自中国南方沿海和东南亚大陆东部）。第二次民族迁徙携带来有肩石斧文化，这种文化源自华南和东南亚大陆北部。这种有肩石斧文化的传播西达印度，东南达菲律宾、苏拉威西，东北达中国台湾，以及日本和朝鲜。最后一次民族迁徙传播了长方石斧文化。这种文化发自华北，经华南、东南亚大陆、马来半岛达印尼东部，然后分成两路，一路朝东进入太平洋，一路朝北经过婆罗洲和苏拉威西进入菲律宾，其中一小部分又上行至中国台湾和日本。倍依尔推测在新石器时代有四次迁移浪潮：第一次民族迁徙（倍依尔认为他们是印尼人种A型），与格尔登所谓椭圆石斧（或锛）文化一致，但不是来自中国北部沿海，而是来自中国南方，迁徙运动始于公元前5000至前3000年，并延续到公元前1500年。第二次有直接来自越南沿海的，也有继续来自华南的民族迁徙，携带来早期的长方形石斧文化

（他们是印尼人种B型）。第三次仍来自越南（他们是北方马来人种），时约公元前800至前500年，携带来青铜文化。第四次约在公元前500至前200年之间，迁移路线与格尔登提出的最后一次迁徙一致，从菲律宾西南方进入菲律宾，这次移民（他们是南方马来人种）人数众多，最后成为菲律宾民族的主体，他们带来制陶、制铁、纺织和制作玻璃装饰品的技术。对菲律宾民族进行的民族语言系方面的研究进一步证实了上述民族迁移的理论[①]。

综上所述，菲律宾旧石器和新石器时代交替时的土著文化的创造者包括澳大利亚人种、尼格利陀人种和原始马来人种。后来发祥自中国南方沿海和东南亚中南半岛的南岛语系的民族集团（属蒙古利亚人种）通过几次移民浪潮向菲律宾迁徙。

奥地利史前学家海涅·格尔登把东南亚史前文明的形成描述成为基本上是来自北方的若干次移民运动构成的。菲律宾考古学家拜耶尔在他的研究中发展了这种观点，他认为菲律宾民族的来源，均是从外地移入，共有7次移民浪潮，其中：第一次在距今25万年前的旧石器时代，菲岛有类似爪哇猿人的旧石器和动物化石，大概是从当时与亚洲大陆相连处移入的。第二次在距今25000年前到15000年前的中石器时代，有小黑人从南方迁入。第三次在中石器时代末，有原马来人从南方迁入。以上

---

① 大刚：《菲律宾远古人类及其文化》，《东南亚》1986年第3期。

三次占菲律宾总人口10%。第四次在6000年前至5000年前之间新石器时代初期，"印度尼西安甲型"人，由北方乘独木舟或竹排木筏进入菲律宾，占菲律宾总人口12%。第五次约在公元前2000年至公元前1500年之间，"印度尼西安乙型"水上民族由台湾迁吕宋北部，此一时期发现的考古文物，与我国台湾及大陆东南沿海出土的同一时期古物大致相同，占菲律宾总人口的17%。第六次是第五次的延续，在公元前800年到公元前500年之间，也是从北部移入菲律宾，他们已能应用金属和铸铜，占菲律宾总人口的3%。第七次在公元前300年到公元300年之间的"史前铁器时代"，有一批马来人从南方移入。以上七次移民，除第一次移民的后裔已消失外，其他六次移民构成今日菲律宾人口的80%，其他20%是公元后的移民。其中值得注意的是第五次和第六次，在新石器时代后期和金属时代从我国大陆东南和台湾移入的，当然是当时的古代越族。[1]国内外一些学者认为，新石器时代晚期和早期铁器时代的移民从华南沿海和印度支那半岛移入，不仅带去了有段石锛、几何印纹陶、木舟制造、四柱住屋（干栏式建筑）、树皮布、采矿、青铜铸造和铁器制造等技术，而且带去了梯田文化。菲律宾的梯田文化集中在吕宋的高山省，居住在这个山区的阿帕瑶、伊富高、伊哥洛、本托克、卡林加等10多个少数民族，在山峦中开出层层梯

---

[1] 陈国强：《我国东南古代越族的来源和迁移》，《民族研究》1980年第6期。

田。每层梯田之间以石垒砌，高者达50英尺。梯田引水灌溉，种植水稻，耕作方式与我国无异。在这些梯田中，以伊夫高族在巴纳韦地区开辟的规模最大，1940年菲律宾历史委员会在此田旁立碑作记，文曰：

> 伊夫高梯田面积几及400平方千米，假若将其田岸相连一起，其长度将超过地球圆周之一半，……此梯田为菲律宾群岛历史中最古者。据史家考察，该梯田乃伊夫高族人费时逾2000年所筑成者。……相信梯田文化乃由南中国或越南移民传至吕宋岛、南日本而至爪哇及巽他群岛者。……

梯田文化源于南中国，它或者沿东线经由赣浙闽台而随华南人传至菲律宾，或者沿西线经由印度支那传至包括菲律宾在内的东南亚岛屿[①]。

（3）语言学的资料。秦汉时期中国西南地区活跃着许多百越部落，其中较大的有滇人部落及其"同姓相扶"的劳浸、靡莫、夜郎及其"旁小邑"的同族部落且兰、句町、漏卧等。两汉时期由于郡县制的确立，大量中原人南迁，与此同时，原分布在青藏高原一带的氐羌民族也开始逐渐南迁，使西南地区发生剧烈动荡。分布在西南地区的百越部落受其影响，其中一部

---

① 吴景宏：《中菲关系论》，新加坡青年书局，1960；黄滋生：《16世纪70年代以前的中菲关系》，《暨南大学学报（哲学社会科学版）》1984年第2期。

分沿澜沧江进入老挝或沿红河进入越南，或沿萨尔温江和伊洛瓦底江进入缅甸、老挝，与从新石器时代以来便分布在当地的百越部落汇合，以后共同形成了中印半岛上的泰佬族系民族，而留居原地的则成为中国西南地区壮傣语族（或称壮侗语族）民族的先民。

中南半岛泰佬族系的泰、佬、掸、傣等民族的历法和我国夏历一样都使用干支纪年和纪日。他们对干支的读音，基本上都是古代汉语的借词。秦汉时期中原王朝的统治并不及于中南半岛，当地的百越土著不可能直接接受中国中原奉行的历法，而只可能受到后来迁入的同族部落的影响。秦历又称干支为母子，东汉以后中原不再以母子称干支，但傣、泰、掸、佬诸民族却一直沿称至今，所以泰佬系民族使用干支纪年的特点，从一个侧面表明：西汉末期西南地区的百越部落必有一次向南的大迁徙[①]。

语言是民族的重要特征，虽然不是民族识别唯一的标准，却是主要的民族标志之一。对语言进行比较研究，并加以谱系分类，对研究民族的起源和民族历史帮助甚大。语系形成的时间对于族源的研究至关重要。某些苏联考古学家和民族学家一致认为，语系可能形成于旧石器时代末期或中石器时代，距今已有13000～7000年。在这一时期的人类迁徙过程中，某些互有

---

① 刘稚：《东南亚泰佬系民族源流初探》，《东南亚》1986年第3期。

亲属关系的语言群体，即个别大型民族共同体的语言群可能已经在十分广阔的区域内传播起来。

另一些学者（包括许多苏联语言学家）认为，各语系形成的最佳时机是在较晚的历史时期，相当于考古学分期上的新石器时代和青铜时代（公元前8000～公元前2000年）。南亚部落最初大概居住在中国的西南和印度支那的最北部；而南岛部落则居住在东边，在太平洋沿岸，中国史书把他们算在东亚南部的越人部落之内。早在公元前2000年，南亚部落就分布到整个印度支那，直达印度东部，成为蒙达民族的先民；而以航海著称的南岛部落，则开发了中国台湾、菲律宾和整个印度尼西亚，他们在那里同化了当地的古代部落。大约在公元前1000年，南岛部落便从印度尼西亚迁移到马达加斯加岛。同一时期南岛人逐渐迁至大洋洲星罗棋布的岛屿上。可能还有个别操南岛语的航海勇士曾经到达美洲大陆[①]。

英国考古学家贝尔伍德认为，中国南部也许是南岛语系的古老故乡，老挝以及整个东南亚该语系的人种皆由中国迁去。原南岛语的起源可能与中国大陆的东南地区及台湾有关，时间是距今5000年。到距今5000～4000年时这种语言出现在菲律宾、马来西亚及印度尼西亚的苏拉威西，到距今4000～3000年时进一步扩展到马来半岛、苏门答腊以及新几内亚和密克罗尼

---

① ［苏］尼·切博克萨罗夫、［苏］伊·切博克萨罗娃著：《民族·种族·文化》，赵俊智、金天明译，东方出版社，1989。

西亚、波利尼西亚的西部，到距今3000~2000年时再出现在密克罗尼西亚全境，距今2000~1000年时到达波利尼西亚中部及东部。从贝尔伍德新近复原的南岛语族的起源史来看，与南岛语的形成、演变、发展、扩散相关联的民族过程，是一个由西向东经历了3000年的文化移动过程[①]。

南岛语系，属胶着语类型，分印度尼西亚、密克罗尼西亚、美拉尼西亚和波利尼西亚4个语族，有的学者又把它分为不包括密克罗尼西亚语族的3个语族。我国台湾高山族的语言属南岛语系印度尼西亚语族。

我国东南海岸地区仅在台湾有现存的南岛语族，台湾"土著"居民的各民族都说南岛系统的语言，而且各族语言彼此之间的差异很大，表示说这种语言的民族在台湾的历史是比较古老的。张光直先生通过对中国东南海岸地区和台湾新石器时代考古文化的比较研究，认为中国大陆的东南海岸和台湾是原南岛语族的老家，或至少是他们的老家的一部分[②]。

一些语言学家认为，远古时期的汉藏语系、孟高棉语系以及马来波利尼西亚语系属于一个统一的太平洋语言主体。在马来波利尼西亚语系的4个语族中，印度尼西亚语族是发生较早

[①] 乔晓勤：《中国沿海史前文化与太平洋史前文化的关系研究》，中山大学博士生毕业论文，1989年打印稿；深思：《老挝泰佬族系民族探源》（上），《东南亚》1987年第1期。
[②] 张光直：《中国东南海岸考古与南岛语族起源问题》，《南方民族考古》第1辑，四川大学出版社，1987。

的。据语系分群以及语群的层位关系的确定和词汇统计年代学的研究，所得出的结论都倾向于认为南岛语起源于东南亚及附近地区。据词汇统计年代学的标准来计算，台湾"土著"语言至少在公元前2500年时就已经开始分化，又据林惠祥先生所做的台湾少数民族与东南亚若干少数民族语言的比较，从中可以看出台湾的阿美人与菲律宾巴坦群岛土著的语言类似，而菲律宾他加禄语与台湾"土著"语言的类似点亦较马来语为多。语言学家戴安，通过对属于南岛语的近70000个词汇的相关要素的研究，可归于原南岛语的许多词都与"水"或"海"有关，它们包括：船桨、大蚌、鳄鱼、鳗鱼、捕鱼陷机、鲨鱼、虾、海龟等，另有若干词与热带植物有关，如海芋、竹、香蕉、椰子、木槿、甘蔗、红薯等。他最后得出的结论是，大量的与居住于海边和特殊的热带植物有关的原南岛语词汇，说明他们的老家位于热带并位于岛屿地区或大陆的海岸地带。布勒斯特的研究进一步强调了原南岛语族已经有相当发达的航海技术。

本尼迪克特根据他所掌握的语言学证据认为，中国南方的诸方言中，可以发现马来语的基质，在新石器时代晚期和金石并用时代，越人可以分南北两支，而正是南方的一支与马来波利尼西亚语系的诸民族有较多的相似性。

据本尼迪克特说，南岛语族系分4个语族中接近印度尼西亚语的Kadai语（佧迨语）现仍残存于海南岛的黎语、中国大陆南部的仡佬语、拉绨语、拉伽语等语言中。现在海南岛的黎语，贵州、广西、北部湾的仡佬语，印度支那国家的laga语和lati语等合并为Kadai语。这种语言与印度尼西亚语接近，使用侏㑊语的海南岛黎族文化与台湾的文化完全相似，同时他们的纺织和编笼子的技术与印度尼西亚和密克罗尼西亚相似。浅井惠伦氏认为中国台湾的高山族语和菲律宾语曾经存在于中国西南部，并且和现存的泰国语有关系[①]。

日本、瑞典和美国的语言学家对华南方言与东南亚的语言关系进行了研究，认为古代华南语言在几千年前传播到东南亚地区，成为东南亚的主要语系，即澳斯特罗尼西亚语系。而现在的华南语言受北方语言的影响很大，尽管如此，在一些词汇上还是有迹可循[②]。

我国一些语言学家通过对我国古越人后裔壮侗族的民族语言与现今南岛语系的语言的比较研究，在我国南方的壮侗语族的语言中找到了南岛语的踪迹。

最新的语言学资料表明，我国壮侗语族诸语言中作为与汉藏语言同源根据的主要现象，如声调、量词等是后来才发展起来的。将我国壮侗语族中壮傣、侗水、黎3个语支与南岛语系中印度尼西亚语并参考台湾高山族的阿眉斯语、布嫩语及海南岛三亚回族语言作一些词源对比，其结果：一类是南岛语材料跟

---

① ［日］市川健二郎著：《殷、吴越和太平洋群岛文化》，蔡凤书、崔大勇译，《东南文化》1988年第1期。
② 倪大白：《中国的壮侗语与南岛语》，《中央民族学院学报》1988年第3期。

3个语支都能相通,一类是跟3个语支中的两个语支相通,再一类是跟壮侗、侗水中的一个语支相通,最后是跟壮侗语族中的某个语言有关。我国壮侗语族诸语言部分语族同源词或语支同源词跟印尼语的对比表明,其间虽经历了从多音节简化为单音节,从无声调变为有声调这样巨大的变化,但这些词语的基本面貌源自南岛语,结合词序和词组关系来看,壮侗语跟印尼语的一致性也比跟汉语更接近些。尽管如此,壮侗语也不能简单地归入南岛语,因为这些语言在历史的长河中受汉语言的强大影响,经历了"类型转换"过程,从胶着语变为了词根语,毕竟与印尼语有了质的不同[①]。

关于我国古代越人的语言,历史文献资料很少,加上上古汉语和上古越语差异很大,用汉语语音记录越语比较困难,而且会有部分越语词的语音找不到能够表达或能准确表达的古汉字。因此百越民族的语言仅在《越绝书》《吴越春秋》《说苑》,以及扬雄的《方言》中有零星记载。

对古越语有生动记载的是西汉刘向所著《说苑》中的《榜枻越人歌》,文中记载春秋时代楚国令伊鄂君晰在游船上赞赏榜枻越人唱歌的故事。因当时在楚国首都和楚国境内有不少越人居住和兼通越语的楚人,所以这一首历史上非常著名的《越人歌》便被用汉字记音并做了翻译才得以流传至今。

---

① 倪大白:《中国的壮侗语与南岛语》,《中央民族学院学报》1988年第3期。

通过对《越人歌》与现今壮语的对比研究，不少学者认为，《越人歌》中的越语与壮语有一定关系。《越人歌》押韵的特点与今各类壮歌相同，歌中大部分词语都能在现代壮语中找到，有个别词在壮语中消失。歌中语词的意义和词性也与现代壮语相同，只有个别词在现代壮语中稍有变化。语法是语言的基础，是语言本质的表现，它比语音和一般词汇变化缓慢，现代壮语的结构与2000多年前的《越人歌》差异不大。它表现在：《越人歌》与现代壮语一样都用词序和虚词来造句，句子成分的位置也与现代壮语相同，量词受后面指示词的修饰，语序与现代壮语完全相同[1]。

在历史长河中，尽管我国壮侗语族的语言发生了类型转换，但古越语和南岛语在语音、语法上的一些共同特征至今尚保存在我国闽、粤方言之中[2]。

南岛语系印度尼西亚语为胶着语，或称多音节语，它与现今我国壮侗语族诸语言同源的部分大多数是词的第二个音节，跟第一个音节同源的要少很多，第三个音节以后同源的是极少数。我国古代越语亦为胶着语，为一字多音，不像汉语是孤立语类型一字一音。

日人市川健二郎利用考古发掘成果和语言学方面的材料说

---

[1] 韦庆稳：《试论百越民族的语言》，《百越民族史论集》，中国社会科学出版社，1982。
[2] 蒋炳钊等：《百越民族文化》；张永钊：《粤语和壮侗语的现象比较与人类学考察》，《百越史研究》，贵州人民出版社，1988。

明，春秋时期的吴、越二国是太平洋群岛文化的主要部族，是和汉民族具有不同语言和习惯的南方系统的舟楫之民，在语言学上属南岛语系①。

江浙地区的越人谓船为"须虑"；热，越人谓"煦煅"；犬，越人谓"犹獀"；广大越语称"蓼绥"或"羞绎纷母"等②。

我国壮族和布依族自称"布依""布壮""布沙""布依"，和海南黎族自称"濮莱"等均为复辅音，大约也属胶着语的残留。

罗香林先生认为，海南岛黎人自称B'1e或曰B'lei，或又曰B'lae或更曰B'lay。其唇音的B，又每依音韵的相通，而转变为m，致B'lay转变为M'lay，而与Malay（马来）一词，几乎完全相同。这可知马来与黎本为同一名词。因汉语为单音字，后来B'lay仅读为lay，但二者同出一源的关系还是很明显的。马来人的巴莱安（原始马来人）和波利尼西亚二系都有文身的痕迹，波利尼西亚称文身曰"打都"（Tatoo），而古越族支遗裔的黎人亦有文身的痕迹，称文身曰"打登"（Ta-tan）。Tatan与Tatoo，声纽相同，韵部则对转，实际为同一音词，非有同源关系当不致此。

---

① ［日］市川健二郎著：《殷、吴越和太平洋群岛文化》，蔡凤书、崔大勇译，《东南文化》1988年第1期。
② 罗香林：《古代越族方言考》，录自《百越源流与文化》，（台）中华丛书委员会，1955；蒋炳钊等：《百越民族文化》，学林出版社，1988。

罗香林先生的这些论点都被新近的语言学材料所证实。

从语言上看,中印半岛的泰族与我国壮族和傣族有共同的起源。

从语音系统上看,傣、泰、壮三族语音的声母比较简单,共有的声母有14个,共有的韵母有7个。在声调上,三种语言的调类对应整齐。语法方面也相同。词序和量词是表达语法的主要手段;量词较丰富,修饰或限制成分在被修饰的中心词后。词汇方面,在约2000个常用词中,傣、泰、壮三种语言都相同的词有500个,傣语和泰语相同的词有1500个,其中三种语言都相同的词汇绝大多数属于最基本的单音节词根。通过三种语言的对比研究说明三种语言起源于共同的母语,应是来源于同一祖先。①

再从三种语言的语词中没有本民族的"冰""雪"这类词而有一致的"船""田""稻谷""芭蕉""茅草"等词的情况看,他们的祖先不会是生活在冰雪寒冷的北方而是生活在气候温和又靠水的南方,并且很早就有发达的农业。另外,从词汇的比较上也可以看出三种语言的亲疏关系。在所比较的2000个词中,傣、泰语相同的词有1500个之多,而壮语中借汉语的

---

① 罗香林:《马来人与古越人的关系》,《百越源流与文化》,(台)中华丛书委员会,1955。

词较多，而傣语和泰语借汉语词少。从词汇比较上可以看出傣语和泰语之间的关系比壮语更接近，这说明壮族比傣、泰两族较早分化，傣族和泰族分化较晚。这种情况又与"南迁之说"相吻合，即壮族留在汉人势力较大的两广，语言受汉语影响较深；傣族和泰族迁徙到汉人势力不及的西南边远地区，语言中保留本民族成分较多。通过傣、泰、壮三种语言与汉语的比较研究，在傣、泰、壮三种语言中的词汇里找到了数百个和汉语相近或有对应的词（不包括借词），其中一部分在语音上和上古汉语语音接近，有一部分则保留了汉语的古词和古义。这三种语言和汉语的密切关系说明，操这些语言的各族人民在历史上曾经有过共同的生活、密切的交往。从语言上看，傣、泰、壮三族源于中国应是有根据的。

美国语言学家本尼迪克特发现傣、泰、壮这些语言里有不少与印尼语同源的词，比如日、月、星、水、田、头、跟、死、生、黑等，而且在语法上这三种语言的修饰或限制成分在被修饰的中心词后，也和印尼语相同。本氏根据这些现象认为，傣、泰、壮语不属汉藏语系而属于澳-泰语系。[①]

关于上述三种语言的属系问题可暂且不论，但傣、泰、壮语中存在一部分与印尼语同源的词却是事实。这说明傣、泰、壮三种语言中所保留的与印尼语同源的词原本就是一种马来语

---

① 罗美珍：《从语言上看傣、泰、壮的族源和迁移问题》，《民族研究》1981年第6期。

的底层。根据前面一系列语言学的资料可以认为，傣、泰、壮三族的先民曾经说的是一种与印尼语同类型的马来语，而马来语正是胶着语，我国古代百越民族所操的语言亦属胶着语，这就再一次证明，东南亚地区的马来人与我国古代越人之间有着密切的亲缘关系。

我国古代越人的南迁在地名学上留下了不少踪迹。从两广沿着川黔滇直到老挝、越南、泰国都有傣、泰、壮语式的地名。据徐松石先生考证，两广有许多以"那""板""百""博"等起首的地名。在傣、泰、壮三种语言中，"那"是"水田"的意思，"板"是"树桩"之意，"百""博"是"口"的意思（河口、水口）。徐松石先生指出："古代由中国东南向着南洋迁徙的人，大致分为水陆两条路线。陆线移民，大部分属僚僮（壮）部族。……在事实上，仓吾陆线的大迁移，已经使得越寮柬泰掸的地名，与今日岭南的地名表现为同一型格。"地名上的同一型格也就是所谓"齐头式地名"，例如，"那潘""那当"等皆以"那"字开头[①]。

根据地名学的一般原理，地名在最初命名时跟地理环境和历史条件有关。我国两广和云南等地有许多含"那"字的地名，据统计，现代含"那"字的地名，广西有1200多处，分布在全区大部分地区，特别是西部。云南有170多处，主要分布

---

① 深思：《老挝泰佬系民族探源》（下），《东南亚》1987年第2期。

在南部，即文山壮族苗族自治州、红河哈尼族彝族自治州、西双版纳和德宏两个傣族自治州等地。广东有30多处，主要分布在西南部（包括海南岛）等21个县。越南有60多处，集中在北部的一些省份。老挝有30多处，集中在北部一些省份。泰国有两处，分布在难府和那空柏侬府。缅甸有3处，分布在掸邦。含"那"字地名的特点是分布地域集中，连成一片，北界云南宣威的那乐冲，南界老挝沙拉湾省的那鲁，东界广东珠海的那洲，西界缅甸掸邦的那龙，这些地名90%以上集中在北纬21度至24度，并且大都处于河谷平地。就广西而言，70%以上集中在左、右江流域，这些地方的土壤、雨量、气温、日照等都宜于稻作。地名在我国岭南和印度支那半岛广泛分布的情况透露了古代壮族分布和迁徙的情况。这些地名所指的地方大多是小村镇，也有河流和山脉，小地名、山河名往往世代相传不易变动。这些地名都由两个音节合成，其先后次序符合壮语特点，即中心词在前，修饰成分在后。另外，地名重复相当普遍，如广西的巴马、那坡等7个县和云南的曲靖和越南都有"那坡"这个地名。再如那良、那龙、那扶、那排等重复之例，不一而足，这反映了古代农耕居民迁徙的频繁，古代壮族也不例外[①]。"这齐头式地名的双方普遍使用，对于印度支那半岛中部和北部各民族的岭南发源乃是一种十分有力的证据。"除此之外，

---

① 深思：《老挝泰佬系民族探源》（下），《东南亚》1987年第2期。

中国和中南半岛北部地区诸多地名首字的一致，也可作为泰老先民南迁的明证。例如以"板"字开头的地名，广东、广西，以及泰国等地皆有，再如以"博""百"等字开头的地名，在这一地区也可以找到很多。"此类地名，在岭南和泰国一样多。而且也是自广西、广东的南部，经滇南、越南的北部，直至泰国，形成一条密集的路线。泰族发源于岭南，可谓绝无问题。"①徐松石先生所说的是广义的泰族，实即包括今天中南半岛泰佬族系各民族而言。

菲律宾群岛属于东南亚海岛地区的一部分，传统上一直认为尼格利陀人是菲律宾最早的原始居民，但是除了体质人类学的资料表明，菲律宾的居民与亚洲各地的人类群体有着广泛的联系之外，历史语言学的追溯也将菲律宾最早的居民与操南岛语的民族联系在一起。

历史语言学的研究证明，有70种以上的菲律宾语言属马来波利尼西亚语系的印度尼西亚语支，显示出菲律宾民族成分来源的多元化。民族学的证据也显示出菲律宾民族与亚太地区其他民族的密切联系。如菲律宾北吕宋的山地民族与中国台湾"土著"，越南的蒙塔格纳德人，泰国的克伦人，婆罗洲的伊班人，波利尼西亚的博拉人在民族文化特征上有诸多的共同因素可循。

---

① 深思：《老挝泰佬系民族探源》（下），《东南亚》1987年第2期。

对菲律宾民族进行的民族语言学方面的研究进一步证实了民族迁移的理论。有趣的是所有被认为是原土著的民族现在都操着相邻民族的南岛语。他们是丢掉了母语而改操南岛语？抑或他们从前也属南岛语系的民族？至今还是个谜。不管怎么说，如果菲律宾语都属南岛语的话，那么至少大部分民族追溯到底可能来自一个发源地。民族语言学的初步证据已把南岛语的故乡指向中国南部沿海。一些学者认为南岛语系民族最初来自华北的蒙古利亚人种，约在公元前5000年左右迁至华南地区，在那里，这种语言逐渐形成。约在公元前4000年一些南岛语系的民族向东南亚中印半岛、马来半岛迁移。后来一支到了婆罗洲，而其他几支通过印尼群岛到达了美拉尼西亚、密克罗尼西亚和波利尼西亚。约在公元500年南岛语充满了马达加斯加到复活节岛这一片广阔的地区。到婆罗洲的那一支后来登上了菲律宾岛。①

语言学的资料表明，南岛语系的民族在形成之初必定有过共同的语言，当他们迁徙并广泛分布于东南亚各地之后，有的居住沿海低地和平原地区，有的又住在热带密林或高山腹地，由于地域的阻隔，逐渐形成了各种方言，方言之间的差别越来越大，有的甚至不能互相通话。许多世纪以来，使他们在

---

① 大刚：《菲律宾远古人类及其文化》，《东南亚》1986年第3期。

各自不同的情况下发展起来成为语言和文化互异的民族，但民族特点的诸多共同性则表明他们有着共同的历史渊源。我国南方地区的稻作文化，有段石锛、双肩石斧，几何印纹陶、铜鼓文化和悬棺葬等都随着华南古越人的迁徙足迹在东南亚各地得到了传播和发展，成为东南亚诸族和我国古代越人共同的文化特征。

综合上述一系列考古学、民族学、体质人类学和语言学等方面的材料，可以更进一步说明，东南亚行悬棺葬的民族大都与我国古代越人有密切关系。自古以来，东南亚地区的民族文化与华南的民族文化有着深厚的历史渊源。中国人民和东南亚各国人民的传统友谊源远流长，在当今世界各国人民密切加强经济技术合作的形势下，这种传统友谊必然会得到更进一步的巩固和发展。

附录一 我国南方地区悬棺葬与崖洞葬之比较研究

在我国长江流域以及南方的广大地区,分布着一些在崖壁上或崖穴中安葬死人遗体的葬俗遗迹,因其葬地的选择与山崖有关,所以被称为"崖葬"或"悬棺葬""崖洞葬""崖洞墓""崖墓"等。

从20世纪30年代开始,我国南方地区这些葬在崖上的葬俗便引起了中外学者的极大兴趣和关注。自此"崖葬"一词便沿用至今。半个多世纪以来,人们孜孜不倦地探索这些葬俗与现今生活在我国南方地区各民族之间的关系,以及历史上行这些葬俗的民族之间的相互关系。由于长期以来研究工作的分散和各人的研究角度不同,目前学术界对崖葬类型的划分、命名和文化内涵等许多问题均存在着分歧。

笔者不揣浅陋,根据自己多年来对我国南方地区各种类型的崖葬所进行的实地考察,试图对有关崖葬的一些问题,再进行粗浅探讨,以期引起同行更加深入的研究,进一步搞清它们的类型、文化内涵、族属和年代等问题。

一、崖葬、崖墓、悬棺葬与崖洞葬的命名

关于上述考古文化的命名问题在已经举行过的两次全国悬棺葬学术讨论会上，学者们进行了极为热烈的讨论。

一种意见认为，为了突出我国南方地区长期流行"葬在崖上"的葬俗特征，以及它区别于土葬、火葬、水葬等葬俗的特点，宜统称为"崖葬"；再根据各地各个时代各种类型崖葬的特征和历史渊源分别加以命名，笔者很赞同这种观点，认为这种区分有利于研究工作。

"崖墓"主要指东汉、六朝时四川境内最为流行的，在石崖上穿凿洞穴作为墓室的一种墓葬构造形式，有甬道，有墓室，整个布局和随葬物品与同一时期内的砖室墓基本相同，虽有"蛮洞""蛮子洞"等称呼，实为汉人墓葬，属汉文化范畴。研究崖葬的目的在于研究我国南方少数民族历史，因此笔者认为，作为汉文化的崖墓不宜包括在崖葬之中，亦不属本文探讨范围，故不赘述。

悬棺葬是我国南方古代少数民族的一种葬俗。上千年来它流行于我国长江流域及其以南的广大地区，东起福建、台湾，中经江西、湖北、湖南，西到四川和云贵高原，南至广西左江流域。悬棺葬在东南亚地区，甚至太平洋群岛亦有发现。

"悬棺"一词最早见于南朝梁人顾野王记武夷山"地仙之

宅，半崖有悬棺数千"[①]。1948年芮逸夫在《僚为仡佬试证》一文中第一次把"悬棺葬"作为专有名词提出，以后便为不少学者沿用。

关于悬棺葬的命名，目前学术界尚未统一，因此有的学者将凡与山崖有关的葬俗均称为"悬棺葬"或"崖棺葬"。笔者认为，广布于我国南方各地的崖葬，由于葬地选择、文化内涵和反映的宗教观念不同，大体上可分为"悬棺葬"和"崖洞葬"两种类型。

大量的调查研究资料表明，悬棺葬是指人死后，将殓尸棺木高置于临江面海、依山傍水的悬崖峭壁之上的一种奇特葬俗。就其实质来讲，仍属风葬之一种。

崖洞葬是我国南方少数民族另一古老葬俗，主要分布在云贵高原东部的石灰岩山区，即黔南和桂北，此外贵阳市和平坝县等地亦有分布。

崖洞葬是人死以后，将殓尸棺木放入天然崖洞中的一种葬法。崖洞葬的葬地大多数选在山腰或山脚的天然崖洞，不少崖洞葬地点就在村寨附近。滨临江河的崖洞非常罕见。

---

① 〔宋〕乐史：《太平寰宇记》卷之一百一《东南道十三·建州》，中华书局，2007。

二、我国悬棺葬和崖洞葬的文化内涵

悬棺葬和崖洞葬在葬地选择上各自具有的规律性已如前所述。

(一) 两种葬俗的置棺方式和葬法

1. 悬棺葬的置棺方式有以下几种：

(1) 木桩架垫式。棺木架置于天然崖洞或在岩石裂隙所打的木桩之上。此种形式见于福建武夷山、湖南、四川等地，在湘西沅水两岸和川东长江三峡地区尤为常见。

(2) 崖洞式（包括天然岩隙式）。利用临河峭壁上的天然洞穴或裂隙，略加修整（垒筑、填平）置棺其内。这种形式在各地悬棺葬中均有发现。

(3) 横穴式。在临江崖壁上开凿长方式横龛，大小宽窄以容一具长约2米，高、宽约为0.5米左右的棺木为限，棺侧外露。这种置棺方式见于川南、川东长江三峡等地。

(4) 方穴式。在临江崖壁上开凿宽约1.5米见方或稍小的方洞，或者利用天然洞穴加工成方洞，置棺其内。此种形式在川东南、湘西和鄂西等地常见。

(5) 悬崖木桩式。在临江绝壁上开凿小方孔，打入木桩，然后架棺其上。这种形式多见于川南、湘西等地。

(6) 崖缘式。在海边陡峭崖壁上常有突出的狭窄崖缘形成天然平台，棺木置放上面，此种形式在台湾和东南亚海岛地区较为常见。

2. 崖洞葬的葬法严格按氏族和家族区分，一般是一个家族同葬一个崖洞，也有同一氏族中几个家族同葬一洞，但在洞内各家族棺木摆放的位置均有定规，不得混淆。因此崖洞葬中每个洞至少有几具、十几具棺木，许多崖洞多达几十具乃至数百具。尽管由于年代久远，棺木已经散乱，但不少洞内棺木仍可看得出是成堆放置，彼此之间不相混淆。

崖洞葬的置棺方式有如下几种：

（1）使用简易尸床。这种形式并无棺木等作为葬具，同一家族的人使用一个崖洞。人死后尸体依照亲疏关系分别置放在简易尸床上。如贵州荔波县瑶山乡的一种崖洞葬。

（2）同一家族使用同一口棺木。同一家族的人死后葬入同一崖洞，但葬具却是一个家族的成员共用一口大棺，同一代人使用同一口大棺，不是同一代人，便不能使用同一口大棺，如贵州罗甸县油尖寨。

（3）人死后一具尸体用一口棺木。同一家族成员死后葬入同一崖洞，但殓尸棺木严格按辈分或家庭搁置或重叠安放，如贵州荔波县、惠水县等地的崖洞葬。

（4）人死后同一家庭或家族成员共同使用一具棺木。棺内至少有两具尸骸，甚至3至7具不等。棺内有男女合葬，亦有成年人与儿童合葬，当是一个家庭成员或同一家族成员，按死者去世时间顺序先后葬入同一棺中，如广西南丹县里湖崖洞葬。

（二）我国悬棺葬和崖洞葬的葬具形制

1. 悬棺葬的葬具

据目前所掌握的科学资料，我国南方各地的悬棺葬具绝大多数为整木刳空而成，按棺木的外形大体上可区分为如下几种：

（1）船形棺。这种棺头尾上翘，形状同于现今江河滨海所使用的小木船，主要见于我国福建武夷山，而在东南亚地区的悬棺葬中船形棺却十分普遍。据实地考察，川东长江三峡地区至今未发现悬棺葬中有船形棺。

（2）圆筒形棺和方形棺。这两种棺木在我国各地的悬棺葬中最为普遍，它们分圆筒形和长方体形，而且绝大多数棺的棺盖，棺身系同一段整木剖开，挖空而成，子母口闭合。

迄今为止木板拼合式棺在我国悬棺葬中极为罕见。根据长江三峡所见某些残棺板推测，可能有木板拼合式棺。

2. 崖洞葬之葬具

我国崖洞葬的葬具全为木质，但棺木形制大多为木板拼合式，而整木挖凿成的棺十分少见。

（1）木板拼合式高架棺Ⅰ式。这类棺见于广西南丹县和贵州荔波县的崖洞葬。棺木制作上，棺盖板和棺底板大小相同，板内四周开槽，棺侧板与棺挡板均嵌入槽口内。棺侧两端的凸出部分上凿方孔，穿入木栓固定两棺侧板。整个棺身外加木制棺架固定。棺架立柱高约1.6至2米，棺架分圆形和方形两种，大多数棺架立柱顶部加工成牛角形或菱形等。

（2）木板拼合式高架棺Ⅱ式。见于贵州惠水摆金棺材洞。棺身由六块板拼合，拼合方式与上述高架棺Ⅰ式相同。然而两棺侧无凸出部分，棺侧板与棺挡板用木栓或榫头固定。棺木用棺架固定，棺架主柱高约1.2至1.3米。

（3）木板拼合式高架棺Ⅲ式。见于贵阳高坡乡崖洞葬，棺木形制与汉式弧背形棺基本相同，棺木外加棺架固定搁置，棺柱大多为碗口粗的圆木做成，高约1.5至2米。

（4）木板拼合式低架棺。见于广西南丹县和贵州荔波县等地。棺木形制与高棺架Ⅱ式大体相同外加棺架立柱较低，一般高约1米或不足1米。

（5）栓棺。见于广西南丹县和贵州平坝县崖洞葬。棺身由大块木板拼合，棺盖、棺底和两棺侧均用木栓固定，另有一种形制只是用两条木栓插入两棺侧板尾部所凿的方孔中将整个棺身固定。

（6）弧背形汉式木板拼合棺。见于贵州平坝县。

（7）整木挖凿的圆形棺。仅见于贵州平坝县下坝乡崖洞葬。棺盖、棺身为同一段整木剖开，棺身刳空，以仅容一具尸体为限。制作非常原始粗糙，棺盖、棺身两端用竹篾、藤条捆扎固定。

（三）悬棺葬和崖洞葬的葬制和葬式

我国南方地区的悬棺葬有一次葬和二次葬之分。福建武夷山、江西贵溪仙岩、四川珙县和长江三峡等地的悬棺葬均为一次葬，葬式为仰身直肢。二次葬在我国悬棺葬中非常普遍，如湘西、鄂西、川东南、黔东北、广西左右江流域等地的悬棺葬均为二次葬。

贵州和广西等地的崖洞葬据目前已掌握的资料，绝大多数为一次葬，葬式为仰身直肢。

三、我国悬棺葬和崖洞葬的族属

（一）悬棺葬的族属

关于悬棺葬的族属目前学术界主要有两种意见：百越说和苗瑶说。

凌纯声、芮逸夫、石钟健等先生根据悬棺葬的地理分布与古代越、僚及其后裔的分布地域基本一致的事实，从悬棺葬起源于滨水居民之中等多方面论证了我国悬棺葬为古代越、僚及其后裔的葬俗[①]，历史文献记载和实地调查等科学资料表明，我国南方各地的悬棺葬大多与古代越、僚人有关[②]。

另一种意见认为悬棺葬为苗瑶族中一些部落的葬俗。其根据之一是，这种葬俗用整木挖凿的葬具起源于船形舂塘，此乃南方苗瑶族习用的碓米工具，先把舂塘悬放在崖上，后来才埋入土中[③]。

根据笔者在贵州、湘西、川东南等地的民族调查，我国苗瑶族自古无悬棺葬俗。

（二）崖洞葬的族属

笔者实地调查表明，我国崖洞葬的分布地域主要集中在贵州、广西。贵阳市高坡乡和平坝县下坝乡的苗族以及黔南荔波县瑶麓乡的瑶族至今尚保留崖洞葬俗。而贵州惠水的部分苗族和荔

[①] 凌纯声：《中国与东南亚之崖葬文化》，台湾《"中央研究院"历史语言研究集刊》第23本，下册，1950；芮逸夫：《川南民族的悬棺问题——僰人悬棺乎？僚人或仡佬悬棺乎？》，《中央周刊》1947年第9卷第12期。石钟健：《四川悬棺葬》；林忠干、梅华全：《武夷山悬棺葬年代与族属初探》，均载《民族学研究》第四辑，民族出版社，1982。

[②] 福建省博物馆、崇安县文化馆：《福建武夷山白岩崖洞墓清理简报》；四川省博物馆、珙县文化馆：《四川珙县洛表公社10具"僰人"悬棺清理简报》，均载《文物》1980年第6期；江西省历史博物馆、贵溪县文化馆：《江西贵溪崖墓发掘简报》，《文物》1980年第11期；陈明芳：《湘西悬棺葬与仡佬族》，《贵州民族研究》1985年第3期；陈明芳：《四川东部乌江流域悬棺葬调查概况》，《四川文物》1985年第4期；梁太鹤：《崖葬与越僚关系》，《民族学研究》第四辑，民族出版社，1982；梅华全：《武夷山悬棺葬族属再探——兼论东南地区悬棺葬属于"七闽"族》，《广西民族研究》1988年第1期。

[③] 向达：《中国的岩葬制》，《星期评论》渝版，1941年第28期；曾凡、杨启成、傅尚节：《关于武夷山船棺葬的调查和初步研究》，《文物》1981年第6期；林向：《中国悬棺葬学术讨论会纪要》，《文物》1981年第8期。

波县的一些瑶族由崖洞葬改行土葬不过是近百年之事。贵州和广西地区的崖洞葬目前均能被当地苗族和瑶族确认为自己祖先的葬俗，很显然，我国南方地区的崖洞葬大多为苗瑶族葬俗。

四、我国悬棺葬和崖洞葬的年代

（一）悬棺葬的年代

迄今为止所掌握的资料表明，我国悬棺葬大约起自商周，大陆上最晚的一直延续至明清。

福建武夷山白岩船棺经碳14测定，树轮校正年代为：3445±150年　B.P（距今年代，以下表述相同）。

观音岩船棺碳14测定，树轮校正年代为：3620±130年　B.P，大体上相当于我国商周时期。[①]

江西贵溪仙岩悬棺葬之棺木经碳14测定为：2594±75年　B.P，树轮校正年代269±159年。[②]

四川南部珙县一带的僰人悬棺，据文献记载和随葬器物的分析，为明代中期文化遗存。

[①] 福建省博物馆、崇安县文化馆：《福建崇安武夷山白岩崖洞墓清理简报》；曾凡、杨启成、傅尚节：《关于武夷山船棺葬的调查和初步研究》，均载《文物》1980年第6期。

[②] 江西省历史博物馆、贵溪县文化馆：《江西贵溪崖墓发掘简报》，《文物》1980年第11期。

（二）崖洞葬的年代

结合历史文献记载与实地调查所知，我国南方地区目前所见的崖洞葬年代较晚，大多为明、清时期的文化遗存。贵州是我国崖洞葬分布最集中的地区，关于这一地区崖洞葬的记载最早见于明代，如田汝成《炎徼纪闻》《贵州图经新志》等，一直到民国时期均有不少记载，而且这种葬俗至今仍被保留。

五、我国悬棺葬和崖洞葬的起源及其反映的宗教观念

丧葬习俗属意识形态范畴，是经济基础的反映，此外世界各民族的葬俗和所处的地理环境亦密切有关。

（一）悬棺葬的起源及其反映的宗教观念

1. 悬棺葬地的选择必须依山傍水和船形棺的使用反映出悬棺葬起源于江河湖海的水居民族

据历史文献记载和目前所掌握的考古资料，福建、江西等东南地区的悬棺葬在我国悬棺葬年代中最早，且为古代越族之葬习。《汉书严助传》："越方外之地，……处溪谷之间，篁竹之中，习于水斗，便于用舟，地深昧而多水险。"古代越人的经济生活"陆事寡而水事众，于是人民被发文身，……短褙

不袴,以便涉游,短袂攘卷以便刺舟"[1]。

上述记载表明,我国古代越人所处的地理环境和经济生活与江河湖海息息相关。人类社会的宗教观念产生以后,人们便根据鬼魂到另一世界去生活的幻想,将人的现实生活附加给鬼魂世界。因此许多民族的丧葬习俗都具有事死如事生的特点。基于这样一种宗教观念,古代越人便将悬棺葬地选在依山傍水的悬崖峭壁。人的生命虽已结束,然而死者的鬼魂与原先的社会群体尚继续保持着密切联系。在冥冥之中他依然与他的亲人在以前所处的地理环境中生活。

船是我国古代越人重要的生产工具和生活用具,福建武夷山的船棺是迄今为止我国悬棺葬中最早的葬具。白岩、观音岩保存较好的两具船葬全长3.5至5米左右,宽约0.55米,高0.6至0.7米。无论从形状、大小等方面来看,武夷山船棺均与目前闽北江河及闽南厦门等地沿海所用的木船和渔船相似。这种情况表明,船形棺最早很可能就是实用器物。

四川巴县和昭化县所发现的巴人船棺均长4至5米,宽1至1.2米,有的船棺板厚达12厘米以上[2],如此巨大的船棺亦应是生前的生产和交通工具。

在东南亚地区以船为棺的习俗亦十分普遍,越南的朱芹遗址、朱山遗址都发现了船棺葬,越溪(海防)也有独木舟式的

---

[1] 《淮南子·原道训》。
[2] 四川省博物馆编《船棺葬发掘报告》,文物出版社,1960。

船棺葬[①]。至今越南的傣族人仍把死者放在独木舟式的棺材中，马来西亚甘榜双溪朗遗址发现了两面铜鼓放在一座船棺的木板上，在瓜拉塞林新发现了一个渔人村落的船棺葬遗存。在加里曼丹岛洞穴遗址中同样发现了船棺葬俗[②]。

据民族学资料，沙巴东海岸的沙巴人、加里曼丹岛的斯卡宾（Skapan）族、美拉尼西亚所罗门群岛和新赫布里底群岛中的安布奄（Ambutym）岛的要人以及汤加和萨摩亚群岛的酋长等死后均用船棺。萨摩亚群岛盛尸用单船或双船，班克斯群岛的Vanun Lava岛，人死即以生前所用之船为棺[③]。

在我国，无论东南地区还是西南地区的悬棺葬中几乎所有的葬具均为整木凿成。整木刳空而成的棺与独木舟相似，可以认为是一切船类的祖型。大量的科学资料表明，船与行悬棺葬的民族有着密切关系。从我国和东南亚的悬棺葬和船棺葬大都分布在江河沿岸和滨海地区来看，这两种葬俗都起源于近水而居的民族之中，是海洋民族的文化特征。

近水而居，善于造船和用船是我国古代越人的特点。船在他们的生活中不可缺少，死后以船为棺，继续享用，完全符合这一人们共同体的心理素质。

---

① ［英］杰里米·戴维森：《越南近年来的考古活动》，载中国社会科学院考古研究所《考古学参考资料》第2辑，文物出版社，1979。
② ［法］埃德蒙·索兰等：《印度支那半岛的史前文化》，载中国社会科学院考古研究所编《考古学参考资料》第2辑，文物出版社，1979。
③ 凌纯声：《中国与东南亚之崖葬文化》，载《中国边疆民族与环太平洋文化》（上），台北，1979。

2. 悬棺葬反映的宗教观念主要是祖先崇拜

祖先崇拜是在鬼魂崇拜的基础上发展起来的，是家庭、私有制产生和发展的产物。人们迷信祖先的灵魂具有佑护子孙后代的神秘力量，尽管鬼魂是人们恐惧的对象，但对死去的祖先却极为崇敬。人死后，人们想尽一切办法来安抚死者，以取悦祖先的灵魂，并祈求得到祖先灵魂的保护。

尸骸是灵魂的寄居之所，毁坏尸骸会使祖先的灵魂失去依托。为使祖先灵魂得到永久的安息，因此在葬法上要尽量避免野兽和其他人为等因素的伤害。悬棺葬的宗教目的盖源于此。一方面悬棺葬滨水而葬，祖先的鬼魂在阴间仍与亲人们生活在一起；另一方面，棺木悬棺葬于临江面水的高崖绝壁，人迹罕至，野兽亦难侵害，正符合人们的期望。

唐张鷟《朝野佥载》云："五溪蛮，父母死，于村外阁其尸，三年而葬……尽产为棺，于临江高山半肋凿龛以葬之，弥高以为至孝。"印度尼西亚苏拉威西岛中部地区的托拉贾人（Toraja）直到现在尚行悬棺葬俗，他们在陡峭的悬崖绝壁选择置棺之所，认为棺穴挖凿得越高越好[①]。人们相信，尸骸在空中保存的时间越长越吉利，死者的灵魂就越容易步入另一个世界，子孙后代便会受到祖先灵魂的长久佑护。于是人们不惜倾家荡产，不仅将殓尸棺木悬葬在险峻的峭壁之上，而且争相放

---

① 《世界民族大观》第二册《东南亚·杜拉其族隆重的葬礼》，台北：自然科学文化事业公司印行，1978。

置得越高越好。

（二）关于崖洞葬的起源及其反映的宗教观念

1. 崖洞葬是人类社会早期洞处穴居生活的反映

考古学资料表明，在远古时期由于社会生产力低下，人类多以天然洞穴为居住之所，人死后就直接埋葬在生前所住的洞穴之中。迄今为止，国内外发现的最早的丧葬均产生于洞穴内，如北京的山顶洞人和欧洲的尼安德特人。

我国苗瑶族同胞自古以来大多居住于我国南方山区，山林为他们提供了衣食之源，同时山区众多的天然崖洞便是他们的栖息之所。至今贵州有部分苗族仍居住于山洞。

生时既以崖洞为家，死后依然归葬崖洞，这是符合情理的事。我国南方地区的崖洞葬基本上分布在云贵高原的石灰岩山区，这里岩溶地貌发育良好，普遍存在的崖洞与溶洞为实行崖洞葬的民族提供了优越的地理条件。

2. 崖洞葬是早期人类社会的产物，它所反映的原始宗教观念是以氏族或家族为主的血缘关系

崖洞葬是原始社会时期鬼魂观念产生之初的产物。关于崖洞葬的来历，笔者在广西南丹县白裤瑶地区调查时听说这样一个传说故事。相传很久以前，瑶族人死以后并不埋葬，而是将死人的尸体平分给大家吃掉，这种习俗保留了很久很久。后来瑶族之中有一个名叫老洒的青年由于亲眼看见了母牛产小牛

时的痛苦情形而念及自己的母亲辛劳和养育之恩，决心改变分食老人尸体的陋习。当他母亲衰老去世以后，他便悄悄将母亲的尸体藏匿在山上的崖洞中。后来人们终于发现老洒的母亲去世，坚持要分食尸体。为了说服人们，废除吃人风气，老洒在舅舅的帮助下用砍牛的方式将牛肉平分给大家。自此瑶族开始实行崖洞葬并举行砍牛仪式。

这个传说表明：

（1）瑶族社会历史的发展曾经历过生产力水平极其低下的原始社会，由于生活资料的匮乏尚存在过食人遗风。

（2）人类丧葬习俗的产生是社会生产力发展的结果。在原始宗教观念——鬼魂崇拜产生之前，瑶族先民还无丧葬礼仪的葬俗。

这个传说从民族学的角度证明我们南方苗瑶族的崖洞葬是早期鬼魂崇拜观念的产物。

随着社会生产力的发展，我国苗瑶族虽早已进入阶级社会，但崖洞葬的种种葬法所反映的宗教观念均带有浓厚的原始氏族社会的特点。

在原始氏族社会人与人之间的关系依靠血缘纽带来维持，任何人都不能离开自己的氏族而独立生存。人死以后，人们按现实的社会生活对待鬼魂世界。因此崖洞葬均是同一氏族或同一家族的成员死后葬入同一崖洞，他们生前是一个关系密切的社会群体，死后也同样不能分离。

六、我国悬棺葬和崖洞葬之间的关系

我国南方地区的悬棺葬和崖洞葬虽有一些相似或相同之处，但总的来讲是小同大异。

（一）悬棺葬和崖洞葬的相同点

1. 两种葬俗均与山崖有关，而且殓尸棺木都是置于空气之中，从处理尸体的方法上讲，同属风葬。

2. 两种葬俗均为我国南方少数民族的葬俗。在葬仪和随葬品方面具有相同之处。据民族学调查，我国南方少数民族非常注重丧葬礼仪而不像汉族那样讲究厚葬。两种葬俗的随葬物品都不甚丰富，且多为生活用品，少见生产工具和武器，随葬品以竹木制品为多。

前引《朝野佥载》对历史上川东南、湘西、黔东北等地"五溪蛮"的悬棺葬俗中隆重的丧葬礼仪做了极为生动的描绘，"五溪蛮，父母死，于村外阁其尸，三年而葬，打鼓路歌，舞戏月余……"我国苗瑶族崖洞葬自古至今，除死者随身所穿衣服（裙子）、少量首饰、头枕及一个盛饭的小竹箩外，几乎无其他随葬物品，然而为死者送葬的砍牛仪式却十分隆重，耗资甚巨，而且丧葬礼仪长达数日之久。

3. 从目前所掌握的资料来看，除江西贵溪仙岩悬棺葬有封门而外，我国南方地区的崖洞葬和悬棺葬均无封门。

（二）悬棺葬与崖洞葬之间的差异

1. 两种葬俗在地理分布和葬地的选择上不同

悬棺葬的地理分布与我国长江流域及其以南的一些江河密切相关。葬地的选择必在滨临江海的悬崖峭壁，人们难以攀登到达的地方。

崖洞葬的分布集中在我国云贵高原的石灰岩山区，基本上与江河无关。葬地的选择绝大多数在村寨附近的山脚、山腰。有的崖洞葬地虽山势险峻，但很少选在悬崖绝壁或山顶，大多数葬尸崖洞都容易入内。

从分布的地域上讲，悬棺葬的分布远比崖洞葬为广。

2. 两种葬俗反映的经济生活不同

从悬棺葬的地理分布和葬地的选择以及使用船棺等方面看，这是一种水上作业较多的民族之葬俗，它反映的应是稻作和捕捞渔猎为主的经济生活。而崖洞葬则是我国西南山地从事粗放农业耕作兼营狩猎和采集的少数民族的葬俗。

3. 两种葬俗使用的葬具不同

我国悬棺葬中的葬具绝大多数为整木剖制，这类棺的形制或为船形，或可称独木舟式。木板拼合式棺罕见，更无汉族式弧背形棺。

崖洞葬中绝大多数棺具为木板拼合式棺，整木挖凿成的棺极为少见，更无船形棺。然而崖洞葬中所普遍使用的长方体，外加井字形框架的棺木绝不见于悬棺葬之中。

4. 两种葬俗放置棺木的方法不同

悬棺葬放置棺木的崖壁都选有突出崖檐的地方，或利用天然崖洞（包括崖隙），若无天然崖洞可利用，则在崖壁上开凿壁龛或者凿孔打桩放置棺木，说明悬葬高崖绝壁有明确用意。悬棺葬的棺木有多具放入一洞内或层叠置于木桩之上，但有许多是一具放入一洞或一龛之中，或者架置于木柱之上。

崖洞葬绝大多数利用天然岩洞置放棺木，且几乎都是为数众多的棺木放入同一洞内。

5. 两种葬俗的葬制有差异

悬棺葬中有一次葬和二次葬之分，而崖洞葬据目前的实地调查大多为一次葬，罕见二次葬。

6. 两种葬俗的年代有较大差异

我国悬棺葬流行年代久远，大约从商周一直延续到明清。关于南方地区悬棺葬的记载最早见于三国时期沈莹《临海水土异物志》。对大多数地区的悬棺葬，人们早已莫知其从来，千百年来蒙上了浓厚的神秘色彩。如武夷山的悬棺葬被称为"仙人所居""仙人蜕骨之所""虹桥板"，湖南湘西的悬棺葬被称为"仙人木""仙人舟""仙人晾衣"等，并将一些求仙、升天的汉族宗教观念附会上去。

我国现存崖洞葬的年代远比悬棺葬为晚，有关文献记载最早见于明代。据笔者实地调查与文献记载相符，目前所见崖洞葬年代上限大致在明代，时至今日我国部分苗瑶族仍保留崖洞葬习。

7. 两种葬俗反映的宗教观念不同

崖洞葬反映的宗教观念带有浓厚的血缘色彩，属早期人类社会的鬼魂崇拜，而悬棺葬反映的宗教观念则是在鬼魂崇拜基础上发展起来的祖先崇拜。悬棺葬中许多棺木重叠置放一处，虽也有血缘关系的反映，但从整个葬俗来看，它是以保护祖先尸骨为主要目的。"五溪蛮，父母死，于村外阁其尸，三年而葬……尽为棺，顾临江高山半肋凿龛以葬之，……弥高以为至孝"[①]，这段记载可充分说明悬棺葬所具的祖先崇拜性质。如前所述，崖洞葬几乎均为一次葬，而悬棺葬中除一次葬外，二次葬相当普遍。二次葬无论在葬仪和葬法上都比一次葬复杂。

8. 我国部分地区的悬棺葬伴有崖画

迄今为止，我国悬棺葬分布地仅在四川珙县麻塘坝悬棺葬和广西左江流域悬棺葬附近发现确有崖画。

广西左江流域崖壁画年代约为先秦至两汉时期文化遗存，学术界对此论述颇多，兹不赘述。已发现的左右江流域悬棺葬中随葬物品多明清时代遗物，悬棺葬年代上限至少为唐代[②]。由此看来，左江崖壁画与悬棺葬年代相去甚远，很难讲二者之间

---

① 〔唐〕张鷟：《朝野佥载》。
② 张世铨：《广西崖洞葬和几个有关问题的商讨》，《民族学研究》第四辑，民族出版社，1982。

有何必然联系。四川珙县麻塘坝几乎凡有悬棺葬的崖壁周围都有崖画，二者之间关系密切。

到目前为止，贵州、广西地区的崖洞葬附近尚未发现崖画。

（三）悬棺葬和崖洞葬之间的相互影响和交流

我国自古以来是一个多民族大家庭，在我国南方地区各民族交错杂居的特点非常突出。

我国苗瑶语族诸民族与古代越、僚人后裔——壮侗语族各民族，如壮、布依、仡佬族等长期杂居，共同生活，在经济文化方面交往频繁，形成不可分离的血肉关系。在贵州望谟地区崖洞葬被认为是"炕骨苗"的葬俗，但当地有部分苗族和布依族同样忌讳摸"炕骨苗"的棺材及物件，尤其忌讳到"炕骨苗"洞，即崖洞葬中。又据今人调查，贵州安顺、兴义、毕节和黔东南的部分苗族自称"濮"，而凯里、黄平、雷山等地的苗族则自称"仡佬"。湘西地区行悬棺葬的民族被当地人称为"仡佬苗"。

这种"你中有我，我中有你"的特点是我国各民族在长期历史发展过程中不断自然同化、相互混血融合的结果。

悬棺葬和崖洞葬随着时代的发展和各民族之间交往的频繁，它们之间也必然产生影响和交流。贵阳高坡乡行崖洞葬的苗族，在近百年也有类似悬棺葬的葬法，如苏垭村白岩距地面约30米的悬崖绝壁上置放一具棺木。高坡乡云岭村不远临溪悬崖裂缝中也放有几具棺木。而较晚的悬棺葬在葬地的选择上已不很严格,如湖南慈利县悬棺葬分布密集的龙潭镇龙头山崖一处悬棺葬和广西柳江县木罗村等地的悬棺葬便在一般的山脚、山腰,高度不高,且崖下亦无江河溪流。

通过对我国南方地区悬棺葬和崖洞葬有关问题的探讨,可以看出,悬棺葬与崖洞葬虽有某些相同之处,但无论从葬地的选择、文化内涵、年代、族属以及所反映的宗教观念等方面来看,它们都是各具浓厚民族特点的葬俗,若将这两种葬俗混为一谈,势必造成混乱。

我国南方地区的悬棺葬尽管分布地域很广,但不论东南地区,还是西南地区的悬棺葬,它们在地理分布、葬地选择、文化内涵、族属、反映的宗教观念等各方面均具有共同的规律性,这些共同的因素便可说明这两大地区的悬棺葬之间的渊源和传承关系。不可否认它们之间也存在某些差异,但是归根结底,它们在一系列根本问题上具有相同性质,应属同一类型文化,硬将它们割裂开来,显然是不恰当的。

(原载《中央民族学院学报》1989年第5期,《高等学校文科学报文摘》1990年第2期转载)

附录二 中国悬棺葬研究回顾

——纪念中山大学人类学系前系主任梁钊韬先生

悬棺葬是分布于华南和东南亚地区十分古老而又奇特的考古文化和丧葬习俗，流行于商周时期直至明末清初我国长江流域及其以南的福建、江西、浙江、台湾、湖南、湖北、贵州、四川、云南、广西十个省区及东南亚的一些少数民族之中，到现代东南亚尚有此种葬俗保留于印度尼西亚苏拉威西岛山地民族托拉贾人（Toraja）当中。

世界上形形色色的丧葬习俗都深刻地体现出人类对自己的生命终结之后，人的灵魂应有归宿的观念。灵魂不死的观念使人们绞尽脑汁，想出了许许多多处理尸体的方法。如土葬、水葬、火葬、树葬和天葬等。在所有葬俗中，唯有人死后，将其殓尸棺木高高悬挂在临江面水的高崖绝壁的丧葬习俗使人们格外感到惊奇和震撼。这一种葬俗就是举世闻名的悬棺葬，究其实质，它只是风葬中的一种形式。

一、我国历史文献中关于悬棺葬的记载

丧葬习俗是人类文化的一个侧面。悬棺葬以奇异诡谲的风貌和丰富的文化内涵，源远流长的历史，自古以来便深深地吸引着历代的文人学士。

早在三国时期，东吴丹阳郡的太守沈莹在其著作《临海水土异物志》中便详细记载了临海郡（浙南、闽北）沿海地区的"安家之民"和台湾"夷州民"的生活习俗以及悬葬俗，其文曰："安家之民悉依深山，……父母死亡，杀犬祭之。作四方函盛尸，饮酒歌舞毕，乃悬著高山岩石间，不埋土中作冢郭也。"这是迄今为止，在我国历史文献中最早关于悬葬俗的记载。

南北朝时，南朝人顾野王奉朝廷之命到福建视察，他用生动的文笔记述了武夷山溪（又称九曲溪）两侧悬棺葬的壮观景象："地仙之宅，半崖有悬棺数千。"悬棺葬这一名词的来源应该说与顾野王有关。

到唐宋时期，关于中国悬棺葬的历史文献记载越来越多。如唐代人杜佑所著《通典·边防》记述了湖南湘江流域水上居民疍人的悬棺葬俗："潭衡州人蜑，取死者骨，以小函子盛，置山岩石间。"最引人入胜的是唐朝著名学士张鷟在《朝野佥载》非常生动、形象地描述了居住在湘、鄂、川、黔四省交界山区的少数民族"五溪蛮"的悬棺葬俗，其文曰："五溪蛮，父母死，于村外阁其尸，三年而葬，打鼓路歌，亲属宴饮舞戏，一月余日，尽产为棺。于临江高山半肋凿龛以葬之，自山上悬索下柩，弥高以为至孝，即终身不复祀祭。初遭丧，三年不食盐。"宋代朱辅在所著《溪蛮丛笑》中对湘西地区"五溪蛮"的悬棺葬俗有了更加明确而详细的记载，宋、明、清的地方史志对各地悬棺葬的记载更多更详。

唐宋时期居住在湘、鄂、川、黔交界的五陵山区的"五溪蛮"悬棺葬俗十分盛行。它的种种礼仪在现今仍保留此种葬俗的印度尼西亚托拉贾人中，还能得到鲜明的印证。居住印度尼西亚苏拉威西岛中部山区的托拉贾人，语言属南岛语系印度尼西亚语族，被称为旧马来人。相传，托拉贾人的祖先于五千年前从亚洲大陆地区逐渐南下，到达印度尼西亚苏拉威西岛等地的沿海地区。后因受到新马来人的排挤而退居丛林山区。目前尽管他们受到印度教和伊斯兰教的影响，但人死以后，将殓尸棺木葬在临江面水的悬崖峭壁上的悬棺葬俗在他们的生活中仍然占有相当重要的地位。

二、悬棺葬研究的意义

悬棺葬不仅在我国分布很广，而且在东南亚地区甚至太平洋岛屿亦有分布。悬棺葬在太平洋地区形成了一个文化圈，被凌纯声先生视为环太平洋文化中的一个重要组成部分。因此，悬棺葬研究也是一个世界性的学术课题。

从20世纪30年代初开始，中外学者孜孜不倦地对悬棺葬进行了多方面的调查研究和理论探讨。中山大学人类学系前系主任梁钊韬先生从40年代开始就密切关注悬棺葬研究课题，他以文化人类学家的睿智认为这是华南民族史及其民族关系史的一个重要课题。它是以悬棺葬作为一个切入点，去研究中国南方一些少数民族的来源、民族迁徙和南方少数民族之间的关系，不仅具有很高的学术价值，而且对于维护和巩固中华民族共同体有着重大的现实意义。1979年我接受钊韬师的指导，从事悬棺葬专题研究。本文的主要内容是回顾中外学者70年来在悬棺葬这一人类学研究领域中付出的种种辛劳和他们在崎岖的道路上艰难攀登科学高峰的历程。

三、中国悬棺葬研究的几个阶段

（一）悬棺葬研究的初期阶段（20世纪30～40年代）

20世纪30年代初，人们在宜宾发现了一块明代石碑，引起了当时任华西大学博物馆馆长、美国学者、文化人类学博士葛维汉（Dr. D. C. Graham）教授的密切注意。于是他将自己多次到川南珙县、兴文县调查的资料写成文章，在《华西边疆研究杂志》上发表，从此中外学者便开始了对悬棺葬的专题研究。

1937年抗日战争全面爆发，迁往西南内地的一大批著名学者如：向达、林名钧、郑德坤、芮逸夫、贺昌群等对川南和湖南等地区的悬棺葬文化进行了热烈讨论和研究，发表了大量研究论文。从20世纪30年代初到50年代，中国悬棺葬研究已成为一个重要的人类学课题，但由于当时的历史条件的限制，研究工作多凭文献考订，而少实地调查。

（二）中国悬棺葬研究的第二阶段（20世纪50~70年代）

1949年以后，历史学界的老前辈、原重庆市博物馆馆长邓少琴先生和梁钊韬先生等南方民族史专家和考古学者，一直继续关注着中国悬棺葬的研究。这期间，四川省和重庆市的考古工作者对川南和长江三峡地区的悬棺葬做了重点调查。1974年，四川省博物馆、珙县文化馆对珙县麻塘坝10具悬棺做了清理，获得人骨架7具及大量随葬物品。这一系列的实地调查对研究四川地区的悬棺葬积累了不少第一手资料，同时开创了悬棺葬田野科学考察的新局面。特别应该提到的是，著名的民族学家凌纯声先生于1950年在台湾发表的《中国与东南亚之崖葬文化》，这篇论文具有很高的学术价值。

（三）中国悬棺葬研究的第三阶段（20世纪70~90年代）

到了20世纪70~90年代，悬棺葬研究便进入了全面的实地调查和综合性理论研究相结合的崭新阶段。福建、江西、湖南、湖北、贵州、广西、四川等省区的博物馆、考古研究所等科研机构以及中山大学人类学系、厦门大学人类学系等高等院校的学者对广布于我国长江流域及其以南地区的悬棺葬普遍开展了实地调查研究。

1978年前后福建省博物馆在福建崇安武夷山的白岩和观音岩取下2具悬棺（船形棺）并做了清理，对福建武夷山的悬棺葬做了实地考察。1979年江西省博物馆和贵溪县文化馆联合对江西鹰潭市贵溪仙岩的30多具悬棺进行发掘清理。1980年贵州省的考古工作者对贵州松桃县云落屯仙人岭的悬棺葬及岑巩县桐木白岩的悬棺葬进行了发掘、清理。自20世纪70年代以后研究工作便朝着理论性的深度发展，中国学者开始从宏观上进行多学科的综合研究。在这方面，江西、福建、四川等地的考古工作者以及中山大学人类学系的学者成绩最为突出。

半个多世纪以来全国许多学术刊物和《考古》《文物》《民族研究》《考古与文物》《南方文物》《贵州民族研究》《广西民族研究》《四川文物》等发表了不少关于中国悬棺葬的研究文章。1982年民族出版社出版了悬棺葬研究专辑《民族学研究》第四辑。1992年由重庆出版社科学学术著作出版基金资助出版了笔者完成的国内外第一部从宏观角度全面、系统研究悬棺葬的学术专著《中国悬棺葬》，笔者将通过大量的田野科学考察所获的第一手资料，在总结前人研究成果的基础上，对中国悬棺葬进行了综合研究和比较研究，从科学的角度探索了悬棺葬深厚而独特的文化奥秘，填补了考古学和人类学研究领域中的一项空白［《〈中国悬棺葬〉简评》，《中南民族学院学报（哲学社会科学版）》1994年第1期］。该书凝聚了梁钊韬先生和笔者两代学者的心血，《中国悬棺葬》（第一版）于1996年4月第2次印刷。

为了发挥集体的智慧和力量来推动悬棺葬研究，1981年3月和1986年12月分别在四川省珙县和广西南宁召开了两次学术讨论会，汇集了来自全国各地的学者200多人，收到有关论文和调查报告100余篇。学者们通过这些学术交流，促进了研究工作的深入发展。

四、中国悬棺葬研究中各种不同观点

（一）关于悬棺葬的考古文化命名

"悬棺"一词最早见于北宋《太平御览》卷四十七《武夷山》中南朝时梁人顾野王所记述武夷山"地仙之宅，半崖有悬棺数千"。1948年著名民族学家芮逸夫先生在《僚为仡佬试证》的论文中第一次将"悬棺葬"作为专有名词提出，此后便为不少学者沿用。概括起来讲，悬棺葬的文化命名大体上有两种意见。

一种意见认为，"以将死者的棺木放置在人迹罕至的悬崖绝壁为特征"。其共同的特征是突出一个"悬"字，是与弃尸、土葬、水葬、火葬等明显区别开来的一种葬俗，为了突出我国南方地区流行的"葬在崖上"的葬俗特征，宜采用"崖葬制"和"崖葬文化"。

第二种意见认为，崖葬是一种广泛的称呼，我国南方地区流行的凡与山崖有关的葬俗均可称为"崖葬"，经过多年来对华南地区进行的实地调查所获的大量考古学资料表明，崖葬、悬棺葬、崖洞葬、崖墓是几个不同的概念。悬棺葬属于崖葬中将殓尸棺木高置于临江面海，依山傍水的悬崖绝壁上的一种葬俗。据笔者实地调查资料表明，悬棺葬与其他形式的崖葬的根本区别在于葬地的选择与江河大海密切相关。崖洞葬主要是我国南方地区苗瑶族的一种古老葬俗，大多分布在黔南和桂北的石灰岩山区。崖洞葬的葬法是，人死后将殓尸棺木直接放入天然崖洞之中，葬地一般选在山脚或者山腰，人们容易进入的地方，因其葬地选择与山崖有关，不少学者常常将此葬俗与悬棺葬相混淆。实际上这两种葬俗从葬地的选择、文化内涵、族属及其所反映的宗教观念等方面来看，它们之间有着本质的区别。崖墓主要指东汉、六朝大约五百多年时间在四川某地广泛流行的墓葬形式，是汉族人一种因地制宜的丧葬形式，研究崖葬主要是为了研究南方少数民族史及其民族关系史，因此崖墓不宜包括在崖葬之内。

目前学术界较多学者倾向于第二种意见，认为悬棺葬是与江河、大海关系密切的奇特葬俗，在文化内涵等多方面与苗瑶地区的崖洞葬有很大区别，不宜混为一谈。

(二）中国悬棺葬的文化内涵

1. 葬地的选择。目前学术界普遍认为，悬棺葬地的选择具有一定的规律性，即大多依山傍水。

2. 悬棺葬的类型——置棺方式。按各地悬棺葬具安置在山崖上的方式区分，大体上有如下几种：（1）木桩架壑式。棺木一头置于天然岩洞或岩石裂隙之中，另一头架于绝壁的木桩之上，此种形式多见于福建武夷山、湖南湘西地区的沅江两岸、四川和湖北的长江三峡和四川南部等地区，尤其以长江三峡地区为多。（2）岩洞式（包括天然岩隙式）。即利用临河峭壁上的天然洞穴或者裂隙，稍经人工加以修整（垒筑、填平），然后置棺其内。这种形式在我国各地的悬棺葬中都比较常见。（3）人工开凿横穴式。在临江崖壁上人工开凿长方形壁龛，大小、长短、宽窄以容一具长约2米、宽50～60厘米的棺木为限，棺侧外露。这种形式在长江三峡地区、湘鄂川黔交界的五溪蛮地较为多见。（4）人工开凿的方穴式。在临江崖壁上开凿高、宽约1～1.5米的方洞或者利用天然洞穴经人工修整成为方洞，置棺其内。在重庆的黔江地区和湖南湘西地区的悬棺葬中较为常见。（5）悬崖木桩式。在临江绝壁上开凿方孔，打入木桩，然后架棺其上。此种形式在四川南部的珙县、高县、筠连县和云南滇东北等地较多，数具或者十数具棺木重重叠叠架置在凿孔打入的木桩之上，昂首仰望给人以极大的震撼和无限的神秘感。（6）崖缘式。在海边陡峭崖壁上常有突出的狭窄岩缘形成天然平台，将殓尸棺木置放在上面。此种形式见于台湾和东南亚海岛地区。

3. 悬棺葬的葬具。中国悬棺葬的葬具以木质为多，形制可分为：（1）船形棺。这是悬棺葬中最富情趣的一种葬具，它由整木挖凿而成，形状同于现今江河海滨使用的木船，主要见于福建武夷山，仅金鸡洞内残存的船棺就多达25具。（2）整木挖凿而成的圆形棺。这类棺，其盖和棺身均为同一段整木剖成两半，刳制而成。似简易的独木舟，因此也经常与上述船形棺相混淆。此类棺木见于江西贵溪、湖北和四川长江三峡地区、湖北省鄂西地区的恩施、利川和贵州松桃等地。（3）整木挖凿的方形棺。这类棺大多近长方形，棺盖较平，棺身呈长盒状，见于华南各地。（4）木板拼合式棺。主要见于重庆地区乌江流域的二次葬。

总的来讲，中国悬棺葬中绝大多数葬具由整木刳制而成，且制作较原始。无论各地葬具形状如何不同，但棺身、棺盖均用子母口套合。多数棺木的两端或者棺身、棺盖头尾部分均凿有方孔，以便供捆绑时穿绳索，作提升或降落之用。

4. 中国悬棺葬中的葬制和葬式。中国悬棺葬中分一次葬和二次葬。一次葬见于福建、江西、湖南、四川、湖北长江三峡等地区。

一次葬的棺木中尸体（尸骸）葬式多为仰身直肢。

悬棺葬中的二次葬比较常见，尤其以唐宋时期居住在湘鄂川黔交界的五陵山区，历史上又被称之为"五溪蛮"地区特别盛行。如湖南湘西和原四川省东南、湖北鄂西等地和贵州东北部的岑巩、松桃的悬棺葬均属二次葬。

广西右江流域平果县红岩洞内尚存16具悬棺，大多数棺木的棺身内长仅80~120厘米，显然为二次葬所用。

5. 中国悬棺葬中的随葬物品。我国目前所存悬棺葬的随葬物品保留下来的很少，而且多为生活用品，生产工具和武器等比较少见。

6. 崖画。我国部分地区的悬棺葬伴有崖画。迄今为止仅在四川珙县麻塘坝僰人悬棺附近和广西左江流域龙州县、崇左县、大新县等地悬棺葬周围发现有崖画分布。

从珙县僰人崖画的内容来看，基本上是死者生前生产和生活的写照。这些崖画是纪念和缅怀死者而专门绘制的，大概与汉族墓葬中反映墓主生前生活的壁画具有相同的作用。

（三）中国悬棺葬的年代

根据历史文献记载和现代科学资料，初步可以断定，中国悬棺葬的年代大约起自商周，盛行于唐宋，大陆最晚的悬棺葬大约一直延续到明清，而台湾岛兰屿的悬棺葬俗尚保留到20世纪50年代。

福建武夷山白岩和观音岩取下的两具船形棺木，经碳14测定，年代大约为商周时期。

江西贵溪仙岩悬棺葬经碳14测定，距今两千多年，当属春秋至战国时期的遗物。

湖北、四川长江三峡的悬棺葬的年代，根据对棺木进行的碳14测定和对随葬物品的年代学分析，这一地区悬棺葬的流行年代大致为战国至东汉时期。

湘鄂川黔四省交界的五溪蛮地的悬棺葬大约从西晋时期流行到明代中期。

四川省南部宜宾地区南广河流域的珙县、兴文县、高县、筠连县等地与云南省东北部的昭通、镇雄、盐津悬棺葬连成一片，自古以来，被地方史志和当地人民称为"僰人悬棺"。根据历史文献记载和近年考古工作者的发掘、清理，这一地区的悬棺葬可追溯到元代，下限到明朝末年。

（四）中国悬棺葬的族属

对中国悬棺葬的族属问题，半个多世纪以来学术界讨论十分热烈。一部分学者由于对悬棺葬和崖洞葬这两种考古文化未加区别，因此族属问题的争议颇大。

1. 从宏观上讲。认为悬棺葬是我国南方古代越、僚系统民族及其后裔的葬俗。持这一观点者以凌纯声、芮逸夫、石钟健等先生为代表，主要理由是：（1）中国悬棺葬的地理分布与中国古代越、僚及其后裔的分布地域基本上一致。（2）从悬棺葬的起源来看，中国悬棺葬的分布大多在江河（大海）岸边的悬崖峭壁，滨水居民才有这种葬俗。悬棺葬是华南地区被称为濮、越或僚之人的丧葬习俗，他们属于蒙古人种的海洋蒙古利亚种族。（3）通过笔者对华南各地悬棺葬进行的考古学和民族学的田野科学考察，并结合历史文献记载，中国悬棺葬的族属大多与古代的越、僚人有关。

2. 另一种意见认为，悬棺葬是盘瓠系统苗瑶族中一些部落的葬俗。持这种观点的人认为古代越人和僚人不行悬棺葬。

3. 中国悬棺葬分布的地域很广，流行时间很长，可能是由于所处社会发展阶段和自然地理环境的相似而独立发展起来的，或者有文化传播现象。

（五）中国悬棺葬的起源及其反映的宗教观念

关于悬棺葬的起源问题，大体上有以下几种观点：

1. 悬棺葬与新石器时代的土葬墓有密切关系。青海马厂文化和齐家文化在新石器时代晚期已经出现洞室墓和独木舟船棺的萌芽可以证明。

2. 悬棺葬与史前原始民族行岩居有关，是人们洞处穴居生活的反映。

3. 悬棺葬起源于盘瓠系统苗瑶中的一些部落。用整木挖凿的独木舟式葬具源于船形舂塘，此系华南地区苗瑶族习用的舂米工具，人们先用船形舂塘殓尸悬放山岩之上，以后才埋入土中。

4.还有一种意见认为，悬棺葬与战乱有关。

5.第五种意见认为，丧葬是人类文化的一个侧面，属意识形态范畴。悬棺葬的起源应与海洋民族密切有关。

据笔者大量的实地调查资料表明，悬棺葬突出的特点是葬地必然选择依山傍水的地理环境以及船形棺的使用。这两个特点反映出悬棺葬俗与居住在江河湖海的民族密切相关，这种葬俗是海洋民族心理素质的反映。

悬棺葬反映的宗教观念一直都是中外学者孜孜不倦地进行探索的问题。概括地讲，有以下几种意见：

1.目前国内外最流行的观点是"普度灵魂说"。这种观点认为，以船为棺的习俗反映了古越人的宗教信仰，船会把他们的灵魂载回故乡，或驶向另一个美满世界去。有的学者认为，装殓尸体的棺木制成船形棺，是把死者的灵魂"送往天堂的超度船"。

2."升天说"。从悬棺葬的葬地选择在临水的高山上的特点出发，认为古越人期望自己也能如天神那样居住其间，故死后也就将尸体安葬在高不可攀的悬崖绝壁的崖洞之中。

悬棺葬分布地域广大，流行时间久远，探索这种奇特的丧葬习俗所反映的宗教观念有很大难度。

不可否认，"普度灵魂说"和"升天说"的解释都包含着某些合理的因素，然而这两种观点却又明显地表现出晚近的和外来的神学宗教思想，比如佛教就宣扬人死后，灵魂经过"超度"，可以"升入天堂"。

华南地区的悬棺葬随着历史的推移和各民族之间交流的频繁，行悬棺葬的民族必然受到汉文化和其他民族文化的影响。我们在探讨悬棺葬所反映的宗教观念之时，无疑应追溯到这一葬俗产生之初的宗教目的。

3. 从悬棺葬在葬地选择、置棺方式、葬制、葬式等各方面看，这种葬俗属于原始宗教中在鬼魂崇拜基础之上发展起来的祖先崇拜观念的反映。

（六）中国悬棺葬的阶级属性问题

以石钟健先生为代表的意见认为，悬棺葬多出自统治剥削阶级，因为唯有他们占有权力、物力和人力，拥有营造墓葬的条件。与此相反的意见认为，在行悬棺葬的广大地区的部落，历史上长期处于氏族部落阶段，没有明显的阶级分化，氏族成员都可行此葬俗。

笔者认为，根据宋人朱辅《溪蛮丛笑·葬堂》中的记载，可以说明，悬棺葬没有阶级属性，其记载虽然简略，但已说明了五溪蛮中穷人和富人均行悬棺葬，他们之间的差别仅仅在于家庭贫寒者为一次葬，家境富裕者是经过若干年待死者的尸体腐烂后仅剩骸骨时举行隆重仪式，将死者骸骨重新安葬，为二次葬。

悬棺葬所表现的贫富差别在现代民族学资料中得到了印

证。印度尼西亚托拉贾人不分贫富，人死后均将死者遗体或遗骸悬葬高崖绝壁。穷人与富人的差别，只是在举行葬礼时屠牛多少而已。

六、中国悬棺葬研究成果已转化为社会生产力

悬棺葬作为一种奇特的文化现象不仅得到中外科学家的极大关注，而且一直为世人所瞩目。自古以来，由于人们对悬棺葬缺乏科学认识，因而对这一独特的葬俗倍感神秘，在历史文献记载中，悬棺葬被称为"仙人葬""仙人蜕骨""仙棺葬"，把架置船棺的木桩称为"虹桥板"，认为是通往天上仙境的桥梁。长江三峡的悬棺葬被称为"风箱""兵书匣""龙船"。湘鄂川黔地区的悬棺葬遗迹被普遍称为"柜子岩""箱子岩"，将悬棺称作"沉香棺""沉香船""仙人舟"等，这许多称呼均带有迷信色彩。

通过中外学者半个多世纪的辛勤劳动，透过文化表象，对植根于中华大地的悬棺葬深层的文化内涵做了比较详尽的剖析，将千百年来蒙上神秘色彩的悬棺葬诱人的风姿展现在世人面前。中国悬棺葬作为人类文化的共同财富，近年来随着国内旅游业的发展，更是被视为宝贵的人文资源大量开发出来，文化人类学、考古学和民族学工作者的科研成果在市场经济的大潮中得到转化，取得了良好的社会效益和经济效益。江西、重

庆和湖北宜昌长江三峡的悬棺葬以及四川珙县、兴文县的僰人悬棺都于20世纪90年代初成为当地旅游业中重要的人文景观，被推向市场。人们既在旅游休闲中身心得到放松，又增加了历史学、考古学、民族学的知识，在发展社会经济的过程中提高了全民族的文化素质，增强了民族自豪感和民族凝聚力。

将悬棺葬作为重要的人文景观在旅游业中推出，也促使中国悬棺葬研究向更深入的阶段发展。

七、中国悬棺葬研究中有待深入探讨的问题

我国学者不辞劳苦的调查研究，对中国悬棺葬的地域分布、文化内涵、各地悬棺葬流行的年代等，都进行了有益的探讨，同时也更加丰富了人类学的研究内容。

总的来讲，目前对中国悬棺葬的理论研究还显得比较薄弱。笔者认为，尚有以下几个方面的问题需今后作更进一步探讨。

1. 葬俗属意识形态范畴，在一定程度上反映出当时的社会经济生活。如果通过对悬棺葬的研究复原古代行这种葬俗的民族在当时的社会经济生活、文化习俗、社会组织以及这种葬俗反映出的宗教观念，还须下很大功夫。特别是当前，全国已有不少地区将悬棺葬作为旅游中一个重要的人文景观，就更需要努力发掘中国悬棺葬深厚的文化内涵，更多地揭示它蕴藏的科学奥秘，以满足游客的需要。

2. 悬棺葬中棺木的升置技术，即古代人们采取什么样的方法将重达数千克的沉重棺木搁置到陡峭的悬崖绝壁上去？这不仅是科学家极为关注的问题，而且也是一般游人十分感兴趣和好奇的问题。尽管中外学者做了长时间研究，但至今仍然被认为是一个"千古之谜"。它涉及我国古代科技发展史，需要自然科学工作者的配合。

3. 悬棺葬属崖葬中的一种，它与我国南方地区其他形式的崖葬需作更深入的比较研究。

4. 悬棺葬表现为丧葬方式，但这种方式的背后却与民族学、民俗学、人类学、原始宗教有关。它的起源、社会影响、社会意义，涉及许多学科。

悬棺葬作为世界性的文化现象，我们对它的认识、了解还很不够，目前我们只能描述它，还不能完全理解它，要靠诸多学科的分工协作，共同努力，做进一步的发掘研究。中外学者对中国悬棺葬已经做了许多有益的分析研究工作，正如著名学者任继愈先生所说："但离彻底揭开悬棺之谜，还有一段路程要走，还需付出更多的劳动。"如果在今后的研究中有各个学科更加密切的配合，相信中国悬棺葬的研究会取得更加丰硕的成果，对我国社会经济的发展会有更大的促进作用。

（原载周大鸣主编纪念中国人类学百年国际学术研讨会论文集《21世纪人类学》，民族出版社，2003）

附录三　深切怀念我的恩师

——中山大学人类学系前系主任梁钊韬先生

我的硕士研究生导师梁钊韬先生被中国学术界誉为著名的人类学家、考古学家、民族学家和教育家，如今他已经去世近40年了。当我的学术专著《中国悬棺葬》（第三版）和我的《南方民族考古——陈明芳人类

附图3-1：梁钊韬先生

学文集》即将由四川人民出版社出版之际，我特别怀念我的恩师梁钊韬先生，是他引导我走上科学研究的道路，是他教我用理论联系实际，运用考古学、民族学、历史文献学、语言学、体质人类学等多学科的资料进行综合研究和比较研究的方法去研究人类的文化和人类的历史，只有这样才能全面、深入探索到人类历史和文化的本质。

梁先生一生追求真理，他经常教导我们，没有经过核实的材料不能用，写作论文的观点要经过深思熟虑。他特别强调，对于人类学、考古学和民族学的研究一定要到现实中去寻找第一手资料，田野考察是我们这个专业从事科学研究的基本功。梁先生秉承和践行了他的研究生导师——国内外著名的人类学家和民族学家杨成志先生注重田野科学考察的传统，他又把这样的优良学术传统和治学方法传授给我们，我牢记钊韬师的谆谆教导，身体力行，在我几十年的科学研究生涯中受益匪浅。我取得的所有科研成果都与梁钊韬先生的教导密切相关，因此在拙著《中国悬棺葬》（第三版）出版之际，我首先要衷心感谢我的恩师梁钊韬先生，向他致以我最诚挚的谢意！

我深深地怀念梁钊韬先生，他的言传身教让我明白了自己担负的社会责任和应该具备的敬业精神，我在自己从事的研究领域所取得的成绩表明，我没有辜负他老人家的教诲，希望他在九泉之下能够为我感到欣慰！

梁钊韬先生1916年出生在广东顺德县一个富商家庭，从小天资聪颖，受到了良好教育。他的父亲原本打算让他经商，继承家业，但是青年时代的梁先生却对人类学产生了浓厚兴趣。1935年梁先生考入了厦门大学历史社会学系，师从我国著名的人类学家、考古学家、民俗学家林惠祥先生和著名人类学家、被称为中国考古学宗师，又被外国学者尊称为"四川考古学之父"的郑德坤先生，学习人类学和考古学。从厦门大学毕业以后梁先生于1939年考入中山大学文科研究所人类学部，攻读硕士学位，就读于我国著名的民族学家杨成志先生、著名的民族史学家罗香林先生和哲学史学家朱谦之等大师门下。抗日战争期间他的老师郑德坤先生任华西博物馆馆长，聘梁钊韬先生到那里任民族学研究室主任，并在华西大学任教。1945年抗战胜利以后梁钊韬先生从成都返回广州，在中山大学执教一直到1987年去世。

1981年4月中山大学人类学系成立不久，当年10月郑德坤先生作为香港中文大学副校长到中山大学人类学系访问。此后梁先生告诉我，抗日战争胜利以后，1946年郑德坤先生应邀赴英国牛津大学、剑桥大学和伦敦大学讲学，非常希望梁先生与他同行，但是梁钊韬先生为了中国的教育事业，放弃了去英国执教的机会。他说，那时他还很年轻，看到祖国遭受了日本侵略，经历了长期战乱以后，山河破碎，民生凋敝。战争结束了，他认为当时祖国最要紧的是教育工作，因此他决定留在国内。1948年郑德坤先生惦记着华西大学和华西大学博物馆的科学研究工作，经香港打算回到成都，继续他的人类学和考古学研究，但那时因内战，时局很不稳定，交通受阻，郑先生只得作罢。后来他又到牛津大学、剑桥大学、香港中文大学执教。这两位学术界老前辈热爱科学的敬业精神以及他们的爱国热诚使我深受感动！

1979年我考入中山大学历史系，师从梁钊韬先生，攻读硕士学位，是梁先生在我国恢复高考以后招收的第一批研究生，专业是民族考古学，研究方向是南方民族考古。1981年在我研究生毕业之前，经过梁先生的多方努力，中山大学为新中国恢复、重建了第一个人类学系，钊韬师为系主任。他为中山大学人类学系的学科建设打下了坚实的基础，也为以后我国其他高校人类学系的建设提供了经验和借鉴，中山大学人类学系建立以后，全国许多高校都开办了人类学系。钊韬师不仅对中山大学人类学的研究和传承做出了巨大贡献，而且对整个中国人类学的发展都做出了卓越贡献。

1979年9月我从大凉山彝族的腹心地区昭觉县来到广州的中山大学，初识梁先生时他给我的印象是一位高瘦清癯，非常儒雅的长者，先生待人和蔼亲切，谈话轻言细语。

梁先生当年招收了三名研究生，他知道我们远离家乡并且都有年幼的孩子，因此刚到广州那一段时间梁先生更多的是在生活上关心我们。

20世纪七八十年代我们的工资水平只有五十多元，人到中年，上有父母，下有儿女需要我们供养，家庭经济负担都很沉重，在广州的生活费用也比我们以前生活的地区高出很多，于是我在生活方面非常节俭。梁先生为了我能够有充沛的精力安心学习，他和我的师母邓泽民女士（中山大学外语系教授）经常让家里的女工做很多好吃的饭菜，邀我去他们家吃饭，为我补充营养。

先生知道我们三个研究生当时的经济条件都比较差，既要赡养父母，又要供养孩子，为了减轻我们的经济负担，他经过多方努力，为我们在历史系争取到了勤工俭学的机会，即每个星期到历史系的资料室去整理图书资料一次，然后我们每个月就会增加一笔收入。如果遇到我们有出差或者野外考察的情况，梁先生总会向系里和学校领导要求给我们予以教师待遇，他经常讲："我的研究生在到中山大学之前，他们都是有10年以上工龄的中学教师了，不应该把他们当学生对待，他们应该享受教师待遇。"尽管梁先生不断地为我们呼吁，为我们争取好的待遇，却始终都没有实现，但是他随时为我们着想，无微不至地关怀我们，让我们感到非常温暖，心里对他充满了感激！

梁先生在生活方面如慈父般关心我们，但是在学业和遵守学校纪律方面却对我们十分严格。我到中山大学读研究生时我的儿子仅仅一岁多，1980年1月底期末考试刚结束，我就归心似箭，迫不及待要赶回四川去看望两个年幼的孩子。离开家里半年多了，我特别思念当时还不满两岁的小儿子。那时从广州回到西昌，交通非常不便，一路上需要在长沙或者株洲、武汉和重庆、成都转3次火车，才能回到家。我转车的车站全是中途站，而且临近春节，我在每个转车地点遇到的都是火车严重超员。因为害怕再超员，所以每一列火车到站以后，车门和车窗都紧紧关闭。为了挤上火车，我请求站台上候车的人帮助我爬上车窗，然后使劲拍打车窗玻璃，再苦苦请求车厢里面的人把我拉进去，我说我要回家，看望我那只有一岁多的孩子！还好，心地善良的人很多，哪怕火车超员再严重，我都能够在别人的帮助下爬进火车的车厢，车厢里面的拥挤和乘车时的艰难就不必细说了。寒假的时间非常短暂，只有14天，除去往返乘火车的时间，在家里也只能待三四天。看着才一岁多的儿子，因为刚学会走路，不小心摔伤了额头，他那个才刚刚愈合的伤口，让我锥心般的疼痛！我每天看着那个蹒跚学步的幼小儿子，怎么也不忍离去！于是我读研究生的第一个寒假就没有按时返回学校，晚了几天才回到中山大学。

回校以后见到梁先生，他先很关心地问了我家里的情况，然后又问起我没有按时返校的原因，我以为回家的路途那么遥远，自己一路上历尽艰辛，好不容易回到家中，何况我的儿子还那么幼小，又受了伤，我在家里多待几天应该不是什么问题。没有想到平时对我和蔼可亲、慈爱有加的梁先生却非常严肃地对我说："明芳啊，你作为母亲，舍不得离开孩子，你的心情我很理解，但是你现在已经是中大的学生了，学生是要遵守学校纪律的，无论怎样，你都不该违反学校纪律！"听了先生的这番话，我感到非常惭愧，我曾经教了10年中学，一直都要求学生遵守纪律，为什么自己却违反学校纪律了呢？原因是读研究生以后，我并没有把自己当作学生。从那以后，我记住了梁先生的教导，随时都严格要求自己，任何时候都必须严格遵守规则。

梁先生既是民族学家，又是考古学家，广东马坝人的发现和南海西樵山细石器的发现与研究，是他对中国考古学的卓越贡献。在学业方面梁先生随时听取我们对课程安排的意见，因为我的研究方向是民族考古学和南方民族考古，所以在教授《民族学概论》之外，他安排曾骐老师和商志䪨老师特别加强了对我的考古学授课时间和考古学的训练。

入学不久梁先生与我谈起了有关悬棺葬的研究，他说，抗日战争期间他接受了他的老师——国内外著名的人类学家和考古学家、当时任华西大学博物馆馆长的郑德坤先生之邀请到了成都，在华西大学博物馆从事民族学研究和华西大学的民族学的教学工作。当时的四川是中国抗日战争的大后方，距宜宾不远的李庄聚集了我国一些顶尖级的高等学府和中央研究院这样著名的学术机构，他们当中的历史学家、人类学家、考古学家和民族学家对30年代就已经在宜宾珙县、兴文县发现的"僰人悬棺"产生了极大的兴趣，掀起了一个研究悬棺葬的热潮，郑德坤先生参与了当时的研究，梁钊韬先生对此也密切关注。

1945年抗战胜利，李庄的高等学府和中央研究院等学术机构均迁离了四川，学者们分散各地，加上内战的爆发，中央研究院和许多高校学者都中断了对悬棺葬课题的研究。20世纪50年代以后人类学和社会学被认为是西方资本主义国家的学科，学科的设置在国内都被取消，直到20世纪80年代改革开放以后才有了它们的一席之地。

钊韬师不仅是我国著名的考古学家，也是著名的百越民族史专家，曾经担任第一届百越民族史学研究会会长。他认为悬棺葬研究是南方民族考古和人类学领域中意义非常重大的一个研究课题，它涉及我国东南地区百越民族的起源、民族迁徙、民族关系等以及我国东南地区和东南亚地区的民族来源、民族迁徙、民族关系等诸多问题，涉及面很广。这个研究课题涉及的学科也非常多，它涉及考古学、民族学、历史文献学、民俗学、语言学、体质人类学、宗教学等。这一项研究课题对于我国南方的民族问题、民族关系以及华南和东南亚的民族历史文化、民族关系都具有重大的现实意义。几十年来他一直都希望自己有机会从事这一项国内外学者都十分关注的课题研究，但是由于他承担的教学和科研任务繁重等很多客观因素，始终未能如愿。如今他年事已高，不可能再去跋山涉水，进行艰苦的田野科学考察了，希望我能够承担这个研究课题，完成他的心愿。

悬棺葬研究不仅需要大量的知识积累，而且因为悬棺葬俗分布地域广达我国长江以南十余个省区，流行的时间很长，从商周时期一直流行到明代，研究者需要做大量的田野科学考察工作。对于难度这么大的一个研究课题，我不知道自己能否胜任。尽管我曾经担心自己的能力有限，也犹豫过到底是否接受悬棺葬课题的研究。但是我想，以梁先生多年从事人类学、考古学和民族学研究的睿智眼光来看，悬棺葬研究的意义深远，他确定让我承担这个课题，一定有他的道理，于是我经过了反复思考，最终接受了梁先生的建议，承担起了悬棺葬的课题研究。

过了很长时间梁先生才告诉我，他之所以选定我从事悬棺葬的研究，首先考虑我1966年大学毕业，已经在中央民族学院历史系读完了五年制本科，20世纪60年代中央民族学院历史系从师资力量和学科的设置等各个方面来讲，都是国内第一流的，那里云集了我国大师级的民族学家、人类学家、社会学家，如翁独健先生、潘光旦先生、林耀华先生、付乐焕先生、费孝通先生等一大批名师，我曾经接受过这些名师培养出来的著名专家、学者如王辅仁、陈永龄、吴恒、贾敬颜、施联朱、陈奉贤等先生关于民族学和民族历史的专业训练，具有一定的民族学研究功底，第二个原因是我曾经在极艰苦的大凉山彝族腹心地区生活和工作了十多年，那里的自然环境和生活环境异常恶劣，我能够在那里多年坚持工作，实属不易，而要做悬棺葬研究也必须具有能够坚忍不拔、长期吃苦耐劳的精神。基于上面两个因素的考虑，梁先生认为，我具备了从事悬棺葬研究的必要条件。然而在民族学界和考古学界我的许多同行看来，他们觉得不可思议，也很不理解：梁先生为什么要把难度这么大的一个研究课题交给一个女性科研工作者？因为这个研究课题涉及很多的学科知识，不仅需大量查阅和搜集古代历史文献资料以及现代国内外的考古学和民族学等多学科的文献资料，需要长时间的知识积累，而且更重要的是必须长期亲临实地，开展大量的田野科学考察工作。古老的悬棺葬俗在中国华南地区已经流行了数千年之久，目前能够保留下来的几乎都分布在人迹罕至、非常遥远、偏僻山区的悬崖峭壁之上。做悬棺葬的实地考察，必须跋山涉水，攀登高山悬崖，不仅需要顽强的意志，也需要很好的体力，对于我这个柔弱的女人来讲，的确是相当困难的事。尽管难度很大，我最终还是下定决心，承担了这个无数中外学者都密切关注和学术界的专家都热心研究的课题。

从1979年读研究生开始，我就踏上了一条漫长而艰辛的科研道路。我在十余年间的田野科学考察中历尽艰难困苦，多次亲身体验了与死神擦肩而过的危险，也无数次冒着酷暑严寒、栉风沐雨在野外工作。我曾经在1988年6~7月气温高达40度以上的酷暑期间，在闷热的长江三峡奉节、巫山、巫溪等地徒步考察，走在那些滚烫的碎石子山路上，就像热锅上的蚂蚁一样备受煎熬。我在湘西和鄂西地区实地考察时，曾经历过风雨交加、在荒无人烟的泥泞小路上艰难前行数十千米的日子。更加令人难忘的是，在1983年冬天我从湖南湘西吉首途经贵州山区的一个很偏僻的小火车站下车，然后要去岑巩县，当时已傍晚时分，又遇大雪纷飞，因为迷路，未曾赶上去岑巩县的公交车，我一个人孤寂地在一片白茫茫的雪地里所经历的无助、无奈和绝望的情景令我终生难忘！当然，这些都是研究生毕业以后的事。总之，悬棺葬的研究道路异常艰难困苦和无比坎坷崎岖。

让我们再回到1981年底研究生毕业的论文答辩之时，那时我提交了一篇《试论我国悬棺葬的起源及其流传》（约3万字）的毕业论文。答辩前夕，答辩委员会主席——我国著名的民族学和民族史专家,中国边疆少数民族史研究的开拓者之一江应樑教授看了我的论文之后,认为我"胆量不小,勇气可嘉,敢于只身一人到湖南、湖北、江西、福建、四川等地考察悬棺葬。根据实地考察,结合文献资料,写成此文。另附照片几十帧,地图6幅,考察报告一篇,可以说是民族学、民族史、考古学三结合的成果"。侯哲安先生(论文答辩委员会副主席,贵州民族研究所研究员)则认为"这篇论文再加点工,可以作为博士论文提出"。(摘自《江应樑文集——赴广州记》1981年十一月廿五日,星期三,日记)

通过在中山大学研究生毕业的论文答辩,说明我承担了梁先生交给我的课题,从一开始我就没有辜负他的苦心。论文答辩结束以后,梁先生希望我留在中山大学继续深造,他说,只要我同意留下来,他可以立即送我去美国哈佛大学人类学系攻读博士学位,至于英语问题,我的师母——中大外语系教授邓泽民先生可以帮助我补习并尽快掌握英语。对于这么好的一个人生机遇,我当然是感到非常惊喜,也很愿意继续深造。然而我当时已经人到中年,家庭牵绊颇多,一双儿女尚且年幼,家中还有两个年过七旬的老人需要赡养,我一走又是3年,这一家老小将如何安顿?那时中山大学的教务处杨处长也曾经与我交谈,希望我能够留在中大,经过一番考虑,我最终还是决定回到四川,到民族研究所工作,继续悬棺葬的课题研究。

这里,我需要特别加以说明的是,很多人了解到我长期研究中国悬棺葬的经历，以我最具特色的这一项南方民族考古研究，称我为"悬棺葬研究的专家"，对此我表示衷心的感谢！其实悬棺葬研究只是以这种古老而奇特的丧葬习俗作为一个切入点，其根本目的是研究中国南方少数民族历史及其民族关系史，是运用考古学、民族学、历史文献学等多学科的资料，从人类学的角度去探索悬棺葬这种独特文化现象的科学奥秘和它所反映出的人类文化的本质，并非一般人理解的那样，只是研究一种民间的丧葬俗那么简单。

我到四川民族研究所工作以后，基本上是从事基础科学研究，除了悬棺葬，我也研究了与悬棺葬比较相似的广西和贵州苗族瑶族的崖洞葬，还有四川藏族地区的石棺葬、西昌的大石墓、华南地区的少数民族崖画和古代铜鼓等少数民族文化。同时也承担本研究所的民族学应用课题的研究，比如参加了由费孝通先生主持的六江流域民族科学考察，并提交《冕宁县和爱公社庙顶地区藏族社会历史调查》报告、完成了广西白裤瑶的家族公社、广西瑶族地区的人口和经济问题、四川冕宁县庙顶藏族的原始宗教、《四川省民族志·布依族社会的历史调查》等科研项目。

1985年冬天我参加了由广西壮族自治区人民政府组织的，由来自全国的历史学、考古学、民族学、民俗学、宗教学、地质学等多学科学者组成的专家团，对广西左江流域花山崖壁画的综合考察和学术研讨，考察结束，我撰写了一篇名为《试论广西花山崖壁画的族属》的学术论文，发表在《广西民族研究》1988年第1期，随后被中国人民大学报刊复印资料《造型艺术月刊》1988年第3期全文转载。1986年我冒着很大的风险，孤身一人到中缅边境的云南阿瓦山考察沧源崖画，随后在《历史大观园》1990年第3期公开发表了《我国崖画艺术中的奇葩——云南沧源崖画》的文章，被1990年4月4日《人民日报·海外版》全文转载。此外我还进行了对四川珙县的僰人崖画、古代百越民族文化习俗的研究，通过研究这些考古文化和古老的文化习俗，从而更加深入研究我国南方少数民族历史及其民族关系史，这是我的恩师梁钊韬先生始终都大力提倡的治学方法。

我所获得的一切科研成果都归功于梁钊韬先生的教导，确切地讲，我继承了梁钊韬先生的学术传统，在民族考古学、人类学以及中国南方少数民族史的研究领域，我也是全盘接受了我的恩师梁钊韬先生关于人类学研究的治学理念和研究方法的学者。

悬棺葬研究在民族考古学和人类学领域中的意义已如前所述，在我离开中山大学以后，梁先生仍然非常关注这一课题的研究，经常写信给我予以指导，询问研究的进展情况，也很看重我的阶段性成果。

1984年12月梁先生在广州亲自主持召开了中国首次人类学国际性学术讨论会，会议之前梁先生非常希望我能够参加这一次学术会议，同中外学者进行学习交流。因为我在此前已经收到了11月在海南岛召开百越民族史学术讨论会的通知，并且会前提交了学术论文。两个学术讨论会召开的时间相距很近，梁先生担心我错过他亲自主持的人类学国际学术讨论会，为了开好这次会议，特地写信谆谆嘱咐我，写什么论文，提出了他的构想，希望在会上表达我们师生共同的学术观点。因为梁先生认为，他一直想做的课题研究，实际上是交给我在完成，所以他在给我丈夫的信中写道："我未能完成的事给明芳在做。"由于当时的会议经费很有限，因此人数的限制比较严格，会议规模限制在60人以内，而且外宾较多，当时我们研究所对于出差经费的控制也非常严，梁先生为了节省我的出差费用，他又为我在会议之前，到了广州以后的食宿问题做了细致入微的安排。1984年10月我出差在外，梁先生写信给我的丈夫：

明芳如参加在海南岛召开的百越民族史研讨会必经过广州，届时距我系人类学国际学术讨论会会期不远矣，似可暂留广州，以免浪费旅费及旅途过于奔波。至于到广州（以后），可住在我家或张寿祺副教授家。我家有保姆，张家有表姐、子女，都有人照顾她，吃饭更不成问题，多摆一双筷子即可。如届时我校招待所有空，亦可住招待所。我系此次学术会议经教育部批准，由于经费有限，控制在60人，要包外国人的食宿，国内老学者每天补助十元，都住在现代化的白天鹅宾馆，所以不能够多请其他学者。明芳的论文再写几百字（300～400字）的提要，说明论据，观点。希望我们师徒能有一致意见，明芳给我补充（事实上我未能完成的事给明芳在做)。此外还有川大毕业(考古专业)的我系硕士生写了一篇云贵的有段石锛及有肩石器,我们三篇文章正好成为一组。美洲印第安人从中国大陆迁去,已为国际学者所主张或接受。印第安人登美洲后也是沿江上溯,乃至发展了农业而定居。我国东南以舟为生的沿海居民也是逐渐向西迁徙,但只是一部分,并非全部。

至于明芳所写的论文题目若未付打印,可在悬棺的悬字后加上(船),即悬(船)棺葬。(因为悬棺葬最早的起源地武夷山的悬棺是与当今闽江上的篷船基本上相同所以悬棺葬与船棺葬有非常密切的关系,我与梁先生的这个观点完全相同——作者注)

又论文摘要,如您处有人译成英文最好,每份多加一份英文提要。若无人译作,从速寄来我系翻译。

听说我系会务筹委会已发邀请信给明芳,请您代她向(研究)所申请旅费,待她来后寄来。论文打印好先寄我。

即祝

时安

梁钊韬

十月廿八日晚

1984年梁钊韬先生写给我的信,从对我到广州的食宿安排到提交给学术讨论会的论文，每个细节，他都为我考虑得非常周到，体现出先生对我的厚爱和在学术研究方面对我极大的关怀，这也是对我极大的鼓励。这一次学术讨论会以后，得到中山大学名誉教授、著名物理学家杨振宁博士主持的中山大学高等学术研究基金会的资助，由中山大学出版社出版了《人类学论文选集》，尽管篇幅有限，学术讨论会的论文只能选取一部分编辑公开出版，但是我和梁先生的论文都在选集之中。

梁先生在世之前殷切地盼望着能够早日看到我关于悬棺葬研究的学术专著出版，非常遗憾的是，他老人家的这个夙愿却未能在他生前实现。悬棺葬研究不仅需要耗费大量时间到全国各地去查阅和搜集与之相关的中外文献资料，而且更是需要到华南十个省悬棺葬分布的广大地区认真去做深入、细致的田野科学考察，为了把悬棺葬与它在表面上非常相似，而文化内涵方面有着本质上截然不同的贵州和广西苗瑶族的崖洞葬区别开来，我还要花费很多时间到黔桂山区做大量的田野科学考察，这一系列的亲临实地调查，工作量更是巨大。除了中国悬棺葬和华南地区崖洞葬的研究，我还必须完成研究所里的一些合作项目和其他研究课题。加上悬棺葬研究涉及的学科很多，地域又广，需要大量的经费支持，在20世纪80年代本研究所的重点是与现实紧密结合的应用课题，例如民族地区的经济、家庭婚姻，少数民族地区的社会问题，如艾滋病及艾滋孤儿、吸毒贩毒等这些热门课题，这些研究才容易获得经费支持。而我的研究主要是基础科学，需要很长时间才能够出成果并见到社会效益，因此很难获得科研经费的支持。尽管中国学术界顶尖级的大师如国家图书馆馆长任继愈先生和国内外著名的考古学家、文化人类学家、四川大学博物馆馆长童恩正先生都曾联名推荐我申请国家社会科学研究基金，但是都未获成功，我自己也为研究经费四处奔走，在研究经费十分缺乏的情况下就更是大大延长了悬棺葬研究的学术专著问世的时间。

1987年梁钊韬先生在自己病重时曾经写信问过我悬棺葬研究的进展情况（信的原件已经遗失，仿佛是找人代笔写的），他尤其关心的是，悬棺葬研究的学术专著的写作是否已完成？令我特别惭愧的是，那时我的写作提纲虽然早已完成，但是我的实地调查还没有结束，当然书稿也没有动笔。我当时完全不知道他老人家已经病入膏肓，生命危在旦夕。先生为了不影响我的工作，在信中他丝毫未提及自己的病情。后来我才知道，1987年在他生命垂危之际还念念不忘交给我的悬棺葬研究课题，他实在是太希望在他生前能看到我的研究成果——《中国悬棺葬》的公开面世了！

1987年10月我在贵州和广西交界的瑶族山区正加紧做瑶族崖洞葬的实地考察，突然得知梁钊韬先生病危的消息，梁先生既是我的恩师，又如同慈父般关心我的工作和生活，他对我恩重如山！于是我赶紧放下工作，日夜兼程，从贵州乘坐长途汽车到达梧州，然后从梧州乘轮船，沿江而下，匆匆赶到广州。

当时我在医院看到病床上的梁先生瘦骨嶙峋，非常虚弱，那时他已经依靠输血在维持生命。他见到我，低声地说了一句："明芳，你来了。"我握着他的手，只是轻轻地点了点头。他的手好冰凉好冰凉！恩师的生命在慢慢耗尽，他的体内已经没有能量！此时我心如刀绞，真是说不出的难过：因为他殷切盼望的关于悬棺葬研究课题的学术著作我还没有完成，那一刻我感到非常对不起他老人家！我深深地愧疚，无比自责！由于梁先生的病情很危重，医生对探望他的时间有十分严格的限制，而且很短暂。

《中国悬棺葬》的书稿虽然还没有写成，但是我早已完成了它的详细写作提纲，而且还正在四处联系出版社，期待早日出版。当然也借回到母校的机会联系中山大学出版社，希望出版。遗憾的是，出版社提出，我必须去筹措一大笔出版补贴。当时在中山大学出版社工作的、与我同一届毕业的研究生王家声同学给我说，梁先生非常看重悬棺葬研究课题，你应该请他老人家在生前为你这本书写一篇序言。其实在王家声同学之前，有中央民族学院历史系的校友也曾提醒过我，梁先生的身体健康不容乐观，应该及早请他老人家为我的《中国悬棺葬》提前写下序言。他们的建议虽然不错，但是我认为梁先生病得那么严重，我哪里能够忍心再让我的恩师为我操心呢？王家声同学对我讲，梁先生是隔一天输一次血，他建议我在梁先生输完血的那一天上午，当他精神状态比较好的时候口述序言。于是我对师母邓泽民先生讲，我希望梁先生能够提前给我的《中国悬棺葬》一书写下序言，师母立即同意了我的这个请求，并转达给了梁先生。

在梁先生病重之前，我已经给他寄过我的详细写作提纲并且征求过他的意见，当时他对我的写作提纲还是比较满意。在我研究生毕业以后梁先生一直都在关注我的研究，也知道我发表了不少与悬棺葬课题相关的学术论文，因此我这一次去探望梁先生的时候，尽管他的身体已经虚弱到了极点，我请求他口述序言，他还是欣然同意了。当时还有一个人类学系的博士生陪在梁先生身边，梁先生让我根据他的意思先写一个底稿，整理好之后，读给他听，然后经他修改定夺。我遵照先生的吩咐去做了之后，他老人家又在病榻上仔细审查稿子，还对一些文字亲自用笔认真做了补充和修改，最后郑重地签上了他的大名和日期。梁先生在临终之前为《中国悬棺葬》写下的这篇序言极其珍贵，他对学术研究的执着以及对学界后辈的关爱是激励我不断上进的动力，我将永生铭记！

住在中山大学探望梁先生期间，我多次去病榻前守候，只要医生允许，我都会在梁先生身边待上一会儿，他老人家日渐虚弱得说不出话来，基本上都是闭着双眼养神，此情此景让我心痛不已！

我最后一次去探望梁先生，他竟然对我轻声说道："明芳，我想吃麻婆豆腐。"先生抗日战争期间在华西大学博物馆工作过几年，麻婆豆腐是川菜中的一道名菜，也许这一道菜让他回忆起在成都度过的那一段难忘的岁月，也许这一道菜能够引起他对成都的美好回忆。先生说了这话以后，我飞快跑到中山大学西校门的菜市场买了一块豆腐，到他家的厨房按我们四川人的烹饪方法，给他做了一小碗没有辣椒的麻婆豆腐。当我把做好的豆腐端到他面前，请他吃的时候，他用力挣扎着，坐了起来，他很想吃，但是他只是看了一眼，然后又艰难地慢慢躺下了。我知道，我的慈父般的导师要离别我们的日子越来越近了！面对这样的生离死别，我的眼泪忍不住地掉了下来。

因为工作关系，不久我又返回贵州和广西交界的瑶族山区继续做田野科学考察。当我离开广州仅仅一个月，1987年12月梁钊韬先生就与世长辞了。

光阴荏苒，时光流逝，我的恩师——梁钊韬先生离开我们已近40年了，他对中国人类学、考古学、民族学的卓越贡献永不磨灭！他对我的谆谆教诲，我永志不忘！拙著《中国悬棺葬》（第三版）即将公开面市，我的另一本《南方民族考古——陈明芳人类学文集》（精装本）也将由四川人民出版社出版，这两本书是我对自己几十年学术生涯的总结，虽然是我的学术成果，但其中也凝结了梁钊韬先生的心血。我热切希望两本拙著的出版能够给恩师的在天之灵些许慰藉，我永远深深怀念我的恩师——梁钊韬先生！

谨撰此文表达对我的恩师——梁钊韬先生最深切的怀念和崇高的敬意！

2024年4月26日

附录四　中国悬棺葬考察纪实

1979年我从遥远、偏僻的大凉山彝族腹心地区考入广州中山大学历史学系，就读于梁钊韬教授门下，主攻民族考古学，研究方向是中国南方民族考古和南方少数民族历史。1981年4月中山大学人类学系成立，梁先生为系主任，因此我后来毕业于中山大学人类学系。

梁钊韬先生热切地期望能对悬棺葬课题做出一个全面的、系统的研究，能够初步揭示出其中深厚而又独特的文化内涵和科学奥秘。我的导师由于教学工作的繁忙和科研范围的扩大，悬棺葬研究课题已经搁置了几十年，随着年事渐高，他再也不能长途跋涉。进行田野科学考察，于是寄希望于我去完成他一生的夙愿。1979年当钊韬师将他的心愿告诉我的时候，我深感惊讶！因为我不知道自己是否有能力承担他交给我的如此重大的研究课题。

中国悬棺葬在我国的分布地域甚广，遍布了长江流域及其以南的十余个省区。这种葬俗延续时间很长，从商周时期直到明清长达数千年之久。这一研究课题无论在时间还是地域空间方面跨度都很大，它不仅涉及华南地区少数民族的来源、民族迁徙和民族关系等多方面的问题，而且涉及历史学、民族学、考古学、民俗学、宗教学、民族生态学和体质人类学等多学科的内容，同时需要长时间的、进行大量的知识积累。尤其重要的是，悬棺葬研究课题要求对广泛分布在我国南方十余个省区的悬棺葬文化遗存做大量的、深入的田野科学考察。进行长时间的田野科学考察，对于我这个年近40岁，家中有两个年幼孩子的母亲来讲，这是一个更大的难题。

悬棺葬研究需要顽强的意志、坚忍不拔的毅力和异乎寻常的吃苦耐劳精神。我曾经犹豫过，也产生过畏难情绪，但是经过激烈思想斗争以后，在钊韬师的谆谆教导和鼓励之下，我还是鼓起勇气，决定接受这一富有挑战性的研究课题。

从20世纪80年代开始，我用了十余年时间从全国各地的高等院校和科研机构大量收集古今中外有悬棺葬的文献资料，并公开发表与悬棺葬专题研究相关的学术论文。从1981年开始，我在科研经费十分困难且缺乏田野工作必须技术设备的情况下，十余年间，每一年都至少用两三个月时间，独自一人到华南各省区进行实地考察。无论寒冬酷暑、头顶烈日、栉风沐雨、跋山涉水，不辞劳苦、忍饥受渴，通常都是每天连续工作十多个小时，深入人迹罕至的崇山峻岭，攀登令人头晕目眩的悬崖峭壁，从而获得了大量珍贵的第一手资料。

1981年春我在四川珙县、兴文县对僰人悬棺进行考古学和民族学调查期间，因川南山区交通闭塞、乘公共汽车极为困难，有多少次为了赶路都必须清晨5点左右起床，去争取乘坐6时许出发的长途班车。由于白天长时间在野外工作，晚上十分疲劳，有时我稍晚一点醒来，害怕耽误了乘车，早上也顾不得吃饭，便匆匆坐上汽车，于是我就要长时间忍受饥渴和晕车的痛苦。

1983年冬天，我到湖南的湘西地区和与它相邻的贵州黔东北山区开展田野工作。为了行走方便，只能穿"解放鞋"（胶鞋），结果脚背和脚后跟，冻开了一道道深深的口子，每天在寒风中长时间奔波，常常使得脚上的裂口渗出鲜血，而且穿的袜子还与伤口粘连在一起，需要脱掉袜子时，那些伤口更是锥心的疼痛。

1984年秋天我在广西中越边境的大新县考察当地的悬棺葬时，因上山无路，只得跟着当地身强力壮、反应敏捷的小伙子如同猿猴一样拉着绝壁上的小树枝或者藤条在高达近百米的悬崖上荡来荡去，在没有立足之地的山崖上攀登，稍有不慎就会摔得粉身碎骨。当我爬到半山崖上时，双臂已酸痛乏力，无论如何都无法向上移动，于是就长时间悬吊在半空之中，向下看是无底深渊，只觉得两眼发黑，心里免不了十分恐慌。前面带路的人除了鼓励我寻找结实的藤条和崖缝中的树枝坚持攀登以外，他们也无法给予我任何的帮助。强烈的求生本能促使我拼命寻找能够帮助我、伸出悬崖峭壁上的小树枝。幸运的是，这条树枝最终让我与死神擦肩而过！

1985年我到贵州省黔南地区考察苗族崖洞葬时，由于上山的小路早已被杂草淹没，我只能用双手抓住荆棘茅草登山，结果两只手心被划破了数道血口，疼痛钻心！我的衣服和裤子都被刮破了，当时也毫不在意。有的崖洞葬里面一些敛尸棺木还是20世纪70年代末才放入的，那些人去世的时间距我进入山洞考察时还不满十年，死人的四肢、头颅等骸骨和衣服被进入山洞的野猫、野狗撕咬、扰乱以后，山洞的地面一片狼藉，而且尸骨发出的恶臭，让人一阵阵发呕。后来有学术界同行问我，看到这种情景有没有害怕？我回答说："一点也没有。"当时我的注意力全在观察苗族崖洞葬内的布局和所用的棺木形制，至于崖洞里面的尸骸遍地和尸体的臭味等等方面，我早已经忽略了，那时的确也没有害怕的感觉。

1987年10月正当我在广西北部和贵州南部交界的石灰岩山区紧张地进行瑶族崖洞葬的实地调查工作时，我得知了我的恩师——梁钊韬先生病重的消息。想起读研究生期间梁先生对我的言传身教，不仅循循善诱，而且待人和蔼可亲，可谓慈父恩师。于是我立即停止了工作，日夜兼程从广西和贵州交界的山区赶到广州，到医院看望我的恩师。此时他老人家已经到了癌症的晚期，癌细胞大量扩散，身体十分虚弱，每天只能靠血浆和人体白蛋白维持生命。梁先生对我的到来非常高兴，此时他最关心的便是我的悬棺葬研究的进展情况。完成悬棺葬课题研究，写出中国悬棺葬的学术专著是梁先生从事人类学研究40多年来的一个最大心愿，他热切期盼着，能在他的有生之年看到我的悬棺葬研究著作出版，但因这一研究课题客观上存在着很大的难度，加上科研经费的匮乏，进展情况很不如人意。不过，当我将早已构思成熟的《中国悬棺葬》一书的整体框架结构和详细的写作提纲向他汇报之后，老人家仍然感到十分欣慰。在病榻上梁钊韬先生通过他的口述，为《中国悬棺葬》一书提前写下了极其珍贵的序言。

不久我离开广州，返回黔桂交界的少数民族山区，继续我的田野科学考察工作。决心尽快实现梁钊韬先生的心愿，但仅仅过了一个月，便传来钊韬先生与世长辞的噩耗。为了实现钊韬先生的遗愿，从那以后我更加发奋地努力工作。

1988年夏天，我用了三个多月时间完成了长江三峡、湖北鄂西地区清江流域以及湖南澧水流域悬棺葬的田野科学考察。

酷暑季节的长江三峡，每天的气温都是高达40多度，我在奉节县考察风箱峡的悬棺葬时从白帝城出发，进入山间峡谷，那条铺满碎石子的小路被炙热的阳光晒得滚烫！我的脚上虽然穿着塑料凉鞋，也分明感觉到路面的灼热高温，仿佛我的塑料凉鞋都要被路面熔化了！峡谷中湿气很重，令人感到异常的闷热。不一会儿我就被峡谷里的高温弄得头昏眼花，浑身汗透。

1988年6月我到巫溪县考察大宁河小三峡的悬棺葬，由当地文物管理所黎明先生陪同，从县城的南门湾开始，一直在烈日下徒步行走了几十千米，考察分布在巫溪县的悬棺葬遗迹。当我们到达巫溪县悬棺葬最密集、保存非常完好、观赏性很强、久负盛名、位于荆竹河畔荆竹坝考察时，突然遭遇了大的雷阵雨。当时在那一片光秃秃的荒野根本就找不到一处可以躲避遭受雷击和暴雨的地方。天上震耳欲聋的电闪雷鸣吓得人心惊胆战，而在当时正好有天上的炸雷将一个巨大的火球抛落在我们面前，几乎就要触及我们两人，真是危险至极，让人惊吓不已！紧接着便是一场倾盆大雨，劈头盖脸把我们从头到脚淋得浑身湿透，如同落汤鸡。尽管当时是炎热的夏天，但是被那一场大雨浇透了以后我还是感到全身发冷。

　　1988年冬天，我第三次到黔桂交界的瑶族地区进行民族调查。有一天，我正在贵州荔波大瑶山上寻找崖洞葬的遗迹，一个瑶族山民告诉我，邻近的广西南丹县里湖乡的白裤瑶将举行砍牛的隆重葬礼。实地观察这种少数民族的传统葬仪对于民族学科研工作者来说，是一个很难得的宝贵机会。于是我急忙下山回到村子里，让房东的瑶族小姑娘赶紧煮饭，为了赶时间竟也顾不得饭还夹生，匆忙吃完，便背了行李，叫小姑娘带路，一路翻山越岭向广西方向进发。半途中遇到一条湍急的小河挡住了我们的去路，幸有一人乘一只小渔船在捕鱼，因渔船太小只容得下一个人，所以捕鱼人说啥也不同意载人渡河，经我一再苦苦央求，他终于冒险将我和瑶族小姑娘，分两次送到对岸。从中午到天黑时分，我们连走带跑走了三四十千米山路，我身上穿的厚毛衣都被汗水湿透了，正当我感到浑身疲惫不堪，脚步越来越沉重之时，突然我听到遥远的山寨传来了为死者举行葬礼的铜鼓敲击声，那浑厚而又深沉的音响回荡在辽阔的夜空，令我万分激动和喜悦！

我开展田野科学工作的地方几乎全是我国南方少数民族的贫困山区，除工作条件极差之外，物质生活上的艰苦更自不待言。

给我印象特别深刻的是居住在黔桂交界石灰岩山区的瑶族同胞，他们的生存环境非常恶劣，居住的地方严重缺水，土地贫瘠，粮食产量极低。多年前联合国的官员到那里考察之后，认为"是人类不能生存的地区"。因黔桂瑶族地区的山区保存了很多与悬棺葬相近似，而文化内涵又截然不同的崖洞葬遗迹，为了对悬棺葬有更深刻的认识和了解，必须开阔视野将其与崖洞葬做一比较研究，所以我多次到黔桂交界的瑶族地区作实地考察。

我在考察期间见到瑶族山区的贫穷状况令人吃惊，20世纪80年代一些瑶族家庭冬天缺少御寒的生活用品，竟然用稻草做被盖，家徒四壁，家里最值钱的东西大概就是那一口煮饭的锅了。因此这里几乎没有偷盗发生，真是道不拾遗、白天黑夜都可以不关门闭户的"君子国"。1988年冬天，我到广西南丹县里湖乡一个村寨做实地调查期间，起初被安排到村委会办公室住下。由于村委会的房屋长期闲置，室内蛛网密布，到处都是厚厚的灰尘。我一进门那些灰尘和一股令人发呕的霉臭味道便扑鼻而来。尽管办公室是木板修建的楼房，但硬木板床上的被子却又脏又臭，还很潮湿，晚上即使我穿着毛衣毛裤睡觉，将身体蜷缩成一团，也无丝毫温暖的感觉，就好像是睡在冰窖里。那破旧的棉被发出的一股股刺鼻的臭味，使人恶心不止！我整夜辗转反侧，根本无法入睡。所幸的是第二天村寨里的民办小学教师——一对年轻的壮族夫妇发现了我，得知我的住处如此不堪，两人便热情邀我住到他们家里去住。他们的屋子不大只有一个房间，除了他们夫妻二人居住，室内还养着一头猪和几只鸡，白天将它们放出去，晚上便回到室内。我被安排睡在靠近猪儿睡觉和鸡群栖息的地方，没有床铺，我直接睡在潮湿的泥土地上，与村委会的房间相比倒是温暖了许多，但猪粪、鸡粪的味道也还是令人非常恶心！尤其让人心烦的是，在夜里那头猪总会不断哼哼地发出难听的声音。特别难以忍受的是公鸡经常在深夜两三点钟就"喔喔喔"开始打鸣，而且扯着脖子高声鸣叫的时间还挺长。至于到各地考察期间饮食的简陋和粗糙，大家都可想而知。无论是四川的少数民族地区还是贵州、广西的苗族、瑶族山区，人们的物质生活都相当匮乏，几乎完全是以玉米、土豆充饥，极少有蔬菜，一般是以辣椒面加盐巴下饭，没有肉食和蛋类。20世纪八九十年代我的田野科学考察就是这样一种非常艰苦的生活条件。

十余年来，我走遍了华南各省，通过长期的资料积累，潜心研究，总算对中国悬棺葬有了一个比较全面的了解。70多年来，中外学者为探索悬棺葬的科学奥秘，孜孜不倦，做了许多工作。在前人取得的成果的基础上，我沿着他们开拓的道路继续前进。拙著《中国悬棺葬》不仅凝聚着我和梁钊韬先生两代学者的心血，也包含着许多前辈学者的辛勤劳动。

1992年12月当拙著《中国悬棺葬》面世后，我于1993年5月立即将该书寄给师母邓泽民教授，邓师母将拙著摆到梁先生的遗像前，以告慰老人家的在天之灵，我也为终于实现了先生的遗愿而深感欣喜。

拙著是国内外第一部从宏观的角度全面、系统、深入研究悬棺葬的学术专著，填补了人类学和考古学研究的一项空白，出版以后很快受到了学术界的好评和广大读者的瞩目。

著名人类学家和考古学家、四川大学博物馆前馆长童恩正先生曾对我的研究课题予以评价："陈明芳同志所进行的有关悬棺葬的综合研究，是从宏观方面对悬棺葬的民族分布、迁徙、变迁、社会背景、文化习俗（风俗）等方面进行全面探索的可贵尝试。作者利用当代考古学、历史学、民族学、宗教学、生态学的资料，从各个方面围绕这一主题做出研究，从而突破了传统民族史研究的窠臼，在研究方法上开辟了新的途径——综合和比较的途径。"

1993年10月15日，《光明日报》首先刊登了曲冠杰《探索千古之谜》的书评，称本书"对悬棺作了全面系统的论述，为破解悬棺之谜作了有益的探索。这是迄今为止第一部全面、综合研究中国悬棺葬的学术论著"。《中央民族学院学报》副总编徐亦亭先生也认为，本书"率先突破了传统的悬棺葬研究旧臼，采用民族学、考古学、宗教学、民俗学以及体质人类学等多学科综合的研究方法，将有关悬棺葬的文献记载与作者自己对中国南方各地各种类型的悬棺葬文化遗存的实地考察结合起来，运用历史唯物主义的基本观点，加以扎实的研究和周密的论述，令人击节叹服地揭示了中国悬棺葬的一系列科学奥秘，使中国悬棺葬研究进入了一个崭新的阶段。《中国悬棺葬》完成了总结中外学者60余年来对悬棺葬课题的研究，标志和反映今天中国学者在这一民族学研究领域遥遥领先的学术地位"。[《中南民族学院学报（哲学社会科学版）》1994年第1期]。《中山大学学报》主编吴定宇先生评论说：本书对悬棺葬的起因、文化内涵、演变、地理分布、族属及宗教底蕴等问题作了详细论述，"展现了悬棺葬研究领域的最新成果"。认为拙著"具有很高的史料价值"，而且"更难能可贵的是，作者不满足书本上关于悬棺葬的记载，为进一步探索悬棺葬的奥秘，她历时十余年跋山涉水，坚持对广布在南方十余省区的悬棺葬遗存进行实地的田野科学考察，收集到大量珍贵的第一手材料，对解开悬棺葬这一千古之谜，提供了科学依据。这是最有价值的资料"。《中国悬棺葬》不仅"具有相当高的学术价值"，而且还"在方法论上有重大突破"，作者"坚持了十多年的实地调查，收集积累了大量的第一手材料，不仅印证检验了历史文献的记载，纠正史料中的某些讹误，而且还补充增添了许多可靠的新发现，为后来的研究者提供了丰富的资料。……在多学科综合研究中独树一帜，拓展了悬棺葬的研究领域"。（《考古与文物》1995年第3期）。此外，《中山大学学报》《南方文物》《广西大学学报》《中央民族学院学报》《中国日报（英文版）》《民族》《四川日报》《成都晚报》《四川政协报》等报刊都先后刊登了关于本书的书评和书讯。1994年6月7日《四川文化报》刊登了记者王鹤的专访《崇山峻岭寻梦者》，2001年12月31日美国《洛杉矶时报》（英文版）在头版头条刊登了《中国悬棺葬的追寻者》的大幅专题报道，对我十多年来甘于寂寞和清贫，全身心投入悬棺葬研究中经受的种种磨难与辛劳，独立完成了学术专著《中国悬棺葬》的艰苦历程做了详细记述。

  知识产品是人类的共同财富，除了前辈们传授，也靠同代人之间相互学习，并在此基础上创作出新的知识产品。拙著《中国悬棺葬》公开出版以后也进入了公共知识领域，我将自己的科研成果奉献给海内外学人，是为研究者提供可靠的依据，它可以供人共享，但绝不能被冒名顶替或被侵夺。遵守学术规范、尊重他人的劳动成果是学者起码的道德底线，也是学术研究能够正常进行，得以持续发展的根本保证。任继愈先生在为拙著所作《序》中写道：

悬棺葬表现为丧葬方式，但这种方式的背后却与民族学、民俗学、人类学、原始的宗教信仰有关。它的起源、社会影响、社会意义涉及许多学科，目前我们只能描述它，还不能理解它，要靠诸学科的分工协作，共同关心，作进一步的发掘。研究的第一步是要掌握大量、系统的原始资料，这是从事科研的基础，在坚实可靠的基础上，做出的分析、解释、综合、比较才有科学性。陈明芳同志多年来从事悬棺葬研究的考察工作，不畏艰险，无问寒暑，攀悬崖，涉急湍，从事田野考察，掌握了大量第一手资料，为今后的研究者提供了可靠的根据。这是值得鼓励的，这种为科学献身的精神尤为可贵。这部著作给研究者提供了可信的原始资料，也做了有益的分析研究工作，但离彻底揭开悬棺葬之谜，还有一段路要走，也许比前一段的田野考察工作还要艰险，还要付出更大的劳动，愿作者在已有的成绩上继续前进。

科学无止境，客观存在是无限的，而人的主观认识却是有限的，我愿继续努力，与学界同人一道，对"悬棺之谜"做更进一步地深入探讨。

后　记

2004年四川省民族研究所成立40周年，研究所决定召开一个全国性的学术讨论会以示庆祝，邀请了全国各地从事人类学、民族学、少数民族历史研究的专家、学者来参加会议。当时我已经退休，但是我们研究所筹备这一次学术讨论会的工作人员还是希望我能够参加会议，并且建议我不要写理论文章，而是写我在研究所几十年来如何进行田野科学考察的文章。我接受了这一建议，写了一篇名为《路漫漫其修远兮，吾将上下而求索——记我在四川省民族研究所20多年的科研之路》的文章，提交给了大会。就在会议期间来自湖南湘西地区的《吉首大学学报》编辑部的学者便向我约稿，希望我将这一篇论文提供给他们发表，我很高兴地同意了，不久这一篇文章就公开发表在《吉首大学学报》2004年（增刊号）上。

本文发表后，不知是否因我的这篇文章记述湘西地区田野科学考察比较多，《土家族研究》编辑部又向我约稿，希望我在已经发表文章的基础上做一些修改、补充，供他们公开发表。于是我遵从《土家族研究》的建议，在《吉首大学学报》发表文章的基础上做了很大的改动和补充，《土家族研究》2005年第1期发表了我的这篇《中国悬棺葬考察纪实》，本文有一些内容与《吉首大学学报》2004年（增刊号）上的文章相同，特此加以说明。

2024年5月20日

附录五　中山大学研究生毕业论文

题目：试论我国悬棺葬的起源及其流传

门类：历史学

系别：人类学

专业：人类学

姓名：陈明芳

导师：梁钊韬教授

　　　张维持教授

一九八一年十月二十八日

简　目

一、导言

二、悬棺葬的分布及其文化内涵

三、悬棺葬的族属、年代与分期

四、悬棺葬的起源及其流传

五、结语

附录：

《关于我国川南地区和东南地区的悬棺葬调查报告》

论文内容提要

悬棺葬是指在临江河或大海的高山半肋打木桩置棺其上和利用天然洞穴或者人工凿穴置棺于内等几种形式的葬俗，它与其他处理尸体的方法，如土葬、水葬、火葬相对而言，实质是将尸体置于空气之中的风葬，也是露天葬之一种。

悬棺葬是我国南方少数民族的文化遗存，是涉及考古学和民族学的一个课题。研究这一分布于我国南方和东南亚以至太平洋诸岛的葬俗，对于探讨我国南方和东南亚一些民族的来源、民族迁徙、民族关系有一定学术价值，对促进国内民族团结以及我国同东南亚各国人民的友好关系和多方面的合作亦有现实意义。

本文以我国川南地区和江西仙岩、福建武夷山等地悬棺葬的实地调查材料及文献资料阐述悬棺葬的文化内涵、悬棺葬的起源及其流传；对我国西南地区与东南地区的悬棺葬之间的关系、东南亚地区与我国悬棺葬之间的关系等问题，以考古学、民族学、历史文献学和体质人类学的资料做了初步的探讨。

论文认为，悬棺葬是起源于我国东南沿海古代民族之中的一种葬俗，从文化特征和体质人类学方面的资料说明，我国和东南亚地区行悬棺葬的民族多为海洋蒙古利亚种族。

与此同时，本文以笔者实地调查材料对川南珙县、兴文县一带历史上复杂的民族关系做了重点分析，从川南行悬棺葬的民族——都掌人兴衰变化的历史以及从贵州"炕骨苗"与周邻民族的关系方面阐述学术界关于民族是一个历史范畴的基本理论。

本文通过对悬棺葬历史的调查和实地考察，初步探讨我国民族融合的规律，目前笔者对这一问题仅仅是初步探索，还须今后脚踏实地做大量深入、系统的调查研究工作。笔者决心继续从事这一方面的研究，为中国人类学和民族学的理论建设添砖加瓦而努力。

一九八一年十月二十八日

于中山大学康乐园

（注：笔者中山大学研究生毕业论文全文请见即将由四川人民出版社出版的《南方民族考古——陈明芳人类学文集》）

附录六　作者部分论著目录

学术论文

1.《试论博什瓦黑石刻的族属、年代及其特点》，《中山大学学报（哲学社会科学版）》1982年第1期。

2.《我国西南地区和东南地区的悬棺葬之间的关系》，《贵州民族研究》1983年第1期。

3.《冕宁县和爱公社庙顶藏族社会历史调查》，载中国西南民族学会编《雅砻江流域民族考察报告》，1983年6月。

4.《湘西悬棺葬与仡佬族》，《贵州民族研究》1985年第3期。

5.《广西花山崖壁画与四川珙县僰人崖画》，《民族艺术》1985年试刊号。

6.《四川东部乌江流域悬棺葬调查记》，《四川文物》1985年第4期。

7.《炉霍考古新发现》，《四川民族》1985年第3期。

8.《广西平果县、大新县崖洞葬调查及其探讨》,《广西民族研究》1986年第3期。

9.《川南僰人悬棺葬与都掌人的兴衰》,载《人类学论文集》,中山大学出版社,1986。

10.《京族的唱哈习俗和哈亭建筑》,《云南民族研究》1987年第1期。

11.《试论广西花山崖壁画的族属》,《广西民族研究》1988年第1期,中国人民大学报刊复印资料《造型艺术月刊》1988年第3期全文转载。

12.《悬棺葬研究综述》,《民族研究》1989年第1期。

13.《广西南丹县里湖瑶族地区人口调查》,《广西民族研究》1989年第1期。

14.《论冕宁县庙顶藏族的原始宗教》,载《藏学研究论丛》,西藏人民出版社,1989。

15.《我国南方地区悬棺葬与崖洞葬之比较研究》,《中央民族学院学报》1989年第5期,中国国家教委委办刊物《高等学校文科学报文摘》1990年第2期转载。

16.《四川长江三峡大宁河流域的悬棺葬》,《四川省民族史志》1989年第3期。

17.《广西南丹县里湖乡瑶族社会经济调查》,《民族论丛》1990年第1期。

18.《论船棺葬》,《东南文化》1991年第1期。

19.《也谈闽赣川黔地区悬棺葬研究中的几个问题——兼与林蔚文同志商榷》,《江西文物》1991年第1期。

20.《铜鼓与悬棺葬——再论悬棺葬的族属问题》,《广西民族研究》1991年第3期。

21.《大凉山彝族腹心地区博什瓦黑石刻造像》,《东南文化》1992年第6期。

22.《中国悬棺升置技术刍议》,《中央民族学院学报》1993年第2期。

23.《南方丝绸之路上的悬棺葬及其族属》,《南方文物》1993年第4期。

24.《白裤瑶家族公社试析》,载《中国历史社会发展探奥》,辽宁出版社,1994。

25.《四川布依族的生活和文化习俗》,《四川省民族史志》1994年第3期。

26.《炉霍石棺葬族属刍议——兼论草原细石器》,《南方文物》1996年第1期。

27.《丝绸之路上的悬棺葬及其族属》,《凉山民族研究》第2期,民族出版社,1994、1995。

28.《华南和东南亚古代民族文化的比较研究》,《南方文物》1999年第2期。

29.《中国悬棺葬研究概况及其展望》,载《史前研究（2000）》,三秦出版社,2000。

30.《试论悬棺葬的流传与古代越族的西迁》，载《龙虎山崖葬与百越民族文化》，吉林人民出版社，2001。

31.《中国悬棺葬研究回顾——纪念中山大学人类学系前系主任梁钊韬先生》，载中国人类学百年国际学术研讨会论文集《21世纪人类学》，民族出版社，2003。

科普文章

1.《大凉山腹地的博什瓦黑石刻》，《历史知识》1981年第6期。

2.《四川珙县的僰人悬棺葬》，《民族文化》1984年第3期。

3.《南洋民俗趣谈》，《历史大观园》1985年第8期。

4.《奇异的僰人悬棺》，《历史大观园》1985年第9期。

5.《瓮棺葬·船棺葬·树葬》，《历史大观园》1985年第10期封面文章。

6.《漫谈瓮棺葬》，《历史知识》1986年第1期。

7.《古代艺术瑰宝——广西花山崖壁画》，《成都晚报》，1986年2月21日。

8.《妇女当家的米南卡保人》，《成都晚报》，1986年6月16日。

9.《世界崖画艺术奇观——广西花山崖壁画》，《历史大观园》1987年第2期。

10.《我国古代越人的珍狗习俗》,《历史大观园》1987年第3期。

11.《浅谈人类的树葬习俗》,《历史知识》1987年第2期。

12.《京族三岛》,《民族文化》1987年第4期。

13.《漫话船棺葬俗》,《历史知识》1987年第6期。

14.《京族的哈亭和唱哈》,《成都晚报》,1987年5月6日。

15.《犬祭的古俗》,(台湾)《海峡文学》1989年第1期。

16.《危崖峭壁上的悬棺》,(台湾)《海峡早报》,1989年8月2日。

17.《铜鼓赛江神》,《历史大观园》1990年第2期。

18.《我国崖画艺术中的奇葩——云南沧源崖画》,《历史大观园》1990年第3期,《人民日报·海外版》,1990年4月4日转载。

19.《布朗族婚恋习俗趣谈》,《历史大观园》1990年第11期。

20.《京族的民间艺术唱哈》,《历史大观园》1990年第12期。

21.《傣族婚恋趣闻》,《历史大观园》1991年第12期。

22.《中国少数民族的树葬》,《天南》1991年第5期。

23.《四川西南的大石遗迹》,《历史大观园》1993年第7期。

24.《揭开"千古之谜"——悬棺究竟是怎样"悬"上去的?》,《四川文化报》,1994年9月27日。

25.《探索千古之谜——悬棺葬》,《历史大观园》1994年第7期。

26.《世界文化史上的千古之谜——中国悬棺葬》,《长江画报》1995年第4期。

27.《南海明珠——珠海高栏港古崖画》,《民族》1996年第6期。

28.《奇异的僰人悬棺葬》,《中国民族报西部周刊·人文走廊》,2003年2月18日。

29.《僰人悬棺之谜》,《民族》2003年第10期。

附录七　《中国悬棺葬》第一版出版后的部分书评和书讯

1. 曲冠杰：《探索千古之谜》，《光明日报》，1993年10月15日。

2. 初揭"悬棺葬"之谜——任继愈《中国悬棺葬》序，《成都晚报》，1993年10月25日。

3. 《中国悬棺葬探索》，《科技文摘报》，1993年10月31日，全文转载《光明日报》1993年10月15日刊登的曲冠杰《探索千古之谜》一文。

4. 志杰、志凡：《陈明芳著〈中国悬棺葬〉出版》，《南方文物》1993年第3期。

5. 胜之：《中国悬棺葬》简介，《中山大学学报（哲学社会科学版）》1994年第1期，《专著简评》。

6. 徐亦亭：《中国悬棺葬》简评，《中南民族学院学报》1994年第1期。（注：作者为《中央民族大学学报》副主编）

7. 顺文：《别开生面的民族考古学著述》，《中央民族大学学报》1994年第2期。

8. 吴定宇：《一部跨学科的力作》，《考古与文物》1995年第3期。（注：作者为《中山大学学报》主编）

9. 王鹤：《崇山峻岭寻梦者——记四川省民族研究所副研究员陈明芳》，《四川文化报》，1994年6月7日，《四川盟讯》1995年2月15日全文转载。

10. 李清钦：《中国悬棺葬的追寻者》，美国《洛杉矶时报》英文版，第1版第1条，2001年12月31日。（注：作者为英国《泰晤士报》特约撰稿人）

第一版后记

《中国悬棺葬》一书在重庆出版社的热忱鼓励和大力支持下，就要和世人见面了。回顾探索中国悬棺葬这一"千古之谜"的漫长而又坎坷的历程，禁不住心潮起伏，思绪万端。

1981年底我婉言谢绝了恩师梁钊韬教授推荐我在中山大学继续深造和送我去美国哈佛大学攻读博士学位的建议，回到故乡，在四川省民族研究所从事我最热爱的民族考古学和民族史研究工作。

多年来，我在进行悬棺葬研究的同时还要承担研究少数民族中的其他一些应用课题，比如，参加费孝通先生主持的六江流域民族综合科学考察之雅砻江下游的民族考察，负责承担《四川省民族志》编写中的《布依族社会历史调查》等工作，科研任务十分繁重。由于科研经费的短缺，我对中国各地悬棺葬的田野科学考察工作迟迟不能完成，也就造成了拙著《中国悬棺葬》在长久的期待中才得以出版。

《中国悬棺葬》一书从实地考察到写作完成，历时十载有余，在这期间我的丈夫在繁忙的新闻工作之外，分担了照顾家庭和教育两个子女的职责，让我能够安心工作。

科学研究是一项复杂的社会劳动，在20世纪八九十年代我独自承担悬棺葬研究这一课题时，得到了很多地区政府部门和学术研究机构的大力支持和帮助。从1981年开始，我便得到了华南各省区文物考古部门和一些高等院校、科研机构的广泛支持，尤其是福建、江西、广西、湖南、湖北等省区的博物馆，厦门大学人类博物馆、中山大学历史系、东南亚研究所、暨南大学图书馆、北京图书馆、四川省图书馆、贵州省民族研究所、广西壮族自治区民族研究所、湖南湘西土家族苗族自治州和湖北鄂西土家族苗族自治州的人民政府以及崇安县、贵溪县、泸溪县、奉节县、巫溪县、巫山县、珙县、兴文县、南丹县文化馆等单位和个人的多方面帮助。

我在中山大学读研时的另一位导师张维持教授原为马来西亚华侨，又是研究东南亚地区青铜器的专家，本书中不少关于东南亚悬棺葬的英文资料由他提供并译成中文。

在《中国悬棺葬》成书之日，我对上述所有的单位和个人谨致以衷心的感谢！

  由于在20世纪八九十年代科研经费短缺，没有配备必需的照相器材，田野科学考察受到客观条件的极大限制，使我无法对中国悬棺葬的独特风貌和许多精彩画面做出详细的拍摄记录。现在《中国悬棺葬》中所附图片不能尽如人意，祈望广大读者谅解。

陈明芳
1991年11月于成都

第二版后记

拙著《中国悬棺葬》第二个版本在重庆出版社的大力支持下，又要和世人见面了。回顾探索中国悬棺葬这一"千古之谜"漫长而又充满艰辛的历程，真是感慨万千。

1981年底我婉言谢绝了恩师梁钊韬教授推荐我留在中山大学继续深造的建议，并放弃了他老人家送我去美国哈佛大学人类学系攻读博士学位的机会，回到故乡，在四川省民族研究所从事人类学、民族考古学和南方少数民族史研究工作。

多年来，我在进行民族考古学课题悬棺葬研究的同时还要承担民族学和民族史的其他研究课题，科研任务十分繁重。科研经费的匮乏，使得悬棺葬研究在后期几乎处于停顿状态。为尽快完成这一研究，我花了大量时间和精力为争取进行田野科学考察和课题研究中所需的其他经费四处奔走。然而由于种种原因，我都未能如愿。当这一研究处于最困难的时候，著名国学大师、国家图书馆馆长任继愈先生和国内外知名的考古学家和文化人类学家、原四川大学博物馆馆长童恩正先生都大力推荐我申请国家社科基金。任继愈先生1989年在我的《悬棺葬研究课题申请表》推荐意见中写道："陈明芳同志从事悬棺葬研究多年，积累了丰富的第一手资料……这一科研项目如能得到国家的资助使之继续完成，不至中断，对我国这一领域的科学发展将起推动鼓励作用。"童恩正先生的推荐评语为："陈明芳同志所进行的有关悬棺葬的综合研究，是从宏观方面对悬棺葬的民族的分布、迁徙、社会背景、文化习俗等方面进行全面探索的可贵尝试。作者利用当代考古学、历史学、民族学、宗教学、生态学的资料，从各个方面围绕这一主题做出研究，从而突破了传统民族史研究的窠臼，在研究方法上开辟了新的途径——综合和比较的途径。"

"陈明芳又是一位女学术工作者，在中国学术界男多女少的现状下，对于一位不辞辛劳、长年坚持野外工作、有事业心的女性，理应予以优先照顾。"

由于悬棺葬研究课题不属当年国家社科基金申请指南范围，而未获得资助，但是任继愈先生和童恩正先生对我国科学文化事业的高度责任感，为推动科研所作的努力却使我终生难忘。他们的鼓励使我增强了信心，坚持把这一研究课题完成。

拙著《中国悬棺葬》是我独立完成的科研成果，不仅有我的努力，而且也离不开社会各界的支持和协作。

实地调查期间我所到的华南各地的政府机构和文物考古部门以及学术界同行都曾为我的田野科学考察工作提供过多方面的协助，我谨向他们致谢！

我要特别感谢在长达10年艰苦而漫长的田野科学考察中曾经给予我热忱帮助的学界同仁和其他人士。江西省博物馆研究员、《南方文物》主编许智范先生和福建省博物馆的陈子文先生不辞劳苦，在1981年的酷暑季节陪同我考察了福建武夷山区和江西上清河仙岩的悬棺葬。福建省博物馆研究员梅华全先生为我探讨武夷山悬棺葬的年代问题给了很大的帮助，并且为拙著《中国悬棺葬》提供了有关武夷山悬棺葬的珍贵照片。广西民族研究所潘世雄先生在1984年秋天陪同我到广西左右江流域做实地考察，一起冒着生命危险去攀登稍不小心就会粉身碎骨的悬崖峭壁。20世纪80年代贵州省民族研究所的雷广正先生曾多次与我不畏艰险一同考察贵州多地的苗族崖洞葬。在1988年盛夏，巫溪县文管所的黎明先生协助我考察了巫溪县的悬棺葬。尤其难以忘怀的是，去巫溪县悬棺葬分布最密集、最壮观的荆竹坝那一天，突然遭遇了强大的雷电和暴雨。我们身处一片荒寂的山野，没有任何可以躲避的地方，巨大的电闪雷鸣令人心惊胆战！在那样危险的时刻，黎明先生仍处之泰然。他的沉着、冷静在很大程度上减轻了我内心的恐惧。1988年7月湖南省慈利县文史研究室近60岁的龚发达先生陪同我考察了历史文献中从未记载过的慈利县境内澧水流域尚存的多处悬棺葬遗迹。当时正值雨季，我们经常在风雨交加的荒山野岭徒步行走几十千米，忍饥受渴，辛苦至极！有时一整天走了好几十千米，还一无所获，但龚老先生却不辞劳苦，从未抱怨，自始至终都给与我热忱帮助，他这种无私又善良的品格令我深受感动和无比敬佩！回想起我在很差的工作条件下从事这项极为艰险的研究工作，当我最需要帮助的时候，上述学者都以无私奉献的精神给予了我极大的支持，同时对我也是一种鼓励和鞭策。我非常怀念与他们一道头顶烈日、栉风沐雨、跋山涉水的难忘岁月。我对他们不仅仅是充满感激，而更多的则是深深敬佩！对真理的追求和对科学事业的热爱使我们走到一起。应该说，这才真正是当今中国学者应该发扬光大的团队精神和中国学术界的优良传统。

除此之外，我还要感谢四川省考古研究所曹丹先生、珙县曾水向先生、兴文县刘永言先生给予我的热心帮助。本书英文内容提要系四川大学教授官忠明译、刘利民校。

书中彩版三、四、五为四川省考古研究所李昭和先生提供；彩版十、十一为广西民族研究所李桐先生提供；图版三、四、五为梅华全先生提供；图版七为许智范先生提供；图版十七为巫山县图书馆提供。本书有少部分手绘插图由我和四川考古研究所黄家全先生共同手绘完成。我对上述学者致以最诚挚的谢意！

此外，关于拙著中的地图一"中国和东南亚悬棺葬分布示意图"和地图二"中国悬棺葬分布示意图"，我要作一个说明：这两幅地图所起的作用是为了使读者对悬棺葬的分布地域建立起空间的概念，仅为示意，而非行政区划地图，敬请读者见谅！

最后，我要感谢责任编辑曾海龙先生，他在拙著的再版过程中对提高图书质量非常认真地工作，这种态度和敬业精神使我由衷钦佩。

陈明芳

2004年3月5日于成都

第三版后记

由于三年新冠疫情等原因，拙著《中国悬棺葬》的出版时间一再推迟，而今终于在长时间的等待中与广大读者见面了。

《中国悬棺葬》虽然已经有了1992年和2004年由重庆出版社科学学术基金资助分别出版的两个版本，该书有了电子文档，出版工作理应更加方便和快捷。但是因为前两个版本出版的时间距现在比较久远，这些年来我对中国悬棺葬研究中的一些问题又有了新的认识，因此在前两个版本的基础上为现在由四川人民出版社出版的《中国悬棺葬》（第三版）增添了一些文字内容和许多图片，加大了本书出版的工作量，也是拙著迟迟出版的一个原因。现在书中增加了大量的悬棺葬和实地考察的照片以及墨线插图，既能更加生动地展现悬棺葬独特的风貌，又能增强读者对悬棺葬文化的感性认识，从而帮助读者更进一步深入了解悬棺葬其中深厚而又独特的文化内涵和科学奥秘，大大提高了本书的知识性、趣味性和可读性。

在此我需要作几点说明：

第一，《中国悬棺葬》最早的出版时间是1992年，而做田野科学考察的时间几乎是在20世纪80年代，书稿写成的时间是1991年。1997年中央批准设立重庆直辖市，于是四川省和以前重庆的行政规划发生了很大变化，以前属于四川省的涪陵市、万县市和黔江地区（历史上一直称为四川省的酉、秀、黔、彭地区）所辖行政区域从此以后均属于重庆直辖市管辖。《中国悬棺葬》一书中很大一部分内容都涉及现在的重庆长江三峡地区和酉阳、秀山、黔江、彭水地区，而在1997年以前这些地区是属于四川省管辖。

另外，当时我国农村基层的行政区划为公社，公社以下是生产大队，因此本书实地调查资料中的表述与现今的行政区划也不相同。

拙著《中国悬棺葬》（第三版）不便将书中以前使用的行政区划再做重新改动，同时也是为了不给读者在阅读中造成混乱，本书仍然沿用《中国悬棺葬》第一和第二个版本的行政区划，希望读者能够谅解！

第二，《中国悬棺葬》一书中的大部分墨线插图均为我亲手绘制，例如关于国内外各地悬棺葬分布的六幅示意图（地图）、中国南方崖洞葬分布示意图（地图）、我在湖南省慈利县实地拍摄的何家村白崖壁悬棺葬照片、四川奉节县风箱峡中清理出的楚式木梳（实物），这些照片由于客观原因无法清晰地展现出它们的原貌，所以将它们重新加工，绘制成墨线图。还有，在东南亚的悬棺葬当中，菲律宾巴拉望岛古代居民将瓮棺放入悬崖峭壁山洞中的照片、印度尼西亚苏拉威西岛托拉贾人的悬棺葬现在还采取的运尸方式、菲律宾山地省悬棺葬中二次葬的照片和菲律宾山地省沙干达悬棺葬中用绳子捆绑置于石灰石悬崖上的棺木照片等，因为这些悬棺葬均位于距江河湖海很高的悬崖绝壁，原作者拍摄难度很大，无法展现悬棺葬的风貌，或者因为是复印资料清晰度都很差，所以我必须进行再次创作，将其画成墨线插图，以便增强读者对悬棺葬的感性认识，也让读者对悬棺葬的文化内涵有更加清晰和深入的了解。

第三，本书附录五提及的中山大学研究生毕业论文《试论我国悬棺葬的起源及其流传》全文和附录六中已经公开发表的学术论文和科普文章也一并收入到《南方民族考古——陈明芳人类学文集》中，即将由四川人民出版社全部精装出版，敬请期待。

值《中国悬棺葬》（第三版）出版之际，我要再次感谢曾经担任江西省博物馆古代史陈列部主任兼《南方文物》主编的许智范先生，他自1981年我还在中山大学读研究生开始，一直对我从事的悬棺葬研究课题给与了极大的支持。

需要特别提及的是，2025年1月正当拙著《中国悬棺葬》（第三版）即将正式印刷出版之际，我在网络上得知了湖北长江三峡地区的巴东县和秭归县近年来关于当地悬棺葬发掘清理的报道，这一新的信息令我格外惊喜！因为1988年夏天在我结束了四川境内长江三峡地区奉节县、巫山县、巫溪县的悬棺葬实地考察之后，我就沿江而下，到达了湖北巴东县，打算去巴东县龙船河等地作悬棺葬实地考察。但很不凑巧的是，当时正值长江洪水的高峰期，长江三峡的悬棺葬大多在临江面水的悬崖峭壁，必须乘船考察，此时乘船又十分危险！巴东县文物管理所的同行一再劝我切勿冒危前往，而且我在巴东县住了好几天也未等到洪水消退，只得非常遗憾地放弃了湖北长江三峡地区巴东县和秭归县悬棺葬的实地考察。

我在2025年春节前联系到了巴东县博物馆馆长黄宇先生、前馆长向勇先生和秭归县文物保护中心主任李西海先生，希望他们能够将近年在湖北长江三峡地区所获的悬棺葬最新资料提供给我，将其补充到拙著《中国悬棺葬》

（第三版）中，我的请求得到了上述两地文物考古同行的大力支持，他们将在历史上久负盛名的龙船河悬棺葬和长江三峡中兵书峡悬棺葬的详细资料全部都授权予我使用，充实了《中国悬棺葬》（第三版）的内容，也弥补了我1988年夏天未能前往湖北长江三峡地区巴东县和秭归县作悬棺葬实地考察的遗憾！我向巴东县博物馆和秭归县文物保护中心的考古工作者以及黄宇先生、向勇先生、李西海先生表示诚挚的感谢和敬意！

我要感谢我的两个儿女，因为我在20世纪的50～80年代读中学、大学直至读研究生期间所学的外语都是俄语，不谙英语，从《中国悬棺葬》第一版到现在的第三版使用的英文资料大多是由我女儿蓝燕译成中文，尤其是关于菲律宾悬棺葬那些非常宝贵的大量文字资料，均由她翻译完成，那时她仅仅是一个法律系的在读本科学生。关于菲律宾悬棺葬的这些珍贵的文字资料丰富了本书第六章"中国与东南亚悬棺葬之比较研究"的内容，后来，她的这篇菲律宾悬棺葬的中文译文还公开发表在《广西民族研究》1991年第4期。

《中国悬棺葬》（第一版）于1992年由重庆出版社出版以后，也引起了外国读者的广泛兴趣。2001年12月31日美国《洛杉矶时报》（英文版）的记者专程到成都对我进行采访以后，用大量篇幅刊登了对我的专访《中国悬棺葬的追寻者》，这篇文章为英文，由我儿子蓝天将其译成了中文，让国内外更多的读者了解到拙著《中国悬棺葬》的价值，也扩大了《中国悬棺葬》一书的影响。

我还要特别感谢特约编辑邓永勤女士为《中国悬棺葬》（第三版）付出的大量时间和心血！本书引用的中国古代历史文献非常多，书中有大量的繁体字、生僻字，为了语言表达的准确性、学术著作的科学性和严谨性，邓永勤女士不仅反复查阅各种字典和古汉语词典，而且认真查阅和校对了书中引用的一部分古代历史文献，还花费大量时间钻研有关考古学和民族学的知识，严格把握《中国悬棺葬》这一学术著作的科学性和严谨性，同时她还非常认真地核对了一部分我引用的有关东南亚悬棺葬和东南亚古代少数民族历史文化的文章，力求《中国悬棺葬》的高质量出版。邓永勤女士为本书高度认真负责的敬业精神令我深受感动和无限钦佩！

最后，我再一次衷心感谢数十年来一直都给予我极大鼓励和支持的学术界广大朋友，是他们让我在从事中国悬棺葬课题研究的过程中充满自信与希望。也感谢我的恩师——中山大学人类学系前系主任梁钊韬先生在生前给予我的悉心指导，所有这一切都是拙著《中国悬棺葬》能够受到国内外读者的关注，并且能够陆续三次出版的重要原因。

陈明芳

2024年4月第一稿

2025年1月第二稿

壹卷
YE BOOK

洞 见 人 和 时 代

官方微博：@壹卷YeBook
官方豆瓣：壹卷YeBook
微信公众号：壹卷YeBook
媒体联系：yebook2019@163.com

壹卷工作室
微信公众号